Transformation Under Fire

비난속의 변혁

미 합동군의 전투혁신

저자 DOUGLAS A. MACGREGOR / 옮긴이 도 응 조

연경문화사

Original Title: Transformation Under Fire: Revolutionizing How America Fights By Douglas A. Macgregor

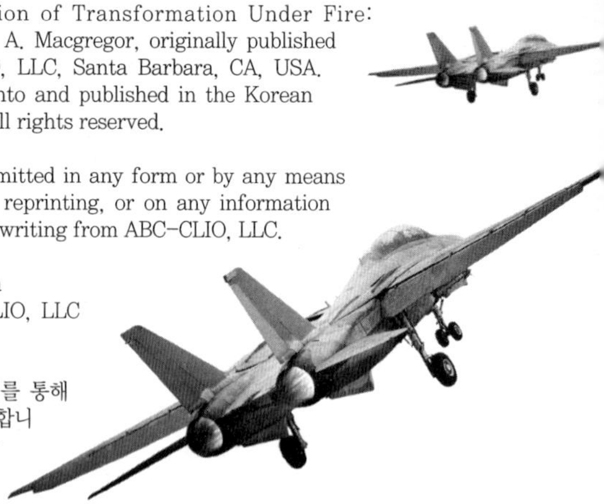

비난속의 변혁 미 합동군의 전투혁신

초판 1쇄 인쇄 / 2009년 7월 24일	초판 1쇄 발행 / 2009년 7월 28일
저자 / 더글러스 A. 맥그리거	옮긴이 / 도응조	펴낸이 / 이정수	펴낸곳 / 연경문화사
등록 / 1-995호	주소 / 서울시 마포구 서교동 465-7	대표전화 / 02-332-3923	팩시밀리 / 02-332-3928
이메일 / ykmedia@korea.com
값 20,000원	ISBN 978-89-8298-109-8 93390

옮긴이의 글

미국 육군의 미래는 참담한 것인가? 이 책은 그렇게 될 수 있으므로 지금 당장 변해야 한다고 주장한다. 현재 미 육군은 이 책의 주장대로 완전히 변하고 있지는 않지만, 이 책의 주장을 거의 받아들이고 있다고 확신한다. 어쨌든 이러한 문제는 단지 미 육군만의 문제가 아닐 것이다.

이 책은 육군의 편성 · 교리 · 훈련 등에 관한 미국 육군 대령 맥그리거 교수의 두 번째 작품이다. 첫 번째 작품은 『팔랑스 깨기: 21세기 지상군에 대한 새로운 설계(Breaking the Phalanx: A New Design for Landpower in the 21st Century)』로 사실상 이 책의 전신이라고 하겠다. 그는 그리스의 팔랑스가 로마의 레지온에 의해 격파됨을 비유하여 21세기 지상군은 보다 작지만, 분권화되면서 강력한 능력을 지녀야 한다는 의미로 이러한 제목을 붙였다. 물론 전체적인 육군 인원 삭감을 주장한 것은 아니었다. 현재 편성을 전략 환경에 맞도록 바꾸자는 것이었다. 이것은 편성상의 개혁을 하려는 육군에게는 매우 중요한 의미를 갖는다.

두 번째 작품이 바로 이 책이다. 원제는 『Transformation Under Fire: Revolutionizing How America Fight』이다.

전자의 책은 미국의 해군력에 대한 지나친 투자 보다는 차라리 공군과 육군에 대한 투자가 더 낫다는 주장을 하여 일부 공격을 받았다.

예를 들어 이머만(Brick R. Imerman)의 『팔랑스를 깨자고? : 맥그리거 대령의 미 해군 항공부대에 대한 제안 검토(Breaking the phalanx?: An examination of Colonel Douglas A. Macgregor's proposals regarding U.S. naval aviation)』와 같은 연구서들이 나오기도 했다.

이러한 경험으로 인해 맥그리거는 육군 스스로의 해결방법을 모색하고 제시한 것으로 보인다. 점차 줄어드는 미 육군에 대한 지원과 투자에 반해 늘어나는 미 공군 및 미 해군에 대한 예산은 현실적으로 미 육군이 직면한 가장 큰 난제가 되고 있다. 전자의 책에서 그는 당연히 해군과 공군에 대한 투자 감소를 주장할 수밖에 없었을지도 모른다. 이것은 많은 반향을 불러일으켰으며, 그래서 그는 육군 스스로의 해결책을 제시하게 된 것이라고 볼 수 있다는 것이다.

결론적으로 맥그리거는 민간 정치지도자들로부터 판정받자는 결론을 내린다. 군의 전형적인 변화에 대한 꺼림과 보수주의는 이것도 저것도 아닌 양다리 걸치기 식의 변혁을 가져올 수밖에 없으니, 민간 정치지도자들에게 맡기자는 것이다.

민간 지도자들이 그의 논리를 받아들이기 위해서는 육군이 왜 미래에 필요한가를 이해시키고 육군 스스로도 알아야 한다고 그는 강하게 암시한다. 핵심은 아무리 정밀 화력이 발달해도 이를 사용하기 위해서는 적이 집중해야 효과적인데 적을 집중시킬 수 있는 전력은 육군의 지상전력 말고는 없다는 것이다.

정밀 화력에 대처하는 방법은 분산하거나 게릴라전을 수행하거나 위장 등을 하는 것인데 이러한 적에게 한 발에 수억이나 나가는 비싼 유도탄을 사용할 수 있겠는가? 미국은 그렇게 부자가 아니라는 것이다. 육군이 공격해 나아가면 적은 이를 막기 위해서 당연히 집중하게 된다고 했다.

이때 합동화력 사용이 비용 대 효과적일 수 있다는 것이다. 두 번째로는 결정성이다. 완전한 승리를 가져오기 위해서는 확고한 지상통제가 필요하다고 본다. 세 번째로 아무리 장비에 의한 정찰감시능력이 발달해도 전장 현장에 위치한 인간의 판단능력을 대신할 것은 없다고 주장한다.

끝으로 적은 대응하는 시스템(reactive system)이라고 말한다. 급진적 · 문화적 또는 종교적 기원이 어떻든 간에 적은 항상 열심히 대응책을 찾고 있으며, 파괴된 통신 연결지점을 복구하고, 타격에 덜 취약한 통신 방법을 찾으며, 탐지되지 않고 시종일관된 작전을 수행하는 대책을 찾을 것이다. 시간이 충분히 주어지면 적은 초기에 공중타격으로 입은 와해된 상태를 효과적으로 복구할 것이다. 따라서 적이 복구하기 이전에 격멸하는 것이 절대적으로 필요하다. 공군력 또는 해군력으로만 전쟁을 종결한다는 것은 환상이다. 그래서 미래에도 강력한 육군은 반드시 필요하다고 제시한다.

동시에 육군이 변화(개혁)되기 위해서는 사고와 문화에 있어서의 변화가 선행되어야 한다고 했다. 따라서 미래 리더에 대한 선발 · 보직과 계발이 있어야 한다고 했다. 진급제도의 개선, 장교들의 사고방식의 개선을 주장한다. 이것은 결국 문화로 정착되어야 한다고 했다. 그는 걸프전에서 전사자가 얼마 안 된다는 것이 군사문화로 자리 잡히는 것을 우려한다. 걸프전은 승리를 확정짓지 않은 전쟁, 끝나지 않은 전쟁이었다. 이것이 육군의 중요성을 스스로 깎아 먹고 전쟁에 대한 환상을 낳았다고 보았다. 결국, 육군 없이 수행한 코소보 전쟁은 과장된 승리였다.

현재 이라크 전쟁의 모습도 이를 증명하고 있다. 해군 · 공군의 정밀타격으로 전쟁이 종결된 것이 아니고 여전히 미국의 육군 병사들은 이라크 · 아프가니스탄 등에서 분산된 적과 치열하게 싸우고 있다.

맥그리거는 전쟁에서 결정성을 위해서는 필연적 희생이 따를 수밖에 없다고 주장한다. 미 육군이 일찍이 부대관리에 도입한 〈존중과 배려(Consideration for Others)〉의 문화는 하나의 걸프전 신드롬일 수 있다고 암시한다. 예를 들어 미 육군이 '동정심' '이해심' '친구 만들기' 같은 것을 추진하고 있는데, 병사 및 부사관 그리고 장교들은 전문 직업군이 되기를 원하지 사회사업가가 되기를 원하지 않는다고 했다. 더욱이 미 육군은 징집군이 아니지 않는가! 그는 〈육군에서의 이러한 종류의 사고는 전통적인 군대 가치인 용기 · 명예 · 희생 그리고 전투기술의 중요성을 조금씩 파먹고 있다. 이런 것이 좋다고 생각하거나 문제될 것이 전혀 없다고 생각하는 장교들은 사막의 폭풍작전 이후 고착된 육군 문화와 함께 거대한 문제 집단이 되고 있다〉고 주장한다. 이 책에서 맥그리거는 육군이 하드웨어적으로는 어떻게 변혁해야 하는가에 관해서도 통찰하고 있다.

편성 측면에서는 합동자산을 통합할 수 있어야 하고 따라서 이를 위해 편성을 바꾸는데 그것은 하급부대까지 합동화력을 사용할 수 있는 네트워크를 구축하고, 보다 완전한 편성체를 만들어야 한다고 했다. 이러한 편성체는 기동 · 화력 · 항공 부문을 포함한 제병협동 능력을 완전히 갖추고 C4I 능력도 갖춤으로써 합동자산을 원활히 운용할 수 있어야 한다고 주장한다.

이를 위해서는 결국 기술력이 수용되어야함은 당연하지만 〈Force 21〉과 같이 너무 먼 미래를 생각해서는 안 되며, 가용한 기술을 즉각 실용적인 자세로 받아들여서 육군 스스로 변화해야 한다고 말한다. 먼 미래를 보고 "손가락에서 레이져 광선이 나가는" 허황된 기술력 도입을 생각해서는 안 된다는 것이다. 엄청난 투자가 요구되는 먼 기술력에 의존하기 보다는 의회에 육군 스스로 실용주의적인 모습으로 변한다는 것을 보여줘야만 육군의 주장이 설득력을 갖게 되고 결국 행정부의 지원을 받을 수 있다는 것이다. 따라서 현재 10개 사단 중심의 편성을 과감히 다수의 단(group)급으로 재편하고 합동군이 보유한 현재 기술력과 장비를 조화롭게 모듈화할 것을 제안하고 있다.

그러나 그는 탑-다운(top-down)식으로 상급부대에서 하급 병사까지 완전히 세부적으로 지휘통제를 한다면 위험하다고 경고한다. 세부적인 통제는 불가능할 뿐만 아니라 하급 지휘관들에게 통찰력과 창조력을 앗아가기 때문이다. 세부적인 지휘통제에 익숙한 장교들은 지나치게 조심성 있는 장교가 되므로 결정적인 순간에 전장에서 기회를 이용하지 못할 뿐만 아니라 육군의 문화도 바꿀 수 없다고 했다.

2차 대전시 엄청난 성공을 이끌 수 있었던 안지오 전투에서 피튀기는 교착상태를 조장한 루카스(John Lucas)와 같은 장교가 나올 수 있다는 것을 우려한다. 육군 문화를 바꾸기 위해 기본적으로 중요한 것은 앞서 언급한 인사시스템의 변화다.

누구나 지휘관이 되어서는 안 된다고 주장한다. 핵심은 〈NTC〉에서의 훈련결과를 인사에 반영하여 실전적인 기동훈련 결과를 보여준 우수한 장교들을 상위 계급으로 진출시켜야 한다고 했다. 결국 진정한 싸움꾼들이 군의 문화를 개혁할 것이라고 본 것이다.

훈련과 전투준비는 순환적으로 이뤄져야 한다고 주장한다. 소규모 정예화, 모듈화 된 부대를 가지면 투사능력이 보장되는데, 왜 외국에 많은 병력을 주둔시켜서 반미감정을 조성하고, 미군 스스로는 사기가 저하되게 하며, 가족들의 삶을 어렵게 만들고, 국내 경제를 돕지 않고 외국에 많을 돈을 쓰게 하여 외국 경제를 돕는가? 하고 그는 반문한다. 따라서 사활적 이익이 있는 곳에 주둔한 부대, 국내에서 훈련을 하는 부대, 정비하며 대기하는 부대 등으로 구분하여 순환시킨다면 모든 것이 해결될 수 있다고 주장한다. 이러한 이론은 결국 실현될 것이다. 이렇게 되면 대규모 주한미군이 앞으로 오래도록 한반도에 계속 주둔할 것인가? 하는 질문은 쉽게 풀릴 것이다.

그렇다면 이 책이 갖는 가장 커다란 의미는 무엇일까?

전술 · 편성 · 기술 · 리더십 그리고 문화 간의 상호작용을 통한 지상전의 변혁에 중점을 두고 있다는 점이다. 그래서 우리 육군의 미래 설계에 커다란 도움을 줄 것이라는 점이다. 군사전략 수립과 육군의 편성 · 교리 · 교육훈련 체계 발전 · 인사제도 개선 · 리더십 계발 등에 많은 참고의 골격과 상상력을 부여할 수 있을 것이다.

이것은 저자에게 반감을 갖도록 해주기에 충분한 저자 특유의 유머감각, 비꼼 그리고 풍자적 표현 모두를 대신하기에 충분한 의미라 하겠다. 그러나 아쉬운 것이 있다. 그것은 맥그리거가 군인에 의한 군사변혁은 사실상 불가능하다고 보았다는 것에 있다. 그는 반드시 민간인이 나서야 한다고 주장했다.

군인들은 위험을 꺼리고 기존 이익을 포기할 줄 모른다고 했다. 자신의 군 생활이 완전히 성공적이지 못한 베트남전에서 이라크 전쟁에 이르기까지 주를 이뤘기 때문에 스스로 형성된 군에 대한 불신이 이러한 극단적인 결론을 도출했는지도 모른다.

그러나 지금까지 그래왔고 군인이 보수적이라는 이유만으로 앞으로도 군인이 주가 되어 군의 혁신을 가져오지 못한다고 보는 것은 틀린 생각이라고 단정할 수 없지만 옳은 생각이라고 단정할 수도 없겠다.

정치지도자가 주도할 수도 있지만 충분히 지원(backing up)만 할 수도 있는 것이다. 현명한 정치 지도자는 분명히 능력 있는 군사 지도자를 선택할 것이고, 그에게 군을 개혁할 수 있는 충분한 길이의 날카로운 진검(眞劍)을 하사할 것이다. 그 스스로 말했듯이 〈보다 거대한 국가안보의 요구를 이해하고, 재정문제를 통제하며, 군대 내의 특별한 육군 직위를 좌지우지하는 정보가 넓고 식견 있는 민간인 정치지도자라면〉 분명히 육군을 개혁할 군사 지도자를 제대로 선발 기용할 것이다.

마지막으로 이 번역서가 많은 연구가들에게 도움이 되고 궁극적으로 대한육군의 미래 발전에 조금이라도 기여되기를 희망한다.

도응조

목 차

5장 합동원정전을 위한 개념과 건설 • 143

6장 범세계 합동원정전을 위한 편성 • 185

1 소 개

우리는 기술이 우리 조직에게 변화를 요구하고 있다는 것을 고려하지 않고 지난 수년 간 기술을 사용해오고 있다. 기술은 큰 기회가 있는 곳에 위치하고 있다. 다음에 있을 중대한 일을 찾는 것을 그만둬라. 작업 선반에 놓여 있는 기술을 발휘하고, 이것을 명확한 목적과 함께 실행하라. 당신의 종업원들에게 능력을 부여하라. 프로세스를 변화시켜라. 조직적 효과에 기여하라.

– LYCOS 창설자, 밥 데이비스

미국은 전쟁을 하고 있다. 그리고 전쟁은 군을 변혁시킨다. 시장이 사업에 대해 하는 것을 전쟁은 군에 대해 한다. 전투(combat)는 학문적 논쟁과 끝없는 설명의 영역으로부터 새로운 능력들을 새로운 전투 부대에 배치하는 것에 중점을 둔다. 그리고 실용주의 접근으로 전환시킴으로써 변화를 가속시킨다. 왜냐하면 새로운 능력들과 부대들이 지금 필요하기 때문이다. 지상전은 우리 눈앞에서 변혁을 이루고 있다. 변화하는 지상전으로 인해 미 육군은 반드시 변혁[1]해야만 한다. 이 책(원제: Transformation Under Fire: Revolutionizing How America Fight)은 전술 · 편성 · 기술 · 리더십 그리고 문화 간의 상호작용을 통한 지상전의 변혁에 중점을 두고 있다.

군사력은 더 이상 국가의 총체적인 병력과 자원의 동원에 기초를 두고 있지 않다. 징집군들(conscript armies)은 19세기와 20세기에 일반적이었지만, 이제는 기술로 무장 된 전문직업군 체제로 대체되고 있다. 세계화된 세상 속에서 징집군들은 사라지고 있으며, 이와 함께 짧은 경고 하에 매우 넓은 군사 우발상황의 범위에 신속히 반응할 수 있는 능력을 지닌 고도로 숙련된 군 전문가들을 요구하고 있다.

1991년 걸프전쟁은 공군과 해군이 지상에서 미군의 우세에 결정적으로 기여할 수 있었다는 것을 증명함으로써 지상전 행위에서의 변혁이 개시되었다는 것을 보여주었다. 그러나 이러한 발전의 뿌리 깊은 부작용은 다음과 같다. 즉, 2차 세계대전과 냉전에 뿌리를 두고 있는 역사적인 육군 전투편성과 이를 지원하는 제도적인 전쟁의 개념들이 더 이상 국가에서 필요로 하는 것과 일치하지 않는다는 것이다. 실제로 이것은 20세기 후반부에 미군이 수행한 모든 군사작전에서 증거로 제시되고 있다. 그러나 미국의 승리는 변혁의 필요성을 가렸다. 왜 승리하는 공식을 바꾸는 것인가? 육군은 베트남에서 패배하지 않았다. 이것은 철수한 것이다. 그리고 베트남 전쟁은 독일에서 풀다 갭(Fulda Gap)[2]을 방어하는 것에 새로이 중점을 두었던

1) 역자 주 : 이 책 전반에 걸쳐 'Transformation'을 '변혁'이라고 번역하였다.
2) 역자 주 : 과거 동독 국경에서부터 서독의 프랑크푸르트에 이르는 낮은 지역. 냉전시대

육군을 위해 많은 교훈을 갖고 있는 것으로 보이지 않았다.

냉전의 종식은 국제관계에 있어서 구조상의 변화를 만들어 냈다. 이것은 미국의 군사체제 그리고 북대서양 조약기구(NATO) 내부의 혁신(innovation), 창조(creativity) 그리고 실제적 이해를 필요로 했다. 세계는 새로운 방향으로 신속히 진화하고 있었다. 결국 NATO 군들은 빨리 기동하는 적에 대한 강력한 공세적 기동부대가 아닌 고정된 목표로서 부활하였다. 2001년 9월 11일 이후 새로운 회교 성전주의자들의 위협이 등장한 이후에도 미군과 나토군은 1991년 때보다 합동원장작전 태세를 더욱 갖추지 못했다.

결과적으로 미군이 전쟁에서의 커다란 변모를 알지 못한 책임을 질 수는 없다. 이것은 민간정부와 대부분의 국가안보 분석가들도 알지 못했던 것이다. 한편으로 거대한 상비군의 존재, 다른 한편으로 현역 반정부군의 존재는 지금도 유지되고 있는 냉전시의 미 국가안보체제에 대해 일종의 정신분열 현상을 조장했다. 상비군 챔피언은 예산과 특수작전가들의 정책적 침공에 저항했다. 반면 특수작전 챔피언은 말하기를 재래식 군사력은 융통성이 없다고 책망했다. 두 가지 형태의 부대들은 전체로서 통일성 있게 융합되지 못했으며 전쟁의 전체 스펙트럼을 다루기 위해 발전된 통합된 전략도 없었다.

그러나 오늘날 2차 세계대전의 유형으로 선형전쟁을 위해 편제된 재래식 미 육군은 지구상에 분산된 네트워크 체계를 지닌 테러리스트에 대항하기에는 실제로 유용성이 감소되었고, 아울러 대량살상무기(WMD)가 존재하는 전략적 환경 하에서의 가치도 감소하였다. 대량살상무기는 위기대응과 초기 분쟁종결을 더욱 더 어렵게 만든다. 육군의 누구도 테러리스트들을 상대하는 것이 국제 경찰부대의

에는 전략적으로 매우 중요했다. 역사적으로 러시아의 대규모 기갑부대가 사용한 몇 안 되는 통로 중 하나였기 때문이다.

기본적인 임무라는 것을 따지지 않는다. 이것이 왜 커다란 합동 군사력 속에서 미국 군대의 역할이 자금의 형태로 된 회교 성전주의자들에 대한 미국의 지원과 WMD를 없애는 국가정책을 강화함으로써 이러한 안보 위협을 경찰부대가 다루도록 다시 전환해야 하는가에 대한 이유가 된다. 이것은 WMD의 환경 속에서 작전할 수 있는 육군을 요구하며, 아울러 평화유지로부터 주요 전구전쟁에 이르는 분쟁의 스팩트럼을 감당할 수 있는 경찰부대로서의 육군을 필요로 한다. 이것이 실현되려면 정책과 전략 · 외교 및 군사력은 반드시 모두 동일한 목표에 합치되어야 한다. 여기에 20세기의 자취로부터 벗어나기 위해 투쟁하고 있으며 21세기 승리를 위해 싸우고 있는 미 육군과 정부가 직면한 커다란 도전이 존재한다.

1장 지상전에서 합동원정작전으로 가기 위한 로드맵

1997년 1월 출판된 『팔랑스 깨기(Breaking the Phalanx) : A New Design for Landpower in 21st Century)』 에서 나는 미 육군이 스스로 변혁하는데 실패한다면 위기는 외부로부터 부과된 무관한 변화로부터 오는 것이 아니라 무관심으로부터 올 것이라고 했다. 육군은 새로운 시대의 전략적 도전에 거의 기여하지 못하고 방위개혁을 함에 있어서 비용이 많이 드는 방해물과 같게 될 것이라고 했다.

거의 6년이 지난 뒤, 우리는 지구상의 전쟁 속에 놓여 있음을 발견하고 있지만 육군은 여전히 예산을 절감하는 표적으로 선호되고 있다. 육군을 예산절감의 대상물로 보는 사람들은 육군이 풍만한 본부(Headquarters)와 부담되는 부대구조를 가지고 있다고 생각할 수 있다. 그리고 전쟁에 대한 상상력이 부족한 육군의 접근방식은 가치를 거의 못 갖는다고도 생각할 수 있다.

럼즈펠드(Donald Rumsfeld)는 현존하는 육군 부대의 변혁을 계속해서 촉구했다. 그는 육군이 정밀무기와 보다 나은 정보 그리고 보다 빠른 전개능력에 편승해야 한다고 했다. 페르시아 만(灣)으로의 전개와 관련된 인터뷰에서 럼즈펠드는 새로운 전략적 환경 속에서 지상에서의 작전은 반드시 훨씬 적은 사전 경고와 10년 전 생각할 수 있었던 것 보다 적은 병력들로 시작되어야 한다는 점을 지적했다. 그는 다음과 같이 말했다.

〈10년 또는 20년 전에는 압도적인 전투력으로 싸웠습니다. 오늘날 병력은 보다 적지만 착안을 통하여 압도적인 전투력을 가질 수 있습니다. 왜냐하면 치명성이 과거와 동일하거나 그 이상 향상되었기 때문입니다.〉

『팔랑스 깨기』에서의 다음을 보면, 육군 변혁의 명시된 지향목표는 국방성이 언급한 요구에 아주 들어맞는다.

〈육군 부대들은 반드시 해외에 넓게 분산된 대기 지역(staging areas)으로, 그리고 미국 대륙 내에서 신속히 이동할 수 있어야 하며 위기 또는 지역 분쟁 속으로 전개하고, 이어서 곧바로 정지함이 없이 공격을 개시할 수 있어야 한다.〉

육군이 이 주장을 명확히 인정했다고 할지라도, 육군은 이와는 달리 현존하는 구조 및 교리를 위한 새로운 기술의 획득에 초점을 두고 있었다. 이 상태는 현재 바뀌기 시작했다. 점차적으로 미 육군 장교들은 영국 · 프랑스 그리고 이스라엘의 동시대 지식인들을 연구하였다. 전략적 환경이 상이하다고 해서 이러한 상이성이 단지 현재 육군 장비의 기능에만 나타나는 것이 아니라는 것을 연구했다. 사실상 육군 전투 장비는 중동에서부터 아시아 연안에 이르기까지 다양한 전략적 상황에 유용하다. 정보화 시대에 부과되는 보다 중요한 질문은 어떻게 육군의 능력을 효과적으로 조직하여 합동부대에 필요한 지상 구성군을 제공하느냐가 된다.

세계는 WMD가 점증하고 있다. 이 속에서 분산된 기동 그리고 비선형 작전은 오랫동안 지휘 방법, 리더십의 형태 그리고 전투를 위한 혁신적인 편성을 필요로 해왔다. 따라서 능력을 기초로 하고 새로운 기술에 지속적으로 적응하기 위해 설계된 새로운 육군 편성이 이뤄진다면 이 육군 편성은 정보화시대 전쟁에 핵심적인 건축 벽돌 격이 되는 것이다.

이 책은 육군 현재의 변혁 방향을 바꾸기를 촉구하면서 이러한 문제를 중점적으로 다루고 있다. 즉 육군이 새로운 방향, 새로운 합동작전 개념과 전투 편성으로 전환하도록 하자는 것이다. 합동 정밀타격 및 지식에 기초한 전쟁이라는 새로운 전장 골격 속에서 비대칭적인 군대는 그들이 사막의 폭풍작전(이라크), 정밀부대 작전(Operation Deliberate Force, 코소보) 그리고 항구적 자유 작전(Operation Enduring Freedom, 아프가니스탄)에서 그들이 했던 것과 같이 싸우려 할 것이다. 그래서 결정적 전투의 기회는 다시 나타나게 된다.[3] 그러나 이러한 종류의 전투는 전문직업군인들이 신속결정작전 및 효과중심작전과 같은 새로운 작전개념 골격에 살을 붙이기를 요구한다. 그리고 지구상의 합동원정전(joint expeditionary warfare)

---

3) 역자 주 : 미국의 적들은 분산 게릴라전, 테러, 위장, 디코이 등을 통해서 미국의 정밀타격에 대처했으므로, 육군을 이용하여 직접적으로 적을 격멸하는 결정적 전투가 필요하다는 것을 의미

속에서 어떻게 지상부대들이 설계되고, 편성되며, 성공을 위한 태세를 갖추어야 하는가와 연관된 필요한 결론을 이끌게 하고 있다.

이 책은 이러한 개념들을 논하려 한다. 전쟁에서 새로운 능력을 얻기 위한 편성상의 변화와 함께 혁신의 유용성에 관심을 다시 일깨워주려는 방법으로 진행을 구성하였다.

2장 무엇으로 변혁하고 있다는 것인가?

구식 군대를 보다 빠르게 이동할 수 있게 하는 것은 미래를 위한 비전이 아니다. 이것은 과거의 비전이다. 미 육군은 미 육군이 하려는 것을 위해 스스로를 설계하는 것이지, 새로운 전략적 환경이 요구하는 것을 하기 위해 자신을 설계하는 것이 아니다. 이 장은 6개의 제안사항을 살펴보고 이어지는 장들의 윤곽을 제시함으로써 방향의 변화를 촉구하고 있다.

3장 전쟁과 세계화

기술은 지상전의 변혁을 뒷받침하는 유일한 추진력이 아니다. 세계를 발전시키고 있는 많은 부분에 있어서의 오래도록 유지되어온 사회적 구조와 신념 체계는 세계적 변화라는 결정적인 무게 아래서 무너지고 있다. 과거 구조에 의존해서 살고 있는 사람들은 그들의 사회가 파괴됨을 보고 있다. 미국이 이러한 조건에 모두 부합되지는 않지만, 비난의 대부분을 받는 경향이 있다. 때문에 미 육군은 세계 속에서 새로운 형태의 전투로 이끌리게 되는 것이다.

4장 효과에 관계된 것이다

효과중심사고 그리고 신속결정작전은 위기 상황에서 조기에 결심을 하는 정치적 필요성을 암시하고 있다. WMD와 소모의 비결정성에 대한 피할 수 없는 여론의 반대와 연계하여 부대설계에 있어서 과거부터 있어왔던 육군 전쟁개념과 소모를 우선 고려하는 정책을 확대해 간다는 것은 불가능하다. 이유는 정치적 · 도덕적 그리고 군사적 불가피성 때문이다. 이것은 군사 · 경제 · 외교 · 인권 · 언론 및 기타 전략적 라인(즉, 통합된 작전)의 협조가 필요하다는 것을 강조한다.

5장 합동원정전을 위한 개념과 건설

육군이 변혁을 계획하면서 놓친 것은 합리성을 지닌 작전개념이다. 이것은 육군의 핵심 근무능력을 합동부대로 통합하기 위해 육군을 특수화된 모듈로 편성하는 개념을 말한다. 아프가니스탄에서 특수작전부대들에 의해 수행된 작전 행동은 합동 기동 및 타격작전과 관련하여 예상되는 미래를 위해 많은 참고사항을 제공한다.

이 장에서는 상설합동부대본부(Standing Joint Force Headquarters)라고 불리는 지휘 및 참모 셀의 합동 네트워크를 제시하고 있다. 이것은 적을 수 시간, 수 일 또는 수 개월이 아닌 몇 분 이내에 공격하기 위해서(소대급 수준에 이르기까지) 지휘결심 주기를 단축시키는 반면, 다수의 작전적 과업들을 통합하기 위해 설계된 것이다.

6장 범세계 합동원정전을 위한 편성

육군은 현재의 선형, 단일 군 전쟁 동원 구조로부터 분산된 네트워크 중심 편성으로 전환할 수 있다. 또한 이것은 본래 합동성을 지니고 적응성 있는 전투편성을 창출할 수 있다. 이 가운데 네트워크 중심의 접근방법은 분산된 기동전을 위한 부대를 설계(전투단)하게 만든다. 이것의 기동 및 타격 능력들을 합동 해상 특수임무부대 또는 공군 원정부대와 병합할 수 있다. 정밀 타격(precision attack), 기동 타격(mobile strike), 평화지원 또는 위기 대응 작전을 수행하기 위한 것이다.

7장 전투준비태세 달성

훈련준비는 사실상 집단 · 단위부대의 전투준비와 관련된 것이다. 이 장은 합동 순환 전투준비 및 훈련(joint rotational readiness and training)에 대한 강도 있는 논의를 포함하고 있다. 이것은 육군 지상부대가 오늘날 그리고 미래에 적용해야 할 내용이다.

8장 왜 아직도 섬에 병력을 주둔시키고 있는가?

새로운 전략적 환경에 의해 전투력을 재정비함으로써 우리는 동맹국 영토 내에 주둔지를 두어야 한다는 것으로부터 벗어날 수 있다. 동맹국 영토상의 기지에 기존보다 적은 규모의 부대들을 주둔시킨다. 대신 그곳으로 향하는 진입로를 안전하게 하는데 관심을 돌린다. 반면 미 영토 내의 시설들은 합동원정부대들을 다른 지역으로 투사하기 위해 건설되어진다. 국내에서 육군을 새로운 원정환경에 순응시키는 것은 새로운 육군 지휘구조를 필요로 한다. 이것은 새로운 10개 사단에 필적하는 부대를 훈련시키고, 준비시키기 위해 설계된 것이다. 아울러 합동원정전과 향토방위 임무 모두에 투입하여 운용하기 위해 설계된 것이다. 불필요한 상부 구조, 아래로 다양하게 뻗어 나가는 스팀 라인식의 지휘통제를 감소시키기 위한 변화는 변혁을 위해 결정적으로 중요하다.

9장 문화적 혁명 속에서의 리더십과 변화

병사들을 이끌고 훈련시키며 편성하고 관리하는데 있어서 새로운 방법을 사용하지 않고서는 지상전 속에 합동원정전의 개념을 도입할 수 없을 것이다. 그리고 그들의 전개 및 전투를 위한 전투준비태세의 발전이 없이도 도입될 수 없다. 따라서 육군 내부에 근본적인 변혁에 대한 필요성을 갖는 마인드가 있어야 하며, 마찬가지로 편제상의 변혁 필요성도 있어야 한다.

10장 에필로그 또는 프롤로그?

구 도로를 재포장하려는 구식 여단과 사단 그리고 군단에 장비를 새롭게 지급하려는 현재 육군계획 그리고 새로운 시스템을 도입한 육군은 성과를 얻지 못할 것이다. 이 장은 만일 신속히 실행된다면, 변혁적인 변화를 새롭고 보다 생산적인 방향으로 크게 가속화시킬 수 있는 대책을 설명하고 있다.

오늘날 과격한 이슬람과의 투쟁은 전체주의자들의 민주주의에 대한 도전을 생각나게 한다. 이것은 1차 대전 이후인 1920년대 나타나서 1930년을 경유하면서 치명적인 위협으로 발전하였다. 이것은 총력전 또는 장기적이고 소모적인 군사적 대결을 통해서만 제거될 수 있었다. 2001년 9월 뉴욕시와 펜타곤에 대한 공격 그리고 이 결과에 따른 테러리즘에 대한 전쟁은 모로코로부터 인도네시아에 이르는 세계의 많은 부분을 사회적 정치적 혁명의 화약고로 변화시켰다. 전쟁 전 상태로의 복귀(Status quo ante)는 영원히 멀어져가고 있다. 슬프게도 과격파 이슬람의 주장은 화약고로 횃불을 던지기 시작했다. 알카에다는 미국과 유럽의 영향력을 제거하고 이러한 지역에서 세속적인 정부를 와해하려는 대중적인 폭동이 발화되기를 희망한다. 이러한 과대망상자들이 지닌 음모를 조롱하기 전에, 우리는 이슬람 극단주의자들의 도전에 대한 20년간의 망설임을 깊이 있게 생각해봐야 한다. 이들은 2001년 수 시간 동안 3,000명이 넘는 무고한 사람들을 대량 학살했다.

이슬람세계의 사회적 · 정치적 그리고 경제적 구조에 있어서 드라마틱한 변화는 동북아시아와 마찬가지로 현재 기술의 영향과 결합하고 있다. 이것은 서구에게 새로운 지상전의 형태를 가능하게 하였다. 서구는 정확하고 참혹한 합동화력을 신속한 합동기동과 함께 결합시켰다. 미군의 모든 병과들에게 있어서 지상전에서의 변혁적인 변화는 전쟁과 산업시대로부터 정보화 시대로의 전환에 따른 피할 수 없는 결과이다. 기술은 새로운 합동작전개념과 혁신적인 전투편성을 요구한다. 미 육군에게, 이러한 새로운 환경에 따른 군사적 결과들은 주목할 만하다.

2 무엇으로 변혁하고 있다는 것인가?

우리는 목적을 대신하여 물리적 집단을 사용하려 해왔다. 우리는 군사력을 거대하고, 사용하기 쉽지 않게, 복잡하게 만듦으로서 방위 잠재력을 되찾으려 해왔다. 그러나 이것은 결코 효과를 보지 못하고 있다.

—새로운 현실들, 피터 드러커

미국의 국방정책은 오로지 행동과 관련된 문제에 직면한 사람들만이 선택할 수 있다. 이론가는 아니다. 현재 육군 변혁을 이루어야 하는 문제들은 만족스럽게 질문을 받거나 답변되지 않고 있다. 이 질문은 다음과 같은 것이다. 누구와 어디서 싸워야 하는가? 어떻게 싸워야 하는가? 그리고 매우 중요한 것은 변혁된 미 육군이 싸우기 위해 필요한 전략적 목적은 무엇인가? 이러한 질문의 타당성을 보여주는 역사적 과거 사례들이 있다.

조지 워싱턴의 대륙군(Continental army)은 존재하는 부대(force-in-being)였다. 즉 이것이 존재하는 한 미국도 존재하는 것이었다. 단지 멕시코시티를 점령할 목적으로 급조된 윈필드 스코트(Winfield Scott)의 육군은 원정군이었다. 율리시스 그란트(Ulyssese S. Grant)의 대규모 동원군은 소모전을 이끌었으며, 한 가지 목적을 의도하고 있었다. 남부 연방의 격멸이 그것이다. 조지 마셜(Geroge C. Marshall)의 산업화시대의 육군은 일본과 독일 그리고 기타 일부 다른 적들을 격퇴시키는 것에 초점을 두고 있었다.

미 대통령은 2002년 웨스트포인트 졸업식 연설에서 육군의 전략적 목적에 대한 질문에 이렇게 답변하였다.

〈군은 반드시 세계의 모든 어두운 구석에서 경고가 주어지는 순간에 타격할 수 있는 준비가 되어있어야 합니다. 침략과 테러를 결정한 모든 국가는 대가를 치를 것입니다.〉

그의 군사전략은 민간과 군사 능력을 경제적으로 혼합하고 미국 내에서 방위하는 것을 포함하고 있다. 반면에 현역 지상군, 공군 및 해군의 군사력은 공격을 위해 그리고 적 지역에서 적을 격멸하기 위해 운용한다. 이것이 범세계 합동원정전(global joint expeditionary warfare)을 위한 전략이다. 이 전략은 준비되고 전개가능한 지상군을 필요로 한다. 이 지상군은 합동군의 일부로 지상에서 싸울 목적으로 설계된 것이다. 간략히 말해서 육군 비전의 중심 초점은 어떻게 육군이 합동전의 승리를 위해 기여할 것인가에 반드시 맞춰져야 한다. 재래식 육군부대들을 더욱 빠르게 하는 방향으로 이동해서는 안 된다.

2001년 9월 11일 이전의 육군 비전과 그 날 공격 이후의 육군 비전은 같은 것이다. 육군의 변혁 계획은 1개 육군 여단을 96시간 안에, 1개 육군 사단을 120시간 안에 그리고 5개의 육군 사단들을 30일 안에 세계 모든 곳으로 실어 나르는 데 초점을 두고 있다.

이러한 낙관적인 타임라인에 부합되기 위해서 육군은 미 공군 전략적 수송자산의 대부분(lion's share)을 할당받는 데에 의존하고 있다. 이러한 기대는 만일 다른 군에서 전략적 수송에 대한 적법한 요구가 있게 된다면 현실성을 잃어버린다. 특히 미래에 육군 작전을 위한 많은 양의 화력지원과 C4ISR은 합동전 구조의 일부를 담당하는 다른 군이 제공할 것이다. 더욱 중요한 것은 재래식 부대를 더욱 빠르게 하는 방향으로 움직이는 것은 미래를 위한 비전이 아니라는 것이다. 이것은 과거의 비전인 것이다.

미래로의 새로운 도로를 포장하는 대신 구 도로를 재포장하는 것은 보다 더 적은 자원을 가지고 동일한 길을 향해 나아가는 것을 의미한다. 나는 또 다른 하나의 미래로 향하는 길의 윤곽을 그리기 위해 이 책을 썼다. 이 길은 오늘날 육군이 건설할 수 있는 길이다. 그리고 이것은 보다 준비되고, 치명적이며 전개 가능한 미래 부대에 대한 육군의 열망과 의지를 반영하는 것이라 하겠다. 우리는 세계에서 유일한 슈퍼파워로 군림하고 있는 미국의 군사력, 특히 육군이 도전받을 만한 것이 아닌 이 시점에 왜 이것이 중요한가를 당연히 묻게 될 것이다. 답변은 간단하다. 미국의 군사 조직이 새로운 전략적 환경에 의해 부과된 도전에 효과적으로 대응할 수 없다면 미국이 아무리 강력한 국가라도 재앙에 직면할 수 있다는 것이다.

미래의 승리로 향하는 보다 현실적인 통로를 제시하는 새로운 기술 · 전술 그리고 편제를 통합하더라도 전쟁 중에는 현재 관련된 장비와 작전적 방법들을 그대로 유지한 채로 변혁적인 변화를 보게 된다. 변혁적 변화는 필요하다. 왜냐하면 평화 시기의 훈련에서는 실제 지상전의 상태를 모사하는 것이 거의 불가능하기 때문이다. 즉 애매모호함, 불확실성 그리고 무엇보다도 테러 · 살인 및 극도의 피로 등을 모사할 수 없다. 현재 테러리즘에 대한 범세계적 전쟁은 육군에게 자신을 변혁할 수 있는 기회를 제공하고 있다. 변혁 방법은 개념 · 과정 · 편성 및 기술의 상호 발전을 포함하고 있다.

한 가지 방법은 새로운 기술들을 오늘날의 새로운 전투 집단에 도입하고 실제 전투에서 병력들이 사실상 무엇을 하는가를 탐사하는 것이다. 진행 중인 분쟁 속에서 이 접근 가능한 접근을 하는 것은 고도의 이론적 감각으로 미래 기술의 사용을 예측하려고 현재 실시하고 있는 연습보다 나은 것이다. 이론적 감각은 야전 환경으로부터 거의 완전히 분리되어 발전되고 있다.

오늘날 지상전은 합동전의 중심으로 자리 잡고 있다. 미국의 해군과 공군력은 사실상 도전받을 수 없는 수준이다. 각 군들은 현재 지상에 대한 결정적 영향을 미친다고 주장하고 있다. 주된 이유는 이들에게 대칭적인 상대가 없기 때문이다. 정밀유도미사일이 공중에서 발사되건 바다에서 발사되건 지상을 조준하게 된다. 미국의 해상 통제력에도 도전할만한 국가가 없다.

2차 대전이 끝난 이후, 미국의 공중통제에 도전할 능력을 지닌 적 항공기의 숫자는 점차 감소되었다. 인정되듯이 이러한 변화는 부분적으로는 미군이 대적하는 적의 상대적인 규모와 기술적인 정교성이 낮아지고 있다는 것을 반영한다. 그러나 어쨌든 이러한 추세는 확실한 것이다. 미 공군 조종사들에 의해 격추된 적 항공기의 숫자를 대략 분석해 보면 알 수 있듯이 공대공 전투는 점차적으로 발생할 가능성이 낮아지고 있다(표 2.1 참조).

[표 2.1] 미 공군에 의해 격추된 적 항공기

1차 세계대전(1917–1918)	항공기 624대 + 기구 60개
2차 세계대전(1941–1945)	15,811
한국 전쟁(1950–1953)	894
베트남 전쟁(1965–1973)	137
서남 아시아(1991–1995)	38
보스니아(1994)	4
코소보(1999)	5
미 공군에 의해 격추된 적 항공기 총계	17,513

정밀 타격은 중요하고 필수적인 능력이다. 이것은 왜 정밀타격 무기 제고, 즉 레이티온(Raytheon), 록히드 마틴(Lockheed Martin) 그리고 보잉(Boeing)의 합동직격탄(JDAM) 같은 성공적인 레이저 유도 폭탄계열이 증가하고 있는가에 대한 이유가 된다. 2002 회계연도 국방예산은 정밀무기 분야에 추가적인 발전자금을 할당했다. 이것은 소위 소형직경(Small Diameter) 폭탄을 위한 5천 4백만 달러 그리고 JDAM 위치추적시스템(GPS) –추가된 폭탄 유닛 생산물– 을 발전시키는데 10억 달러를 웃도는 자금을 포함한다.

그러나 공군 및 해군의 대량 타격이 결정적 성공이 되도록 하기 위해서 지상 부대들은 반드시 강제적으로 적을 집중하도록 만들어야 한다. 매우 단순하게도 만일 적이 집중하지 않는다면 그리고 그로 인해 손해를 보지 않는 타깃을 제공한다면, 아울러 미국의 합동정밀타격능력과 함께 통합되기 위해 설계되고 편성된 지상군이 없다면 수천 톤의 폭탄은 당연히 허공에서 사라질 것이다. 왜 그럴까? 정밀유도무기는 분쇄할 가치가 있는 적, 다시 말하면 쉽게 식별되는 표적을 다소 제한된 숫자라도 지니고 있을 때라야 효과적이기 때문이다. 주요 무기체계 형태의 고정된 표적, 기반구조 그리고 발전시설은 보다 커다란 표적 집합의 한 부분만을 이룬다.

지상의 병력 집단 또는 전투함이 전략적이지 못하다는 말은 표적 리스트 그리고 정밀탄약 비축량이 전략적이지 않다는 것과 같다. 미국과 동맹국의 리더들은 전투의 전략적 성과를 제한하지 않을 것이다. 단지 그들은 공중과 해상으로부터의 지원을 제공하고 있다.

미국은 정밀타격력이 제한되는 수단을 이용해서 숭고한 최종목표를 추구할 수 없다. 아프가니스탄 지상을 통제함에 있어서 미국이 아닌 북대서양 동맹이 지닌 수단들로는 최종목표를 추구할 수 없다. 이러한 수단들이 유고군과 경계부대를 원래대로 내버려두었고, 그래서 나토가 아닌 코소보 해방군이 코소보에서 권력을 장악하게 됐다.

합동정밀타격과 통합되도록 계획되고 편성된 강력한 육군 전투부대들에 의한 힘찬 지상 기동을 신속히 이용하지 않는다면 미 공군 및 해군 부대들에 의한 타격은 지속적인 전략적 효과를 달성하지 못할 것이다. 미국의 정밀타격능력은 주로 공군력에 의한 것이며 파괴 시 적이 위기를 맞이할 수 있는 일부 재래식 군사력과 민간·군사 기반시설을 가지고 있을 때 결정적일 수 있다. 지향목표가 적군의 지역을 확보하고 파괴하거나 또는 점령·회복한다기 보다 적을 굴복시키거나 아군의 의도대로 따르게 하는 것이라면, 미국의 정밀타격능력은 결정적일 수 있다. 즉 〈문안에 있는 부대들을 부수는 부대〉로서 결정적일 수 있다. 이것들은 적의 강화된 방어선을 파괴하고 미 육군과 해병 전투부대들이 최초 돌파를 전과 확대할 수 있도록 도와준다.

장거리 합동정밀화력 및 C4ISR은 적 육군부대들을 넘어서 그들이 방어하거나 보존하기를 원하는 것을 직접 타격할 수 있는 가능성을 제공한다. 정밀 전략적 타격은 집중된 육군전투부대들과 긴밀한 협조 및 시간계획수립으로 방어하는 적에게 회복할 수 없는 딜레마를 부여하게 될 것이다. 이것은 냉전 기간에 계획된 〈참수(decapitation)〉전략과 부분적으로 유사한 것이다. 이것의 목표는 〈지휘통제 시스템을 단절시키고 적군의 지도자를 살상 하여 혼란에 쌓이도록 하는 것〉이다. 그러나 만일 적이 오로지 그 자체의 권력유지와 생존[4] 또는 일부 파괴를 통한 종교적 정화의 계시적인 지향목표에 가치를 두고 있다면 공군력 자체만으로는 결정적일 수 없게 된다. 위장·은폐·대응수단 그리고 기만은 미국의 표적을 식별하는 노력에 대항하여 다양하게 사용될 것이다. 이렇게 점증될 것으로 보이는 상황들 속에서 지상에서의 일부 재래식 및 특수 작전 부대들의 민첩한 조합은 승리를 위해 반드시 필요할 것이다.

작전적으로 볼 때, 교활하고 단호한 적에 대항하여 순수한 기술적 수단으로만 싸우게 된다면 면역적응력이 생긴 적은 우수한 기술의 효과를 저하시키는 전술로 대응하게 된다. 복잡하고 도시화 된 지형에서 민간인으로부터 알카에다와 같은 한정된 적을 찾아내고 그들을 전투로 끌어들이기 위해 육군 전투 단위 부대들은 반드시 지상에서 적과 교전하여 이를 굴복시킬 수 있는 능력을 지녀야 한다. 이러한 조건 하에서 육군 부대들은 반드시 교전(의도된 또는 의도되지 않은)에서 생존할 수 있어야 할 뿐만 아니라 결정적인 부대로 즉각 적에게 카운터펀치를 날릴 수 있는 기회를 이용할 수 있어야 한다.

미 국방부 리더들은 지상군 부대들을 감축하자고 하지 말고, 대신 미국의 공중 · 우주공간 및 해양 통제력를 이용하기 위해 지상군

---

4) 역자 주 : 국토 및 시설 파괴와는 무관하게 어쨌든 정권을 유지하고 국가체제가 유지되는 것을 목표로 한 경우를 의미한다.

부대들을 편성하자고 결단코 주장해야 한다. 이것은 나의 첫 번째 책 『팔랑스 깨기』에서 필연적으로 제시한 메시지였다. 미국의 공중 및 해양을 지배하는 전략적 환경 덕택에, 재편되고 재건된 육군 전투부대는 전구에 따라 미 공군의 현대화된 수송기, C-17과 상업용 항공기 · 함선 · 철도 또는 도로를 경유하여 해상 · 공중 그리고 지상을 통해서 전개될 수 있다. 2001년 9월, 미 육군은 독일로부터 폴란드와 러시아를 경유하여 아프가니스탄으로 장갑전투차량들과 포병을 이동시킬 수 있었으며, 인도양에 위치할 수 있었던 해군 자산들 보다 더 편리하게 중앙아시아에 도착할 수 있었다. 오늘날 바다에 사전 배치된 육군의 자산은 기껏해야 유라시아 외곽지역을 따라 상륙할 수 있다. 보다 적은 흘수(draft)가 요구되는 새롭고 민첩한 배의 설계로 육군은 보다 양호하게 병력을 상륙시킬 수도 있다.

육군에 대한 질문은 무엇을 변화시키고 어떻게 변화를 실행시키는가를 포함한다. 답변은 아래의 일단의 질문들에 의해 좌우된다. 이것은 다음과 같은 것들이다.

- 육군의 능력을 어떻게 합동정밀타격과 통합할 것인가?
- 합동부대 내의 지상부대들을 어떻게 편성하고 지휘 통제할 것인가?
- 전쟁의 기술이 현재 개념적인 사고를 앞지르지 못한다는 것을 어떻게 확신시킬 것인가?
- 편제상 현재의 상태를 유지하면서 온건하게 개선하며, 그리고 먼 미래에 〈만전의 해결책〉격인 기술에 대한 환상적인 추구를 하는 낭비적인 활동으로부터 변혁의 에너지를 어떻게 보존할 것인가? 미래의 기술은 역사를 통해 볼 때, 모든 경우에 있어서 혁명적 충격을 보이지 않는 것 같다.
- 보다 하위 수준에서 주도권을 잡고 합동성의 중요성을 획득하기

위하여 육군 문화를 어떻게 변화시킬 것인가?

이러한 질문에 답변하지 않고서는 오늘날의 육군을 보다 강력한 정보화시대의 군으로 변화시키기 위한 새롭고 명확하며 전략적인 비전을 갖는다는 것은 불가능하다. 본래 합동 개념적 용어 속에서 현대지상전에 대한 새로운 정의 없이는 육군은 그들이 추구하는 변혁적 변화의 성과를 달성할 수 없을 것이다. 이어지는 장에서 나의 목표는 위의 질문에 대한 답변을 제시하는 것이다. 군인들과 민간인을 돕기 위해서다. 이들은 진행되고 있는 새로운 유형의 전쟁과 합동작전적 연계성 속에서 이러한 도전들을 반드시 취급해야 한다. 실제 부대들 및 그 부대들의 능력을 함께 고려하면서 역점적으로 취급해야 한다.

육군의 변혁이 지연된 이유

『팔랑스 깨기』에서 나는 1997년 1월 육군과 미 국민에게 솔직한 메시지를 전했다. 육군이 미래의 위기들과 분쟁들을 준비하면서 미국의 거대한 공업단지와 동원기지에 의해 제공되는 잠재력을 기초로 대처하는 대신, 세계 모든 곳에서 합동군의 일부로 매우 짧은 경고 하에 싸우기 위해 존재하는 육군 부대들(army forces in-being)이 필요할 것이라고 논하였다. 정보기술은 혁명적으로 진보했다. 이를 통해 진정한 이득을 얻기 위한 메시지는 명확했다. 육군의 전투편성은 반드시 재건되고 재조직되어야 한다는 것이었다.

육군 사단들은 본질적으로 행정과 군수에 있어서 상부 중심적이다. 그리고 사단들의 수직적 지휘구조는 작전을 수행할 때, 보다 하위 수준에서 반드시 분권화되고 합동전력과 통합되어야 하는데 이러한 지휘구조는 경직되고 중앙집권적인 통제를 조장하게 된다. 이것은 〈사막의 폭풍작전〉에서 명확히 드러났다. 사우디아라비아에 33만의 병력을 위치시키고 이들을 지원하기 위해서 거대한 복합 기지를 건설하는데 반년이 소요되었다. 이 병력의 10%에 훨씬 못 미치는 병력들만이 전투원들이었다. 실제로 사우디아라비아에서는 전투병력 보다 훨씬 많은 의무병과 통신병들이 있었다. 페르시아 걸프에서 어떤 기갑사단은 약 10만 톤의 무게를 지녀야 했다. 탄약 · 연료 · 수리부속 그리고 트럭 때문이었다. 재래식 포병(tube artillery)은 이를 쫓아서 사격하기 위해 사단 무게의 3분의 2 이상을 차지했다.

2003년 이라크 침공 수개월 앞서 실시된 미 육군의 페르시아 걸프에서의 전개를 볼 때, 역시 변한 것은 없었다. 군수 및 부대설계를 보면, 육군은 2차 대전 모델 속에서 영속적이고 결코 끝나지 않는 전쟁을 위해 동원을 계속하고 있는 것처럼 행동하고 있다.

육군의 사단 편제는 여전히 비교적 작은 보병 및 전차 여단들로 구성되어 있다. 이것들은 독립적으로 작전하기 위한 응집력과 전투력이 부족하다. 증강되었을 때조차도 육군의 여단들은 결심 및 행동의 속도가 필요한 환경 속에서 전장에서 발생하는 기회를 식별하고 이용하기 위한 참모진을 갖추고 장비되지도 못했다.

결국 사단 편제는 전시 전투를 위해 18,000에서 23,000명의 병력을 지녔다. 이것은 대량살상무기(WMD)에게 매력적인 표적이 된다. 왜냐하면 현재 육군 편제와 교리는 선형을 이루며 전선 상에 정렬된 사단들의 후방에 전투 및 지원부대들을 집중하도록 하고 있기 때문이다. 결과적으로 육군 사단들은 비집단적이고 비연속적인 작전을 위한 모습을 갖추고 있지 않다. 우리는 모든 사단의 병사들, 특히 지원 기능을 수행하는 3분의 2를 집단적으로 몰고 다니고 있다. 최초부터 적에게 우리의 병력과 장비(예를 들어 포병 및 항공부대 지원)가 대규모로 집중한 상태를 제공하게 되는 것이다. 이것은 WMD의 이상적인 표적이 된다.

끝으로, 전개하는 것을 일상적으로 연습하지 않기 때문에 부대들은 매우 느리게 도착한다. 그리고 병사들 대부분은 매우 오래 같이 근무하지 못하기 때문에 서로 다른 전투준비태세를 갖춘 상태로 도착하게 된다.

『팔랑스 깨기』에서, 나는 편성에서의 변화는 능력에서의 변화를 낳게 된다고 주장했고 정보의 흐름도 마찬가지라고 했다. 그러나 새로운 의미심장한 능력들이 나타나도록 하기 위해서는 새로운 기술들, 즉 반드시 새로운 편성과 새로운 작전개념 하에서 이용되어야 한다. 혁명적 변화는 편성 · 교리 · 인사 · 문화 및 기술적 변화의 교차점에서만 존재하게 된다. 육군의 삶을 변화시키는 이러한 모든 국면들은 변해야 한다. 그리고 함께 변해야 한다.

나는 편성 측면에서 접근한 이러한 합리성을『팔랑스 깨기』에서 다루기 시작했다. 여기서는 사단과 여단을 해체하고, 대신 준장에 의해 지휘되는 대략 5,000명으로 편성된 전투기동단(combat maneuver group)을 편성하자고 했다. 이 전투기동단은 능력 중심의 부대 패키지로 만들기 위해서 설계된 것이다. 이것은 육군의 능력을 보다 규모가 커진 합동군 부대에 통합하기 위해 설계된 새로운 지휘 · 통제 · 통신 · 컴퓨터 · 정보 · 감시 및 정찰(C4ISR) 구조 속에서 이루어지는 분산된 기동전에 응하기 위한 것이다. 결과적으로 이 부대들은 전시에 싸우기 위한 방식에 부합하도록 항공 · 정찰포병 · 근무지원 및 근접전투 병력들로 평시에 편성한 것이다.

불행하게도 과거에는 편안했던 냉전 조건들이 사라지면서 많은 불안한 새로운 현실을 남겨놓았다. 냉전의 조건이란 거대한 기지를 갖는 육군의 필요성을 말한다. 이것의 전략적 사용은 수백만 명은 아니라도 수십만 병력이 참가하는 별개의 예상되는 분쟁으로 한정되는 것이다. 육군은 근본적인 변화를 거부하였다. 육군의 시각으로 보면, 합동성은 합동특수임무부대(JTF)의 지휘관이 육군 장교가 되고 전역계획이 육군을 지원하는 것에 중점을 두게 되면 좋은 것이다. 결국 후속변혁계획(transformation program)은 비록 최상의 의지로 고안되고 실행되었다고 할지라도, 1991년 걸프 전쟁으로부터 회귀한 육군을 완전히 변화시키는데 실패했다. 1991년 이래 육군에서 추진해온 포스 21(Force XXI), 차세대 육군(Army after Next), 타격 부대(Strike Force) 또는 변혁을 위해 현재 계획하고 있는 목표군(Objective Force)은 냉전시의 10개 사단 구조 또는 개별-군(single-service) 제도 정책 및 절차들을 전면적으로 바꾸기 위해 만든 것이 아니다. 이 모든 것은 2차 대전에 그 뿌리를 깊게 두고 있다.

어떻게 이런 상황이 발생할 수 있었는가? 육군이 변화하는 전략적 환경을 인정했지만 육군은 오로지 새로운 기술의 획득에만 초점을 맞추었기 때문이다. 미 지상군 구조를 새로운 전략적 환경 속에서 국가의 요구에 부합되도록 바꾸는 것은 하나의 기관인 육군에게 고통을 수반할 것이 명백하다. 이러한 전략적 변화에 대응하지 않게 되면 미래 육군의 모호한 비전은 파워포인트 브리핑 슬라이드 판을 넘어선 변화를 가져오지 못할 것이다. 냉전 사고는 진실로 새로운 편성과 정책의 출현, 즉 합동작전개념을 지상군사력 운용을 위한 새로운 설계로 해석해서 반영시키는 것을 방해했다. 하지만 이것만이 아니다.

콜린 파월 장군이 1991년 기지 부대(Base Force)를 위한 초안을 잡을 때부터 육군은 공격받고 있었다. 그 이래로 많은 사람들이 보기에 육군이 시대에 뒤떨어진 전투 구조를 가지고 변화에 저항하고 있다는 분위기 속에서, 육군에 대한 더 많은 감축 요구가 늘어났다.

미 국방 사회에서 육군에 대한 공격은 다시금 그 기세를 높이고 있으며, 따라서 육군도 본질적인 변화에 과거보다도 더욱 반대하고 있는 것이다.

변혁된 육군의 필요성에 대해서는 더욱 많은 질문이 생기게 된다. 왜냐하면 코소보에서 아프가니스탄에 이르기까지 합동작전에서 인식된 재래식 육군의 반복되는 무능력 때문이다. 육군은 육군의 존재를 알리는 데 있어서 무능력했다. 공군 · 해군 · 해병대 그리고 특수전 부대들과는 대조적으로 재래식 육군은 새로운 전장에서 관심을 끌지도 못했고 능력을 보이지도 못했다. 〈총소리를 타고 달리는(riding to the sound of the guns)〉것을 보이지 못했던 것이다.

육군 내부에서는 의심이 커갔다. 앞에서 제시한 문제 때문에 육군의 변화가 통제되고 변혁에 실패할 것이라고 의심했다. 이러한 상태는 육군 변혁에 필수적인 지적인 의구심과 새로운 아이디어에 영향을 미쳤다. 바로 그때, 2차 대전과 냉전의 작전적 패턴(이것은 외형적으로 사막의 폭풍 작전에서 재확인되었다.)을 완전히 벗어나 육군을 편성하고 전개하자는 제안들이 거절되었다. 이것은 독립전쟁 이후 육군에게 널리 유행된 태도를 회상시킨다. 아메리카 내부에 있는 적에 대처하기 위한 전술 · 장비 그리고 편성을 개조하는 대신 각 인디언 전역은 그것이 마지막인 것처럼 취급됐다. 왜냐하면 육군은 서부에서 아메리카 내부의 적과 싸우려하지 않고 독립전쟁을 다시 치르기를 원했기 때문이다. 아이러니하게 스페인-미국 전쟁이 발발했을 때, 미 육군은 불런(Bull Run)에서 연방군 육군과 싸웠던 때보다 더 준비되지 않았다.

육군 장교단 내부에서 사고의 동질성을 고집했던 것도 변화에 대한 장애였다. 사실상 진짜 개방된 논의와 논쟁에서 나타날 수 있었던 의견 차이는 변혁에 대한 위협으로 보였다. 모든 노력을 들여서라도 회피하려 했다. 이러한 상태들은 변혁에 도움이 되지 못한다. 대부분의 문제점과 같이 이것은 새로운 것이 아니다.

브루스 파머(Bruce Palmer Jr.) 장군은 2차 대전에 이르는 이전 기간 동안 육군 내부의 분위기를 충격적인 유사한 용어들로 특색 있게 보여주었다.

헐(John K. Herr) 장군이 모든 기병장교들에게 말을 사용하는 기병과 기계화 부대에 대한 선호도를 묻는 편지를 썼을 때가 〈비상사태〉가 선포되었을 때(독일이 1939년 가을 폴란드를 침공한 이후)였다. 그가 기계화 부대를 몹시 싫어한다고 알려졌기 때문에 편지를 받는 사람들은 꽤 깊은 딜레마에 빠졌다. 만일 그들이 말을 선택한다면, 앞으로 명확히 다가올 기회를 놓치게 되므로 직업적으로 악영향을 받을 것이 명확했다. 만일 기계화를 택한다면, 헐 장군이 그들에게 다른 방법을 써서라도 대가를 지불할 것이라고 알고 있었다. 그 당시 어떤 길을 택하던지 그들은 직업적으로 교수대에 올라가게 되었다.

헐 장군은 이후 자신의 주장을 낮추고 약간의 기계화 부대를 편성할 것을 허락하였다. 그러나 한 개의 기마 연대도 기계화 부대로 대치하지 않았다. 그의 카운터파트너인 보병감(린치)과 포병감(덴포드)도 마찬가지로 편협한 사람이었다. 이것 때문에 조지 마셜(George Marshall)이 병과장을 없애버린 것이다. 이렇게 했기 때문에 전쟁에 승리하게 된 것이다.

육군 장성 조지 마셜(George C. Marshall)에게 있어서 변혁적인 리더십은 전투에서의 리더십과 같은 것이었다. 이것은 유머와 그리고 극도의 육체적인 고난 하에서 야기된 실수에 대한 용서, 불운을 무시함으로써 공포와 좌절을 참아내는 것을 의미한다. 왜냐하면 희생과 간혹 나타나는 결점이 없이 승리하는 것은 환상이기 때문이다.

전쟁에서 승리하려면 다음과 같은 육군의 지도자를 필요로 한다.

즉 성공적인 변혁은 변화가 지속되어야 하며 이러한 변혁의 필요성을 아는 지도자 그리고 군인 및 민간인 등 보다 거대한 육군의 내부 구성원은 반드시 변화를 실행하는 요원이 되어야 한다는 것을 이해하는 지도자를 말한다.

럼즈펠드가 지적했듯이 미군도 새로운 기술 하나만으로는 변하지 않을 것이며, 미국의 전쟁방식도 새로운 기술 그 하나만으로 결코 변하지 않을 것이다. 국립국방대학(National Defense University) 연설에서 그는 다음과 같이 언급하고 있다.

〈나는 결코 변혁이 무기체계와 관계되며...새로운 작전개념 그리고 새로운 리더십 철학이 변혁을 위한 가장 중요한 요소라고 믿지 않습니다. 그러나 새로운 기술의 획득 또는 현존하는 기술을 새로운 방식으로 이용하는 것은 변혁을 어떻게 실현시킬 것인가 하는 작전적 개념이 되어왔습니다. 이것은 아프가니스탄에서의 일부 작전에서 증명되었습니다.〉

민간의 추세에 따르자면 육군은 당연히 보다 작고, 보다 독립적인 전술 단위부대들을 채택할 것으로 기대해야 할 것이다. 여기서 말하는 작고 독립적인 전술단위부대들이란 다양한 합동특수임무부대에 신속히 육군의 능력을 결집시키기 위한 설계된 부대들을 의미한다. 이것이 초당파적인 국방 패널의 노골적인 권유였다. 1997년 〈국방 변혁〉이라는 제목으로 다음과 같은 제안이 있었다.

〈육군은 전선 부대(예를 들어 사단) 이상을 재편하고, 이것은 보다 작은 규모로 발전해야 하지만 적에 대한 치명성은 동일해야(또는 보다 높아야) 한다. 보다 군살이 없는 참모진, 수평적 지휘 계층구조 그리고 보다 나은 측방으로 연결된 –육군뿐만 아니라 타군에 이르기까지– 병참 통신 능력을 기대하는 것이 또한 이상적일 것이다.〉

풍만한 지원 구조와 복잡한 다수의 제대 편성을 해체하더라도 아프가니스탄과 서남아시아 같은 험난한 전구에서는 편성의 단순성과 기동성을 포기하는 단일 군종(service)으로 편성된 지휘본부를 둘 수 있을지도 모르겠다. 결국 2000년 대통령 선거 기간 중, 부시 후보는 기술의 한 세대를 무시한 채로 육군을 보다 소규모화 하고, 기동성을 빠르게 하며, 보다 민첩한 부대로 변혁해야 한다고 강조했다. 하나의 강령 또는 기술이 전쟁을 근본적으로 오래 동안 이끌 수 없음에도 불구하고 부시 행정부가 이러한 방침을 다시 제시하자마자 육군은 1980년대와 1990년대에 고안된 대부분의 육군무기프로그램을 어처구니없게도 갑자기 〈변혁적〉이라고 특징지어졌다.

새로운 합동원정 환경에 대처하기 위해 부대를 교체하는 대신에 냉전시의 인사정책을 변화시켜야 했다. 전투준비태세를 희생시키면서 개별보충과 개인 경력관리에 집중하는 육군의 인사 시스템은 반드시 바뀌어야 한다. 특히 육군이 기술 중심 능력을 완전히 사용할 수 있는 부대를 만들어내려면 그렇다. 조급하게 집결되고 잘 준비되지 않은 상태로 소말리아 · 하이티 · 보스니아 · 코소보 그리고 아프가니스탄에 투입된 특수임무부대는 육군의 구조적 그리고 제도적 허약성을 보여주는 예다. 이것은 지난 50년을 지속되어 왔다. 종합하자면, 육군은 다른 군종(service)과 자신을 통합하기 위해 재편성하지 않았다. 이렇게 해야 새로운 합동 작전개념 및 편성과 함께 발전하는 육군 전투시스템을 위한 무대를 열게 될 것이다. 현재까지 이것은 여전히 의미 있는 모습으로 나타나지 않고 있다.

변화의 환상

럼즈펠드의 언급에도 불구하고, 9월 11일 이래 사건들은 육군과 이것의 전쟁 그리고 변혁에 대한 접근에 현저한 영향을 거의 미치지 않고 있다. 육군 참모총장이 사람 · 교리 그리고 장비를 포함한 변화의 추구를 갈망한다는 언급에도 불구하고 차륜 장갑 플랫폼[5]에 대한 육군의 엄청난 투자를 제외하고는 본질적인 변화는 없다. 육군의 전략적 문제가 오로지 변화 없는 장비뿐만 아니라 변화 없는 구조 · 편성 · 정책 및 사고라는 것을 인식하지 못한 채 육군이 지상의 새로운 플랫폼을 구매하기 시작한다면 여론은 육군의 내부의 변화가 없다고 인식하게 될 것이다.

육군 리더십이 해온 것은 발전적 변화의 길을 도표화하는 것이다. 이것은 전통적 제도적 가치 및 정책을 선호하는 것에 위협을 가하지 않는다. 불행하게도 이것은 새로운 아이디어라기보다는 새로운 기술에 대부분 중점을 두고 있는 변화 전략이다. 이것은 또한 현재의 작전적 요구를 다루지 않는 전략이다. 하물며 미래는 말할 것도 없겠다.

야전부대 편제상의 혁신을 보여주는 영역이 아직 없기 때문에 미 육군 내에는 새로운 합동 작전개념에 기초한 실행가능하고 확고한 미래전에 대한 비전이 나타나고 있지 않다. 결과적으로 변혁은 거의 장식품에 불과하다. 육군 변혁은 9월 11일 이전의 목표군(Objective Force)에 여전히 중점을 두고 있다.[6] 육군은 2015년 목표군을 〈5개의 전개부대(UOE), 15개의 전투부대(UOA), 6개의 스트라

5) 역자 주 : 플랫폼이란 탄약을 발사하는 발사대를 말한다. 차륜장갑 플랫폼의 대표적인 예는 스트라이커 장갑차이다.

6) 역자 주 : 클린턴 행정부 시절부터 계획된 육군 미래 비전이었다.

이커 여단전투단(SBCT), 2와 1/3의 디지털 사단 군단, 중 및 경 그리고 특수 전투여단들의 조합체, 미 육군 예비군 부대들, 4개의 다기능 육군 국가방위 사단〉으로 기술하고 있다. 혼란스러운 기술 내용은 현재 육군 편성과 개념을 거의 그대로 유지하고 있다는 것으로 요약된다. 다만 기술적으로 보다 진보된 장비를 지녔다는 것이 다를 뿐이다.

결론적으로, 육군 변혁은 여전히 거의 표면적이며 9월 11일 이전의 목표군에 중점을 두고 변화가 없는 것이다.

이와 동시에, 육군 교육사령관(commander of the army's TRADOC) 케빈 번즈(Kevin Byrnes) 장군이 목표군 중간 단계의 사단 설계에 대한 작업을 중단하기로 한 결정은 바람직한 것이다. 이것은 냉전 시 육군 편성 및 교리의 한계 속에서 최소한의 변화를 뛰어넘으려는 기성 리더십의 새로운 의지를 보여주는 신호일지도 모르겠다.

앞으로 알게 되겠지만 부대 설계 방향을 전환하려는 의지는 미래 육군 전투시스템 프로그램을 성공시키는데 있어서 중요하다. 미래 전투시스템 발전은 편성상의 변화 없이 독자적으로 추진될 수 없는 것이다. 이지스급 순양함의 함선 · 승무원 그리고 탑재 기술이 바다에서 일체가 완비된 〈시스템을 지닌 시스템〉을 만들어 내듯이, 미래 전투시스템도 지상에서 일체가 완비된 시스템을 지닌 시스템으로서의 새로운 편성구조 속에서 반드시 발전해야 한다. 그리고 이러한 새로운 편성부대집단(formation)은 반드시 합동부대에 필요한 능력을 합동부대에게 제공해야 한다.

2032년을 위해 원래 계획되었지만, 미래 전투시스템(FCS)은 현재 논쟁의 여지가 있는 스케줄을 갖고 있다. 이것은 기술과 함께 육군의 전술적 · 작전적 그리고 전략적 요구에 해답을 제시하기로 되어 있다. 이론적으로 미래 전투시스템은 현존하는 육군 전투시스템의 전체 혼합(mix)을 사실상 대체할 시스템 군(群)을 낳게 될 것이다.

그러나 미래 전투시스템은 단일 시스템이 아니다. 이것은 어떤 야전 시험 및 실험 등에 구애받지 않는다. 이것은 군 구조, 시스템 및 전술이 정의되지 않은 건축물이다. 사실상 미래 전투시스템을 통합된 시스템으로 설계하려는 노력이 지금에야 실행되고 있다. 평가되고 시험될 도구들이 현재 다수의 플랫폼으로 존재하지 않는 한, 동일한 방식의 기능을 보유한 단일 플랫폼(장치)으로 모든 시스템을 시험하기에는 어려움이 많다는 것이 문제다.

또한 알려지지 않은 가정 사항이 있다. 그것은 미래 전투시스템을 배치하는데 있어서 비용이 덜 들고, 보다 편리하며 병력 수도 보다 적게 필요할 것이라는 가정이다. 자동화 · 무인 탑승체 및 정밀 화력은 병력을 감소시킬 것이다. 그러나 이들을 운용하고 계속 유지하는데 필요한 연구 발전 및 획득 그리고 운용 및 정비 비용은 증가할 것이라는 함정이 존재한다.

편성의 변화와 기술 도입은 조화가 필요하다. 이것은 실험에 대한 흥미를 이끈다. 다음과 같은 핵심 질문이 반드시 조심스럽게 검토되고 제시되어야 한다. 어떤 능력이 현존하는가? 어떤 기술이 완숙 단계에 있는가? 또는 앞으로 10년 안에 완숙 단계에 다다르게 될 것인가? 무엇이 오늘날 가질 수 있는 대안인가? 12년 동안 능력을 성숙시키기 위한 계획은 무엇인가? 적시적인 유착지점은 어디인가? 그리고 어떤 편성으로 유착 되는가? 새로운 시스템뿐만 아니라 새로운 기술들이 어떻게 시험될 것인가? 실험을 위한 계획은 무엇인가? 만일 놓치게 되면 능력에 도달하는 시기가 늦어지는 중요한 시점들이 존재하는가? 그렇다면 대안을 추구하기 위한 자원들은 이미 가용한 것인가?

이러한 질문들은 연구 개발, 시험 및 평가 과정의 심장부위에 있는 것이다. 그리고 이들은 만족스럽게 답변되지 않았다.

요망되는 효과 달성을 위한 쓸모 있는 행동을 위해 사실상 기술이 설계되기 때문에 병사들과 기술자들에 의한(야전에서 적에 대한) 새로운 기술 사용만이 사실상 이러한 질문들에 대한 답변이 된다. 육군이 전쟁에서 하는 행동을 알게 되면, 기술에 대한 관점을 지닌 과학자들과 기술자들이 전투에서 성공하기 위해 육군에 필요한 것이 무엇인가를 알게 된다.

빠르게 구식화 되는 위험이 크게 도사릴 때에, 새로운 설계에 당돌하게 손을 대는 것은 비록 실패 가능성이 있다고 하더라도 절대적으로 필요한 것이다. 현재 환경 속에서 우리는 어디에 가능성과 실패가 존재하는지를 알아야 한다. 그리고 우리의 노력을 20년 생산 주기를 통해 이상적인 설계를 찍어 내려는 거대한 계획에 속박해서는 안 된다. 모든 유형의 무인 시스템, 네트워크화 된 시스템 그리고 정밀 타격 기술은 거대한 잠재력을 주고 있다. 그러나 어디서 작전적 거래가 이뤄져야 하는지를 잘 이해하는 사람은 없다.

우리가 해답을 갖고 있다고 가정하는 것은 너무 이르다. 만일 새로운 일이 새로운 구조 속에서 작용한다면, 왜 새로운 일을 시도하고 이해하는 것이 매우 중요한가에 대한 이유가 여기에 있게 된다. 역사적 기록들은 왜 이러한 접근이 효과적인가에 대한 증거를 제시하고 있다.

영국 · 미국 그리고 프랑스와 같은 국가들은 1920년에서 1939년에 이르는 전쟁 기간 동안 그들의 육군들을 효율적으로 변혁하기 위해 노력했으나 모두 실패하였다. 새로운 전쟁 환경의 전략적 요구를 매우 가볍고 느슨하게 수용한 것이 실패였다. 특히 미국은 1941년 육군 전시 임무의 갑작스러운 확대(2차 대전 참전)로 인해서 좋지 않은 주기를 만들어냈다. 이것은 효과에 대비한 비효율성을 지원한 격이었다.

독일과 러시아의 기술적 변혁에 대한 접근 또한 비효율적이었다. 각각의 장갑 원형물들이 나왔을 때, 이것은 확실히 불완전한 것이었다. 하지만 효과적인 것이 등장할 때까지 몇 가지의 변형체들을 야전에 배치하였다. 실질적으로 이것은 한동안 효과가 있었다. 얼마나 많은 팬져 MARK 1과 MARK 2 전차가 전투에 등장했던가? 얼마나 많은 소련의 T-26 및 T-35 전차를 전장에서 볼 수 있었던가? 답변은 상대적으로 거의 없었다는 것이다. 그러나 독일과 러시아는 많은 전차들 속에서 이러한 전차들의 변형물 모두를 야전에 배치했다.

반면 영국은 원형물을 유지하고 있었다. 그리고 미국은 어떤 한 하등 전차의 효율성을 보존하기 위해 크게 도박하고 있었는데, 이것이 여기저기 모습을 나타냈던 셔먼 전차이다. 그러나 미국도 영국도 2차 대전이 효과적으로 끝날 때까지 독일 또는 러시아와 같은 전차를 발전시키지 못했다. 미래 전투시스템이 준비되기 훨씬 이전에 미래 전투시스템 생산에 돌입하는 것은 경솔한 것이다. 이것은 필요하게 될 판데르(Panther) 형 전차 대신 셔먼 전차의 미래형을 생산하는 격의 위험이 따르는 것과 같은 이치다. 이러한 비효율성이 현재에도 적용된다면 불행하게 될 것이다. 왜냐하면, 미래 전투시스템은 앞으로 많은 해에 걸쳐 육군을 미래로 이끌어 가는 잠재력을 제공하기 때문이다. 미래 전투시스템이 조기 생산을 위해 추진되고 있는 반면, 육군은 현존하는 육군 여단들에 차륜화 경장갑 차량을 장비시키기 위해 수십억 달러를 투입하고 있는 중이다. 이것이 스트라이커(Stryker)라고 불리는 중간 단계의 장갑차량이다.

기타, 다른 무기체계로 무장하여 사용되는 스트라이커는 현재 존재하지 않는다. 그리고 이것은 심각한 개발 도전에 직면하고 있다.

스트라이커 차대는 1970년대 해병대에서 수륙양용으로 사용하기 위해 1960년대 개발했던 경 장갑차량을 기초로 하고 있다. 타 육군들도 평화유지 작전을 위해 유사한 차륜 장갑차량을 사용한다. 사단의 여단들은 이러한 차량으로 장비되어 있으며 이를 스트라이커 여단 전투단(SBCT : Stryker brigade combat team)이라고 부른다.

항상 그렇듯이, 워싱턴의 포트 루이스(Fort Lewis)에 있는 최초 SBCT에 배치된 미국 병사들은 현재 육군 여단들보다 엄청난 일을 해내고 있다. 훨씬 넓은 지역에서 적을 통제하기 위해 필요한 것을 이해해야 하는 도전적인 노력을 하고 있기 때문이다. 이러한 일을 하고 있는 동일 병사들 또한 통신 및 감시라는 전술적 문제들을 생각하면서 열심히 일하고 있다.

그러나 병사들의 성실한 노력은 또한 SBCT의 장비 · 전술 및 편성 구조와 관련된 문제들을 노출시키고 있다. 왜일까? 스트라이커는 단순한 차륜화 장갑 병력수송차량이며, 경보병을 위해 도로상에서 유용한 일부 기동성을 제공하고 있는 것이다. 이것은 육군 경보병 부대를 〈중간 무게 부대〉로 변혁하기 위해 필요한 화력 또는 방호력을 제공하지 않는다. 스트라이커는 명목상 중기관총 탄(12.7mm/14.5mm)을 방호한다. 그러나(산재된 RPG-7를 포함한) 보병 공용화기를 지닌 적과 장갑 전투차량이 자신들의 화기 유효 사거리에 도달하기 이전에 선제공격을 하게 되면 이에 모두 대처할 수 없다.

추가적으로 현대 무기의 치명성으로 인해 작지만 생존성이 우수한 플랫폼에 보다 적은 병사들을 투입해야 하는 이 시기에, 스트라이커를 장비한 부대는 11명의 병사를 매우 커다랗고 빈약한 야지 기동성을 지닌 플랫폼에 넣고 있다. 그리고 스트라이커는 전략적 공중수송을 통해서도 전개하기 어렵다.

스트라이커 자체가 지닌 고유의 결점은 차치하더라도, SBCT는 합동부대 내에서 독립적인 전투작전을 수행할 능력이 부족하다. 이것은 충분한 보급, 합동 C4SIR과 연결된 탄탄한 지휘구조, 무장 수색을 위한 육군 유인 비행 플랫폼, 뿐만 아니라 화생방 방호 · 탐지 및 정찰 능력이 부족하여 독립적으로 싸우고 생존하기 어렵다. 마지막으로 SBCT는 하차 보병 공격의 성공에 크게 의존한다. 이 전술은 미국 병사들에게 대부분의 적들을 상대함에 있어서 불리점을 부과한다.

육군은 또 다른 증명되지 않은 가정 하에 취약한 플랫폼에 미국의 병사들을 두는 이와 같은 전술과 결심을 정당화하고 있다. 왜냐하면 미래 육군은 적에 대한 완전한 정보를 즐기게 될 것이라 가정했기 때문이다. 이 이야기의 유래가 있다. 합동비전 2010이 국방 변혁을 위한 기초로 정보의 우세를 선정하자마자, 미래 전쟁에서의 위험한 확신을 갖게 되는 이러한 가정은 모든 개념발전과 실험 노력을 받게 되었다. 합참의장과 국방장관이 이 가정에 대해 공식적 제제를 가하자마자, 이것을 세밀하게 조사하기 보다는 유효화하기 위해 엄청난 압력을 가했다. 합동 실험의 정밀 관찰자는 이와 동시에 말하기를 〈이 진행과정은 엘리스의 이상한 나라에서 나오는 여왕의 선언을 생각하게 한다〉고 했다.

이 이론은 많은 사람들이 미국의 정보 우위가 육군에게 전투에서의 자동적인 전술적 우세 및 방호를 제공할 것이라고 가정하는 결과와 함께 현재까지 유지되어 왔다. 이 사고는 육군 변혁을 위해 중요한 함의를 갖는다. 특히 병사들에게 우세한 또는 거의 완벽한 정보 융합과 상황 인지를 제공할 것이라고 생각하는 기술과 센서들의 밖으로 나타난 성능이 비참하게도 기대에 미치지 못하게 될 때 그러하다. 이러한 추정되는 변혁적 기술을 사용하는 야전 연습은 이상적이고 고도로 통제되는 조건 또는 시뮬레이션 하에서 수행되며 매우 각본화된 시범이 된다. 이것은 센서 · 공정 및 무기 능력을 고려하면서 논쟁의 여지가 있는 가정을 과도하게 짜 맞춘 것이다. 이것은 운용 시험이나 실험이 아니다. 매우 자주 있는 일이지만 이들의 진짜 목적은 미리 만들어진 상부의 결정을 유효화 하고자 하는 것이라고 추측하지 않을 수 없다.

공중과 바다의 매체 속에서 잘 사용되는 네트워크화 된 센서들과 통신은 복잡한 지상전의 환경 속에서 성능을 항상 잘 발휘하지 않는다. 개발 및 실험 시기는 이러한 문제를 중점적으로 다룰 필요가 있다. 비 조준 무기체계는 또한 적시에 성능이 향상될 것이다. 그러나 육군이 지상전투에서 장갑화 된 방호력을 희생시킬 수 있는 시점에서 이러한 체계를 완벽하게 하기에는 멀리 이격되어 있다.

간단히 말해서, 현재 SBCT는 전체 차원의 전투를 수행할 수 있는 편성에 결합되기에는 결정적인 무게를 갖고 있지 않다. 이것의 작전적 유용성은 평화지원작전으로 제한될 것으로 보인다. 물론 평화지원작전도 위험이 없는 것은 아니다. 평화유지에서 전쟁으로 갑작스럽게 전환될 수 있다.

1999년 4월, 유럽 최고 연합군 사령관 웨슬리 클라크(Wesley Clark) 장군에게는 연합 공군이 코소보에서 빈약한 봄 날씨에 전차와 자주 포병을 지닌 50,000명의 유고슬라비아 병력을 표적화 하기에는 효과적일 수 없다는 것이 명확해졌다. 만일 유고 부대들이 이전에 있었던 유고 마케도니아 공화국을 기습 공격하였다면, 이러한 공격은 나토에 집결한 코소보 부대들을 거대한 전쟁 포로수용소로 전이시켰을 것이다. 마케도니아의 나토 지상군은 차륜화 경장갑차량을 지닌 경보병 및 평화유지만을 위해 필요한 경 헬리콥터들로 편성되어 있었다. 다급해진 클라크의 지원 요청에 따라 영국과 독일 육군은 중(重) 지상군을 급파했다.

코소보 사태를 보았을 때, 스트라이커로 영구 무장된 경보병에 대한 보다 세심한 대안이 포함됐어야 했다. 즉 제한된 차륜장갑차량을 구매하되 일상적인 평화지원 임무로 순환 교대하는 육군부대가 이를 사용하도록 하는 것이다. 영국 육군은 얼스터(Ulster)와 싸이프러스(Cyprus)에서 이러한 방법을 사용하여 상당한 성공을 거두고 있다.

그러나 영국 육군은 차륜화 경장갑차량으로 현대 전투 단위부대들을 영구적으로 무장시키자는 유혹에는 반대해왔다. 미국 내에서 차륜화 경장갑차량으로 무장한 육군 국가방위 부대들이 모국 방어 임무를 위해서 이상적으로 적합할 것이다. 예를 들어 국경 순찰 · 공항경비 및 도시 긴급사태 대응에 적합할 것이다.

요약하자면, 육군은 SBCT를 보유하면서 차륜차량에 탑승한 경보병 여단의 능력을 대신하여 기갑부대와 자주 포병화력을 포기하고 있다. 이론적으로 이것들은 전투를 위해 C-130 항공기로 전개될 것이다. 이것도 의심스럽다. 왜냐하면 C-130은 하차보병 · 공용화기, 그리고 도수운반용 장비 · 경차량 및 소형 트레일러를 수송하기 위해 설계되고 제작되었기 때문이다.

작전적 효과성과 경장갑 시스템의 전개능력을 같다고 보는 변혁이라는 상품이 지나치게 많이 팔린다면 여기에 실제 위험이 도사리고 있다고 할 수 있다. SBCT는 결국 전개하여 그들 보다 치명적인 무장 능력을 보유하고 생존할 수 있는 적과 싸울 것이다. 더욱이 목표군을 위한 새로운 육군 무기체계가 반드시 C-130(육군부대를 우선 전략적으로 투사할 수 있는 능력이 없는 항공기)에 적합해야 한다는 사고가 지닌 위험성은 미국 병사들을 위해 가볍고, 생존성이 덜하며 그리고 치명성이 떨어지는 시스템을 개발한다는 결심을 강요할 수 있다. 미국의 공중 이점에도 불구하고 이러한 경(輕) 시스템은 로켓발사 유탄 · 지뢰 및 T-72 전차로 무장된 적들과 싸우게 될 것이다.

이러한 무기들은 미국 병사들을 가득 채운 경장갑차량들을 섬멸할 수 있다. 육군은 인지된 현존 문제들에 고착된 중간 단계(interim) 부대들을 채택하고, 이어서 중간단계 부대들에 의해 육군 변혁을 정의해온 것으로 보인다.

이것은 또 하나의 중요한 관점을 이끈다. 육군은 반드시 새롭고 발전하는 전술적 그림 속에서 근본적으로 새로운 능력이 완성될 때까지 핵심적인 전쟁 능력을 지탱하는 변혁 전략을 가져야 한다. 왜냐하면 현재 위기에 대응하고 있는 작전들은 10~15년 또는 20년 내에 변혁이 완성될 때까지 기다리지 않을 것이기 때문이다. 미 공군이 육군을 위해 격멸할, 지상을 벗어난 현재 및 미래 위협을 가정하거나 또는 정보흐름이 충분한 기갑 방호력과 화력을 대신할 것이라는 점을 가정하는 것은 희망적인(위험한) 사고이다.

적에 관한 완벽한 정보는 존재하지 않는다. 그리고 예견할 수 있는 미래에도 존재하지 않을 것이다. 아마 없을 것이다. 공중에서 실시하는 유인 및 무인 감시 정찰은 코소보에서 분산되고 은폐된 지상부대를 자주 놓쳤다. 그리고 이 경험은 아프가니스탄에서도 반복되고 있다. 예상되는 미래의 도시전(urban warfare) 환경 속에서 이러한 고 수준의 상황 인지는 더욱 불확실하다. 소말리아에서 우리가 실시한 작전과 그로즈니(Grozny)에서 러시아가 실시한 작전들이 우리를 가르쳤어야 했다.

〈밀레니엄 챌린지 2002〉 훈련 동안에, 시뮬레이션의 원래 환경을 넘어선 행동은 거의 일어나지 않았다. 그러나 한 가지 모의할 수 없는 사건이 있었다. 합동 전략 표적 공중 레이더(JSTAR)로 무장한 공군 항공기는 국립훈련소(NTC)와 29 팜스, 미해병 훈련소 상공을 비행하였다. 여기서 육군 전투부대들은 NTC의 대항군(OPFOR)과 싸우고 있었다. 공군 감시 자산은 15,000 피트 상공을 비행하고 있었으며, 지상의 이동을 감시하고 있었다. 그들은 이것을 차량화 소총중대가 공격하기 위해 이동한다고 보고했다. 보고를 의심하면서 어느 한 육군 중령은 현명하게도 무인 항공기를 투입하여 보고된 내용을 확인하였고, 대항군이 100 피트 길이의 윤형철조망을 뒤에 달고 전개했다는 것을 발견하였다. 이것은 공중 레이더를 속이기 위한 것이었다. 아나콘다 작전은 위에서 말한 가정이 망상적인 본질을 갖고 있다는 추가적인 증거를 제시하고 있다. 많은 신뢰성 있는 출처로부터 나온 정보에도 불구하고, 아나콘다 작전은 군인들에게 정보는 자주 틀리거나 또는 야전 지휘관에 의해 잘못 해석된다는 것을 보여주었다.

일부 관점에서 보면, 실험과 오류의 시간이 지난 후에 네트워크화 된 전투 단위부대들은 향상된 상황 인지 내용을 제공할 수 있을 것이다. 그러나 적에 대한 완전한 지식을 얻는 것의 어려움을 인식하려 하지 않는 것은 리델 하트가 말한 1930년대 논쟁을 회상시킨다.

즉 영국 장군들은 미래의 전쟁을 생명의 위험을 수반하는 수술로, 적을 환자로 보았다는 것이다. 수술대 위에 묶여서 마취되고 움직일 수 없게 되었지만, 적은 장군들과 함께 그들의 원하는 바를 마음대로 할 수 있었을 것이다.

매일 알카에다의 영악하고 무자비한 전사들은 미군에게 정밀 타격의 제한점을 가르치고 있다. 이스라엘 국방군에 의해 전개된 전차와 장갑전투차량의 숫자를 보면서, 15톤이 넘는 모든 차량은 수송하기에 너무 무겁고 그래서 불필요하다고 주장하는 국방 평론가는 침묵을 지켜야만 한다. 불행하게도 경장갑차량(LAV) 차대를 전투에서 사용하기 위한 정력과 열정을 쏟는 것 그리고 그것의 유일한 가치(경량화)는 전투에서 생존력을 위해 기동성 · 화력 · 방호력을 결합하는 중요성과 연계하여 육군을 매혹시켜왔다.

오늘날 지상전에서 장비의 변혁을 이끌어야 하는 것은 육군 지상부대들에게 새로운 요구사항이 아니다.

2차 대전 시, 미 육군의 우세한 전술적 전략적 기동성은 독일과 전투하는 셔먼 전차의 얇고 비효과적인 장갑차의 취약성을 보상할 수 없었다. 미국 전차 및 전차파괴 전차가 확실히 독일 팬저에 의해 압도 되어졌다는 사실에 추가하여, 이것은 전투 시 육군의 공격타격력에서의 비참한 결과를 가져왔다.

이 접근은 물론 2차 대전에서 패배를 가져오지 않았다. 그러나 이것은 확실히 전쟁 기간을 연장시켰고 불필요한 미군 인명의 희생을 증가시켰다. 이것은 오늘날의 육군이 다시는 반복해서는 안 될 경험이다. 지뢰와 로켓발사 유탄 · 기관총 · 박격포 · 화학무기 · 철조망 · 전차 및 방공무기 시스템이 오늘날에도 여전히 효과적으로 유효하다면 커다랗고, 취약하며 가벼운 차륜장갑차량을 택하는 것은 육군이 다시 반복해서는 안 될 경험인 것이다.

주로 미래 전투시스템의 기술적 약속만을 기초로 한 미래로의 도약 시도는 위험한 접근이다. 이것은 중간 단계의 기술적 해결뿐만 아니라 중요한 편성 그리고 교리적 변화를 간과한 것이다. 이것들은 장차 추가적인 진보를 위해 필수적인 것들인데 말이다.

이것은 중학교 대수학 과정에서 곧바로 졸업 학급 미분 방정식으로 가려는 것으로 유추할 수 있다. 만일 육군이 분명히 의사를 전달하기 위한 언어(새로운 합동 작전개념, 작전적 설계, 능력있는 편성 그리고 전술) 속으로 발길을 내딛지 않는다면, 현재와 같이 미래는 없을 것이다.

이상적으로 볼 때, 육군은 미래 전투시스템(FCS)의 초기 저속 생산을 위한 포괄적인 승인을 조기에 추구해서는 안 된다. 즉 시험되지 않은 유인 및 무인 무기체계의 폭넓고 다양하며 기술적으로 요구되는 혼합물 그리고 이를 지원하는 상업기반의 구성요소들을 말하는 것이다. 대신 육군은 새로운 편성 구조 속에서 특별한 구성물을 포함시키기 위해 노력해야 한다. 즉 이들이 충분히 잘 윤곽을 나타내고 기술적으로 성숙됐을 때 이들을 편제에 반영해야 한다.

이러한 통찰은 육군 변혁(army transformation)의 미래를 위해 극히 중요한 것이다. 현재 개발 수준에서, 미래 전투시스템은 2008년 야전에 보급하기에는 윤곽이 명확하지 않고 기술적인 위험성을 갖는다. 19톤 이상의 스트라이커는 심각한 문제를 갖는데 이것은 전술적 기동성과 생존성을 유지한 상태에서 전략적 전개능력을 갖는 것과 연계된 것이다. 더욱이 이러한 시스템을 변경되지 않은 육군 편제 속에 널리 보급하고 합동 부대와 연관성을 유지 하지 않는 것은 최근 10년간의 정보 및 통신 능력의 발전을 무시하는 것이다.

획기적인 책인 『혁신가의 딜레마(Innovator's Dilemma)』에서 크리스틴슨(Clayton Christensen)은 스트라이커와 명확하지 않은 미래 전투시스템에 대한 거대한 육군 투자계획이 왜 잘못된 것인가를 설명하고 있다. 그는 다른 경쟁회사들이 인식하지 못하고 있을 때, 마이크로프로세서 기술을 어떻게 시장에 내놓아야 하는가를 획책하기 위한 인텔의 투쟁이 왜 성공적이었는가를 설명하면서 이를 제시하고 있다.

〈혁신적인 마이크로프로세서가 사용될 수 있는 곳이 어디인가에 관한 인텔에서 횡횡했던 많은 아이디어들은 잘못된 것 이었다. 다행스럽게도 인텔은 잘못된 방향으로 향하는 마케팅 계획을 사용하는 모든 자원들을 확대시키지 않았다. 반면 올바른 마케팅 방향은 여전히 알 수 없었다. 한 회사로서 인텔이 많은 오류 속에서 살아남은 것은 마이크로프로세서를 위한 주요 시장을 찾는 것에서 출발한다.〉

기술 변화의 페이스가 매우 빠르고 미국의 잠재적인 적들의 재능과 능력이 매우 다양하기 때문에 육군은 인텔의 모델을 따라야 한다. 국방대 쿠글러(Richard Kugler) 박사에 따르면 육군은 2003~2007 회계연도 간에 대략 1,150억불을 연구개발, 시험 및 평가를 위해 받게 될 것이다. 공군은 2,540억불을 해군은 2,180억불을 받을 것이다.

육군은 목표군(Objective Force)과 중간군(Interim Force)을 위해 필요한 270억불의 약 95%를 받는 반면, 현재의 군(Legacy Force)은 필요한 1,260억불의 60%만을 받고 있다고 주장한다. 그러나 아이러니하게도 육군은 왜 이러한 부대들이 더 많은 돈을 받을 자격이 있는가를 제시할 만한 실체적인 새로운 아이디어를 거의 내놓지 않고 있다.

만일 육군이 미래 전투시스템(FCS) 계획에 부족한 돈을 할당한다면 우선 나선형 공정(spiral process)을 통해(그림 2.1 참조) 어떻게 돈을 사용하고, 어떻게 프로그램 목표 각서(program objective memorandum)와 예산에 이를 통합할 것인가를 반드시 계산해야 한다. 여기에 추가해서 하나의 5~10년 기술 개발 나선형 주기가 끝날 때, 육군이 보다 훌륭한 능력을 가질 것으로 기대하는 것은 비현실적이다. 동일한 기간 동안 육군이 5년 또는 10년의 나선형 주기를 실행하는 것이 보다 현실적이다.

[그림 2.1] 개념적 나선형 발전 모델

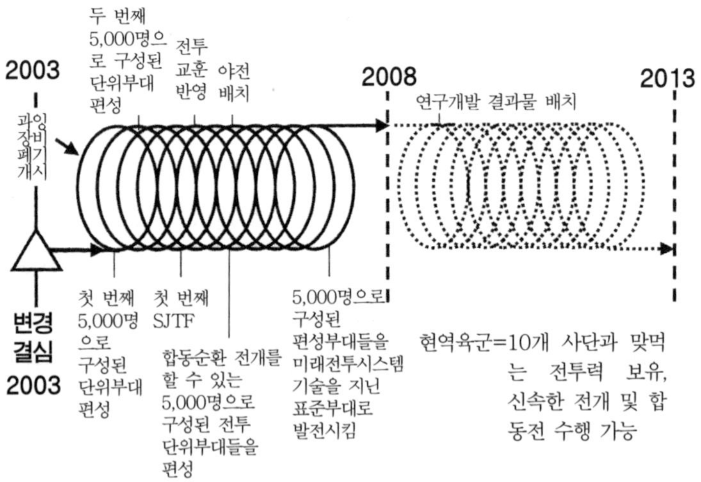

나선형 발전순서 - 5~10년 안에 요망되는 능력을 갖기 위해서 지금의 육군변혁을 위한 편성, 연구개발의 변화가 있어야 한다.

이러한 인식은 육군이 현재의 부대들을 보다 훌륭히 전략적으로 사용하고 절약하기 위해서 반드시 다시 단장하고 다시 편성해야 한다는 것을 제시한다. 새로운 기술에 적응하면서 편제상 그리고 문화적으로 변혁하기 위해 전쟁 수행기간의 환경을 이용하면 육군은 전투에 사용하고 있는 현재의 장비와 혼합하여 새로운 능력을 시험할 수 있다. 이러한 변혁 전략은 새롭고, 시도되지 않은 그리고 불확실한 기술을 위한 보다 커다란 규모의 프로그램에 수십억 불이 투자되지 않고 새로운 소규모 장비를 이용하여 실험하도록 해준다.

현재 국방성의 변혁 노력은 6개의 최종목표로 이뤄졌다.

- 기지들과 핵심적인 기반시설 보호
- 진입 대항 전략환경(anti-access strategy environment)속에서 부대를 투사하고 유지
- 적의 은신처를 거부
- 정보 기술을 도입
- 정보시스템의 안전과 생산성 확립
- 우주공간 시스템 및 능력 도입

이러한 여섯 개의 최종목표에 매우 효과적으로 기여하는 부대 구조 요소들은 사치스러운 것이 될 것이다. 의미를 파악하지 못하게 되면, 자원의 결핍으로 괴로움을 당할 것이다. 이러한 최종목표에 직면한 육군이 난관극복을 하려면, 현재의 군사 수단들과 새로 등장한 작전개념의 이점을 이용하는 실행가능한 해결책을 찾아야 한다. 아울러 미래 전투시스템을 추구하면서 혁신적인 군사 편제 내로 기술들을 지속적으로 통합해야 한다.

확실히 모든 육군의 자원들을 새로운 플랫폼과 무기체계에 대한 아이디어에 확대 투자해서는 안 된다는 것이 성공의 열쇠다. 이것은 잘못된 선택이 될지도 모른다. 전쟁과 사업을 예로 들겠다. 최초 계획을 실행하고, 전쟁 또는 시장에서 무엇이 성과가 있고 없는가를 알게 되면 대부분의 성공적인 조직구조는 본래의 전략을 포기한다.

육군의 변혁 모델은 다음 사항을 적용해야 한다. 우리에게 도움이 되고 우리가 이용할 수 있는 차세대 기술을 기다린다. 차세대 기술은 제한된 양만 야전에 배치 운용한다. 이것을 사용한다. 시험한다. 이를 위한 새로운 작전 · 편성 · 교리 방식을 발전시킨다. 이것

의 약점과 강점을 찾는다. 차세대 능력을 건설하기 위해 피드백하고 이를 반복한다. 이것은 지속적인 군사적 우위라는 최종목표에 도달하기 위해 지적으로 엄격한 실험 과정을 추진하라는 것을 의미한다.

지상 전력을 변혁하기 위한 제3의 방법

미래가 더욱 불확실할 때, 대안들의 가치가 높아진다. 한 가지 대안만으로는 탈냉전 시대에 전혀 맞지 않는다. 대안들을 제한하고 편성 및 기술적 변화를 정력적으로 추구하지 않는 군사기구는 결국 망하게 된다. 미래 육군 전투시스템의 범위는 반드시 모든 전투에서 생존성을 가져야 하고 재래식 기갑부대로부터 준 군사부대 및 테러리스트에 이르는 적을 취급하기에 충분한 치명성을 가져야 한다. 그리고 공중과 바다로부터 진입하고, 예상하지 않는 집결 및 전방대기 지역으로부터 전투에 투입될 수 있어야 한다. 심지어 대륙을 건너서 공격작전을 할 때도 마찬가지다.

변혁은 기술 하나만으로 달성되는 것이 아니다. 이것은 새로운 작전개념, 새로운 편제구조 그리고 새로운 기술을 이용하는 새로운 패턴의 리더십에 의해서만 달성된다. 문화적 변화는 이 과정에서 필수다. 네트워크 중심전(network-centric warfare)에서 군부대들은 작전을 위해 스스로 편성(self-organize)할 수 있어야 하고, 상급자에게 허락을 득하지 않고 보다 하위 수준에서 결심할 수 있도록 권장되어야 한다. 즉 전술적 수준의 지휘자들은 적과 접촉했을 때 정치적 목표 달성을 고려한 합동부대 지휘관의 의도를 수행하기 위해 가장 좋은 방법을 결심하게 된다. 이러한 점을 고려하면서 육군이 평소에 이를 위해 편성되고 훈련되지 않는다면 육군을 21세기로 향하게 할 기술은 의미 없게 된다.

(과거와 현재의 생각과 기술에서 현명하게 선택하여 새로운 능력을 지닌 혁신적인 편성을 만들기 위해서) 진행 중인 전쟁을 이용하는 것이 가장 좋은 방법이다. 잘못된 장비와 편성에 많이 투자하는 것을 피할 수 있다. 미국이 현재 수행하는 전쟁을 위해 지도자가 명확히 하는 전략과 계획 역시 배우고 발견하기 위한 전략이 되어야 한다. 단지 실행하는데 있어서 편협하고 값비싼 계획이 되어서는 안 된다.

이제 구식 육군의 이점을 서투르게 수선하여 사용하다는 것을 멈추어야 한다. 그리고 이를 변혁하여 새로운 정보화 시대의 부대로 만들어야 한다. 본질적인 변화는 개혁과 재편성을 필요로 한다. 미국은 단순히 지상부대를 감축할 수 없다. 그리고 이들을 변혁하여 효과적인 원정부대로 만드는 잘못을 저질러서도 안 된다. 미국에게 오그라든 육군도 낡은 육군(또는 해병대)도 필요하지 않다(그럴 여유도 없다). 구식 육군 부대들은 21세기의 지역 전쟁과 대 테러전을 위한 것이라기보다는 20세기 중반의 전쟁을 수행하는데 더욱 잘 편성되고 조직화된 부대들이다.

육군 변혁계획에서 빠진 것은 명확히 논리 정연한 작전개념이다. 이것은 합동 작전적 설계(OA : operational architecture) 속에서 지상합동 기동과 타격을 할 수 있는 개념이다. 이것은 육군만의 책임이 아니다. 합동지휘관, 합동참모 그리고 지역적 통합사령관 역시 합동 작전적 설계를 발전시키는데 있어서 중대한 역할을 하게 된다.

오늘날까지 이들은 이러한 중대한 분야에 생동성 있는 노력을 제공하지 않고 있다. 그러나 지상전으로 합동 초점을 맞춘다면 지상전에서 국가 본질적인 수단은 미 육군이기 때문에 미 육군이 새로운 합동

작전적 설계를 발전시킬 목적으로 본부와 자산들을 제공하고 이러한 분야를 선도하지 못할 이유는 없겠다. 육군이 선도하는 합동 설계는 육군의 부대들을 모듈화 부대로 편성하기 위한 새로운 합리성을 만드는데 있어서 필수적이다. 이 모듈화 부대는 육군의 핵심 근무 능력을 합동부대로 통합하기 위한 목적으로 특수화된 것이라고 하겠다.

육군 부대들은 다시 싸울 것이고 곧이어 또다시 싸울 것이라는 현실을 반대한다고 할지라도, 지상전의 합동 변혁은 반드시 소생시켜야 하고 방향을 다시 잡아야 한다. 우리의 적들은 미 육군이 적응할 시간을 주지 않을 것이다. 모든 과정이 진실로 창조적이고 역동적이라고 하기보다 관습적이라면 이것의 실행을 심각하게 검토해야 할 시간인 것이다. 만일 육군 변혁 계획이 이러한 상태를 아직 달성하지 않았다면 이러한 시간은 분명히 매우 가까이 다가섰을 것이다.

이어지는 장에서는 육군 변혁을 생산적이고 지속적인 변화 과정으로 만들기 위해 가까운 시간 안에 착수할 수 있을지도 모르는 세부적인 방법들을 중점적으로 다루고 있다. 육군의 제도적인 현상유지를 지속하는 그다지 좋지 않은 외면상의 방법은 다루지 않는다.

다음에 이어지는 것은 이 책의 매우 핵심적인 제안사항이다. 이러한 제안사항들은 지금 변경하기 위한 계획을 기초로 하며, 먼 미래를 위한 것이 아니다. 이것은 독립적인 작전이 가능하고 작전적으로 민첩한 육군 부대들을 만들기 위한 접근이다. 이 접근은 오늘날 효과를 볼 수 있을 것이다.

여섯 가지 제안사항

1. 육군을 냉전시의 사단급 구조에서 전투단 구조로 재편성해야 한다.

이것은 분리할 수 있는 전투력을 가지며 독립적인 모듈화를 이룬다. 기능에 초점을 맞추고 편성한다. 보다 작은 부대에 훨씬 강한 전투능력을 제공하기 위해 합동부대 지휘관 휘하에 둘 수 있다. 만일 냉전시대 장비가 육군의 재고 목록에서 불필요하고 빠져야 하는 것으로 식별된다면, 재편성된 지상 부대들은 냉전 시에 사단에 기초한 구조를 위해 사용되는 동일한 가격으로 훨씬 강한 능력을 제공할 수 있다. 올바른 전투편성과 함께 6,000대의 M1 전차 재고는 대략 2,000대의 연료효율성이 우수한 엔진을 보유한 최신 전차로 감소될 수 있다. 이것은 분쟁 예상지역에 사전 배치한 장비 세트를 포함한 것이다. 추가적인 예산 감소가 가능하다. 수십 개의 포병 대대를 무인전투항공기 · 로켓 · 마사일 · 자동화 박격포 및 포병으로 구성된 새로운 타격 편성집단(formation)으로 대체함으로써 달성할 수 있다.

보다 적은 수의 새로운 표준 전투장비들을 지닌 새로운 편성집단은 보다 비용이 적게 들면서 신속히 배치될 수 있다. 이러한 편성집단들은 미 국민들에게 새롭고 변혁된 10개 사단에 필적하는 전투력을 제공할 것이다. 이 부대들은 능력에 기초하고 합동 원정팀의 일부로 싸우기 위해 편성된다. 그리고 최소한의 경고 또는 무경고하에 전투에 전개할 능력을 지닌다. 적이 발견되었을 때, 주기적으로 교대하면서 전투준비(rotational readiness)를 하는 육군 부대들의 일부분은 반드시 정보가 손상되거나 낡아빠지기 전에 신속히 반응할 수 있어야 한다. 이러한 전략적 상태는 먼 거리를 이동하여 경고 없이 신속히 타격할 수 있는 부대를 필요로 한다. 대통령이 웨스트포인트 졸업생들에게 연설키로 결정한 다음의 내용은 우연히 나온 것이 아니다.

〈군대는 반드시 세계 어두운 모든 구석에서 경고가 있는 순간에 타격할 수 있는 준비가 되어야 합니다.〉

가상으로 이 책에서 윤곽을 그린 편성집단과 작전적 설계를 모델화한다. 현재 보유한 자산으로 이들을 운용한다. 그리고 가능한 한 빨리 육군 전쟁수행 구조를 재편성한다. 새로운 합동 작전적 설계를 발전시키려는 합동부대 사령부에서 진행되는 노력과 이러한 행동을 연결시킨다. 육군 변혁에 관계된 대부분의 장교들이 알고 있듯이, 효과적인 합동 지휘 · 통제 · 통신 · 컴퓨터 · 정보 · 감시 및 정찰에 절대적으로 필요한 작전적 설계는 존재하지 않는다.

육군은 더 이상 10만 명의 병력을 지닌 또는 백만 톤의 무게에 해당하는 군단 규모의 부대를 배로 수송할 필요가 없다. 5만 명을 지닌 그리고 40만 톤 또는 그 이하의 무게를 갖는 보다 작지만, 고도로 훈련된 전문 전투부대는 대부분의 임무를 완수할 충분한 자산을 갖게 될 것이다. 그리고 현재 부대들보다 매우 빠르게 전개할 수 있다. (상보적인 능력을 제공하는) 잉여 부대의 가치를 명확히 정의하고 뿐만 아니라 다양한 조건에 부합할 수 있도록 여러 가지 능력을 유지할 필요성이 있다. 이것은 중요한 고려사항이다. 이러한 변혁에 대한 접근은 환경에 구애됨 없이 적을 찾고 격퇴시키기 위한 혁명적인 새로운 능력을 제공하는데 있어서 보다 양호한 기회를 부여한다. 반면, 필요로 하는 전투력만큼을 전개시킬 수 있게 된다.

모국 방어를 위해 육군의 전략적 예비 군단 지휘본부를 설치한다. 육군국가방위군(Army National Guard) 및 육군예비군(Army Reserve)의 편성 변경을 위한 안(安)을 모델화한다. 그리고 가능한 국내 보안 임무 · 위협의 범위에 대해 이들을 시험해 본다. 주기적으로 교대하면서 전투준비(rotational readiness)를 하고 훈련하는 구조를 채택할 것을 고려한다. 이것은 합동원정전 속에 예비군이 가담할 수 있도록 지원하기 위한 것이다.

2. 주기적으로 순환 교대하면서 전투준비(rotational readiness)하는 태세를 채택한다.

미 공군 · 해군 및 해병대의 접근과 조화를 이루게 한다. 여기서 윤곽을 그린 접근은 오늘날의 부대들을 주기적으로 교대하면서 전투를 준비하는 가운데 보다 크고 예측 가능한 준비 지역, 응집력 있는 그리고 가용한 공군, 지상 및 해군 부대들을 만듦으로써 전개하고 싸우도록 하는 것이다. 주기적으로 순환 교대하는 전투준비태세는 모두 부대들의 정규 합동훈련을 용이하게 한다. 이것은 전투준비 시간대에 투입될 것이고, 대통령과 국방장관에게 보다 이해할 수 있는 군대에 대한 약속을 보장한다. 이러한 부대들은 지역 사령부에 신속히 전개될 수 있다. 이들은 평화가 깨지기 전에 전략적으로 중추가 되는 지역에 도착하기 위하여 전략 공군과 빠른 해상수송수단을 조합하여 전개한다. 이 접근은 오늘날 육군의 전투준비를 위해 대단히 중요할 뿐만 아니라, 일상적 실험과 현대화하는 것을 용이하게 한다. 끝으로, 주기적으로 순환 교대하는 전투준비는 군인들과 그들의 가족을 보다 잘 돌보게 해준다. 이 구조는 (표 2.2)와 유사할 수 있다.

[표 2.2] 동일한 주기적으로 교대하는 전투준비 시스템 상에서 모든 군을 운용

부대 패키지	훈련 주기	전개 주기	정비 주기
육군 원정부대	육군 능력에 기초한 전투단	육군 능력에 기초한 전투단	육군 능력에 기초한 전투단
해병 원정부대	해병원정여단/ 해병원정부대	해병원정여단/ 해병원정부대	해병원정여단/ 해병원정부대
미 해군 원정부대	해상전투단/ 함대전투단	해상전투단/ 함대전투단	해상전투단/ 함대전투단
미 공군 원정부대	공군 원정부대	공군 원정부대	공군 원정부대

◈ 훈련주기(6개월) : 군의 통제 하에 부대 및 개인 훈련

◈ 전개주기(6개월) : 부대들은 합동 지휘통제 하에 전개될 준비를 하며, 통합부대의 일부분을 이룬다. 이것은 주요 전구 전쟁 임무 · 위기 · 평화지원작전 또는 기타 부여된 임무를 수행한다. 물론 전개는 항상 하는 것은 아니다. 전개하지 않는 부대들은 모국에 남아서 높은 준비태세를 유지한 상태에서 훈련을 실시한다.

◈ 정비주기(6개월) : 부대들은 모국으로 돌아와 정비를 실시하고 부대 현대화(필요시) 및 휴가를 실시한다.

3. 육군 지휘통제를 능률적으로 간소화한다.

새로운 합동작전 구조 속에 능력을 결합하고 통합함으로써 현재 부대구조를 변혁하여 새롭고 적합한 구조로 만든다. 지역 통합사령부의 지휘통제 구조는 반드시 모든 미국 및 동맹국 부대들과 군들이 단일 통합부대로서 행동하도록 보장해야 한다.

모든 부대들(지상군 · 공군 · 해군)은 반드시 새로운 합동 작전적 설계 속에서 플러그 앤 플레이 되어야 한다. 다수의 단일 군종 지휘본부는 이러한 과정에 반하는 영향을 미친다. 육군은 자신의 지휘본부를 지닌 상설합동부대(SJFOR : standing joint forces)를 위한 토대 마련을 제시함으로써 이러한 과정을 이끌 수 있다. 육군의 상층부에 위치한 부대 규모는 그 자신의 필요성 및 국가의 필요성과 불균형을 이룬다. 또한 상층부 육군 부대는 전술 단위부대에서 필요한 자원들을 흡수한다.

이 책에서는 불필요한 3성 및 4성 장군에 의한 단일 군종 지휘본부(육군 및 타군)를 축소하자는 접근을 제시한다. 이것은 각 군종을 비슷하게 축소시키는 첫걸음이 된다. 이 책은 오늘날의 육군 사단 · 군단 및 많은 본부들의 자산을 뽑아내서 상설합동부대본부 또는 상설합동부대 지상구성군 사령부를 만드는 것도 포함하고 있다.

4. 미 합동부대사령부(Joint Force Command)를 만들고 이것이 상호작전성(interoperability)[7]과 관련된 모든 문제들을 집행하도록 한다.

여기에는 기술 · 부대 설계 및 합동 작전개념발전이 포함된다. 획득계획의 재검토 과정은 항상 어떤 무기가 군사작전에서 합동 개념에 부합되는지를 다루는 것은 아니다. 합동소요감시위원회(Joint Requirement Oversight Council)는 획득계획을 승인하면서, 어떤 특정 무기가 타군의 시스템과 조화를 이루는지의 여부를 결정하는 것을 조정한다. 거의 모든 지휘통제통신 및 컴퓨터 시스템이 조화를 이루지만, 대부분은 상호작전성을 갖지 못한다. 그리고 결과적으로 단위부대들은 거의 전부 통합된 방식으로 작전할 수 없다.

---

7) 역자 주 : 일반적으로 상호운용성이라는 말로 번역되어 사용되지만, 여기서의 정확한 의미는 각 군종 부대 간의 작전성을 의미하고 있어서 상호작전성이라고 번역하였다.

럼즈펠드가 지적했듯이, 이 상태는 예산상의 〈파괴된 열차(train wreck)〉를 조장한다. 필요한 것은 국방장관을 위한 집행부서다. 이것은 무기 · 발사대 및 합동전과 연계된 제안을 평가하고 특정 제안의 유용성과 관련하여 이를 장관에게 제시한다. 이것은 각 군종의 대표자가 국방장관에게 직접적으로 의사를 전달하는 것을 막지 않을 것이다. 그러나 만일 우리가 능력에 기초한 부대를 얻으려면 이러한 문제를 위한 진짜 집배센터를 반드시 설립해야만 한다.

폭넓은 범위의 새로운 시스템과 선택된 시스템의 한정된 생산 조업시간을 강조하는 단기 및 중기 조달전략을 발전시키기 위해서는 연속적인 전략적 적합성을 갖는 현존 시스템의 업그레이드가 반드시 있어야 한다. 이것은 (그림 2.2)에서 묘사된 것과 같은 과정이다.

각 군종은 외부관찰 없이 능력을 연구 · 개발 · 시험 및 평가하게 되리라고 기대할 수 없다. (그림 2.2)는 육군 교육사 전투발전 참모부와 부대발전을 위한 자원관리부(G8)가 현재 수행해야 하는 활동을 보여준다. 그러나 최근 10년간 보았듯이, 이들은 이렇게 할 수 없다. 각 군종이 값비싼 계획에 자금을 투자하는 것을 승인하기 훨씬 이전에 반드시 답변되어야 할 어려운 질문을 할 수 있는 것은 국방장관의 지원을 받는 합동부대사령부(JFCOM)의 힘과 영향력이겠다. 질문의 예를 들어 보겠다.

- 어떻게 변혁된 육군 · 해군 · 공군 · 해병대 부대가 투사되어야만 현재 및 미래의 적들을 저지할 수 있겠는가?
- 제안된 작전개념이 어떻게 합동전에 기여할 수 있는가?
- 제안된 작전개념을 실행하기 위한 편성 설계가 합동부대 지휘관에게 필요한 능력을 제공하는가?
- 변혁하고 있는 부대가 충분히 강한가?

- 어떤 능력이 비용 대 효과적으로 보이지 않는가? 그리고 어떤 능력이 미래에 보다 더 비용 대 효과적으로 보이는가?
- 육군 · 해군 · 공군 · 해병대 변혁을 이끌기 위해 가장 유용한 합동작전적 설계는 무엇인가?
- 각 군종에게 요구되는 능력을 완전히 구현하기 위해서 각 군종은 어떤 능력을 제공해야 하는가?

[그림 2.2] 소요와 능력 결정

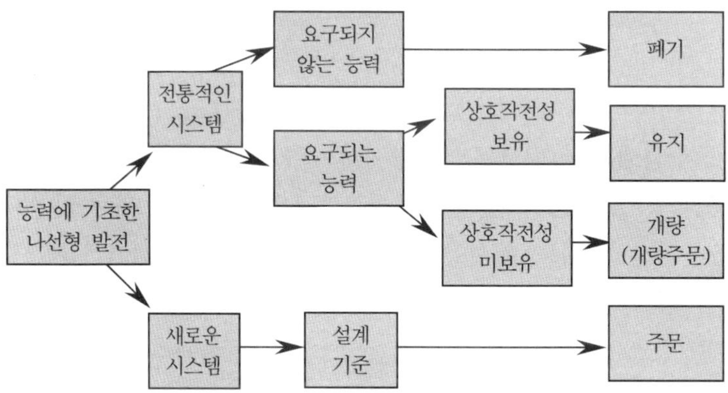

※ 미공군 B. G. Goldfein의 브리핑을 각색한 내용임

합참 · 합동소요감시위원회 · 합동부대사령부도 이러한 각 군종이 지배하는 과정을 타파할 수 없다. 그리고 부대설계와 획득을 합리화시켜서 과거 2차 대전의 패러다임을 대치할 수 없다. 불확실한 미래전투시스템(FCS)을 야전에 배치하기 위한 육군의 시간계획을 예로 들면, 이 계획은 논쟁의 여지를 가지고 있다. 따라서 계획실행은 과학 · 기술 및 전략적 환경의 현실로부터 점차적으로 멀어지고 있다.

합동부대사령부(JFCOM)에서 처리하면 문제점을 해결해주고 보다 객관적이고 정확하게 국방장관과 의회가 필요로 하는 육군 현대화 및 장비 현대화 방안을 제시해 줄 것이다. 이것이 육군 탈바꿈 전략의 열쇠다. 이 전략은 현대화 매개변수를 새롭게 하는 재편성 · 개혁을 통해 구사되며 현재 및 미래 전략 환경에 잘 들어맞지 않는 장비 세트를 제거할 뿐만 아니라 실제로 변혁을 지원할 수 있는 자원 사용을 보장한다.

5. 육군의 현 병과 시스템을 없애고 새로운 인사 시스템을 만듦으로써 재편성된 정보화시대의 육군을 지원하고 육군 구조를 위한 기초를 만든다.

이 속에서 부대 구분은 병과 구분보다 우선권을 갖는다. 26개의 육군 병과를 12개 또는 16개의 병과로 압축한다. 모든 현재 및 미래 전투작전의 통합적 본질을 균형 있게 하는 기능과 활동을 합체시키기 위한 것이다.

기동 · 타격 · 기밀정보(intelligence) · 정보(information) · 감시 그리고 정찰과 전투지속을 위한 지원유지(sustainment)[8]는 육군 장교 교육과 기능을 위한 4개의 중심 기둥이 되어야 한다. 그리고 반드시 기능적 분야들과 균형을 유지해야 한다.

예를 들어, 수송단 및 병참단은 통합될 수 있다. 경리 및 부관 장군단은 마치 전투병과와 마찬가지로 이것의 기능적 기원을 고려할 때 통합될 수 있다. 인사 개혁은 현존하는 장교들과 병사 관리시스템을 변화시켜야 한다. 합동순환 전투준비시스템(joint rotational readiness system) 내에서 응집력 있고 안전한 전투단을 제공하기 위

8) 역자 주 : sustainment는 지원유지 또는 전투지속으로 번역하였음.

해서다. 미 육군 소령 벤더그리프(Donald Vandergriff)에 의해 구상된 것과 같은 부대 결집계획은 육군의 이전 COHORT[9] 계획과 유사한 내용이지만 육군 전투단이 18개월 전투준비 및 훈련시스템 속에서 순환하는 것이 전개 및 전투를 위해 최대의 준비태세를 보장한다는 일반적인 토대 위에 병사들과 장교들을 채용하고 조화를 이뤄야 한다. 마지막으로 특정 편애성을 갈라놓고, 전문성을 배양하기 위해서 일반참모대학 선발을 위한 엄격한 시험제도를 만들어 장교를 진급시키고, 지휘관을 선발함에 있어서는 훈련센터에서의 훈련성과에 기초하여 경쟁의 객관적 척도를 제시하도록 한다.

6. 편성 및 기술혁신 그리고 변화에 필수적인 지휘 기품 및 제도적 문화와 함께 새로운 육군 부대설계 및 새로이 유망한 기술을 포함한 부단한 합동실험에 초점을 맞춘다.

만일 육군이 합동작전 환경의 우발상황에 대비하여 새로운 시스템의 잠재적 유용성을 발전시키기 위해 새로운 시스템을 지속적이고 성공적으로 실험하려면 이 풍토는 필수적이다. 부단한 실험 과정 속에서 이러한 노력은 또한 현실적이고 적합한 훈련과 효과적인 교육 과정을 포함해야 한다. 이렇게 하여 경험 있고 유능한 병사와 지휘자들이 육군과 합동실험을 할 수 있도록 보장한다. 육군이 미래 국가안보 요구를 다루는 데 있어서 융통성 있고 준비된 자세를 유지하고자 한다면, 야전군인들을 함께 활용하는 것은 매우 중대한 것이다. 마지막으로 전투실험실(많은 전투실험실들은 곧 목표군 전투실험

---

9) 역자 주 : cohesion, operational readiness, and training 부대결집, 작전적 준비태세 및 훈련

실이 될 것이다)에서 실행되는 육군 실험계획은 반드시 합동실험계획과 결합되어야 한다.

지상전에서의 혁신 추구를 무시하고 잃어버리는 것보다는 직면하고 인정하는 것이 더 좋은 기회가 된다. 테러리즘과의 범세계적 전쟁은 미 육군의 변혁 기회를 제공하는 것이지, 냉전 시 육군의 부대구조 속에서 멋대로 능력을 감소시키는 것이 아니다. 만일 현재 육군이 개혁하고 재편된다면 강력한 육군으로 거듭날 수 있다.

꿈에서도 보지 못한 기술과 과학의 영향 때문에 앞으로 20년간 지상전에서 있을 보다 심오한 변화에 대한 잠재적인 시야를 잃지 않고 거듭날 수 있다. 이제 이러한 현실을 직시하고 1997년『팔랑스 깨기』에서 윤곽을 그린 개념과 접근을 세련되게 다듬어야 할 때이다.

이러한 개념과 접근은 여전히 21세기 전쟁에 대비한 육군부대 구조를 합리화시킬 수 있다. 잭슨(T.J. Stonewall Jackson) 소장의 다음과 같은 말을 현실화할 때이다.

〈단순한 수적 우위를 넘어 더욱 잠재적인 전쟁에서의 힘이 존재한다.〉

3 전쟁과 세계화

토착문화보호(Nativism)는 선택을 제한한다. 이것은 다른 부류의 사람들이 생각하는 새로운 아이디어에 대한 인간의 마음을 폐쇄시킨다. 그리고 정치가들은 국민들의 외국인에 대한 공포심을 부채질 하면서 토착문화보호주의를 이용하기 위해 일어나서 행동한다.

— 세계 일류 : 세계경제 속에서의 지역적인 번영,
로사베스 모스 칸터

고대 세계 속에서의 로마의 위치와 현대 세계 속에서의 미국의 위치 간의 전략적 유사성은 많은 미국의 비평가들에게 충격적인 것이다. 소련의 해체와 사회주의 국가의 붕괴는 미국에게 사회적 · 경제적 · 정치적 그리고 문화적 변화의 선도적 지위를 부여하였다. 이 변화를 막연히 세계화라고 불렀다. 인터넷을 기초로 한 세계적 정보 시스템과 함께 미국 경제 및 군사력의 범위는 미국을 세계의 문화적 · 정치적 그리고 사회적 변화를 뒷받침하는 추진력으로 만들었다. 로마인들이 수백만의 사람들 사이에 라틴어 · 법률적 개념 · 복잡한 건축 및 토목공학을 퍼뜨렸듯이 미국의 경제력 · 기술 그리고 영어를 말하는 문화는 법규에 대한 강조 및 개인 재산에 대한 존중과 함께 지구상의 거의 모든 사람들에게 영향을 미쳤다.

로마의 업적은 그러나 영어문화의 넓은 영향과 비교해 볼 때 희미해진다. 더욱 중요한 것은 미국의 최종적인 추구와 목표는 로마의 포부와는 매우 다른 것이라는 점이다. 미국에 대한 어느 한 연구는 이를 명확히 하고 있다. 비록 이것의 지형적 국경이 필연적으로 바뀌지 않는다고 하더라도 21세기를 시작하면서 미국은 20세기 초에 강대국으로 등장하는 때와는 매우 다른 국가이다.

미국인은 더 이상 세계의 나머지 국가들과 화려한 고립상태로 살고 있지 않다. 미국인들은 토마스 제퍼슨의 로맨틱한 자유의 비전, 목가적인 미국을 존경하는 반면 알렉산더 헤밀턴의 미국, 즉 강력한 중앙 정부를 지닌 힘 있는 공업국가에서 살고 있다. 헤밀턴의 미국을 위한 승리의 비전은 번영과 안전은 세계적인 상호의존성을 골격으로 한다는 직관적인 사고를 만들었다. 이것은 자유 시장에 불을 지폈다. 바꿔 말해서, 이러한 이해는 미국인을 다음과 같은 피할 수 없는 결론으로 이끌었다. 세계 문제를 다루는 미국 지도자들에게는 비록 미국이 미 군사력을 사용하고 있다고 하더라도 세계가 무정부상태라는 것이다.

이러한 점들은 항상 미국을 세계 나머지 국가들에게 정치적 또는 도덕적인 모델로 만들지 않는다. 그러나 많은 세계 국가들이 미국을 자신들의 미래상으로 본다는 단순한 사실은 미국의 영향은 세계적으로 공명하고 있다는 것을 의미한다. 중국과 이슬람 국가들이 수세기 동안 서구적 사고를 제거하고 저항했지만 여자들과 소수 민족들에 대한 미국 사회의 개방성과 자유에 매혹을 느꼈다. 따라서 미국의 가치가 아니라 서구 가치는 다른 세계 국가들과 부딪치고 갈등을 겪고 있다.

세계화 속에서 나타나는 세계적 변화는 결국 〈지구적 문명〉의 기초를 사실상 만들 것이다. 이것이 좋은 뉴스라 하겠다. 세계화 과정의 낙관적 국면은 이미 명백하다. 이것의 경제적 영향은 삶의 기준을 향상시키고 있고 유럽·아시아·라틴 아메리카 그리고 중동의 수백만 인구에게까지 미치고 있다. 발전하는 세계 속의 많은 부분에서 오래전부터 있어왔던 사회적 구조 및 신념 체계는 세계적 변화의 무게 하에서 무너지고 있으며, 과거 구조에 의존하여 살고 있는 사람들의 세계가 해체되고 있다. 이것은 나쁜 뉴스라 하겠다. 미국이 이러한 공헌을 하는데 있어서 모든 책임이 있는 것은 아니지만 대부분의 비난을 받는 경향이 있다.

아프리카·중동·남아시아의 대부분과 라틴 아메리카의 일부분에서는 유럽과 오토만 제국으로부터의 독립에 대한 기대가 만연됐는데, 이들은 매우 충실하지 않고 시대착오적인 구조를 가져왔으며 부패된 정권은 국민을 더욱 더 깊은 빈곤과 좌절 그리고 절망으로 몰아넣었다. 정치적 인종적 경계간의 엄청난 비조화가 있는 장소에서 이러한 상태는 심오한 패배감을 만들고 있다. 이것은 세계화된 세상에서 침입하는 요소들에 대한 무력행동을 유발하고 있다.

사람들과 국가 간의 교류확대가 분쟁의 위험을 감소하기 보다는 더욱 증대시키는 것은 역사상 거의 초유의 사태이다. 예를 들어, 요한 구텐베르그의 인쇄의 영향을 이것이 출현하기 500년 전에 느끼는 것은 어렵다. 구텐베르그의 책을 통해 지식이 유럽에 전파되었으며 르네상스의 위대한 사상가들에게 인본주의에 대한 믿음의 토대를 제공했다. 그러나 이러한 동일한 매체는 또한 민족적 정체성과 계급에 대한 인식의 성장을 고무하였고 결국 종교적 분쟁에 불을 지폈다. 이것의 정점은 지독하게 파괴적이었던 유럽의 30년 전쟁이었다.

16세기와 21세기 간의 차이는 놀라운 속도에 있다. 이것은 잠재적으로 폭발하는 정보가 지리적 경계를 지나 분배된다는 것이다. 인터넷의 더욱 심오한 의미를 예로 들자면 현재성의 무지 · 혐오 및 거짓말들이 빛의 속도로 움직이고 있다는 것이다.

세계화 정보혁명 속에서 미국의 선도적 역할이 주어졌지만, 이것에 대한 난폭한 저항이 기본적으로 미국과 미국의 동맹국들에게 향할 것이라는 것이 명백하다. 카스피안 해로부터 환태평양의 인도 아대륙(subcontinent)에 이르기까지 국제적인 범죄 조직 · 불법 이민 · 전쟁 그리고 테러리즘으로부터 그들을 방호하려는 세계화된 세상의 사람들과 국가들에게 이러한 의견의 중요성은 지나친 것이 될 수 없다. 대량살상 기술의 유포는 지구 교역과 정보가 지니는 그 이상의 영향력과 같이 이러한 상황을 악화시키고 있으며, 지구의 많은 부분을 영구적인 긴장과 분쟁 지대로 바꿔놓고 있다. 이러한 지역으로부터의 위협이 미국과 미국의 동맹국을 이길 수는 없다할지라도 2001년 9월 테러리스트의 공격에서 볼 수 있듯이 이들은 여전히 심각한 피해를 부여하고 있다.

바로 지금, 미국의 군사력은 능가될 수 없다. 왜냐하면 이것의 힘이 단순히 기술로부터만 나오는 것이 아니라 민주사회 내에서 발전되는 제도와 정책에 대한 자발적인 동의로부터 나오기 때문이다. 미국과 동맹국들의 군사력에 직면하여 생존하기 위해서는, 세계변화와 미국에 대항하는 반대자들은 반드시 그들의 구성원을 결합하여 변화하고 최신화 되고 있는 부대들에 의해 피탈된 보다 많은 사람들을 설득시켜야 한다. 확실히 이것은 미국 민간인과 세계화된 지구 나머지 민간인들에 대항하는 테러리즘 이상의 행동을 요구한다. 이것은 또한 미국의 군사력에 대항하는 행동도 요구한다. 미 군사력에 대한 드라마틱한 승리 없이는, 미국 번영의 토대를 치명적으로 위협할 수 있는 기회란 없다. 그리고 세계화의 변화 방향을 변경시킬 수도 없다. 따라서 테러리즘에 대한 현재의 전쟁은 중동과 서남아시아에서의 보다 커다란 지역적 분쟁으로 당연히 확대될 것이다.

이러한 위험한 전략적 상태에 대처하기 위해서는 적이 위치한 지상에서 그들을 벌하기 위한 정밀 유도탄 이상의 것을 필요로 한다. 원정 육군 지상부대를 사용하여 지역적 분쟁에 주기적으로 개입하는 것은 미국의 적을 제거하고 세계화가 만든 보다 커다란 지역의 문명으로 분쟁 지역을 통합시키는 길고도 험난한 과정을 시작하기 위해 필요할 것이다. 발칸 지역에서 미국인들이 느꼈듯이, 군사적 우위는 항상 정치적 해결과 동일한 것이 아니다. 변혁된 미 육군이 반드시 건설해야 할 보다 커다란 전략적 목적들은 적을 격멸한 이후에 평화 상태를 유지하는 것을 포함한다.

그들의 잘못에도 불구하고, 20세기 미국의 자유사상과 민주주의의 승리는 필요로 할 때, 미국과 동맹국의 군사력으로 가능했고 이것은 나치와 공산주의에 의해 예증된 분산된 분열과 무질서 그리고 무지의 힘을 뛰어넘는 질서와 문명의 승리임을 보여준다.

21세기의 미국과 서구사상의 승리는 새로운 지구 문명의 출현을 위한 유사한 의미가 될 수 있을 것이다. 만일 미 육군의 규모와 구성을 결정하는 명확히 새로운 전략적 환경이 주어진다면 말이다. 핵심 질문은 〈누구와 어디서 미 육군이 싸울 것인가?〉이다. 그리고 마찬가지로 중요한 것은, 〈미국이 어떻게 싸워야 하느냐?〉이다.

이 장은 부대 설계에 관한 사고의 새로운 접근을 제시하고 있다. 최종목표는 합동 원정전(joint expeditionary warfare) 속에서 육군의 역할을 현대 군사전략에 접목시키는 것이다. 여기서 현대 군사전략은 경제적 발전과 정치적 질서가 직접적으로 미국과 동맹국 안보에 이익을 주거나 전자의 부재가 후자의 위협을 주는 세계 지역에 초점을 맞추고 있는 것을 말한다. 만일 국방계획 수립가들이 2020년에 무엇이 발생할 것인가를 예견하고 현재의 세계를 있는 대로 보는 것을 멈추게 된다면, 이러한 접근은 반드시 현재 및 미래의 육군의 생각과 부대설계를 형성하는 전략적 요구를 분별해냄으로써 미래의 보다 현실적인 방안을 계획해줄 것이다. 먼 미래의 예측보다는 실용주의적으로 머지않은 장래의 행동을 고려함으로써 이를 만들려고 해야 할 것이다.

누구와 싸워야 하는가? 어디서 싸워야 하는가?

20세기 초 평화를 퇴화한 것으로 여기고 전쟁을 환영했던 격세의 운동은 유럽과 아시아에서 자신들을 파괴시켰다. 이 결과 북아메리카 · 유럽 · 러시아 · 오스트레일리아 · 뉴질랜드 · 인도 · 이스라엘 · 터키 · 일본 · 한국 · 대만 · 싱가포르의 대다수와 그리고 라틴아메리카의 많은 사람들이 평화운동에 가담하게 되었다. 안전과 번영이라는 이름 아래, 미국과 나토는 강력한 군사기구를 유지시켰다. 왜냐하면 자신의 방위가 아닌 어떤 목적을 위해 전쟁을 수행하길 꺼렸기 때문이다.

현대의 가장 강력한 경제력을 모두 가지고 있거나 아니면 대부분 가지고 있는 미국의 주요 동맹들은 세계화된 세계 속에서 미국을 사실상의 안보 건축가로 만들고 있다. 이 세계에서 대부분의 시민들은 국방 활동과 이혼을 하거나 하게 될 것이다. 왜냐하면, 산업시대 이후의 전쟁은 기업체를 개인으로부터 공공 관리로 전환하는 것을 필요로 하지 않거나 또는 거대한 국방산업을 만들 필요가 없기 때문이다.[10] 세계화된 세계 속에서 민간 사회의 역할 중 하나는 경제적 번영과 기술적 발전을 유지하는 것이다. 이것은 국방을 위해 군사기술을 획득하고 군사 전문가들을 고용하기 위한 정부의 필수적인 능력인 것이다.

－유 럽

일부 미국 분석가들은 미국과 유럽연합 국가들 간의 경제적 경쟁이 냉전 종결 이후 미국의 외교정책에 의해 악화된 문제로부터 야기됐다는 가능성을 고려한다. 이 논쟁은 EU의 연간 경제생산력이 약 미화 8조 달러이며 이와 관련하여 유럽은 보다 나은 세계에 대한 영향력을 가지길 희망한다는 것을 근거로 하고 있다.

매년 미국의 수입이 10조 달러라는 것과 비교할 때, 유로화는 곧 달러의 세계적인 지배력을 위협할지도 모른다. 만일 향후 10년에서 20년 이후 잘못 관리된다면 정치적 불화로 발전될 수 있다. 무역과 영향력 경쟁에 대한 건전한 사례는 실제로 존재한다. 그러나 분쟁에 대한 예는 없겠다.

10) 역자 주 : 결국 미국이 안보를 책임져 주기 때문에 동맹국들은 경제와 기술 활동에 집중할 수 있음을 비유한 것이다.

– 러시아 · 인도 및 터키

유럽을 벗어난 모든 인근 국가들이 항상 민주국가이거나 경제적으로 발전된 것은 아니다. 러시아는 여전히 공산주의 경제 및 조직화된 범죄로 인한 분열 그리고 정부의 부패라는 유산을 견제하기 위해 싸우고 있다. 1990년대 중반, 러시아는 세계에서 마약거래를 위한 주요 통과 회랑 중 하나가 되어왔다. 9월 11일 이후, 푸틴(Vladimir Putin)의 지원은 러시아가 미국과의 파트너십에 커다란 가치를 두고 있음을 보여준다. 그러나 러시아가 미국 및 서구와 함께 일 할 준비상태가 긍정적으로 변화하리라는 기대에 비해, 사정이 다른 어려움에 직면해 있다. 러시아 군사력이 바로 그것이다.

2002년 10월 *Rossisskaya Gazeta*에 실린 글을 보면, 이전 수상 프리마코프(Yevgeny Primakov)는 일부 분석가들이 잠시 주장했던 바를 말하고 있다. 그것은 러시아의 군사력은 민간인의 통제 하에 있지 않다는 것이다. 러시아의 경제 전망과 이것의 미국과 나토와의 관계를 볼 때, 러시아는 사실상 민주화될 잠재성을 갖지 못할 것이다. 반면, 러시아의 군대는 부적절하고 정치화된 군부의 손에 남아 있을 것이다.

러시아와 마찬가지로 인도 및 터키는 반드시 이슬람 문화 및 종교와의 경쟁에서 정치적 교리를 내세워 대항해야 한다. 터키는 특히 취약한데 그 이유는 국가의 분열상태 때문이다. 터키는 한쪽 발은 세계화된 세상에 두고 있고 한쪽 발은 전통적인 세계에 두고 있다. 여기에 변화에 대한 문화적 장애가 심각하게 남아 있다. 그러나 여전히 터키는 안전한 정치체계를 지닌 유일한 무슬림 국가다. 실제로 근대화되고 전문화된 군사기구를 지녔으며, 세계화된 세계 속으로 도약할 수 있는 경제적 잠재력을 지녔다.

– 서반구

캐나다로부터 칠레에 이르는 안보 딜레마는 대부분 내적 또는 국내적 문제이다. 그리고 이것은 초국가적 비국가적 행위자에 의해 커진다. 라틴 아메리카의 군사력은 내부적 붕괴와 더욱 관련 있다. 이것은 이들의 국가를 정복하기 위해 그들의 국경을 넘는 외국군에 대한 것이라기보다는 국내적으로 발생한 병 때문에 생긴 것이다. 불법 이민과 함께 코카인을 생산하고 세계 각지에 분배하는 조직화된 범죄는 중대한 안보위협이다. 그러나 이것은 주로 국내적인 문제이며 미국에 대해 거의 군사적 위협을 주지 않는다.

– 아프리카

사하라 남부 아프리카는 빈곤 · 부채 · 부패 및 질병의 바다를 이루고 있다. 그러나 미국과 이의 동맹에 대한 직접적인 군사적 도전을 보이지 않고 있다. 아프리카의 취약성은 테러리즘과 조직화된 범죄를 위한 매력적인 표적을 만들고 있다. 만일 이 지역에 대한 미군사 개입이 요구된다면 적 부대를 제거하기 위한 커다란 규모의 군사작전을 수반하지 않을 것이다. 차라리 미국 또는 유럽이 이끄는 군사작전은 조직화된 범죄 또는 테러리스트 조직을 파괴하는 것에 목표를 둘 것이다. 아프리카의 국가들이 전문 군사기구를 발전시키도록 도우면서, 사회적 정치적 안정성을 이끌어 낸다면 세계화된 세계로의 대규모 이주는 불필요할 것이다. 이것은 모로코에서 인도네시아에 이르는 대부분의 아시아 및 이슬람 세계가 미국과 동맹국들의 군사작전 전구가 될 가능성이 가장 높다는 것을 보여준다.

–중　국

지정학적 문제는 전략적 행동에 있어서 중요할 수밖에 없다. 중국의 전체 국경선을 따라, 중화인민공화국은 그가 만든 이웃의 적국과 적대관계를 유지하고 있다. 힘 있는 중국은 러시아 · 인도 · 베트남 · 일본 · 대한민국에 대항하여 움직이고 있거나 또는 미국은 결국 이러한 모든 국가와 함께 전쟁을 일으킬지도 모른다. 이 국가들의 경제적 능력 · 안정성 그리고 확실한 존재는 중국에게 은혜를 베푸는 모든 결과로 인해 위협받게 될 것이다.

실용주의 지도자들은 간혹 혁명적 지도자를 성공시킨 이념적 분쟁 사회를 만드는 것 보다 사회를 일하게 만드는데 더욱 관심이 있다. 얼마간 이러한 세상이 중국에 나타날 것이다. 미국과 서구에 이념적 적의를 갖고 있지만, 중국은 또한 세계무역기구의 회원이며 세계화된 지구에 깊은 뿌리를 두고 있다. 이 점에서 중국의 산업 및 군사 발전은 튼튼한 금융과 기술에 의존한다. 만일 중국이 군사적 모험주의에 직면하게 된다면 이러한 금융과 기술은 고갈될 것이다. 중국의 지도자들은 이점을 잘 알고 있다. 세계화된 지구로 금융과 기업이 접근하지 못한다면 인민해방군은 고해상도 전자광학 위성과 수평선을 넘어(over–the–horizon : OTH) 수 천 킬로미터를 탐색하는 레이더를 발전시키는데 커다란 어려움을 맞이하게 될 것이다. 중국은 정보와 기술에 대한 접근을 하고 있지만 이를 여전히 효과적인 군사력으로 쉽게 전환하지 못하고 있다. 변화와 혁신을 수용하는 중국 군사–산업 관료주의의 무능함은 잘 알려져 있으며 믿기 어려울 정도이다.

모든 종류의 변화를 수용하는 중국 사회의 무능은 대만이 워싱턴에 중요하다는 것이 인민해방군에 의한 대만 공격은 역사상 가장 커다란 건설 프로그램을 통해 과거의 가난으로부터 탈출하려는 투쟁 상태에 대한 자살행위임을 보여준다. 그러나 민족주의 및 국내 정치적 통제를 유지하는 경제적 성장 그리고 국내 단결의 혼합에 대한 베이징의 의존성은 대만이 미국과 중국 관계에서 소음과 분쟁의 씨앗으로 남을 것임을 나타낸다.

중국이 얼마나 오래 중국 공산당(CCP)의 손아귀에 남을지 또는 그 이후에는 어떤 정권이 들어설지를 예측할 수 있는 사람은 없다. 중국은 이미 세계에서 네 번째의 산업기지를 가지고 있다. 그리고 고무 공룡에서부터 복잡한 전자기기에 이르는 재화를 생산하는 능력은 중국에게 세계화된 지구 속에서 의미 있는 위치를 부여한다.

중국의 사회와 역사의 프리즘을 볼 때, 중국은 수십 년 동안 사회적 · 경제적 그리고 정치적 변화에 저항하는 경향이 있다. 폭동 또는 혁명의 결과가 있을 때까지 폭발적인 압박을 허용한다. 그러나 중국의 손쉽고 빠른 1970년대 이후 경제적 성장은 끝날지도 모른다. 국가 지도의 혼합된 경제는 연대적으로 짧은 자본주의 역사를 가진다.

비생산적인 지역은 시장의 힘이 진짜로 작용하는 관료적 통제 포기를 겁낸다. 이러한 상태는 세계화된 지구에서 중국 경제의 지배에 전도력을 주지 못한다. 따라서 미래는 보다 강한 국가적 단결을 이끌거나 아니면 중국의 와해와 분열을 낳을 수 있다.

중국의 대륙간탄도미사일시스템은 심각한 위협이다. 이것은 타 지역의 도전에 대한 미국 대응의 융통성을 제한할 것이다. 따라서 지금까지 미국의 위기 환경에 대한 중국의 커다란 공헌은 미국의 적에게 대량 살상 기술을 확산시키려는 의도에서 나온 것이다.

–북 한

중국이 경제적으로 성장하려고 노력하는 반면, 북한은 사회주의 비극 포스터를 그리는 아이로서, 가난의 심연으로 점점 빠져들며 더욱더 반동주의로 가고 있다. 엄청난 기아와 식량부족에도 불구하고, 북한 인민군(KPA)은 감소되고 있는 대부분의 자원을 흡수하고 있다. 이론적으로 짧은 경고 하에 남한을 지상에서 공격할 수 있는 능력이 있음에도 불구하고, 북한군은 미국과 남한의 엄청난 화력을 피하기 위해서 지하로 깊이 파고 들어가기 위해 그들 대부분의 시간을 소비했다.

만일 전쟁이 발발한다면, 남한의 엄청난 산업능력과 940억불의 예비 외자는 전쟁을 수행할 수 있을 것이다. 반면, 북한의 빈사상태 공산정권은 사실상 산업능력과 돈이 없다. 인민군이 북한 내부의 안정에 중점을 둔다면, 지역 안정을 위한 북한의 커다란 위협은 짙어진 플로토늄 프로그램에 놓이게 된다.

이것은 북한의 세계화된 지구에 대한 매우 직접적인 위협을 그의 비합리적인 행동(자살적 행동이기도 할 것이다) 능력으로 고려하게 한다. 즉 핵무기 개발을 재개하기 위한 결심으로 귀결된다. 위협의 일부는 중거리탄도미사일에 있다. 그리고 이 무기가 한국과 일본의 과학 · 산업 기지 및 인구 밀집지역을 파괴할 수 있다는 것에 있다. 이와 같은 행동은 미국과 중국을 전쟁으로 이끌 수 있으나, 그 어떤 쪽도 이를 원하지 않을 것이다. WMD 위협은 중요한 것이며 수년간 전구 미사일 및 국가 미사일 방어를 위한 미국과 동맹국들의 방위 자산을 흡수할 것이다.

중국은 반드시 북한의 행동에 대처하는 일본의 불확실한 영향을 고려해야 한다. 북한이라는 완충 국가는 중국 인민들을 서서히 진행하는 세계화의 영향으로부터 격리시킬 수 없다. 이와 동시에, 중국 주변국에 대해 전쟁 기폭제인 급진적인 북한도 격리시킬 수 없다. 만일 중국이 북한으로 하여금 합리적으로 행동하도록 할 수 없거나 또는 그런 의지를 갖고 있지 않다면, 일본은 아시아의 그 누구도 원하지 않는 군사적 지배력을 재확립할 필요성을 찾게 될지도 모른다.

그러므로 북한의 불안정성과 WMD 기술로의 진입은 한반도에서의 전쟁을 지역적 및 세계적 경제 안정성에 대한 영원한 위협으로 만든다. 그러나 위에서 열거한 내용을 일반적으로 검토해 보면 이 지역에서 명백한 경향은 가까운 미래에 미국의 병사들이 유럽 · 러시아 또는 동북아시아(북한은 예외적으로 가능성이 있다)에서 직접적인 전투는 하지 않을 것 같다는 점을 보여준다.

– 이슬람, 테러리즘 그리고 전쟁

이제 남은 것은 모로코에서 인도네시아에 이르는 매우 다변적이고 복잡한 이슬람 세계다. 이곳에서는 세계화의 영향을 세속화하는 것에 대한 저항이 오래 전부터 있어왔다. 화산암 · 산악 그리고 통과할 수 없는 정글이 깔린 이러한 황무지 세계 속에서 도로는 빈약하거나 또는 없고, 도시지역은 수백만의 젊은 실업자들로 차있다.

이슬람은 종교일 뿐만 아니라 수억 명을 위한 생활의 심장이다. 이것은 일일 생활의 기초이며, 말하고 생각하며 먹고 자는 방식의 기초다. 그리고 몸가짐과 사고방식의 기초인 것이다. 이것이 왜 사람들을 모으는 이슬람의 힘을 과소평가해서는 안 되는 가에 대한 이유다. 특히 이슬람이 혁명적이고 민족주의적 감정에 연계될 때 그러하다.

세계화에 대한 이슬람 시민들의 반발을 자극하는 것은 수입된 근대 서구 법률의 법전과 이들로부터 나온 사회적 관습을 제거하기 위해 개혁을 세속화하지 않으려는 욕망이다. 이렇게 하여 이슬람의 영광스러운 법률과 이슬람 정치질서로 돌아가자는 것이다.

사실상 이러한 반발로부터 나온 이슬람 운동은 세계화의 효과에 대한 해독제를 찾고 있는 중이다. 이것이 아프리카와 아시아에 있는 이슬람 국가의 지도자들이 단순히 사회 구조를 확대하여 그들을 과거의 사회들에 정박시키는 것이 왜 어려운가에 대한 이유가 된다.

이러한 많은 이슬람 운동 가운데, 미국과 미국의 동맹국들의 정복에 대한 계획은 없다. 대신 나타나는 것이 이슬람에 의해 고무되는 혁명전의 복잡한 형태이다. 이들은 미국에 대한 승리를 미국의 파괴와 동일시한다. 미국과 동맹국들에 의해 제시된 것처럼 구조를 무너뜨리는 보다 큰 문제와 영향은 이들의 손아귀 또는 능력을 벗어난다. 그리고 이들은 이것을 알고 있다. 이것은 알카에다 · 헤즈볼라 그리고 기타 다른 조직들의 구성원들이 세계화된 세계를 거의 모르거나 아니면 전혀 모르는 순진한 사람들이라는 것을 의미하지 않는다.

반대로, 서구에서 활동하는 알카에다의 일반적인 훈련은 매우 우수한 수준이다. 전자 · 컴퓨터 · 수학 · 생물학 그리고 경제학을 공부하고, 미국을 포함한 서구 국가들에서 오래 체류함으로써 기본적으로 이러한 문화에 매우 익숙해 있다. 활동 중인 알카에다의 대다수는(싱가포르와 말레이시아와 같이 이격된 곳에서 구류된 이들을 포함하여) 서구에서 교육을 받고 일반적으로 과학계에서 일을 하고 있다. 이것이 왜 사우디아라비아와 페르시아 걸프 에미레이트가 알카에다 신병을 모으는데 중요한 근원지가 되는지에 대한 한 가지 이유다.

알카에다와 같은 테러리스트 네트워크의 다양한 구성을 이해하면, 왜 오사마 빈 라덴을 체포하거나 또는 살해하는 것이 알카에다에게 있어서 단 하나의 패배가 될 수 없을 것인가를 설명할 수 있다. 더불어 예상되는 것은 강력한 메들린과 칼리 마약 카르텔을 제거하는 것이 캄보다아와 미국을 괴롭히는 마약 거래를 제거하지 못하는 것과 같이, 새롭고 더욱 민첩한 네트워크는 알카에다가 괴멸될 때 알카에다 계승 세력을 낳게 될 것이라는 점이다.

결과적으로, 본래 민주적이지 않는 이슬람 세계를 통치하는 엘리트 계급의 대부분에게 부여되는 오늘날 전쟁의 위협은 미국 또는 유럽에 의한 것이 아니라 호메이니 또는 빈 라덴과 같은 급진 이슬람 지도자에 의한 것이다. 이것은 미 군사력과 정치적 리더들이 반드시 이슬람 세계에서 비밀스럽고 은밀하게 활동하면서 배워야 한다는 것을 제시한다. 미국의 친구와 동맹이 생존할 수 있는 것 보다 더욱 철저하게 이러한 이들의 출현을 피하기 위해서다.

이러한 급진적 운동의 확산 속에서 이집트의 무바라크 대통령, 요르단의 압둘라 국왕 또는 파키스탄의 무샤라프 장군과 같은 지도자는 지속적인 암살 또는 제거 위험을 받게 된다. 안정화 정책의 옹호는 급진적 이슬람주의자들 눈에 그들을 가장 교활한 적으로 보이게 했다. 이 적은 무슬림의 얼굴을 갖고 무슬림의 이름을 달고 있지만, 사실상 세계화를 위한 제5열의 지도자인 것이다. 요르단의 전 왕세자 탈랄(Hassan bin Talal) 왕자는 런던에 있는 아랍어 일간지 『알 하야트(Al-Hayat)』에서 현대 이슬람 국가 내의 시끄러운 모습에 대해 그의 의견을 아래와 같이 제시한 바 있다.

〈오늘날 모든 국가가 직면한 주요 문제 중 하나는 세계화다. 이슬람 국가도 이것에서 자유로울 수 없다. 그리고 국제 공공 이익을 관리하는 것이다. 이 공공 이익은 넓게 정의할 때, 각 국가의 관계에 영향을 미치며 우리 국가에 그 영향이 미치게 된다. 미래 이슬람 공공 이익을 전하며 받아들일 수 있는 서로 간의 공식 부재는 극단주의자 원리주의에 의해 모든 이슬람 국가와 이들의 안전에 대해 위험을 부과하게 한다. 종교적 극단주의는 민족국가와 근대 이슬람 국가 모두에게 전쟁을 선포하였다.〉

일부 예외를 제외하고, 이슬람 세계의 국가 구조의 대부분은 군사력으로 건설되었다. 결과적으로 이슬람은 권위주의적 민족주의로 불균형 되게 혼합되어 있다. 사실상, 이슬람 세계의 모든 국가는 사우디아라비아의 불안정한 왕국을 포함하여 국내 안보 기능을 수행하기 위해 설계된 광범위한 방위 및 준 군사부대를 갖고 있다. 모든 마을과 도시는 왕국을 방호하기 위해 활동하는 정보원 및 보안근무요원을 갖는다. 미국의 권력과 세계화에 대답하는 이러한 빗나간 패턴은 왜 북아프리카 · 중동 및 서남아시아의 방위비가 매우 많은가에 대한 이유를 설명하고 있다. 방위비의 많은 부분은 국내 방어에 할당되고 있다. 국내 민중을 통제하는 것에 초점을 크게 맞추면서 지역 내 육군을 건설하고 있다.

– 이　란

이란은 최초로 레닌(Vladimir Ilich Lenin)의 볼세비키 국가라는 급진적 이슬람 버전을 만든 유일한 국가다. 이라크와의 절름발이 전쟁을 했고 경제적 침체가 계속되었음에도 불구하고 이란은 헤즈볼라의 세계적인 작전을 지도하고 있으며 자신의 동맹국 시리아를 지원함으로서 아랍–이스라엘 분쟁에 간섭하고 있다. 이란은 또한 필리핀의 모로 이슬람 해방전선 반정부운동을 지원하고 아부 사야프(Abu Sayyaf) 분파 테러리스트 그룹과 인도네시아의 레스컬 지하드(Lasker Jihad)의 반기독교 학살을 지원하고 있다.

이란의 재래식 무장군사력은 견실하고, 대략 513,000명에 200,000명의 예비군을 보유하고 있으며, 전차 및 장갑차량 수천 대와 그리고 포병 · 로켓 및 미사일 시스템을 보유하고 있다.

지난 십년 이상, 페르시아 만 지역을 통과하는 해상 교통을 위협하고 호르므즈(Hormuz) 해협에 기뢰를 부설할 수 있는 능력을 향상시켜왔다. 많은 지뢰 재고와 실크웜(silkworms)과 같은 지상 발사 대함 미사일 그리고 수대의 빠른 유도탄 정찰정으로, 이란은 원한다면 걸프에서 대량 파괴행위를 할 수 있는 위치를 점하고 있다. 이란에서 이슬람주의자들의 혁명적 열정이 어느 정도 부드러워지면 이러한 부대들은 미국과 서구를 보다 덜 위협하게 될 것이나 이것은 분쟁이 계속해서 일어나느냐에 달려있다. 이란의 민족주의 그리고 이란 이슬람주의자들의 감정은 항상 해결할 수 없도록 꼬여있는 것이 아니다. 각각을 분리하는 것이 이란과의 모든 미래 분쟁에 있어서 중요한 지향목표가 된다.

미국과 동맹국들의 문제는 이라크와의 추억을 생각할 때, 이란이 많은 수량의 스커드 미사일을 보유하고 있다는 것이다. 그리고 이란은 보다 사거리가 긴 Shehab-3 미사일을 개발 중에 있다. 이란은 또한 신경작용제와 같은 많은 재고량의 화학무기와 미확인된 생물 무기를 보유하고 있다. 이라크와 마찬가지로 이란은 또한 핵 · 화학 및 생물 무기를 개발하는데 필요한 모든 기술을 보유하고 있으며 다양한 형태의 스커드 미사일 조립시설을 대체로 15에서 18개 보유하고 있다고 알려져 있다.

이러한 점은 중동의 적들을 신속하게 분쇄하지 못하고 오래 끄는 모든 미국의 군사작전이 전략적 실패의 위험을 갖는다는 것을 보여준다. WMD의 확산과 이들을 운용하는 지역의 현재 지배세력의 결의는 미 지상군이 신속히 전개 · 분산 · 집중 및 공격하느냐 여부에 따라 미 지상군에 대한 공포심을 갖게 될 것임을 보여준다. 이란과 기타 이슬람 국가들이 핵무기를 손에 넣는데 얼마나 걸리는가는 명확하지 않다. 그러나 미래는 어둡다. 오래전부터의 CIA 분석가들은 1991년 이전 이라크의 핵무기 계획 진행을 정확히 평가하기 위한 전략적 정보에 실패했다.

– 시리아

시리아는 사실상, 헤즈볼라의 공동 스폰서이며 팔레스타인-이스라엘 분쟁의 긴장을 악화시키고 있다. 시리아 대통령 아사드(Bashar Assad)는 실제로 헤즈볼라를 지원하라고 시리아 군대에 직접 지시했다. 그러나 이것은 미국과 바그다드가 전쟁을 할 경우, 시리아가 개입할 것을 의미하지 않는다. 시리아는 이란과 마찬가지로 잠재적 약탈자의 역할을 수행하길 원한다. 그러나 시리아의 레바논에서의 행동은 이스라엘 및 미국과의 대결로 향하고 있다. 이러한 결과는 시리아를 참혹하게 만들 것이다.

시리아는 이스라엘과의 전투에서 잃은 장비의 신속한 재보급을 러시아에 의존하곤 했다. 그러나 이것은 더 이상 불가능하다. 시리아는 러시아의 지속적인 무기 공급에 더 이상 의존할 수 없지만, 현재 지역 내에서 보다 강력한 터키와도 대결해야만 한다. 터키는 무엇보다도 시리아로의 많은 식수 공급을 통제한다. 이것은 유프라테스 강 상류에 있는 수력발전 토목사업을 통해 이뤄지고 있다.

시리아 육군은 많지만, 시리아의 재래식 군사력은 복합적인 기동을 할 수 없다. 이스라엘과 군사적으로 대치하고 있는 모든 지상부대의 손실은 시리아의 군사력을 저하시키고 현재의 정부에 위험을 부과하는 심각한 결점을 낳게 된다. 시리아의 중거리 탄도 미사일 부대는 비핵 부대며, 이라크 및 이란과 비교했을 때 규모도 작다. 그러나 이것은 고정된 기반시설과 정적인 부대 집단에 심각한 손상을 부과할 수 있다.

– 인도네시아 그리고 파키스탄

이슬람 세계에서 실패하거나 분열된 국가들의 널리 알려진 문제는 많은 이슬람 민족들이 그들의 국가적 정체성을 주장하고 있으며, 경제적 · 문화적 생존을 위해 노력하고 있다는 것이다. 이슬람 민족들은 보다 커다란 국가 정부로 강제적으로 통합되거나 아니면 억압되었다. 이슬람 세계에서 군 · 국가 및 민족에 대한 전통적인 개념은 사라지고 있거나 아니면 이미 많은 부분에서 사라졌다.

이러한 국가들 내에서 국가 조직은 부재하거나 또는 분열되고 있으며, 군 · 국가 및 민족은 자주 무조직적인 무장집단으로 통합되고 있다. 이것은 수지에 맞는 타켓이 거의 없다는 것을 보여준다. 국가를 쪼개는 원심력이 무엇보다도 군사적 수단에 의해서 억제되지 않는다면 이러한 분쟁은 보다 크고 명확하게 정의된 그리고 전략적 목표를 위협하는 것으로 특징지어지는 지역적 수준의 새로운 분쟁으로 합체될 것이다. 인도네시아와 파키스탄은 적절한 예가 된다.

이중 인도네시아는 보다 서구와 밀접하게 연결되어 있다. 인도네시아는 인구 면에서 세계에서 가장 이슬람이 대중화된 국가다. 인종적 · 민족적 · 문화적 그리고 종교적 다양성은 섬으로 길게 연결되는 지형과 합치한다. 따라서 이 지역은 힘에 의해 유지되거나 또는 분열되게 될 것이다. 인도네시아는 치안을 유지하기 위해서 외부의 힘 하나로 통제하기에는 너무 크고 인구도 조밀하다. 경제적 · 정치적으로 인도네시아는 이미 위기에 놓여있다. 그리고 이러한 추세가 억제되지 않고서는 이 섬나라는 이웃 국가들에게 안보의 위협을 주게 될 것이다.

이슬람 세계와 같이, 파키스탄도 정치적 엘리트의 무능력과 자기 실속만 차리는 부패로 인해 자유경제의 단단한 기초를 발전시키는 것에 있어서 방해를 받는다. 계속 이어지는 정권의 무능이 50년간 법과 질서를 유지하면서 효과적인 공공 서비스를 제공해 왔는데 이것이 왜 급진적 이슬람 세력에 의해 많은 이슬람 사람들이 유혹되었는지를 보여주는 중요한 이유다. 보다 많은 사람들(대다수는 아니라도)은 부패를 종식시키고 파키스탄이 미국과 협조하는 것이 끝나기를 원한다. 파키스탄의 핵능력이 모든 인도의 공격을 억제할 것이라는 자신감이 있다고 할지라도, 이슬람 국가를 세우려는 급진적 이슬람주의자들은 또한 카시미르에서 인도와의 비밀 전쟁 재개를 재촉하고 있다.

이슬람주의자들의 정부가 권력을 얻게 된다면, 이슬람 통일이라는 이름하에 중앙아시아에서 또는 아마 팔레스타인에서 조차도 이슬람주의자들의 고립을 깨뜨릴 주권을 위한 핵 보증수표를 발행하게 될지도 모른다. 역사적으로 혜택을 받지 못한 이슬람 사람들에 대한 통치는 많은 경우 커다란 제스처에 달려있는 것으로 보인다. 만약 이렇게 하지 않으면, 사람들은 모국과 근접한 작은 문제에 관해 불편한 질문을 하기 시작한다. 핵무기는 신뢰성 있는 보장을 위해 장거리 로켓이나 폭격기에 결합될 필요가 없다. 은밀한 핵무기

운반의 위협도 효과적인 억제를 보장할지도 모른다.

많은 이슬람 민족들이 철학적 토대 위에 세계화에 반대하는 것은 심각한 문제다. 그러나 이것이 이러한 세계의 이렇듯 복잡하고 문제 있는 부분을 인식하는 데 있어서 충분한 기초가 되지 못한다. 이러한 세계는 미국과 서구에 대한 성전을 수행할 준비를 하고 있다.

사실상, 이슬람 세계에 살고 있는 오로지 소수 민족만이 본질적으로 호전적이고 급진적이다. 그러나 테러리스트의 네트워크와 마찬가지로 이들의 지역 보수주의 동료 때문에 네트워크화 된 테러리즘의 심리적 무기는 보다 큰 이슬람 역공세를 위해 이것의 세계적 범위와 응집 그리고 중요성을 알린다. 17% 미만의 러시아 인구가 볼세비키를 지원했는데 이것이 1917년 러시아 통제를 장악했다. 불행하게도 러시아의 국가와 자원들은 이들 마음대로 움직였고 레닌의 혁명세력은 하룻밤 사이에 전략적 위협으로 변하였다. 이것이 70년 동안 러시아와 유럽을 공포로 몰아넣었다.

우리는 어떻게 싸우는가?

미군 부대가 싸우는 방식이 필연적으로 적이 어떻게 저항할 것인가를 결정할 것이라고 가정하는 것은 항상 지나친 오만이다. 미 군사력은 성공적으로 20세기 후반 50년 동안 전면전을 억제했다. 그러나 이 동일한 군사력은 미국과 미국의 동맹국인 한국 그리고 베트남에서의 무장 침략을 억제하지 못했다. 재래식 지상전쟁에서 우리는 여전히 우리 자신이 보다 단순하고, 잘 장비를 갖추지 못한 육군들에 의해 도전받고 있음을 발견하게 된다.

릿지웨이(Matt Ridgway) 장군이 한국에서 미 8군 사령관에 임명될

예정으로 맥아더 장군을 방문하기 위해 동경을 방문했을 때, 맥아더는 릿지웨이에게 〈중공군은 도로를 피해서 능선과 산을 접근로로 사용하고 있습니다. 그들은 종심으로 공격하고 야간에 이동하면서 전투합니다〉라고 말했다. 전략적 폭격과 공군 차단작전의 엄청난 위력에 대한 자신감은 산산히 부서졌다. 엄청난 폭격은 중공군을 변화시키지 못했다. 교훈은 간단하다. 비재래식 적들에게 조차 병력·화력 및 자원을 집중적으로 투입하는 것은 2차 대전 이후 나타난 세계에 잘 들어맞지 않은 육군 구조와 미국의 전쟁방식을 보상해주지 못한다.

현재 위협들은 능력과 확산을 조합시킨 것들이다. 많은 국가들은 극초음속 크루즈미사일과 패시브호밍 방공무기를 개발 중에 있다. 그러나 다행스럽게도, 이러한 시스템은 매우 복잡하고 비용이 많이 들어서 미국의 잠재적인 적들에게는 이 시점에서 이를 사용할 여유가 없겠다. 이것은 미래에는 바뀌게 될지도 모른다. 강한 부대설계와 전술을 새로운 무기와 통신기술에 연결하기 위해서는 반드시 육군이 현재와 미래에 어떻게 싸워야 하는가에 대한 모든 논의를 현저하게 그려봐야 한다. 1991년 미국이 주도했던 일련의 분쟁을 관찰한 일부 결과는 이러한 논의에 적합하다.

걸프전쟁, 유고슬라비아 공군전쟁 그리고 아프가니스탄 전쟁을 예로 들면, 차량과 그룹을 이룬 사람을 탐지하고 위치를 알아내며 추적하고 표적화 하는 센서 시스템은 이전에 없었던 능력이었음을 보여준다. 미국은 곧 지상·공중 및 해상 플랫폼을 보유할 것이다.

또한 모든 위치에서 모든 시간에 수직으로 모든 장소를 타격할 수 있는 탄약도 보유할 것이다. 극복해야 할 난관은 이러한 탄약이 폭발하는 위치에서 이러한 살상 메카니즘에 취약한 표적에 대해 확실히 사용되어야 한다는 것이다. 군대는 현재 공중·공간 통제 및 미사일 위력으로 대변되는 미국의 비대칭적 이점에 대항하기 위해 설계된 전쟁 형태와 대결을 하고 있다. 이러한 전쟁 형태는 분산되고 이동하는 전쟁 또는 복합도시 및 도회지에서의 전쟁으로 크게 분류할 수 있겠다. 미국 군인은 지난 수년간 다양한 두 가지 형태의 전쟁을 목격해왔다(표 3.1 참조).

[표 3.1] 사막의 폭풍, 정밀부대(Deliberate Force), 항구적 자유(Enduring Freedom) 그리고 이라크 자유화 작전에서 나타난 군사에서의 변화 충격

	과거(1991년 이전)	현재(1991년 이후)
탐 지 (Sense)	전투공간을 장악하고 있는 많은 유인 항공, 지상 및 해군 부대들 이용	범세계적인 원정전을 위해 편성된 수직 수평 종심 상에서의 유인 및 무인 그리고 원거리 센서들 이용
타 격 (Strike)	폭격 및 항공차단, 근접항공지원의 압도적인 집중, 요망되는 효과를 달성하기 위한 항공임무명령(ATO) 이용	전천후 대응 및 지속이 가능한 네트워크화된 정밀 타격시스템 이용, 능력에 기초한 패키지로 보다 적은 숫자로 편성되고 전개됨
기 동 (Maneuver)	선형 전투대형에 보다 효과적인 집중과 화력 달성을 위한 커다란 지상군 부대 이용	모듈화, 분리 가능한 전술집단 이용, 합동 기동 및 분산전 수행을 위해 임무 중심 능력 패키지화된 부대 이용
지휘통제 (Command and Control)	중앙집권적, 동시통합적, 지휘관 지시 중심적, 단일 군종 지휘통제	임무명령에 기초한 합동 〈플러그 앤 플레이〉, 네트워크, 자기 조화적 지휘통제
지원유지 (Sustainment)	중앙집권적, 분배에 기초하고 단일 군종에 대한 지원	합동, 분권화 및 기동에 기초한 지원

(표 3.1)에서 묘사한 추세는 중요한 것이다. 왜냐하면 미국은 미국 군대와 싸우기 위해 준비 완료된(또는 의도된) 적에 대해 아직 싸우지 않고 있기 때문이다. 더욱이 지금 현재 미국의 약점을 식별하고 이것의 이점을 이용하려고 부대를 설계하는 국가 또는 비국가

행위자는 없다. 알카에다와의 미국의 경험은 이러한 상태가 미래에 변할 것임을 보여준다. 알카에다는 적응하고 있으며, 아프가니스탄에서 미국과 동맹국 군대를 공격하기 위해서 새로운 전술 및 새로운 방법을 이미 발전시키고 편성을 배워가고 있다.

유고슬라비아 육군은 코소보 위기에서 미국 및 동맹국 타격력에 대응하기 위해 분산된 기동전을 채택하였으며, 상당한 성공을 보았다. 수천 개의 작고 기동화 된 부대들, 험난한 지형에서의 기술적인 은폐, 추가적으로 기상은 고고도에서 표적을 식별하는데 극히 어려움을 주었다. 머리 위로 감시하는 것은 예상했던 것보다 더욱 제한되고 손쉽게 기만당할 수 있는 것으로 판명되었다. 우군 공격 지상부대가 없었기 때문에 유고슬라비아 부대들은 집단적 집중 또는 한 곳으로 집중되지 않았다.

항구적 자유작전(Operation Enduring Freedom) 초기 단계 동안, 알카에다 및 탈레반은 선형방어를 시도했었다. 그러나 이들은 특수작전 팀이 지상에서 이들을 식별하고 파괴하기 위해 표적식별을 하게 될 경우, 방공능력 없이는 공중으로부터의 정밀 타격의 충격을 견딜 수 없다는 것을 곧바로 발견하였다. 타격자산들은 지상에서의 기동과 공중으로부터 응답하는 타격작전을 결합함으로써 적 부대들이 공중공격에 취약해졌을 때, 적 부대들을 와해시키고 사기를 저하시키는데 있어서 코소보에서 보다 아프가니스탄에서 훨씬 이득있게 사용되었다.

상대적으로 수평적인 합동지휘구조 속에서의 효과적인 통합은 아프가니스탄에서 정밀 항공타격과 함께 특수작전부대들과 지상 부대들을 결합한 성공적인 핵심 전술이었다.

케이스(Ronald E. Keys) 중장은 남부 유럽의 연합공군 사령관이자 16 공군부대의 지휘관이었다. 그는 미래 작전에서 공중으로부터의 정밀타격을 통제하는 〈지상의 눈(eyes on the ground)〉의 중요성을 강조하였다. 그는 〈우리는 코소보 연합군 내에서 그것을 매우 적게 보유했었다. 그러나 아프가니스탄에서는 이 보다 약간만 더 보유했었다〉고 말했다. 이것은 보다 커다란 규모의 성공은 미래에 육군 전투 집단과 발달된 유인 및 무인센서 · 무기체계 오퍼레이터 그리고 정밀유도탄의 통합에 의존한다는 것을 암시한다.

결과적으로 알카에다 및 탈레반 전사들은 지방으로 분산 및 소산되었다. 커다란 부대들을 재배치하고 기동시키기 위한 자원들 없이는, 알카에다는 현재 아프가니스탄이나 파키스탄 외딴 지역 안에서 분산된 기동전과 일시적인 지역방어를 결합하는 작전으로 구속되게 된다. 이곳에서 그들은 보급품을 준비된 진지에 비축할 수 있고 복잡한 산악 지형에 의해 조성되는 일시적인 이득을 주는 진지에서 작전할 수 있다. 포위될 위협에 놓이게 되면, 알카에다 및 탈레반은 필연적으로 도망치게 된다.

이러한 관찰결과가 제시하는 것은 무엇일까?

완전한 상황인식은 위험한 환상이라는 것이다. 작전적 수준에서 커다랗고 정적인 지상부대의 집중을 식별하는 것은 별개의 문제다. 기동하며 분산된 지상부대를 전술적 수준에서 발견하고, 고착시키며, 공격하는 것은 또 다른 문제인 것이다. 또한 우리의 잠재적인 많은 적들의 본래의 모습을 고려한다면 탐지하고 타격하는 것은 전술적 수준에서 반드시 이뤄져야 한다.

우수한 네트워크 체계를 갖추면 근접 기동이 불필요하다거나 또는 미래에 발생할 것 같지 않다는 가정은 사실이 아닌 것이다. 육군병사들, 공군 및 해군병사들 그리고 해병은 항상 각자의 전투공간에서 일어나는 모든 것을 결코 알지 못할 것이다. 유용한 첩보 및 정보의 유용성은 매우 짧게 될 것이다. 냉전 이후에 30초에서 2분

이내에 그대로 있는 표적 집합의 새로운 특징은 육군부대들이 그들의 알게 된 것을 신속히 이용할 수 있도록 설계된 합동 작전적 구조 속에서 기동 및 타격부대의 효과적인 통합을 요구한다.

지상 · 공중 및 바다에서 합동기동은 어떤 시간과 장소에서의 전투력의 이점을 달성하는 것이어야 한다. 이것은 적 부대를 격멸하기 위한 능력이 자신의 진지가 희망이 없다고 적 부대 지휘관이 마음먹도록 하는 것과 연결된다는 것을 가정으로 한다.

지휘 · 통제 · 통신 · 컴퓨터 · 정보 · 감시 및 정찰(C4ISR)의 통합된 합동 작전개념은 정밀 기동 및 타격과 함께 21세기 전쟁에 관한 사고를 통합하는 개념으로서(집중하지 않는) 이러한 과정에서 결정적이다.

물론 지상전에서 발생하는 많은 것들은 어떻게 네트워크가(각개 병사 · 차량 · 항공기 수준까지) 미래에 이용되느냐에 따라 좌우된다. 탐지하고 상황을 효과적으로 알려주는 패턴에 있어서 육군 병사 · 공군 · 해군 및 해병을 지원하기 위한 정보융합은 이해하기 보다는 달성하기가 더욱 어렵다. 전자는 항상 덥고, 추우며, 습기 있고 급격히 변하는 환경 속에서 극히 민감하기 때문에 기술과 네트워크화에 단순히 기초한 전쟁의 혁명적 변화에 대한 기대는 조절되어야 한다.

모가디슈 거리에서, 코소보 공중에서 그리고 아프가니스탄 산악에서의 경험은 심각한 기후, 효과적인 대공방어, 복잡한 지형 그리고 도시 환경은 여전히 전투를 매우 근접전으로 만들 수 있다는 것을 보여준다. 지상에서 인간정보, 유인 정찰 및 전투 병사들은 뒤에서 비전투원이 발사하는 로켓추진유탄(RPG)을 지닌 개인을 구분해내는 과정에서(특히 근접한 지형에서) 결정적으로 중요하다.

거부 및 기만은 계속 효과가 있다. 코소보와 걸프전쟁에서 보여주었듯이 말이다. 만일 거부가 실제 있는 것을 숨기는 것이라면,

기만은 미군이 찾으려는 것을 원하는 대로 보여주는 것이다. 이것은 공기를 불어 넣어서 항공기 · 전차와 같은 모양을 만들 수 있는 풍선 또는 그림으로 그린 비행장 사용 그리고 손상을 입지 않은 교량 그림 같을 것을 포함할 수 있다. 기술 하나로는 이러한 기만을 들춰내고 합동군이 필요한 상황인식 같은 것을 생산해낼 수 없다. 더욱이 기술에만 오로지 의존하는 전술적 및 작전적 해결은 덧없는 것이 되는 경향이 있다. 결과적으로, 기술적 시스템이 잘못된다면 기능의 전체적인 손실을 얻게 되는 것이다.

이러한 분석은 테러리즘과 지구상에서 전쟁을 하면서 화력을 실어 나르는 움직이는 해군 및 공군부대들로는 승리하기에 충분하지 않다는 이유를 설명해주며, 재래식 미래전쟁에서도 더욱 충분하지 않다는 것을 설명해준다. 지상의 중요 지점을 안전하게 확보하고 점령할 수 있는 지구력과 힘을 지닌 유일한 군대로서, 육군만이 지속적인 정치적 문화적 변화를 부과할 수 있다.

오로지 공중으로부터의 스텐드오프(멀리서 타격하는) 공격에만 의지하는 것은 소모전으로 향하는 막다른 길이다. 작전적 용어로 교활하고 단호한 적과 단순히 기술적 수단만으로 싸우는 것은 적으로 하여금 분쟁의 스팩트럼을 우세한 기술효과를 저하시키도록 움직이게 적응시킨다. 이렇게 결연한 적을 전투로 이끌어내기 위해서는 그리고 가능한 지역, 즉 복합도시 및 도회지에서 민간인과 이러한 적을 구분해내기 위해서라도 육군 전투 단위부대들은 반드시 적과 지상에서 조우할 수 있어야 하며 적의 대응을 물리칠 수 있어야 한다. 이러한 상태에서 육군 부대들은 반드시 교전(의도된 또는 의도되지 않은)에서 생존할 수 있어야 하며 또한 결정적인 부대로 적에게 카우터펀치를 날릴 수 있는 기회를 이용할 수 있어야 한다.

결론적으로, 육군은 현재 전투편성을 위해 필요한 것이 무엇인지를, 공군이 수백 발의 합동직격탄(JDAM 82)을 지원 거리로부터 모든 좌표로 발사할 수 있는 때가 언제인지 알아야 하는 반면, 육군 상급 리더들은 반드시 지속되는 전투 실상을 무시해서는 안 된다. 비록 B-52 폭격기가 GPS와 레이저 유도탄을 가지고 있는 시대라 할지라도 지뢰 · RPG · 기관총 · 박격포 · 화학작용제 · 철조망 그리고 방공 시스템은 여전히 효과적이다.

이러한 점들은 육군의 전투부대들을 보다 민첩하고, 전개 용이하고 그리고 합동 전투단의 효과적인 멤버로 변환시킬 수 있지만 한편으로는 위험성이 높은 기술이 육군에 도입되기를 기다릴 필요가 없다는 것을 알게 해준다. 이것은 또한 현재 많은 육군 군사기술이 앞으로 많은 해 동안 유용할 것이라는 점을 의미한다.

아프가니스탄 산악에서 분산된 기동전 또는 진지전은 이미 미국 병사들이 지상전투의 모든 병과를 보유한 작고 응집력 있으며 독립적인 그룹으로 전투할 수 있도록 적응시키고 있다. 두 가지 양상의 전쟁은 높은 요망수준을 지닌 베틀 드릴(분소대전투훈련) 뿐만 아니라 전술 훈련을 요구한다. 육군 부대들은 반드시 짧은 경고 하에 전개하여 싸우기 위해 주둔지 내에서 편성되어야 한다. 병사들은 반드시 서로를 충분히 잘 알아서 전투 혼란 속에서 접촉을 잘 유지해야 한다.

이를 위해 베틀 드릴과 전술집단, 상황인식을 위한 실질적인 인간적 토대에 적응하도록 해야 한다. 이들은 또한 반드시 합동 일반작전상황(COP) 내에도 그들의 행동이 통합되어 나타나고 합동 C4ISR 그리고 충격행동을 창출하는 스탠드오프 공격시스템과도 통합되어야 한다. 이것은 식별하기 곤란한 적에게 접근하여 이들을 살상하도록 해준다.

지상전의 유동적이고 혼란한 본질은 지상의 선택된 지점에서 협조된 저항을 격파하기 위해 타격을 집중하는 것이 반드시 경직된 지휘구조에 의해 제한되어서는 안 된다는 것을 의미한다. 이것이 기회가 생겼을 때 신속하고 결정적인 행동을 항상 제한하는 것은 아니다. 모든 수준에 반응하면서 속도가 빨라지는 결심주기는 제한되고, 수직 계층적인 지휘체계에서는 불가능하다.

또한 이런 결심주기는 정보의 과잉과 너무 많은 지휘계통으로 인해 고전하게 된다. 화력을 이용한 변혁을 위해서는 전쟁과 변혁 모두 예하부대에게 주도권을 행사할 수 있는 능력을 부여하는 것이 필요하다는 점을 이해할 필요가 있다. 이렇게 되면 칼 끝으로 전투부대를 이끌게 되고 전장에서 발생한 기회를 포기하면서 세부적인 계획을 수립하는 것과 싸우지 않게 된다. 전투 혼란 속에서의 효과적인 행동은 독립적인 판단을 필요로 한다. 그렇지 않으면 육군 전술집단들은 둔중한 물리적 집중을 하게 될 것이다. 새로운 기술과 실시간(real-time) 정보 엑세스에 의해 능력을 얻기 보다는 마비된 상태가 될 것이다.

그렇다면 이러한 관찰결과가 육군 지상부대에게 부과하는 것은 무엇일까?

명확히, 정보시스템의 개인화는 병사들과 소부대 지휘자들에게 결심에 필요한 정보와 함께 장비할 수 있는 능력을 미리 부여하게 된다. 만일 이들이 결심하고 신속히 행동하기 위해 훈련되지 않고 능력을 갖추게 되지 않는다면 정보는 소용없는 것이다. 개인 컴퓨터가 가정에 상업적인 결심을 하도록 분배되었듯이 육군은 반드시 상황이 이를 요구할 때 이러한 기술을 갖춰야 한다. 육군은 결심수립을 분권화하기 위한 능력을 지녀야 한다. 장교와 부사관은 이에 대처할 수 있다. 어쨌든, 편성 상 구조와 작전 스타일은 반드시 이러한 기술이 창출하는 전투력을 획득하기 위하여 변해야 한다.

결 론

미국은 파괴하기 위한 괴물을 찾아서 외국으로 나갈 필요가 없다. 한편의 시각으로 보면 국제무대에서 대부분의 긴장은 세계화의 충격과 인종적 · 종족적 그리고 종교적으로 증오하는 힘의 결과로 그 탓을 돌릴 수 있다. 테러리즘은 이러한 힘들이 교차된 가장 최근의 행위다. 그러나 미국인은 반드시 국제 시스템이 발전하는 것처럼 또 다시 새롭게 적응하고 있는 기간에 놓여 있다는 점을 인정해야 한다. 세계화의 힘과 원하지 않는 변화에 대응하고 있는 것이다.

미국의 군사 행동은 지구 경제로 통합하거나 또는 지구 경제로부터 벗어나는데 실패한 세계의 국가들과 지역들이 극히 중요한 자원을 얻기 위해 들어가는 것을 위협하거나 또는 난민을 만들게 된다면 간혹 피할 수 없게 될 것이다. 일부 경우에 있어서, 아프가니스탄과 같이 국가들은 테러리즘과 조직 범죄 그리고 마약 거래를 위한 성전이 될 수 있다. 거의 모든 경우에 있어서 이들은 지역적 분쟁과 불안정의 기폭제가 된다.

미국 군에 부과된 효과는 우리가 그 어느 때보다 더욱 자주, 보다 신속히, 그리고 보다 다양한 전략적 조건조성을 위해 운용된다는 것이다. 이러한 분야에서 역할을 하기 위해서 미 육군은 반드시 인도적 지원으로부터 정권 제거에 이르는 과업을 수행할 준비가 되어 있어야 한다. 이러한 역할에 충실하려면 미 육군은 싸울 준비가 된 상태로 전개하고 해당 지역에 도착하며, 효과적으로 지상의 중요지역을 통제하는 능력이 요구된다.

비 세계화된 세계 속에서 적 부대들은 미국과 동맹국 이익에 대해 복합적인 위협 범위를 만들게 된다. 이것은 단일 군종이 다룰 수 있는 것이 아니다. 왜냐하면 국가와 비국가적인 적들은 비 세계화된 세계 속에서 일부 WMD 뿐만 아니라 제한된 정밀유도탄, 현대 방공 기술의 제한된 지원 그리고 제3자에 의해 지원되는 전자 정보 및 위성 영상으로 엑세스할 수 있을 것이기 때문이다. 미국이 개방된 세계 무역 시스템을 유지하기 위해 강대국 대표 민주국가 간에 사전 협력을 추구하는 반면, 육군은 이에 따라 이러한 현실과 계획을 인지해야 한다.

전투 목적에 추가해서, 육군 지상부대들은 방패막이가 될 수 있다. 새롭고 번영된 미국 사회가 이 뒤에서 급부상하게 된다.

1950년, 서울이 북한 공산주의자들에 의해 재점령되었을 때, 맥아더 장군은 이승만 휘하에 한국 행정부를 복원시켰다. 미 국방성에서는 이에 대한 반대가 즉각 나타났다. 국방성은 대만의 독재자 장개석보다 이승만의 권위주의를 더욱 싫어했다. 맥아더는 이들의 반대를 물리쳤다. 그의 대답은 간단명료했다.

〈아시아인은 반드시 아시아인에 의해 통치되어야 합니다.〉

이러한 통찰력은 미국과 동맹 안보이익에 따라 미 군사력을 투입하는 모든 곳에서 반드시 미국의 정치인 및 군사 지도자들에게 잊혀 져서는 안 된다. 아랍은 반드시 아랍인에 의해 통치되어야 한다.

이란인은 반드시 이란 사람에 의해 통치되어야 하고 아프간인은 반드시 아프간 사람에 의해 통치되어야 한다.

탈레반의 아프가니스탄은 50년 넘게 나치 독일과 일본제국이 지배한 이래 미국이 전쟁에서 이겨 점령한 최초의 국가로 자격을 갖출지도 모른다(도미니크 공화국 · 그래나다 · 파나마는 차치하더라도 어쨌든 이 범주에는 적합하지 않은 것으로 보인다). 은근히 특징지은 것이지만, 미국이 아프가니스탄에서 적대적인 정부를 파괴하고 아프가니스탄을 점령한 것은 미 군사력뿐만 아니라 미국의 지구력에 대해 시험하는 예로 보일 수 있을 것이다.

아프가니스탄은 사실상 재래식 전쟁 패러다임에 대한 몇 가지 시험에 직면하고 있다. 이것은 국가 대 국가 분쟁이다. 이것의 국경으로부터 적극적이건 비적극적이건, 아프가니스탄은 적대 행위를 찬조하였으며 이것은 미국으로부터의 복수를 불러일으켰다.

한 국가의 군대(미국)와 다른 군사력(탈레반) 간의 교전에 있어서 하나의 중심(center of gravity)이 있었다. 이것은 야전에 있는 부대들로 이뤄졌다. 후자는 참패하였다. 이 결과 그들이 방어하던 정부는 권력을 잃게 되었다.

여기서 모든 노력은 반드시 아프칸인이 아프간 사람들을 통치하는 것을 확실하게 해야 한다는 것이다. 이러한 접근에 반한 모든 대안은 실패하게 될 운명에 놓인다. 성과는 완벽할 필요가 없다. 그러나 성과는 반드시 아프가니스탄 내에 있는 성역과 영향으로부터 알카에다와 이와 유사한 타 조직들의 영향을 제거하는 것이다.

과거처럼, 이에 대한 그리고 미래 미국 군사개입에 대한 장기적 성공을 가르는 진정한 척도는 이전의 적이 분쟁 이후 동맹 및 무역 파트너로서 등장하느냐 여부에 달려있다.

파키스탄 국경 지역에서 알카에다의 계속되는 존속력 그리고 빈라덴의 생존은 특히 이러한 점에서 사건에 대한 새로운 해석의 논쟁을 때맞춰 하게 된다. 이 점에 대한 대답은 다음 관찰로 계속된다.

게릴라 전쟁은 재래식 전쟁에서 패할 때 실용화된다는 것이다. 명확히 알카에다가 배운 하나의 교훈은 미 특수부대가 결정적이기에는 너무 적지만, 미국 재래식 보병보다 더욱 두렵다는 것이었다.

후자는 전술적으로 제약사항을 갖는다. 왜냐하면 무거운 군장 및 장비를 지녔고 위협받게 될 때는 반드시 항공지원을 호출함으로써 취약성을 보상받아야 하기 때문이다. 소말리아 민병과 중국 인민해방군은 1993년과 1950년 각각 미 육군에 대해 유사한 결론에 도달했다. 이러한 분석에 따라 전술을 대체 적용함으로써 양자 모두의 정치적 승리를 가져왔다(소말리아에서 미국이 이끈 임무를 철회, 군사적 교착상태 및 북한의 공산 국가의 유지).

소위 많은 사람들이 〈4세대 전쟁〉이라 부르는 이러한 국면을 이해하는 것은 중요하다. 비 세계화된 세계에 있는 일부 미국의 적들은 보다 나쁘게 변화하는 세계에서 미국을 약화시키는 것이 가능하다는 결론에 이르게 될지도 모른다. 이것은 확실히 이러한 적들 중 가장 스마트한 자들의 최종목표라 하겠다. 아쉽게도 이러한 증거로 모가디슈로부터의 미국의 수치스러운 철수가 있다. 이러한 인식은 군사력이 미국의 자신감 유지에 결정적이라고 믿게 만든다. 만일 전쟁이 어렵게 보이면, 미국은 자신의 이익 속에서 행동을 취하는 것으로부터 자신 스스로를 억제하게 될 것이다.

만일 이것이 사실이라면, 스스로의 억제는 미국이 직면한 가장 커다란 위험 중 하나다. 군사행동은 이것이 쉽게 보이거나 또는 어렵게 보이기 때문에 개시되어야 하는 것은 아니다. 미국과 동맹국의 안보 이익에 필수적이기 때문에 개시되어야 하는 것이다.

이러한 전략적 상태는 기본적으로 미 육군에게 새롭고 다른 요구를 부과한다. 이것은 근본적인 개혁과 재편성을 필요로 한다는 것이다. 표면적인 변화를 통해 새로운 전략적 상태에 의해 부과되는 요구를 만족시키기 위한 추가적인 시도는 앞으로 놓이게 될 위기와 분쟁을 위해 육군을 준비시키지 못할 것이다.

따라서 변혁은 단지 새로운 기술에 대한 쇼핑 목록이 될 수 없다. 변혁은 또한 새로운 전략적 환경에 순응하기 위한 육군 내부의 문화적 편제적 변화에 의존한다. 무기체계를 바꾸고, 센서 그리고 디지털 통신 장비를 추가하는 것은 합동군 내에서 육군의 총체적 효과성을 의미심장하게 향상시키지 못할 것이다.

단일 군종은 이 장에서 기술한 복잡하고 변덕스러운 위기 환경에 대처할 수 없을 것이다. 이것은 합동성이 기본적인 목적임을 의미하지 않는다. 이것은 단순히 구조 · 편성 및 사고에서의 합동성이 21세기로 들어서면서 미국의 전략적 군사 우위를 확장하고 증강하는 결정적인 수단이 될 수 있다는 것을 의미한다. 합동 C4ISR의 통합 구조 없이는 육군의 변혁뿐만 아니라 나머지 미 군사 기구의 새로운 정보화군으로의 변환도 없을 것이다. 합동 C4ISR의 통합 구조는 각 군 간에 능력을 이용할 수 있도록 해줌으로써 지속적인 전장 모습을 생산해 낸다.

코소보와 아프가니스탄의 경험은 분산되고 숨은 적 부대에 대해 항공력의 제한점을 보여준다. 이들은 거친 기후와 지형 속에 숨어 있었고 항공타격을 위한 살상지대로 적 지상부대가 이동하도록 유도하는 우군 및 이에 상응하는 지상부대를 만나지 않았다. 타격 자산만을 이용한 민첩한 공격은 적을 괴롭힐 수 있지만 단호한 적을 격멸할 수 없을 것이다. 오로지 타격자산과 통합된 육군 지상부대만이 이를 할 수 있다. 적을 지상에서 움직이고 집중하게 만들며, 이로서 공격할 만한 고가치 표적 집합을 미국의 비싸지만 고정밀 항공 타격시스템에 제공할 것이다.

혼수상태인 사고에 새로운 삶을 불어넣는 시도는 창조적인 사고를 위한 출발점이 아니다. 과거로 빈약하게 도주하는 해결은 과거를 구제하기만 할 것이다. 그러므로 육군 내부에서의 변혁에 관한 지속되는 논쟁은 적어도 출현하는 전략적 현실 10년 뒤에 놓여있다. 결과적으로, 걸프전쟁 11년이 지났어도 미 육군은, 편성 그리고 문화적으로 국가가 필요로 하는 미 육군이 아니다. 이 장에서 기술된 육군의 보다 큰 전략적 목적과 함께 지난 10년의 전쟁 경험의 통찰을 비추어 볼 때, 지금이 새롭고 난폭한 세계 속에서 국가 전략적 소요에 맞게 미 육군 부대설계를 새롭게 바꿀 시기다.

4 효과에 관계된 것이다

> 변혁의 일부 국면들이 새로운 시스템과 첨단기술을 포함하지만, 나는 변혁의 도전요소를 주로 지적인 것으로 내다봤다. 우리는 반드시 군사적 판단에 의해 알려진 지적인 위험을 무릅쓰고 합동개념 개발 및 실험 과업에 달려들어야 한다.
>
> –합동군사령부 사령관, 에드워드 기아베스티아니 제독

변혁의 초점은 효과중심사고(effect–based thinking)에 놓여있다. 미 합동군 사령부(U.S. Joint Forces Command)에 따르면, 효과중심작전(EBO)은 전술적 · 작전적 · 전략적 수준에서 군사 및 비군사 능력의 모든 영역을 시너지적으로 그리고 누적적으로 응용함으로써 적에 대해 요망되는 전략적 산물 또는 효과를 달성하려는 과정이다.

효과중심사고는 목표에 대해 효과를 보기 위한 행동들의 결합에

주안을 둔다. 이러한 접근은 잠재적으로 적과 우리 자신을 보는 방법 그리고 작전을 계획하고 실시하는데 있어서 포함되고 강조되어야 할 사항들을 변경시키고 있다.

효과중심사고에 대한 회의론은 육군 · 해군 그리고 해병대 내에 널리 퍼져있다. 이유는 실제로 놀랄만한 것이 아니다. 우선, 효과중심 개념은 미 공군에서 최초로 등장했다. 미 공군에게 있어서 항공 및 미사일 공격은 유일하게 영향을 미칠 수 있는 수단이다.

그러나 오늘날 효과중심사고는 이것이 편성 · 전술 및 리더십에서의 융통성을 강조한다는 범위 내에서 확대되고 있다. 이러한 편성 · 전술 및 리더십은 정치–군사적 목표를 군사행동과 연결하고자 할 것이며, 군사행동은 명확한 결과 또는 요망되는 효과를 낳게 될 것이다. 그러나 이러한 새로운 해석은 중요한 질문을 제기한다.

왜냐하면, 이것은 공격의 수단과 결정적인 지점 모두를 선택해야 하기 때문이다. 이것은 모든 군의 능력을 사용하여 요망되는 효과를 달성하는데 있어서 이들의 잠재적 기여도에 중심을 두고 있다. 육군에게 있어서 극복해야 할 난관은 필요할 때 육군의 능력을 보다 커다란 합동부대에 결합시켜 효율적이고 가능한 방법으로 부여된 목표를 달성하는 것이다. 단순히 여단들 · 사단들 그리고 군단들을 전개하는 것은 상황에 따라 가벼운 부대를 파견하건 아니면 무거운 부대를 파견하건 간에 상황 해결책이 못 된다.

만일 육군 지상부대가 이라크 · 코소보 및 아프가니스탄 타격작전과 조화를 이루며 전개되었다면 전략적 효과가 달라졌을까?

1998년 식별된 표적 지역에 육군 레인저 부대의 강력한 타격부대를 투입함으로써 알카에다가 미군부대와 싸우도록 유도되었던가? 알카에다는 미군 부대를 이길 수 없었을 터인데 말이다. 1991년 바그다드로 향하는 도로 상에서의 장갑차량 종대와 공격헬기의 신속한 이동이 사담 후세인의 공화국 수비대 지휘관으로 하여금 역사상 커다란 재앙을 초래하기 이전에 독재자를 제거하도록 설득시켰던가?

1979년 미 대사관을 이란이 점령한 동안, 급진화 된 이슬람의 손아귀에서 최초로 패배했던 아픔을 겪은 이래 미국이 아무것도 해오지 않았던 것이 미국에 대한 미래 테러리스트들의 행동을 확고히 억제하였던가?

타격작전에서 육군과 해병 지상부대들의 합병이 타격의 심리적 효과를 만들 것이며 그리고 이러한 합동작전이 미래에 보다 지속적인 전략적 결과를 낳을지 여부가 무엇이 다른지 고려해야 할 시기다.

효과중심사고 · 합동성 그리고 변혁은 모두 헤어날 수 없이 닮은 꼴이다. 신속결정작전은 부시가 2002년 웨스트포인트 졸업식에서 연설하면서 분명히 말한 것으로서, 승리를 위한 전략적 공식을 제공하고 있다. 그러나 이것은 육군이 전쟁을 생각하고 어떻게 육군부대들을 전개시켜 싸우도록 편성할 것인가를 생각하는 방식을 바꾸는 경우에만 공식으로 성립되는 것이다.

미래에, 육군 무기 및 편성의 상대적인 힘에 관한 결정은 비용-이익 분석을 함으로써 평가되어야 할 것이다. 이것은 보다 커다란 합동 작전적 및 전략적 효과중심사고와 연계성 내에서 이뤄져야 한다. 운 좋게도, 테러리즘과 현재 진행 중인 전쟁은 육군에게 전술 · 교리 및 편성을 변혁할 기회를 제공하고 있다. 이로서 육군 지상부대들을 개념적으로나 물리적으로 EBO에 밀접하게 통합시키게 된다. 이 장은 군사에서의 심오한 변화의 배경에 대항하여 EBO 내에서 육군 지상부대들의 잠재적 역할을 검토하고자 한다.

냉전 규준을 넘어선 군사력의 이동

모든 전투시스템(지상군 · 해군 · 공군)의 치명성과 정확성이 향상되고 있다. 이에 기초한 전쟁 행위의 드라마틱한 변화로 인해 근대전에서 전차 · 야포 · 항공기 및 함선의 수와 같은 군사력의 냉전 규준은 영향을 훨씬 덜 미치게 되었다. 노르망디 침공에서 180,000명의 미국 및 연합군 병사들은 해안 상공을 나는 15,000대의 전투기 및 폭격기 그리고 이들 뒤편 바다에 떠있는 수백 대의 함선의 지원을 받으면서 나치가 점령한 유럽에 교두보를 설치했다.

수천 명의 해군이 1,000척의 함선을 가지고 영국 해안을 뒤덮고 해안의 부대들을 지원하고 독일에 대해 포격을 가했다. 이러한 숫자는 관련된 군사력의 규준을 요약하고 있다. 이것은 냉전 시에도 유지되었다. 1991년, 미국과 동맹국의 전투기 및 폭격기 숫자는 1,200대 미만이었으며, 미 해군은 200척 미만의 전투함을 전개시켰다. 그러나 이들의 적에 대한 효과는 사실상 보다 큰 것이었다. 이와는 대조적으로 육군은 거의 500,000명이 전개했었다.

1차 대전과 2차 대전 시 소모전 개념이 적용되고, 전쟁의 지향목표(aim)는 엄청난 인간 손실 속에 묻혀버렸다. 소모전에서 나타나는 고유의 희생자들은 합리화되었다. 전쟁에서 독일과 일본에 대한 지향목표를 달성했고 부수적인 이득도 보았기 때문이다. 소모 패러다임의 계속적인 실패와 한국과 베트남에서 소모 패러다임의 제도적 문화는 소모개념의 무능력함으로 인해 발생한 것이다.

이것은 결정적인 결과를 신속하고 직접적으로 가져오기에는 무능한 것이었다. 매우 중요한 것이 있다. 전쟁의 제한된 지향목표는 소모의 비용을 배가시킨다는 것이다. WMD와 소모의 비결정성에 대한 필연적인 반대여론을 가지고 있는 현대 전략적 상황은 현재 육군의 전쟁개념(이러한 개념 하에서의 부대 설계 및 우선적으로 추진하고 있는 정책)을 불가능한 것으로 만들었다.

2차 대전 결과, 미국은 모든 서구 민주국가와 마찬가지로 기나긴 분쟁을 피할 길을 모색했다. 자유사회 시민을 살해하는 것에 추가해서 기나긴 전쟁은 자본을 군사행동으로 전환시킨다. 이것은 경제적으로부터 전환되는 것이며 국가 번영을 파괴한다. 이렇게 되면 전쟁 이후 복원에 커다란 대가를 치르게 된다. 따라서 합동부대 지휘관은 효과적으로 싸워, 늦지 않고 보다 빨리 승리해야 한다면 분쟁이 지속되는 원인과 효과를 반드시 이해해야 한다.

오늘날, 미군 부대들은 신속하고 정확하게 거의 모든 장소에서 표적을 식별하고 타격할 수 있다. 이것은 1950년 인천에서 맥아더 장군이 결행한 상륙작전의 전략적 효과를 지닌 작전 조건을 창출하였다(즉 타격의 효과가 집중되고 육군 기동부대가 견고하게 합동군의 타격 및 정보력과 통합되는 모든 곳에서 가능하다는 것). 인천상륙작전은 합동통합 및 작전적 대담성을 통해서 결정적 효과를 달성한 작고, 신속히 집결되는 부대들의 힘을 보여준다.

전쟁 기술과 육군 전투부대 질이 드라마틱하게 향상된 덕택으로, 육군 기동부대들은 결정적 효과를 달성할 수 있었다. 인천에서 했던 것처럼 노르망디와 사막의 폭풍작전에서 집중했던 것은 합동부대들에 의해 가능해지고 통합된 보다 적은 수의 부대들을 사용함으로써 가능했던 것인데, 이와 같은 효과를 달성하고 있는 것이다.

그럼에도 불구하고 이들은 전술적 기습이 지속적으로 존재하게 될 전투 환경 속에서 반드시 생존해야 한다. 규모가 작은 부대를 사용하면 육군 원정군의 군수적 짐을 덜어줄 것이다. 그러나 이렇다고 해서 화력, 전술적 기동력 및 장갑 방호력이 부족한 가벼운 플랫폼 상에 육군 전투 병력을 태워서 전개하도록 허용하지 않을 것이다.

예를 들어, 전개하기에 너무 무겁고 느리다고 많은 사람들로부터 잘못된 비판을 받고 있는 M1 전차는 교훈적인 예를 보여준다. 만일 M1 전차 승무원이 모든 식별 가능한 표적을 타격하는데 있어서 98% 이상의 확률을 갖는다면, 그리고 한발로 표적을 파괴할 확률도 98%를 갖는다면 문제는 물리적 집중이 아니라 능력에 있다는 것이다. 만일 각각의 전차가 50발의 탄약을 운반하면 이때 150대의 전차는 잠재적으로 7,500대 적 전차를 파괴할 확률 98%를 갖게 된다.

비 세계화된 대부분의 미국 적들이 이러한 많은 전차를 배치할 수 없을 뿐더러 미 공군, 해군 및 해병대의 합동자산이 모든 미래 합동원정부대의 일부분이 될 것이라면 얼마나 많은 M1 전차가 서남아시아 또는 중동에서 필요할 것인가? 답변은 명확히 현재 육군에 편성되고 전개되기 위해 (그리고 구조화되고 계산된 준비태세를 갖추기 위한 수개월의 훈련을 마친 후의) 태세를 갖추고 있는 전차의 수보다 적을 것이다.

합동특수임무부대들은 파괴적이고, 시간을 소모하는 소모전 또는 대규모 육군을 항상 필요로 하지 않고 기동과 타격을 통해서 적을 내부적으로 붕괴시킬 수 있는 이러한 조건을 이용할 수 있다.

합동원정전 속에서 효과중심사고는 합동 작전적 골격 속에서 달성 가능한 효과와 관련된 행동을 위해 투입된 지상 · 공중 및 해상 원정부대들의 규모와는 관계가 적다. 기동이 위치의 변화라고 정의되고 타격이 무기를 이용한 공격이라고 정의된다면, EBO와 연계한 합동타격 및 기동 능력의 통합은 미군에게 거대한 변혁적 잠재력을 지닌 합동 작전개념을 제시하게 된다. 시간과 공간 속에서 유리함을 달성하기 위한 기동에 의해 육군 부대 집단은 전략적 목표 달성을 돕게 된다. 이때 전략적 목표는 적 방공부대를 굴복시키는 것으로부터 국가 안보기구 파괴 및 적대적 정부가 평화를 간청하도록 만드는 것 등이 될 것이다. 이러한 행동들은 합동정밀 타격의 효과를 배가시키고 EBO를 향상시킨다.

그러나 전쟁에서 대부분 고려되는 것은 국민들의 대응이다. 뒤에 남겨진 센서는 적시적인 방법으로 탐지할 수 있는 것이라고 할 수 없다. 이러한 형태의 효과중심사고는 지상 · 해상 및 공중의 지휘관들에게 전쟁이 항상 상대하는 지성과 의지의 투쟁이라는 현실을 재교육시키도록 해준다. 급진적 이슬람과의 현대전쟁 속에서 의지와 스피드는 전략적인 필요성이다. 그러나 신속히 도착하는 육군 전투부대들은 이와 동시에 반드시 적을 죽이고 생존할 수 있어야 한다.

아울러, 급진적 이슬람주의자들을 죽이는 것이 늦을수록 미군은 이슬람 세계에서 미국의 이미지에 더 많은 손해를 입을 것이며 우리는 더 많은 원한을 쌓게 될 것이다. 그리고 미국은 더욱 더 변혁을 부채질 할 것이다. 알케에다 또는 이라크와 같은 적들에 대항하여 승리하는데 걸리는 시간이 많아질수록 미국은 약해보일 것이다. 그 누구도, 심지어는 미국의 적들조차 미군이 우세할 것이라는 점을 의심하지 않는다. 이들은 단순히 가능한 한 전쟁을 오래 끌기를 희망하고 이것이 미국의 영향력을 몰아내기에 충분한 고통이 되기를 희망한다. 만일 군복을 입은 미국인들이 장기전을 어렵게 보게 된다면 적들은 이것을 실용적인 전략이라고 믿게 될 것이다.

이슬람 세계에서 행동과 사고를 변화시키기 위한 노력은 급진적인 이슬람 세력을 격멸하지 않고서는 성공하기 쉽지 않을 것이다. EBO에서의 성공은 육군지상부대 사용을 요구한다. 〈타격만 하는〉 작전은 알카에다 또는 유사한 적을 억제하지 못해왔으며, 앞으로도 억제하지 못할 것이다. 여기서 최종목표는 개입 자체가 야기하는 피해(물리적 · 군사사기적 피해)를 최소화하기 위해 그리고 새롭고, 번영을 누리며 그리고 민주화된 사회가 이용할 수 있는 방패를 제공하기 위해 신속히 적대적인 또는 위험한 정권을 격멸하는 육군 지상부대를 필요로 한다. 이러한 것들이 왜 이 장이 타격 중심의 작전 및 그들이 필요로 하는 고정된 기반구조에 대한 대규모 물리적 파괴의 중요성을 깎아 내리는가에 대한 기본적인 이유가 된다.

적시적으로 실시하는 단호하고 결정적인 부대 운용은 실제로 미국의 적 인원들을 죽일 때에는 많은 효과를 보게 된다. 만일 많은 비전투요원 및 미군 병사들이 죽게 된다면 반대효과를 보게 된다.

효과중심접근은 지난 전역에서 성공 및 비성공적인 합동기동 간의 차이를 보여준다. 왜 그리고 어떻게 수적으로 압도된 영국 제국군이 매우 거대한 이탈리아 부대들을 1940년 매우 빠르게 붕괴시킬 수 있었는가를 검토함으로써, 예를 들어 왜 1991년 코소보 위기에서 이점을 가지고 있었지만 이것을 신속하고 결정적인 승리로 변화시킬 수 없었는가에 대한 통찰력을 얻을 수 있을 것이다.

효과를 위한 목적과 수단의 결합

특정한 작전적 효과를 얻기 위한 표적 타격의 범위 · 규모 그리고 시간선정에 대한 사고는 항상 항공력의 성공적인 사용을 위해 핵심이 되어왔다. 이것은 왜 작전에 관한 효과중심사고가 정밀타격작전을 수행하기 위한 그리고 장거리에서 적 표적을 파괴시키기 위한 미국의 능력 향상과 함께 평행을 이루며 발전하고 있는가에 대한 한 가지 이유가 된다.

항공작전에 있어서, 효과적인 표적식별은 적 부대 구성뿐만 아니라 적의 정치-군사 지휘 및 통제 기반구조에 대한 지식을 필요로 한다. 매우 중요한 구성에 대한 대단히 세부적인 지식이 요구된다. 이로써 표적은 식별되고 정밀타격은 적시적인 형태로(이러한 구성물들의 중요성이 바뀌기 이전에) 실시될 수 있다.

공격하고 파괴하려는 것, 적의 저항 능력을 약화시키거나 조각을 내거나 또는 무력화하기 위하여 능력을 없애는 것은 주요한 질문사항이 된다. 그러나 이에 대한 답변은 여전히 어떻게 적을 격퇴시키는가에 대한 전체 문제를 해결하지 못할 것이다. 공군 및 미사일 공격과 연계하여 언제 어디서 그리고 어떻게 지상부대를 사용할 것인가를 포함하는 해결책들은 높은 성공 확률을 가져온다. 효과중심사고는 공중으로부터 정확한 탄약을 운반하는 것 이상의 것이다.

공중과 해상으로부터 타격하는 것의 심리적 효과를 예측하거나 또는 기록하는 것은 어렵다. 지상군을 사용하지 않고는 여전히 효과적으로 이용하기에 어렵다. 무인 센서는 훈련된 인간의 판단력을 대치할 수 없다. 미국의 결의를 적 지도자 및 정권에게 알리려는 것이 1986년 리비아에서의 항공타격과 1999년 아프가니스탄에서 알카에다에 대한 크루즈미사일 공격을 한 근본적인 이유였다.

뒤돌아보면, F-111로 트리폴리 외곽의 카다피(Muammar Qaddafi) 거주지를 타격한 것은 국제 테러리즘에 대한 리비아의 지원을 수정하는데 성공적이었다. 그리고 지상부대는 개입되지 않았다. 따라서 모든 작전은 지상부대의 사용을 포함하지 않는다. 그러나 1990년대 알카에다에 대한 공격은 1990년대 바그다드에 대한 공격과 같이 반항적인 대응을 낳게 되었다. 빈 라덴과 후세인은 단순히 예비 지휘소와 보안 구조를 개발하고 미국과의 추가적인 분쟁을 준비하기 위한 노력에 박차를 가했으며 이슬람 세계에서 반미운동에 대한 대중적인 지원을 더욱 즐기고 있었다.

수십 년 동안, 미국은 육군 지상부대 투입을 주어진 분쟁에 관한 중대한 대응책으로 삼았다. 끝나지 않은 걸프전쟁을 제외하더라도 재래식 지상부대들이 투입되지 않은 것만이 아닌데, 국가 정치 지도자들은 이들이 투입될 수 있는 가능성조차 공공연하게 제외시키고 있다. 따라서 미국의 적이 다음과 같은 결론을 내는 것은 자연스러운 것이다. 즉, 미국은 적을 격멸하거나 또는 적이 추가적인 해악행위를 준비하는 것을 못하도록 하는 것에 대해 실제로는 심각하게 반응하지 않는다는 것이다. 그들은 단순히 어려움을 뚫고 나가서 미국이 지치거나 이익을 잃을 때가지 기다리면 된다는 것에 자신감을 갖는다.

이러한 환경 속에서 오로지 합동 정밀타격에 의존하는 너그러운 관점이 우리 정책 수립가들이 유일하게 택하고 있는 것이다. 그리고 이들에 의해 수행되는 항공타격은 오로지 행정부의 일부만이 실제 전쟁을 수행하고 있는 것이며 미국이 국가로서 전쟁을 수행하고 있는 것이 아니라는 생각을 낳게 한다. 이러한 상태는 불필요하게 테러리스트와 게릴라들이 만든 졸렬한 악단을 대중 유명인 수준으로 높이게 된다. 이렇게 하지 않는다면, 타격자산들과 통합하기 위해 규모를 이루며 편성된 지상전투부대를 사용하여 신속히 그들을 파괴할 수 있을 것이다.

오로지 지상부대들만이, 한편으로 명확하고 신속하며 그리고 다른 한편으로 명백히 지속적인 위협을 부과할 것이다. 적 지도자들에게 미국과 동맹국 군사 및 정치 지도자들이 적의 결심이 어떤 것인가를 알도록 허용하면서 결심을 하며 이를 실행하도록 강요할 것이다. 미사일 타격에 직면함에 따라 분산하려는 분명한 결심은 적의 추가적인 의도를 거의 드러내지 않게 된다. 왜냐하면 우주공간은 말할 것도 없이, 2만 피트 상공에서 작은 규모의 정치적 엘리트 사이에서 나타나는 정치적 태도를 측정하는 것은 불가능하기 때문이다.

따라서, EBO의 성공은 합동 C4ISR의 기술과 무관하게 다음에서술되는 두 개의 기둥에 의존하게 된다.

- 적과 적의 작전을 이해해야 한다. 아나콘다 작전에서 보았듯이 이것은 실행 보다는 말하기가 더 쉽다. 알카에다에 대한 작전에서는 자주 중심(또는 명확한 중심)을 발견할 수 없었다. 정보는 미약했고 혼란스러웠으며 그렇지 않았다면 부정확했다. 적을 이해하는 것은 많은 사람들이 생각하는 것보다 극복해야 할 난관이 많은 것이다. 그러나 이것이 정보의 과부하를 극복하는 열쇠다. 정보의 과부하는 지휘관이 무엇이 중요하고 무엇이 중요하지 않은가를 구분할 수 없을 때 나타난다. 적에 대한 지식은 전술적 정보 또는 인공위성 사진에서만 나오는 것이 아니다. 적을 알고 이해하는 것은 군대를 아는 것과 마찬가지로 야전교범 · 데이터베이스 · 위성사진 또는 소프트웨어 프로그램에 존재하는 것이 아니다. 이것은 인간 정보 · 교육 · 지식 및 경험의 산물이기 때문에 지식은 항상 인간 속에 위치하고 인간에 의해 이동되며 인간에 의해 창출되고 보강되거나 또는 향상된다.
- 달성할 수 있는 정치–군사 목표와 함께 실행가능한 정치적 전략을 수립한다. 얼마나 많은 미국 군사 지휘관들이 자신들의 적을 알고 있는가에 상관없이, 냉전 이후 미 국가 전략의 조직화 되지 않은 특성이 있다면 미래 군사작전은 발전하는 정책 목표와 수평을 이루면서 발전할 것이라는 것이 거의 확실하다고 하겠다. 이것은 야전의 지휘관에게 실제적인 문제를 부과한다. 왜냐하면 군사적 점령이 자동적으로 정치적 해결과 같아지는 것이 아니기 때문이다. 이것은 러시아인들이 체첸에서 알게 된 사실이다. 효과중심 사고의 한 가지 이점은 이것이 군사작전 실행을 책임진 군사 지도

자들이 간혹 그들에게 실행하라고 지시되는 제한 없는 군사 임무에 대응해서 그들이 달성할 수 있는 바의 제한사항을 이해할 수 있도록 해야 한다는 것에 있다. 올바른 질문을 통해서, 지휘관들이 전술적 행동을 전략적 최종목표에 직접 연결하기 위해 필수적인 것을 인식할 수 있도록 해준다. 그리고 전투작전 이전, 동안 및 이후에 중요하지 않고 또는 비생산적인 것을 버리도록 해준다.

다른 말로 표현해서, 효과중심사고는 요망되는 효과를 식별하는 논리적인 과정을 포함하며, 요망되는 결과로 이끄는 원인-결과 사슬을 만들게 된다. 효과중심 사고의 결과는 특정한 적의 약점으로 분배된 행동을 상호 보강하는 결과를 낳게 될 것이다. 이것이 완료되게 되면, 논리적으로 요망되는 효과에 다다르게 될 것이다.

이러한 전체론적인 접근 없이는 위기 또는 분쟁에서 적의 붕괴를 야기하는 효과를 만드는 결정적인 행동은 나오게 되지 않을 것이다. 이러한 효과중심의 분석적 골격은 모든 수준의 지휘관들에게 작전에 관한 이전 생각을 포기하도록 요구할 것이다. 왜냐하면 융통성 없는 계획은 우세한 화력과 물리적 집중(mass)의 고정된 응용에 지나치게 의존하게 때문이다.

이와 대조적으로, 전쟁에서 효과중심사고는 빠른 결심을 필요로 한다. 이러한 결심은 적의 사고방식에 관해 알게 된 것, 가능성 있는 적의 대응 그리고 작전 속에서 적에 대한 실시간 정보의 지속적인 흐름을 기초로 해야 한다. 인간 지도자들은 항상 불완전한 정보에 기초하여 가장 올바른 추측을 하게 된다는 것을 기억하고 있다.

반면, 실시간 정보흐름은 적 행동에 대한 초기 예상을 확인하거나 부인하게 해줄 것이고 요망되는 효과달성에 필요한 근거가 드러나도록 해줄 것이다.

단순히 더하자면, 효과중심사고는 승리로부터 거꾸로 거슬러 올라가서 계획하는 또 하나의 방식이다. 이러한 종류의 사고는 최종목표에 이르는 유망한 중간통로를 사용하는 동안에도 합동부대가 최종 목표를 마음속에 간직하는 것을 필요로 한다. 이러한 목표에 도달하는데 수반되는 것은 가치의 조직적인 계산이다. 뿐만 아니라 공격하고자 하는 특정 적의 취약점 또는 강점의 위험과 비용도 있다.

이것은 이들의 물리적 또는 기능적 파괴 · 무력화 · 거부 · 이용 또는 모든 가용한 수단들(직접적 및 간접적)을 사용한 조작을 통해서 만들어진 효과에 기초한 것이다. 또한 전투가 끝났을 때 미국의 영향력이 유지되기 위해 필요한 작전들이 필요하다. 전쟁에서 승리했다면, 평화를 얻는 것이 매우 중요하다. 전략적 용어로 말하자면 이것은 미국 및 동맹국들의 힘의 영역을 전략적 목표 달성을 위해 효과중심 프로세스를 통해서 명백히 그리고 지속적으로 적용할 것을 필요로 한다.

정밀성 · 발전된 지휘통제 시스템 그리고 진보하는 ISR 좌표에 의해 가시성이 극적으로 향상된다면 기동과 화력을 통해 적을 마비시키는 전술적 개념은 합동성을 통해서 전략적 수준으로 격상될 수 있다. 이것이 왜 지상 · 공군 및 해군 부대들이 효과적이기 위해서 반드시 서로 연결되고, 네트워크로 짜여지며, 합동 훈련이 되어져야 하는지에 대한 이유가 된다. 이상적으로는 합동부대의 한 부분이 보게 되는 것을 다른 모든 부분들도 반드시 볼 수 있어야 한다.

어떤 한 부분이 생각하면 모든 부분들도 반드시 이를 생각할 수 있어야 한다. 새로운 기술이 시간과 공간 속에서 사건들을 압축 요약하는 것과 같이, EBO에 필수적인 정보를 수집하고 처리 · 분석 · 융합하고 분배하는 것은 반드시 합동 작전적 조직 속에서 역점을 두고 다루어져야 한다.

그러나 실제 열쇠는 미국의 전체 부대가, 각 군 능력의 전체 스팩트럼을 넘어서 일관되고 조화된 방법으로 적을 확실히 공격하도록 하는 것이다. 이외에 어떤 것도 우리의 공격이 적을 마비시키고 반드시 파괴해야 할 것은 파괴하며, 지속적인 승리를 위한 조건을 만드는 것을 확실히 할 수 없을 것이다.

효과에 대한 생각 - 코소보

미국이 이끈 나토 공군은 1999년 1월 집결하여 유고군과 코소보 내에 있는 준 군사부대들에 대한 결정적인 작전을 펴려고 했다. 효과 견지에서 보면 1,100대의 항공기는 벨그라드 상공에서 극적인 승리 점수를 차지했던 것으로 보였다. 사실 유고슬라비아와 나토 분쟁은 공평한 싸움이라고 보기 어렵다. 나토 국가들의 7억7천5백만 명의 인구는 세계 국내총생산액 합계의 57%를 생산하고 있으며 이들은 사실상 세계 GDP의 0%를 생산하는 1천1백만의 세르비아인과 싸워 이기게 되어 있었다.

그러나 1,100대로 30,000회 이상의 항공 출격(쏘티)을 하는 데는 78일이 소요되었고 모스크바 · 베를린 및 파리에서는 세르비아 대통령 밀로세비치(Slobodan Milosevic)가 코소보를 양보하고 포기하도록 설득하기 위한 엄청난 외교 노력이 있었다. 그러는 동안, 유고슬라비아 경비부대들이 거의 1백 만 명의 무슬림 알바니아인들을 코소보에서 축출하는 것을 막지 못했다.

효과중심사고는 군사행동이 작전의 정치-군사적 목표에 조화를 이룰 것을 요구한다. 이 경우에는 연결이 약했다. 유고슬라비아에서 밀로세비치를 권좌에서 제거하려는 열망은 1998년 가을에서 1999

년 봄 간에 워싱턴과 브루셀에서 높은 수준의 논쟁을 이끌었다.

1995년 9월 사라예보 내 및 주변에서 미국이 이끈 공습의 인지된 성공에 기초하여, 워싱턴과 브루셀의 많은 정책 입안자들은 공군력 하나만 투입한 압력이 저항하는 세르비아인을 코소보로부터 충분히 몰아낼 수 있을 것이라고 설득 당했다. 이들은 오산하고 있었다.

이들은 세르비아인들의 국가와 이것의 지도력을 이해하지 못했다. 세르비아의 의지를 약화시키는 대신, NATO의 세르비아 폭격은 이 국가 내에서의 감정을 강화시켰다. 밀로세비치를 매우 신랄하게 반대한 많을 사람들조차 감정은 폭발했다. NATO의 항공전역은 기껏해야 부적합한 것이었으며, 못해야 부도덕적인 것이었다.

점퍼(John Jumper) 장군은 그 당시 유럽 미 공군 사령관이었는데, 그만이 이러한 견해를 가졌던 유일한 사람은 아니었다. 1998년 9월 점퍼 장군은 폭탄과 미사일은 코소보의 지상에서 발생하는 문제를 해결하지 못할 것이라는 의견을 표출하였으며, 〈코소보에서 쉬운 해답을 얻지 못할 것〉이라고 경고했다. 독일 장군 나우만(Klaus Naumann)은 그 당시 NATO 군사 위원회 의장이었는데, 그 역시 이러한 취지의 말을 되풀이 하였다. 1998년 11월 북대서양협의회(NAC)에 경고하기를 공군이 성공하기 위해서는 NATO 지상군 사용이 반드시 배제되어서는 안 된다고 했다.

항공작전의 우선 목적이 밀로세비치 정권을 제거하는 것이었지만, 결국 브루셀로부터 유럽 연합군 최고 사령관 클라크(Wesley Clark) 장군에게 하달된 지시는 코소보에서 알바니아인들에 대한 유고슬라비아 육군과 경찰의 공격행위를 정지시키는 것으로 제한되었다. NATO 공군에게는 불행하게도 이 목표는 유고슬라비아 육군이 주둔지에서 야전으로 분산되는 순간부터 달성할 수 없는 것이었다.

항공전역이 성공하고 있다는 많은 증거를 얻지 못한 채 지속되면서, 코헨(William Cohen) 미 국방장관이 항공전역의 목표를 축소한 것으로 여겨진다. 그는 이 전역이 〈밀로세비치 대통령이 코소보에서 알바니아인 대부분을 전멸시키고 파괴하기 위해 사용한 군사 및 경비 체계를 저하시키고 피해를 부여하기 위해 사실상 계획된 것〉이라고 주장했다. 그러나 이것이 전부가 아니었다.

항공전역 3주가 지나면서, 클라크 장군은 어려운 일련의 상황에 직면했다. 워싱턴과 브루셀에 있는 그의 정치 지도자와 마찬가지로 클라크는 그의 희망을 정치적 해결에 두었다. 이것은 비 오는듯한 폭격 속에서 세르비아는 붕괴될 것이며, 아니면 이를 뒤 이어 나타나게 될지도 모르는 것이었다. 신속한 붕괴의 가능성을 앗아간 세르비아 국가의 심리상태를 잘못 이해하였기 때문에 우리가 공군력으로 제한한 방책은 신속한 군사적 해결의 기대감을 주지 못했다.

만일 항공전역의 목적이 코소보로부터 이슬람계 알바니아인들을 청소하는 것을 방지하는 것이었다면 연합군 작전은 효과적이지 못했다. 유고슬라비아 육군이 미국과 동맹군 타격력에 대응해 분산하면서, 클라크는 전략적 딜레마에 대한 작전적 해결을 위해 궁리하기 시작했다. 이것은 사실상 지상군의 사용 없이는 해결 불가능한 것이었다.

공중감시(overhead surveillance)는 예상했던 것보다 그리고 공격하는 지상군 부대가 없을 때 훨씬 제한되고 더 쉽게 기만될 수 있는 것으로 밝혀졌다. 유고슬라비아 지상군들은 물리적으로 집중되거나 한 곳에 집중되도록 유인되지 않았다. 동맹군들이 야전에서 효과적으로 유고슬라비아 육군 부대들을 공격할 능력을 갖지 않았기 때문에 미국과 NATO 조종사들은 군사적 능력을 갖고 있을 것으로 보이는 교량 · 공장 그리고 어떤 고정된 시설들을 공격했다.

4월 말에 이르러서, 동맹군 공군부대들은 표적들을 재공격하고 있었는데 이유는 이것들이 효율적으로 공격될 수 있는 유일한 표적들이었기 때문이다. 그리고 클린턴 대통령과 주요 동맹국 지도자들 및 NAC로부터 이들을 공격하라는 허가(green light)를 받았기 때문이다.

수십 억 달러가 1999년 봄 항공 전역에서 사용되었는데 이것은 고정된 표적을 타격하기 위해서였다. 왜냐하면 유고슬라비아 육군(1970년대 기술로 무장되었음)이 연합공군 부대들이 설정한 충분히 수지맞는 표적을 제공하는 것을 단호하게 거부했기 때문이다. 다시 말해서, 요망되는 효과가 부재한 상태로 NATO는 이들의 방책을 지속적으로 수행했다. 왜냐하면 그것 외에 할 것이 없다고 생각했기 때문일 것이다. 지닌 배낭 속에 유일한 도구는 날개였으며 이것은 단지 15,000피트 또는 그 이상의 상공에서 날 수 있는 것이었다.

다른 뚜렷한 표적이 부족하여, 밀로세비치의 다양한 거주시설에 대한 항공타격은 변전 무쌍한 전략의 한 부분이 되었다. 이것은 권력으로부터 독재자를 억지로 분리시키기 위한 전략이었다. 그러나 개인을 상대로 한 전역(personalizing campaign)이 세르비아의 조건부 항복을 십중팔구는 가능하게 할 것이라는 것은 결코 확실한 것이 아니었다. 궁극적으로, 세르비아 인구밀집지역 내부 및 주변에 대한 폭격 결심은 또한 부수적인 피해 및 민간 사상자가 발생할 가능성을 증대시켰다. 워싱턴에서의 좌절감의 증대 그리고 몇몇 잘못 날아간 미사일 덕택에 동맹국 항공타격이 이론적으로 위험을 피하기 위해 출격하게 되었는데, 이 불운은 세르비아 및 코소보 민간인들에게 가해진 고난에 의해 빛을 잃게 된 것으로 보인다. 중국 대사관에 대해서는 말할 필요도 없다.

5월 중순에 이르러, 클라크는 NATO가 〈항공타격에 가능한 한 얽매이게 되었다〉는 결론에 이르렀다. 지상 침공은 신속한 결정성을 위한 가장 좋은 희망이 되는 것으로 보였다. 그러나 여기서 또 다른 심각한 장애가 나타났다. 발칸에서 동맹국은 지상에서 싸우는 것을 꺼려했을 뿐만 아니라, 미 육군은 신속히 전개 가능한 합동 및 연합군의 일부로 싸우려는 태세가 갖춰지지 않았다. 더욱이 유고슬라비아에 대항하여 육군을 사용하기 위한 대통령의 국민에 대한 설득이 수행된 노력이 없었다. 사실상 코소보가 어디에 있는가를 알고 있었던 미국인은 거의 없었다.

단지 잠재적으로 가용한 지상군 부대들을 사용하려는 절망적인 시도로서, NATO와 코소보 해방군(KLA)이 사실상 동맹군이 되었다. 70일간 끊임없는 항공 타격 이후 유고슬라비아 군(VJ)의 추정된 약점을 이용하려는 희망을 가지고, 코소보 해방 반군들은 5월 말 주요 공격을 개시했다. 그러나 공격은 비참하게 실패로 끝났다.

3일도 못가서 250명의 코소보 해방군은 마운트 파스트릭(Mount Pastrik)에서 700명의 유고슬라비아 군에 의해 격파되었다. 이곳은 고도 6,523피트로 코소보-알바니아 국경선 내부에 위치한 산악지역이다. 이것은 유고슬라비아 군을 무력화하는데 있어서 미국 및 연합 공군력의 무능함을 드러낸 사건은 아니다. 이것은 단순히 분산되고 은폐한 적 부대들에 대해 항공작전을 수행하는 제한점을 뒷받침하는 것이다. 거친 기상과 지형은 적에게 유리한 것이었다. 이곳에는 적 부대를 항공타격하기 위한 살상지대로 이끌어내기 위하여 적절한 우군 지상부대들이 위치하지 않았다.

밀로세비치는 2000년 가을 투표에서 패배하면서 제거되었다. 그의 패배는 크게는 자신의 지도하에 시작된 몇몇 실패한 전쟁, 수십만 불만 세력과 추방된 세르비아인들, 폭격과 금융제제에 의해 유고슬라비아 경제 악화라는 누적된 충격의 결과였다. 매우 중요한 것은 밀로세비치가 권좌에서 제거된 것이 육군 지상부대의 사용과 무관하다는 것이다. 왜냐하면 지상부대는 결코 사용되지 않았기 때문이다. 전 공군 참모총장 맥픽(Merrill McPeak) 장군은 코소보에서의 전략적 딜레마를 종합하였다. 필요한 것보다 훨씬 오래 밀로세비치가 권좌에 남아 있었으며, 밀로세비치가 떠난 후에도 세르비아 정치적 문화 및 사회의 구조가 본질적으로 거의 변화하지 않았다는 것이다. 그는 다음과 같이 말했다.

〈주된 실수는 지상군 사용이 초기부터 배제되었다는 것이다. 지상 전투에 극히 주저했던 것이 벨그라드에 알려지면서 폭격이 성공할 가능성은 훨씬 적어졌다.〉

돌아보면, 미국과 NATO가 밀로세비치를 패배시키고 권력에서 제거할 것인가 안할 것인가는 결코 문제가 아니었다. 실질적인 문제는 〈어떻게 수행할 것이냐?〉 였다. 이것이 왜 공군력 하나만 사용하는 해결방법이 이러한 비참한 딜레마를 부과했는지에 대한 이유가 된다. 항공타격이 승리를 가져다 줄 것이라는 초기 가정이 부적합하였다고 판명되고, 사용할 지상군이 없었다면 미국과 NATO에게 가용한 대안은 대충보아도 매력적인 것이 아니었을 것이다.

첫 번째 대안은 적이 전멸될 때까지 폭격을 계속하고 적이 이러한 것을 거의 알지 못하는 것이었다. 두 번째 대안은 정치적 목표를 변경하여 제한된 병력으로 달성될 수 있는 목표를 선정하는 것이었다. 그러나 우선 정치 지도자들이 적합한 지향 목표를 설정했다고 가정한다면, 목표에 대한 이 같은 변화는 또 다른 종류의 패배를 낳을 수 있었을 것이다.

합동작전을 위해 편성된 준비된 육군 지상부대가 도착했다면 달라졌을 것인가? 코소보를 방어하기 위해 유고슬라비아 군이 자신들의 중화기와 부대를 집중하도록 하기 위해서 산과 통로를 통해서 공격하는데 필요한 병력은 얼마나 될 것인가?

회고하여 분석해 보면 이런 문제는 항상 모호하다. 그러나 적 항공 위협이 없고 미국과 동맹국 공군의 우세가 주어졌다면, 합동특수임무부대 내에 제대로 된 능력을 지닌 50,000명 이하의 미군 전투부대면 족했을 것이다. 코소보로의 공격은 유고슬라비아 징집군을 수지가 맞는 표적으로 전환시켰을 것이다. 이것은 미국과 미국의 동맹국들이 집결시킨 굉장한 공군력에게는 놓칠 수 없는 표적이 되었을 것이다. 이들은 70년대 군사기술을 지녔고 세르비아 내부에서 평판이 좋지 않은 전투를 수행했다.

아마도 미 육군 지상군의 사용은 분쟁을 조기 종결시켰을 것이며, 유고슬라비아의 널리 분산된 기반구조를 파괴할 필요가 없게 만들었을 것이다. 다뉴브 강을 따라 31개 교량을 파괴시킨 것뿐만 아니라 유고슬라비아 경제를 불구로 만들었다. 여기에는 공장 · 도로 및 발전소를 포함한다. 뿐만 아니라 경제적 충격은 다뉴브 계곡 내의 주변 지역에 지속적인 영향을 미쳤다. 여전히 국가는 50년의 사회주의 충격에 비틀거리고 있다. 코소보 항공전역은 가볍지 않은 재앙이었다.

요약하자면, 코소보 작전에서 지상군 부대의 부재는 벨그라드의 결심 수립과정이 매우 간단했다는 것을 의미했다. 미국인이 떠날 때까지 또는 폭격이 중지될 때까지 지면을 이용하라는 것이었는데 결국 무엇을 해도 좋다는 것이었다. 지상군 부대의 존재는 밀로세비치의 결심수립과정을 매우 복잡하게 했을 것이다. 핵심은 간단한 것이다. 적에게 군사적 문제를 결코 단순화시키지 말라는 것이다.

EBO에서 시너지 달성: 1940년 북아프리카

미국에 대한 위협과 동맹국의 이익이 존재하는 서남아시아 및 중동에서 전투는 계속될 것이다. 그래서 과거의 교훈을 진솔하게 평가하여 지상기동부대들을 통합하는데 있어서 더욱 창조적인 접근이 필요하다. 미래 미국 지휘관들이 코소보 신드롬 그리고 또 다른 모가디슈 사태를 피하기 위해서다. 유사하게, 2차 대전시 리비아로부터 침공을 개시한 이탈리아 부대들에 대한 영국의 역습은 특히 교훈적이다. 왜냐하면 미군 부대들이 미래에도 직면할 수 있는 엄청난 유사성을 안고 있기 때문이다.

1940년 9월 중순, 이탈리아 군은 리비아 국경을 넘어서 이집트로 70마일 진격하였다. 이때까지 이탈리아인들은 마음 내키지 않는 북아프리카 전투를 수행했었다. 당시 이들의 목표는 수에즈 운하였다. 프랑스의 덩커크로부터 영국군이 철수하면서 상황이 바뀌었다.

독일에 대한 영국의 대응이 실패하면서 공격을 낳게 된 것이다. 무솔리니(Benito Mussolini)로부터 명령을 받은 북아프리카 이탈리아군 사령관 그라지아니(Rudolfo Graziani) 원수는 리비아에서 그가 보유했던 8개 보병사단으로 이집트를 침공하기 시작했다.

그는 조건부로 침공했지만 수에즈 운하의 중요성과 영국의 전쟁노력으로 이것을 잃게 되는 것의 의미를 이해하고 있었다. 더욱이 그라지아니 원수는 1차 대전시에 터키 분견대 병사들이 이집트에 있는 거대한 영국군을 붙잡아둘 수 있었지만, 자신은 270,000명 병력과 강력한 공군 그리고 지중해를 통제해준다고 약속하는 거대한 해군으로 달성할 수 있을 것이라고 설득했다.

이론상으로는 그라지아니가 옳았다. 영국에 대해 지상에서 수적으로 잡동사니를 끌어 모은 것은 어리석다는 관점에서 보면 승산이 없는 것이었다. 2차 대전에서 가장 잘 보급된 군이었다는 것에 추가해서, 그라지아니 군은 거위 300,000명에 이르렀는데 이중 250,000명은 키레나이카(Cyrenaica)와 트리폴리타니아(Tripolitania)에 위치하고 있었다. 거대한 이탈리아 지상군에 비해, 중동 영국군 사령관 웨이벨(Archibald Wavell) 원수는 빈약하게 장비되고 보급되는 36,000명 미만의 병력을 지니고 있었다. 영국 지상군 · 공군 및 해군부대들은 그리스로부터 소말리아로 투입되었다.

그러나 웨이벨은 이탈리아에게 거의 방해가 될 수 없었다. 그는 영국의 역공세를 위해 우선 충분한 보급품 · 장비 그리고 훈련된 증원부대를 모아야 했다. 다행히 그라지아니가 이집트 내부에서 정비하고 방어진지를 구축하기로 결심했다. 이것은 더욱 많은 이탈리아 병력들이 알렉산드리아로 공격하기 위해 전방으로 집결될 때까지 기다리기 위해서였는데 오히려 이는 웨이벨이 강한 것처럼 위장하고 역습을 계획할 수 있는 기회를 제공한 격이었다.

웨이벨은 생각할 것이 많았다. 잉글랜드가 모든 장소에서 방어를 취하고 있었다는 것을 마음속에 간직하면서, 윈스턴 처칠의 승리를 위해 잉글랜드 모국에서 사기를 올리기 위한 갈망은 웨이벨에게 초기 기회가 주어졌을 때 공격을 하라는 지속적인 압력이 되었다.

이 압력은 웨이벨에게 단순하게도 전략적 문제를 만들어냈다. 어떻게 매우 효과적으로 그의 작은 지상군, 공군 및 해군을 적의 민감한 약점에 물리적 · 공간적으로 집중시키고 계속 수에즈 운하를 방호할 수 있을 것인가? 불가능한 지역을 빼고는 그의 부대 및 군수자산들을 넓게 분산할 수 있는 사막 지형에서 전장 사건들의(공간적 시간적으로) 확실한 사진을 유지할 수 있을 것인가? 어느 정도까지 한 지역에서 병력을 아껴 멀리 있는 다른 지역에서도 의미 있는 공격을 하도록 지원할 수 있을 것인가? 게다가 영국의 작은 서부사막

부대(Western Desert Force)에 의해 수행되는 모든 일들이 가치 높은 것이 되어야 했다. 왜냐하면 그의 빈약한 군사자원의 불충분한 사용은 이렇게 하지 않으면 치명적이 될 수도 있으며, 거의 목적에 기여하지 못할 것이기 때문이었다. 예를 들어 종심 깊은 공격은 적당한 작전적 해결이 될 수도 있지만, 이것이 이탈리아 지휘관에게 그의 현 진지방어가 희망 없는 것이라는 것을 설득하기에 충분한 깊이와 폭을 가지고 돌파되지 않는다면 거의 효과가 없을 것이었다.

웨이벨의 결심과 행동에 대한 시간 제약은 그의 지휘권의 분권화를 요구했으며, 부수적으로 예하 야전군 사령관 오코너(Richard O'Conner) 중장이 결정적인 행동을 할 때 자신으로부터 느슨한 통제를 받도록 하는 것을 요구했다. 주의 깊은 적에 대한 연구를 통해 웨이벨은 해가 가기 전에 그라지아니가 자발적으로 주도권을 포기하도록 만들어야 한다는 것을 확신했다.

웨이벨은 강력하고 빠르게 움직이는 공격이 기술적으로 실행된다면 이탈리아 군부대를 혼란에 빠뜨리고 알렉산드리아로의 모든 진격을 멈추게 할 것이라고 결론지었다. 웨이벨은 이탈리아 전술이 포병의 파괴사격을 통해서 방어선을 약화시킨 다음 병력을 투입하는 것에 크게 의존한다는 것을 알고 있었다. 사상자를 최소화하기 위해 계획을 수립하였는데, 이 방법은 정적인 소말리아 · 에디오피아 및 아랍인에게 잘 적용될 수 있는 것이었다. 그러나 웨이벨은 이러한 전술이 기동성 있는 영국군에게는 효과가 없는 것으로 판명될 것이라고 믿었다. 웨이벨은 또한 주기적인 영국 해군과 공군의 이탈리아 병참선, 비행장 및 항구에 대한 운용의 중요성을 이해하고 있었다.

시실리 및 북아프리카에서 멀지 않으면서 영국의 통제 하에 있는 비행장과 항구를 지닌 말타 섬은 중요지역이 될 것이었다. 공격작전이 시작되기까지, 웨이벨은 그의 제한된 공군을 투입하여 이탈리아 항구를 극심한 혼란에 빠뜨리고 파괴하려 했다. 이 항구들은 북아프리카의 이탈리아 군을 유지시키는 시설이었다. 운 좋게도, 이탈리아 인들은 말타의 중요성을 느끼지 못했다. 이것은 침몰하지 않는 항공모함이었다. 상대적으로 방어할 필요가 없는 섬들을 점령할 기회가 없어질 때까지 그랬다. 이러한 작전은 이탈리아 군을 작전적 강도의 수준에 익숙하게 할 것이었다. 이것은 미래 지상 공격의 시간과 위치를 감춰주는 것이었다. 웨이벨은 10월에 해군 및 공군 작전을 계획히기 시작했다. 이것은 12월 지상공격을 위한 여건조성을 위해 계획된 것이었다.

이탈리아군의 배치를 분석한 후에 웨이벨은 오코너의 의견을 물었다. 오코너는 웨이벨에게 이탈리아 방어선의 중앙을 돌파하기 위해 기습공격을 위한 그의 기갑부대를 집중하고자 한다고 말했다. 중앙이 돌파되면 오코너는 이탈리아군 후방으로 돌아가 이집트에 있는 이탈리아 진지를 완전히 혼란에 빠뜨리게 할 것이라고 말했다.

오코너는 공격이 개시되기 이전에 보안과 기습이 공격이 시작된 이후의 이동 및 결심 속도만큼 필수적일 것이라는 것을 설명했다. 단지 35,000명의 소규모 영국군이 주어진다면, 오코너는 이탈리아군이 아군의 이러한 과감한 이동을 시도하는 것을 사실이 아닌 것으로 인식하게 될 것이라는 점을 확신했다. 궁극적으로 병력 수를 고려하여 자신들이 안전하다고 생각한 잘못된 이탈리아 군의 가정은 영국군 작전의 비밀성 유지를 크게 지원한 것이었다.

웨이벨은 이러한 광범위한 판단에 동의했다. 그리고 공격준비를 은폐하기 위한 모든 노력이 이뤄졌다. 제 4인디언사단 및 제 7기갑사단의 2개 사단 병력이 9월 말부터 12월 초까지 야전에 전개해 있었지만 공격이 임박하다는 것이 전해지지 않았다. 병력들이 훈련되는 동안 새로운 전차 · 야포 및 보급물자들이 잉글랜드로부터 알렉산드리아에 도착했으며, 즉시 영국 편성부대들에게 분배되었다. 카이로에서, 독일과 이탈이아 스파이 활동은 영국의 보안에 대한 심각한 위협이었다. 소수의 참모장교들에게만 이탈리아 군을 공격한다는 계획이 알려졌다. 12월 7일, 오코너의 공격작전(명칭은 컴파스 작전)이 개시되던 날, 웨이벨은 특별한 일이 없는 것처럼 카이로에 있는 경마장에 모습을 나타냈다. 이러한 방책들이 성공한 것이다.

이탈리아 10군에 대한 긴 포병 준비사격 또는 항공기 공격은 신호가 되었을 것인데 이러한 경고 없이, 오코너는 공격했고 필요한 기습을 달성했다. 이탈리아는 충격을 받았다. 이탈리아 군에 대한 새로운 방법의 영국 수색작전 덕택으로, 오코너는 시디 바라니(Sidi Barrani) 근처에서 약점을 발견할 수 있었다. 이 지점에서 영국군은 전차 수 275 대 120이라는 부분적인 전차 우위를 달성할 수 있었다.

지난 60일이 넘는 혹독한 훈련은 영국 기갑 · 보병 및 포병이 하나로 싸우는 팀이 될 수 있게 만들어주었다. 전술적 수준에서, 영국 공격은 시간을 잘 맞추는 좋은 모델이었다. 마찬가지로 지상에서의 초기 공격의 성공을 위한 결정성은 상대하는 이탈리아 공군의 부재에 있었다. 왕실 공군은 150대의 이탈리아 항공기(많은 지상에 위치한 항공기를 포함함)를 파괴하였다. 오코너는 상대적으로 작은 부대를 감지되지 않은 상태로 이동했고 적의 항공공격으로부터 전혀 방해받지 않았다.

작전 기간 중에 야전에 있는 영국뿐만 아니라 이탈리아 지휘관도 자신과 적에 대한 진짜 완벽한 정보 또는 완전한 정보를 얻지 못했지만 오코너는 그의 공격 종심과 집중점이 결국 이탈리아 군대를 혼란에 쌓이게 할 것이라는 그의 믿음을 확고히 했다. 그는 자신의 작은 규모의 부대조차도 기회를 주는 표적에 대해 전환하여 사용하고

자 하는 유혹을 견뎌냈다. 예상되는 모든 곳에서 전과확대 하는 것이 의심스러웠기 때문이다. 대신, 오코너는 그의 눈을 목표에 집중하고 전방으로만 나아갔다. 신속하게 보급로를 앞질러 나가면서 영국군 병사들이 이탈리아 군의 연료 · 식량 및 트럭을 확보하여 사용할 수 있다록 지시했다. 웨이벨이 9월 말에 예상했던 것처럼, 영국군을 조우한 이탈리아군 부대들은 마비상태에 빠져 오로지 전진하는 영국군 부대로부터 도망치려고 서둘렀다. 12월 12일, 단지 이집트에 남은 이탈리아 병력들은 포로수용소에 있는 병력들뿐이었다.

이탈리아 측에서 잘못된 것은 무엇이었나? 많이 있다. 모든 가능성을 다 고려하면서, 이탈리아 상급 군사 지도자들은 조심성 있는 접근을 채택하였다. 이것은 그들의 방어 노력을 필연적으로 분산시키고 흩뜨린 것이다. 이탈리아 부대들은 공격행동을 하려고 하지 않았다. 1차 대전 시 이탈리아 경험과 파시스트의 독재는 아첨하는 장교단으로 하여금 조심하고 몸 사리며 거만하게 하는 문화를 만들었다. 이 결과 이탈리아 군은 서부 사막에서 마지노 스타일의 선형 방어를 하여 자신들을 정적으로 만들었다. 이들은 영국의 역습은 잘 계획된 방어화력 앞에 쉽게 행해지지 못할 것으로 보았다.

공군력 없이 방어진지에 얼어붙은 이탈리아 병사들은 효과적인 장님이 되었으며, 기동할 수 없었다. 독일의 롬멜 장군이 2년 후에 〈완전한 제공권을 확보한 적과 싸워야 하는 모든 사람들은 가장 최신 무기를 가졌다고 할지라도 미개인처럼 싸우게 된다〉고 지적했듯이 영국 기갑 및 보병부대가 그들의 뒤에 나타났을 때, 그 결과로 이탈리아 군에서 퍼지게 된 마비 및 혼란으로 인해 이탈리아 군들은 무력화되었다.

최초 공격을 개시한 후 2개월 이내에, 35,000명의 영국군 병사들은 500마일을 전진했고 270,000명으로 구성된 10개 사단의 적 야전군을 전환시켰다. 이렇게 함으로써 영군 군은 2,000명 미만의 사상자를 냈으나, 사살한 적은 30,000명으로 추산되고 130,000명 이상을 포로로 잡았으며 400대의 전차와 12,000문의 포를 노획하였다.

그라지아니의 앞도적인 부대들은 질서를 잃고 이집트에서 철수하였다. 이탈리아의 전략적 가치를 전혀 달성하지 못한 상태였다. 반면 웨이벨과 오코너는 요망되는 효과를 달성하였다. 이것은 이탈리아 10개 군을 와해시키는 것이었다. 적의 약점에 대한 심오한 계산을 통해서 그리고 이를 이용하기 위한 과감한 작전적 기동으로 달성한 것이다.

이러한 역사적 사례가 합동 원정전에서의 신속결정작전과 무슨 연관이 있는 것일까?

오늘날 합동 C4SIR 기술이 적용된 효과중심 사고는 미 육군지상부대를 포함한 합동특수임무부대에게 웨이벨과 오코너가 그라지아니의 야전군과 비슷한 적들에 대해 할 수 있었던 것 이상의 기회를 제공한다. 웨이벨과 오코너는 현재의 능력(표 4.1에서 볼 수 있는 능력)을 가지지 못했다. 그러나 이들은 몇 가지 이유에서 상대적으로 거의 미약한 전투력으로 요망되는 조건의 많은 부분을 달성하였다.

첫째, 웨이벨과 오코너는 적이 거의 예상하지 못한 것을 실행하는 것이 결정성을 갖는다는 것을 이해하고 있었다. 이것은 이들이 적에 대해 알고 있는 것을 이해하는 것에서 기초한 것이다. 결과적으로 적의 진지에 대해 광범위한 유인 정찰과 활동 덕분이었던 것이다.

이들은 적이 보다 커다란 지상부대로 공격할 것이라고 예상했다는 것을 알고 있었다. 전략적 기습 요소를 창출하기 위하여 웨이벨은 영국군이 단지 35,000명의 보잘 것 없는 병력으로 이탈리아 군을 공격한다면 위험을 초래할 것이라는 관념을 이탈리아 군이 갖게 되도록 열심히 노력하였다. 둘째, 웨이벨과 오코너 모두는 그들의 적인 이탈리아의 문화적 조직적 약점을 이해하고 이를 이용하였다.

이러한 사실은 타격의 양적 효과에 필적하는 뉴턴 학파의 전쟁 모델링 하나만으로는 불충분하다는 것을 지휘관 및 계획가들에게 일깨워주게 된다. 왜냐하면 전쟁에서의 적 행동에 영향을 미치는 것은 복잡하며, 지적으로 도전적인 과업이기 때문이다.

오늘날 효과를 위한 전투

통합된 효과중심작전은 적의 완전한 파괴를 노리는 현대 전투를 수행하는데 있어서 가능성을 부여한다. 이것은 모든 행동이 적을 반드시 괴멸시키도록 하거나 또는 불가능한 것을 제외하고는 괴멸시키는데 주안을 두라는 것을 의미하지는 않는다. 대신, 만일 미 육군 부대들이 합동 EBO에 통합된다면 육군 전투부대와 결합된 정찰 및 타격에서의 미국의 비대칭 이점은 미국의 적들이 항복하거나 아니면 괴멸 당하는 것 중 하나를 선택하도록 하게 될 것이다. 이것은 지형 · 기상 또는 특정한 적의 성향에 무관한 것이다. 오늘날 적이 이러한 전략적 딜레마에 직면하도록 만들 수 있는 기회를 코소보에서처럼 놓쳐서는 절대로 안 될 것이다.

1차 대전 이후, 분쟁을 종결시킬 결전을 수행한다는 관념은 많은 사람들에게서 사라졌다. 왜냐하면 가용한 지상부대들이 이러한 야망 찬 목표를 달성하기에는 불충분하기 때문이다. 1940년 독일의 프랑스 침공, 1967년 〈6일 전쟁〉 간의 이스라엘 작전 그리고 미 육군의 이어서 나타난 공지전투 교리의 발전은 기본적으로 기동을 통해 일으킨 일련의 교전에서 적을 격멸할 목적을 지닌 것이다.

[표 4.1] 현대 합동능력

• 공간에 기초한(Space-based) 능력은 효과적이고 풍부한 세계를 총괄하는 지휘 · 통제 · 통신 · 컴퓨터 · 정보 · 감시 및 정찰을 제공한다. • 정보에 기초한(Information-based) 능력은 대부분의 도전을 합동 C4ISR 문제로 바꾼다. • 해양 중심의 능력은 타격 플랫폼, 유인 및 무인 잠수함에 대해 매우 종심 깊은 타격력을 제공하며, 지상에 대한 작전적 집중을 가능하게 해준다. • 우주공간(aerospace)을 이용할 수 있는 능력은 지상과 해상을 넘어 전략적 종심에 대해 저고도 정찰 · 장거리 · 유인 및 무인 타격체계를 제공한다. • 지상부대 능력은 지상에서 근접 지역작전 뿐만 아니라 종심 깊은 분산 · 기동전을 위해 설계된 전투준비와 전개가능하며, 생존성 있는 전투기동 및 타격력을 제공한다.

오늘날 모든 군에서 보유하게 된 풍부하고 강력한 합동 정밀 타격자산의 출현은 새로운 합동작전개념을 요구한다. 이것은 물리적 집중 개념이 아니라 정보와 시간에 기초한 네트워크화 되고, 통합된 기동 및 타격작전 개념을 의미한다. 이러한 합동 환경(setting) 속에서의 기동은 복잡한 영역 속에서 아래와 같은 이점을 차지하기 위해 계획된다.

• 적 부대를 격멸할 수 있는 능력을 지닌 결정적인 물리적 이점
• 효과적인 실시간, 무장 정찰에 기초한 지식의 이점

- 실질적인 교전규칙 및 제한된 부수적 피해를 입히는 범위 내에서 신속히 정당한 전역을 수행하기 위한 능력을 지닌 도덕적 이점

이러한 개념의 지원을 받는 기동은 분산기동 · 합동기동의 혼합 · 적응능력을 포함한다. 이것은 전장 공간 전체에 걸쳐서 운용된다. 합동환경의 능력을 검토해보았듯이(표 4.1), 이러한 기동의 비선형 형태로 인해 육군의 편성부대들은 기동성 있는 합동전투력의 중추(centers)가 된다. 이러한 중추에는 기동(maneuver), 타격(strike)과 지원유지(sustaining) 기능이 있다.

이것은 바다에서 함선을 운용하는 방식을 생각나게 하는 것으로, 지상에서 합동작전을 위한 능력을 지니고 있는 것이다. 만일 효과적으로 통합된다면 합동정밀타격 및 기동부대들은 결정적으로 중요한 지역에 들어가고, 방공망을 무력화시키며, 대진입 전략(antiaccess strategy)을 무효화함으로써 적이 마비되는 상태를 만들 수 있다. 적시에, 적은 막다른 지역에 각각 고립되어 저항할 수 없게 되며 격멸될 수 있을 것이다.

모로코와 인도네시아 사이에 위치한 지역에서의 사회적 구조는 경제적 침체 · 내부적 부패 그리고 국제적 규제의 세월 속에서 약화되었다. 이 지역은 이미 살펴보았듯이, 미국과 동맹군들이 작전할 수 있는 지역이다. 이러한 허약한 구조는 단호한 미 군사력의 공격하에 격파될 수 있겠다. 동시에 이슬람 세계의 국경 내에서는 미국과 미국의 동맹국들에 관한 의견이 엄청나게 다양한 범위를 갖는다.

일부는 미국 정부와 정책에 적대적이다. 반면, 다른 사람들은 미국 문화에 실질적인 영향을 미친다. 그리고 분쟁에 관심을 갖지 않고 있다. 이것은 사회적 그리고 경제적 고립과 같은 것으로 이끌 수 있을 것이다. 그리고 이것은 이미 이란과 이라크가 경험한 것이다.

적어도 일부 사람들은 더욱 자유롭고, 민주적인 정치-경제 질서를 희망하고 있다. 이러한 질서는 코란의 모델이라기보다는 미국과 유럽의 모델에 더욱 가까운 패턴을 갖는 것이다.

만일 미국과 동맹국의 이익에 위협을 주는 상황이 요구하면 선제타격을 할 것이라고 말한 대통령의 의도를 볼 때, 웨이벨과 오코너에 의해 이뤄진 결심은 미국인이 고려할 수 있는 일련의 군사적 방책을 시사한다. 이것은 적어도 아래 형태의 일부 또는 전부를 포함해야 한다.

- 경고 없이 실시되는 신속하고 기습적인 지상 공격

  지상공격이 임박했음을 알리는 항공 및 미사일 타격을 실시하는 장기간의 전역 없이 실시한다.

- 비록 적이 적대행위가 있을 것이라고 예상한다고 하더라도, 적이 기대했던 것보다 적은 규모의 지상전투병력으로 구성된 원정지상부대를 이용한 공격

  이것은 전술적 그리고 작전적 수준에서의 기습을 위한 여건을 조성해 준다.

- 다수의 축성 상에서(정지함 없이) 신속히 적이 확보한 지역으로 종심 깊게 기동하는 공격

  이 지역에서 적의 최소 저항선은 적의 최소 예상선과 동일하다. 이러한 공격은 적의 WMD에 문제를 야기 시키거나 그렇지 않다면 무용지물로 만들게 된다.

• 필요시, 사전 국제적인 제제 없이 실시하는 미 군사행동

경고 없이 알려진 적을 타격하기 위한 정당성은 대통령의 웨스트 포인트 연설의 노선 속에 이미 포함되어 있다. 이러한 방책이 효과적이려면 어쨌든 미국 합동부대들은 적이 반드시 다수의 방향에서 동시에 싸우도록 강요해야 한다. 이것은 1940년 영국이 능력을 넘어선 규모로 실시하여 달성한 것이다. 이것은 수개의 지상 축선으로 공격할 뿐만 아니라 공중으로부터, 가능하다면 해상도 포함하여 공격하는 것이다. 이러한 접근은 유인 및 무인 공중 및 지상 정찰에 프리미엄을 붙인다. 이것은 지상 공격부대가 적을 포위하거나 돌파하면서 정치적 및 군사적 목표에 신속히 도달하게 이끈다. 그러나 이러한 접근이 성공적이기 위해서는 합동작전은 반드시 힘의 중심을 지향해야 한다.

예컨대 독일 육군이 야전에서 격멸된 이후 베를린이 점령되고 아돌프 히틀러가 죽게 됨으로써 나치 권력은 붕괴하였다. 독일 육군이 효과적으로 격멸되자마자, 히틀러는 자살 아니면 항복이라는 기로에 놓이게 되었다. 1991년 모스크바에서의 혁명은 공산당의 권력을 제거하였는데, 러시아 육군이 과거의 정권으로 회귀할 것을 거부하면서 발생한 것이다. 공산당을 설립하고 유지한 군사력이 없었다면, 당의 엘리트들은 더 이상 통치할 수 없었던 것이다. 이러한 예들은 아래의 작전적 패턴을 제시하고 있다. 이러한 작전적 패턴은 아래 제시한 작전유형의 일부 또는 모두를 포함하는 것이 될 수 있다.

- 주요 비행장 및 선택된 지휘통제 노드의 주변을 빠르게 그리고 거의 동시에 점령

  이것은 독일군이 1940년 봄에 노르웨이에서 달성했던 것 또는 저스트 코즈 작전(Ops. Just Cause) 간, 파나마에서 미군 부대가 달성했던 것과 유사한 작전이다. 이러한 장소는 지배 정권이 강력하게 방어하고 있는 수도의 주요 정부시설을 포함할 뿐만 아니라 미군 부대가 전투할 것으로 보이는 지방의 주로 교량 · 유전도 포함한다.

- 최후의 심판일이 되지 못하도록 알려진 WMD 및 중거리 미사일이 있는 위치로 합동부대를 투입하여 정밀하고 직접적인 행동으로 타격
- 병사 · 군부대 그리고 다양한 기타 불만세력을 포함한 가능한 많은 적을 동맹세력으로 전환하기 위한 정밀 · 정보전역(deliberate information campaign) 수행
- 군사적 성공이 달성되면서 신속하게 확장할 수 있는 호의적인 지역 동맹세력의 소규모 연합
- 적의 붕괴에 이어지는 지상군 부대의 신속한 증원

  만일 점령이 계획되었다면, 이 부대는 지역민을 통제하기 위해 편성된 부대다. 다시 말해서, 점령이 진행되고 확대되면서 부대들은 전구 그리고 작전을 위해 계속 들어온다. 모든 것을 건설할 필요는 없다. 배치하고 계속 점령해 나아가는 것이다.

이러한 모든 행동들은 군사 전역의 구조와 수행을 위해 중요한 의미를 내포한다. 1940년 후반으로 거슬러 올라가 경험의 기록에 기초하여 현대전에 적용하면, 대부분 현재 미국의 적들은 미국의

전쟁방식에 대해 매우 명확한 기대를 하고 있다. 그들은 미국의 지상부대들이 정밀공격을 위해 집결하는 동안, 항공 및 미사일 타격을 하는 오래 끄는 전역을 예상하고 있다. 더욱이 적은 모든 군에서 투입규모가 크고 정적이며 풍부한 미국의 지휘 및 통제 요소를 볼 것으로 기대한다. 또한 이들이 장기간에 걸친 통상적인 지상부대의 건설을 관리하기 위해 미리 도착할 것으로 기대한다.

적이 가지고 있는 WMD 화력이 무엇이든지 간에 상관없이, 이러한 접근은 미 군사 행동에 대해 주도권을 확보하려는 적을 집중하게 한다. 다시 말해, 지상부대 집결에 대항하기 위하여 적이 집중하도록 만든다는 것이다. 추가해서 북 아프리카 · 중동 및 남아시아와 같은 지역에서 군사협조에 대한 미국 연합구조에 취약성이 있다면 연합지원은 항상 장기간의 항공전역을 유지하지 못할 것이다.

나토는 세계 역사 속에서 가장 성공적이고 오래된 군사 동맹체였다. 만일 코소보 항공전이 성과 없이 지속되었다면 부수적인 인간과 경제 및 정치적 피해로 인해 동맹은 와해되었을 지도 모른다. 이것은 실제적인 위험이었다. 대부분의 특별한 목적을 위한 동맹은 거의 나토와 같이 공고하거나 믿을 만한 것이 되지 못할 것이다. 따라서 장기간, 결정성이 없는 전역 수행은 동맹의 결속과 전역을 지속하려는 미국의 결의를 약화시킬 것이다. 이 상태는 항공폭격에 대항해 분산한 상태로 앉아서 기다리는 적에게 커다란 인센티브가 될 수 있다.

정밀타격에 대한 사고(Precision Thinking)

얼마나 많은 피해가 지역의 기반시설에 가해질 것인가? 특정 정권에 연계되지 않은 얼마나 많은 민간인들이 죽거나 부상당할 것인가? 그리고 길고 결정성이 없는 전역이 얼마나 고통을 이끌어 낼 것인가는 전후 조성되는 환경이 성공했는가 여부에 대한 기대를 이끌어낸다. 따라서 한 작전계획을 수립하는 것은 반드시 명확하고 달성 가능한 정치-군사적 목표에서 출발해야 한다. 이것은 작전이 종결되었을 때, 전후 상태가 반드시 어떻게 되어야 하는가에 대한 이해를 포함한다.

1956년, 영국의 수상 이든(Anthony Eden)은 이집트의 새로운 대통령 나세르(Gamal Abdel Nasser)가 이전에 없었던 가장 높은 힘을 지닌 아랍 민족주의의 파도를 탄 위험한 파시스트라는 결론을 내렸다.

영국으로부터 나세르가 수에즈 운하를 넘겨받았을 때, 이든은 나세르를 또 한명의 히틀러로 보았으며 직접적인 군사적 행동이 아닌 그 어떠한 이집트에 대한 정책도 유화주의로 귀결될 것이라고 결론내렸다. 프랑스의 수상 몰리(Guy Mollet)는 이러한 의견을 함께 하면서 나세르를 제거하기 위한 영국의 공격에 가담하기로 했다.

이든에게 있어서 나세르의 제거는 영국 군사력 사용을 합리화하기에 충분한 것으로 보였다. 그러나 이든의 군사 지휘관은 추가적으로 고려할 것이 있었다. 리간(Geoffrey Regan)은 다음과 같이 설명하고 있다.

〈이든이 이집트를 공격하려는 계획을 수립했다는 것을 듣자마자, 몽고메리 원수는 그에게 그의 목표를 물었다. 이든은 "나세르를 그의 지위에서 떨어뜨리는 것이다" 라고 명확히 답변하였다. 몽고메리는 이것은 충분하지 않다고 하면서 그의 장군들은 나세르를 떨어뜨린 이후의 정치적 목적이 무엇인가를 알 필요가 있을 것이라고 말했다. 올바른 작전 형태를 계획하기 위해서였다.〉

나머지 이야기는 여기서 다시 말할 필요 없이 잘 알려져 있다. 그러나 나세르는 살아남았고 그의 아랍세계에서의 영향력은 이전보다 강화되었다. 오히려 이든이 그의 사무실에서 쫓겨나게 되었다. 그리고 영국의 위세는 심각하게 타격받았다. 이든이 나세르 이후에 무엇을 만들 것인가라는 질문에 대해 태만했던 것은 작전의 재앙적인 결과를 만든 부분적인 책임을 갖는다. 만일 이든이 원했던 효과가 나세르의 제거였다면, 택했어야 할 조치는 무엇이었으며, 불필요한 위험 또는 기타 의도하지 않은 결과 없이 최종목표를 달성하기 위해 이러한 조치가 무엇을 보장했어야 했던가?

원인-효과 사슬(cause-effect chain)이 다른 사람들에게(예컨대, 몽고메리) 명확하고 논리적이었던가?

신속결정작전의 효과는 위기상황에서 조기에 결심이 이루어지는 것을 당연히 수반하게 된다. 이러한 결심은 정치적 · 도덕적 그리고 군사적 책임에 의해 야기된다. 그리고 이것은 군사 · 경제 · 외교 · 인도주의 · 언론 및 기타 전략적 작전 노선(통합된 작전)의 협조가 필요함을 강조한다. 이러한 것들은 전략적 수준에서 나오게 된다.

미 정부는 독립적으로 또는 타 정부와 협조 하에 반드시 응집과 필요한 노력의 통합을 제공해야 한다. 합동성은 수단이다. 이것은 국가 정치 리더십이 미국 군사력을 이용하여 행동의 통일을 달성하는 수단이다.

요망되는 효과를 결정했으면, 지휘관은 반드시 행동에 있어서의 원인-효과 사슬(cause-effect chain)을 만들어야 한다. 이것은 그가 있는 장소로부터 그가 가고자 하는 장소로 이끌 것이다. 이러한 관계 속에서, 중동 및 서남 아시아와 같은 지역을 점령하고 그 지역의 치안을 유지할 필요성이 있다는 것에 대처하는 것은 다소 어려워질 수 있다. 점령을 위해 설정된 정치-군사적 목표의 본질 때문이다.

효과중심사고는 표적 집합을 뛰어넘어 실시하는 훌륭한 기동과 공중 강습에 대한 생각을 이끈다. 미 육군이(그리고 국가가) 표적 집합은 곧 전략이라는 개념을 효과중심사고로 보아서는 안 되는 이유가 여기에 있다. 또한 지상의 폭격이 의미심장한 전략적 성과와 동일하다는 개념으로 효과중심사고를 보아서도 안 되는 이유가 여기에 있다.

결 론

특정 정치-군사적 목표를 외국 위기상황 또는 분쟁에서 달성하기 위해 효과를 창출하는 개념은 전통적인 지상전에서 기본적인 것이었다. 그리고 반드시 합동전에서도 필수적인 것으로 이해되어야 한다. 거의 실시간대 첩보 및 정보의 계속적인 흐름에 연계된 어떤 거리상에서의 정확성은 타격자산을 지닌 지상전투부대의 보다 상상력 있는 사용의 범위를 확대하고 있다. 이러한 관점에서 볼 때, 효과중심사고는 새로운 합동 및 증대되는 네트워크 구조 속에서 정보화시대의 기술을 이용하여 육군부대들이 싸우는 방법에서의 변혁을 약속하고 있다.

미래에 미국이 승리한다는 가정에도 불구하고, 이러한 것들은 적 능력의 잘못된 평가에 기초해서는 안 된다. 또한 결정적인 전략적 목표를 선택하고 추구하는 미국의 능력도 잘못 평가되어서는 안 된다. 만일 소규모 지엽적인 적 집중과 고정 표적을 타격하는 것이 유일한 목표가 된다면, 모든 미래 전역은 곧바로 머뭇거리게 될 것이다. 적합하게 편성되고 장비되며 훈련된 지상 전투부대들은 반드시 타격자산들과 긴밀하게 작전하기 위해 보유되어야 한다. 이들은 미래의 적을 공군타격을 위한 살상지대로 이끌거나 아니면 성지로부터 쫓아내거나 각개 격파할 것이다. 육군 지상부대들은 반드시 전문적으로 훈련되어 모든 저항하는 적들에 대해 무자비하고, 신속하며 결정적으로 진격해야 한다.

EBO는 또한 적을 이해하는 것으로부터 분리되어 계획돼서는 안 된다. 1950년 한국에 전개되어 싸운 24 보병사단의 병사들은 분쟁이 단순히 경찰행위에 불과한 것이라는 말을 지휘계통을 통해 반복해서 들었다. 사단장 딘 소장은 자신의 병사들이 충분히 준비되지는 못했다고 할지라도, 그의 사단이 〈단지 전장에 나타나게 되면, 북한 인민군은 언덕에서 소멸될 것〉이라는 견해에 동의하였다.

위기나 분쟁에서 승리를 가져올 효과 달성은 풀러(Fuller)가 〈사고의 융통성(elasticity of mind)〉이라고 불렀던 것을 필요로 한다. 중동과 서남아시아에서의 전투는 당연히 한반도에서의 미래 작전을 위한 총체적인 연습이 될 것이다. 변혁을 시작하기 위한 선물 격의 시간은 없는 것이다.

효과중심사고는 전쟁과 이것의 결과에 대한 미 육군 사고를 변혁함에 있어서 필수적이다. 이것은 육군지상부대를 전략적 · 정치적 최종목표와 연결해야 한다는 것이다. 특히 신속결정작전을 통해서다.

동시에, 전략적 이익과 목표에 대해 배경막을 치는 것과는 달리 합동 작전설계 속에서 생각하고 행동하는 것을 배우는 것은 앞으로 모든 전시 환경 속에서 헛된 승리를 피하기 위한 믿음직한 방법이다.

EBO에서 성공적이기 위해서, 육군 전투 편성부대와 전쟁에 관한 사고에 있어서의 혁신은 반드시 일어나야 하는 과정이다. 훈련 · 전투준비 및 군기의 기준(standard)이 반드시 매우 높아야 한다.

10년 전이나 이틀 전, 심지어 그리 오래지 않은 때에 잘 통했던 전술적 또는 작전적 기술이 무엇이었든지, 다시 이것이 잘 통하지 않을 수 있다는 점을 군인들은 반드시 이해해야 한다. 그리고 효과

있는 전술이 무엇이든지 이를 채택할 수 있도록 반드시 준비되어야 한다. 이러한 사고 속에서, 우세한 합동 전술 형태를 창출하고 정상적으로 운용하는 것이 육군의 최종목표가 되어야 하는 것은 당연하다. 훨씬 비싸고 복잡한 무기체계(다량을 발사하는 무기체계가 아니라 항상 보다 높고도 높은 가격을 지닌 무기체계)를 통한 압도적 우세를 달성하기 보다는 육군은 합동 전투준비태세 속에서의 육군 편성 · 훈련 · 지휘 및 새로운 전략적 환경에 적합한 전투수행(warfighting)에서 압도적인 우세를 달성하기 위한 방법을 찾아야 한다.

신속한 전개성은 높고 광범위한 치명성과 생존성에 연결될 때만 가능하다. 제한전쟁은 제한된 목적을 달성하려고 제한된 수단을 사용하는 전투원 간에 싸움을 시키는 것이다. 총력전은 전쟁을 만든 그들의 문화 추세를 확고하게 하기도 하고 뒤바꿔 놓기도 하는 개인적 결심지점으로 전쟁하는 사회를 이끄는 국가 간의 싸움이다.

총력전에서 승리하는 것은 의도적인 민간인 표적화를 필요로 하지 않는다. 대량학살의 필요성이 훨씬 적겠다. 그러나 단순히 군사력만으로도 패배하는 국가에 많은 죽음과 파괴를 부과할 필요가 있다. 이것으로 미국의 의지를 받아들이게 된다.

간략히 말해서, 미 육군이 도착하자마자 할 수 있는 것은 미 육군이 어느 장소에 얼마나 빨리 가느냐 보다 중요하다. 진보된 기술은 이것을 달성하는데 결정적인 능력이 된다. 그러나 궁극적인 능력은 변화를 가져올 육군의 편성 · 훈련 그리고 사고가 된다고 하겠다.

우리가 특정 비국가 행위자와 싸워야 한다면, 위협을 상대하는 때때로의 잘못된 행위가 있을 것이라는 가정 하에서 그렇다. 육군 병사들은 기술을 갖고 있다. 그리고 육군은 이미 90%의 전투 플랫폼과 필요한 기술을 가지고 있다. 놓친 것은 명백히 합동 편성구조이자 전투 리더십 철학이 되겠다. 이것은 새로운 효과중심 작전적 체제 속에서 주어진 기회를 확대하기 위해서 설계된 것이다.

테러리즘에 대한 범세계적 전쟁은 육군에게 합동작전에서 육군의 역할을 재평가하는 기회를 제공하고 있다. 이것은 합동부대 내에서 미래 작전적 승리로 향하는 새로운 통로를 따라 육군 변혁의 방향을 제시함으로써 이뤄지게 된다. 이것은 두개의 전구에 대해 전략적 집중을 하게 되는 육군 단일 전투수행체제가 범세계 합동원정전을 위해 편성 및 훈련되고 태세를 갖춘 육군으로 변혁되는 것을 필요로 한다. 사실상, 전쟁에서의 새로운 기술은 가능성을 만들고 있다. 그러나 이것이 성공적으로 이용되는가 여부는 본래 보수적인 미 육군 리더십이 새로운 합동 작전적 그리고 교리적 체제를 끌어안는 능력에 따라 좌우된다고 하겠다.

5 합동원정전을 위한 개념과 건설

우리 전문 직업군인들은 전통적으로 변화에 직면하고 이를 채택하는데 있어서 꾸물거린다. 특히 우리가 과거 수년간 해왔던 검증된 방식과 방법을 뒤엎는 급진적인 변화에 있어서 그렇다.

—미 육군 중장 제임스 가빈, 1947

우리 시대의 지배적인 모습은 정보기술(IT)이다. 가장 중요한 모습은 실시간에 변화를 관찰하고, 이해하며, 채택하는데 있어서 인간에게 정보를 제공해주는 수단이라는 것이다. 그러므로 통신기술이 바뀔 때마다 지상전의 지휘통제(C2) 특성이 바뀐다는 것은 놀라운 것이 아니다.

새로운 IT에 대해 올바른 질문을 묻는 것이 중요하겠다. 육군이 질문해야 할 것은 현재 전투수행 과정을 보다 나아지게 하기 위해서 IT가 어떻게 응용될 수 있는 가를 묻는 것이 아니다. 그것은 핵심적 임무를 달성하는 것을 어떻게 IT가 도울 수 있는 가다. 여기서 핵심적 임무는 국가 전략을 지원하는 것이 된다. 이러한 질문에 대한 답변의 열쇠는 새로운 결심수립과정들과 지휘구조가 될 것이며, 이것들은 디지털 IT를 매우 효과적으로 운용할 수 있는 것들이다.

1980년대 회사 리더들이 배웠듯이, IT는 새로운 사고와 조직이 이를 통제하지 않는다면 무용지물이 된다. 많은 회사들은 단일 플랫폼 상에서 정보화 시대로 갑자기 급부상하였다. 우리는 단일 플랫폼을 마술 융단이라고 할 수 있겠다. 이것은 소위 월드와이드웹(w.w.w)이라고 알려져 있다.

그러나 일부 회사들은 접근방식의 기초가 튼튼하지 못해서 실패하였다. 일부 사업가들은 열등한 생산물을 제작하거나 팔았으며, 소비자를 잘못 이해했고 경쟁자들에 대한 판단에 실패하였다. 새로운 사고방식 및 조직을 발전시키기 위한 노력을 하지 않아도 급진적인 기술이 그들의 사업을 변혁시킬 것이라는 잘못된 가정을 하였기 때문이다.

이것은 필연적으로 영국과 프랑스 군이 1940년에 프랑스의 전장에서 얻은 교훈과 같은 것이다. 독일은 FM 무전기를 이용한 새로운 형태의 C2를 채택하였다. 영국과 프랑스는 그렇지 않았던 것이다.

가장 커다란 기동과 타격을 위한 통합적인 C2 메카니즘을 출현시키는데 있어서 미 육군에게 가장 커다란 장애는 미 육군의 작전적 단위부대들이 나폴레옹 전쟁의 기원을 갖고 있는 계층적 수직 편성으로 짜여있다는 것이다. 지휘 통신에 있어서 지난 200년 동안 가장 위대한 기술적 진보라고 할 수 있는 FM 무전기조차, 딱딱한 육군 작전 피라미드(operational pyramid)에 대해서는 거의 영향을 미치지 못했다.

이러한 피라미드 속에서 각 제대의 지휘관은 자신의 능력을 보다 커다란 합동전투 속에 통합시키기 위해 차상급 지휘본부를 필요로 한다. 그래서 육군이 이러한 계층적 수직 구조를 유지하는 한, 합동성이 제공하는 행동과 목적의 통일은 이를 필요로 하는 하급 제대까지 미치지 못할 것이다. 그리고 출현하고 있는 기술들의 잠재성도 발휘되지 못할 것이다.

문제는 그들 사이의 그리고 그들의 통신 기술이 새로운 편성 형태를 좌우하지 못한다는 것이다. 무전기는 급진적으로 C2를 분권화하는데 사용될 수 있다. 왜냐하면 넓게 분산된 단위부대들 간에 거의 동시적인 통신이 가능하기 때문이다. 이것은 또한 지나치게 집권적으로도 사용될 수 있다. 왜냐하면 부대 내에 있는 누구와도 지휘관이 직접 교신할 수 있기 때문이다.

새로운 디지털 IT는 정확하게도 같은 문제를 가지고 있다. 이것은 분권화될 때와 마찬가지고 쉽게 세부적인 관리를 용이하게 한다. 현재 전쟁의 기원에 대한 적합한 이해는 지금 편성에 대한 설계가 피할 수 없는 것이라는 점을 보여준다. 이것은 새로운 통신 기술의 분권화할 수 있는 힘을 이용하는 편성인 것이다.

그러므로 나폴레옹 개념과 군사력 건설로부터 벗어나는 것이 필수적이다. 이러한 이탈은 합동 지휘 · 통제 및 리더십의 기능과 개념을 변혁하고 확장할 것을 요구한다. 능력에 기초한 부대들 및 개인들 모두와 같은 분산되고 흩어진 전투 요소들과 함께 작전하기 위한 것이다. 육군 원정부대들을 위한 새로운 작전적 건설의 설계 시발점은 정보 혁명의 배경 속에서, 세계 합동원정전의 현저한 전략적 및 작전적 모습을 구분하는 것이다.

이러한 점을 각인하고, 이 장은 변혁과 관련된 두 가지 문제를 다루고 있다. 첫째는 혁신을 위한 지적인 패턴에 있다. 이것은 미 육군이 보다 커다란 변혁을 하려는 도전을 돕게 될 것이다.

두 번째는 측면으로 흐르는 정보 유통 속에서 편성된 새로운 수평적 지휘 구조를 만들기 위한 출발점을 설정하는 것이다. 이것은 정보화 시대에 지휘관이 모든 제대에 대해 지속적이고 유동적인 행동의 본질을 적응시킬 수 있게 하는 서비스 라인을 가로지르는 수평적 지휘 구조를 만들기 위한 출발점을 설정하는 것이기도 하다.

범세계 합동원정전을 위한 능력을 발전시키는 책임은 전체적으로 합동참모본부(JCS)에 있다. 그러나 이것을 효과적으로 하기 위해서, JCS는 지역적 통합사령부 및 각 군들이 직면한 특정 문제들을 다루어야 한다. 따라서 여기서의 목적은 육군 교리 · 전술 및 편성 속에서 분쟁이 발생하기 이전에 완전한 최종상태를 달성하는 것이 아니라, 오히려 마이클 하워드(Michael Howard)가 논했듯이 전투가 시작되기 이전에 〈올바르게 되도록 하고〉 전투가 진행되었을 때 기동하고 타격하기 위한 합동 작전개념을 다듬는데 있는 것이다.

변혁에 대한 지적인 접근

1차 대전 이후, 전쟁을 위한 새로운 개념에 대한 출판물은 영국의 풀러(J.F.C. Fuller) 장군으로부터 등장하였다. 그는 어떤 군의 전투력은 이것의 편성에 놓여있으며, 최소한의 전투로 적의 저항을 격파하기 위해 편성된 육군 및 공군부대를 만드는 아이디어에서 출발한다고 주장하였다. 영국군의 지휘부로부터 결국 거절당했지만 풀러의 개념은 독일에 심오한 영향을 미쳤다. 독일은 그의 전술적 사고를 〈공세적 기동전〉이라는 국가 군사전략과 조화시켰다.

1920년대에, 젝트(Hans von Seekt) 장군은 전후 매우 감축된 독일군의 사령관으로, 성공적인 전술적 혁신을 확대하기 위한 계획을 수립했다. 이것은 1차 대전 끝 무렵에 침투 전술을 발전시키면서 등장한 것이다. 그의 계획수립과정은 300명이 넘는 독일 장교단에 의해 1919년 작성된 훌륭한 전후 분석 보고서에서 출발하였다.

장교단 내에서 논쟁이 계속해서 일어났다. 이것은 궁극적으로 가시적인 혁신을 낳게 되었다. 이것은 새로운 훈련 · 현대화 · 편성 및 인사관리를 혁신시킨 것을 말한다. 사실상, 새로운 지도자 세대를 위해 조직적인 연구가 시작되면서 장교들의 접근은 더욱 어려워졌다.

이들은 새로운 전쟁 상태 · 리더십 및 기술 하에서 부대를 지휘할 사람들이었다. 아마 가장 중요한 것을 들라면, 제도적 혁신 분위기가 군사 문화에 의해 가능하게 되었다는 것에 있다. 이 군사문화는 실질적인 혁신을 조장했고 초급 장교들 사이에서 틀에서 벗어난 사고를 가능하게 한 것이다.

풀러와 젝트의 개념은 혼합되어 적을 마비시키는 타격을 가하고, 전장에서 기동성을 회복하기 위하여 기계화 및 공군력을 조합하여 사용하는 발전적인 사고를 낳게 되었다.

구데리안(Heinz Guderian) 장군은 이때 새롭게 장군으로 진급한 장교였는데, 1937년 다음과 같은 개념을 형성하였다.

〈공격하는 부대의 지향목표는 전술적 이득을 전략적으로 전환시키는 것이다. 이것은 간접접근이라는 수단에 의해 달성된다. 적의 저항능력은 직접적인 살상이나 적 부대의 포획에 있는 것이 아니라, 간접적으로 적의 지휘권이 효력을 잃도록 하는 것에 있다.〉

이러한 개념은 독일 부대발전 · 현대화 · 교육 · 훈련 및 부대 전투 편성을 더욱 세련되게 하는 기초가 되었다. 나머지는 역사가 말하고 있다.

소련 작전술의 가장 중요한 발전은 1차 대전에서 러시아의 경험에 대한 심도 깊은 연구에서 나왔다. 카메네프 · 이설슨 · 스베친 · 볼페 · 투하체프스키 그리고 일단의 사람들이 지적인 논쟁을 이끌었다.

이것은 소련 군사 지도자들이 국가 전략 · 교리 · 편성 및 기술을 명확히 이해했기 때문에 가능한 것이었다. 그리고 논쟁을 요구하고 감싸는 군사 문화가 살아있었기 때문에 가능했다. 이러한 군사 지도자들은 전차 · 항공기 및 통신 기술을 새로운 전술 및 작전적 기술로 결합하는 잠재력을 알고 있었다. 이것은 전쟁 동원을 위한 새로운 국가 군사전략을 지원하는 것이었다.

양차 대전 중간 기간에 적군 내부의 창조적인 과정은 개념적인 용어들로 전쟁을 재정의 하면서 시작되었다. 이것은 결국 종심작전 이론과 부대발전계획(force-development program)이라는 용어를 만들어냈다. 이러한 전쟁 이전 사고는 새로운 전투편성을 만들고, 훈련된 인원을 충원시켰으며, 교육하고, 무장시켰다. 이것은 전체적으로 새로운 형태의 스위핑하는 식의 종심기동전을 위한 것이었다. 이러한 종심기동전은 그들이 살아서 볼 수 있는 것은 아니었지만, 2차 대전의 패배로부터 러시아를 구해낼 것이었다.

2차 대전 및 스탈린 사망 이후, 지적 엄정함이라는 양차 대전 사이 기간의 유산은 소련 군사과학 속에 소생되었다. 소콜로프스키(Vasility Sokolovskiy) 원수는 핵무기 사용을 포함한 전쟁의 본질을 다루기 위해서 때마침 종심전투 이론을 보다 발전시켰다.

1941년에서 1945년 사이 전쟁수행을 준비함에 있어서 독일과 소련의 심각한 잘못과 오산을 설명하였다. 이러한 분석은 방호 · 화력 및 기동성을 소련 군부대들에게 부여하기 위해 설계된 현대화 계획을 낳게 되었다. 소련군은 고강도 전투에서 승리를 필요로 할 것이었다. 신속히 NATO를 격파하는 위협을 가한 소련군은 전쟁에 대한 거대한 비전을 반영하였다. 이것은 투하체프스키와 2차 대전시 그의 계승자들에 의해 고무되었던 것이다.

미국에서, 미 해군 장교들은 전투기를 함선에 위치시키는 아이디어가 최초로 등장하기 이전에 많은 해 동안 태평양에서 일본제국과의 분쟁 가능성을 연구했다. 1920년대, 미 조종사들은 함선과 항공기의 결합 가능성을 인식하였다. 그리고 일본제국 해군과 태평양 전쟁에서 이를 사용할 것으로 보았다.

미 해군 항공기 조종사들은 만일 효과적으로 운용한다면, 항공모함전(carrier warfare)의 새로운 기술이 전함과 항공모함의 타격 및 지원 역할을 뒤바꿀 수 있다고 느꼈다. 이들은 실험적인 항공모함을 요구했고 결국 얻어냈다. 이것은 바다에 기지를 둔 항공기 운용 개념에 대한 탐험이었다.

1929년, 지상 표적에 대한 항모중심의 공격이라는 새로운 개념이 실험되었다. 미 함선 사라토가(Saratoga)는 방어하는 함대 주변으로 야간 항해를 하여 파나마 운하에 대한 성공적인 공격을 하였다. 물론 공습을 한 이후 사라토가는 처음에는 잠수함으로, 두 번째는 함대의 다른 유일한 항모인 렉싱톤(Lexington)에 의해 침몰하였다.

이 실험을 통해, 미 해군장교들은 전술적 대형의 중요성을 배웠다. 이것이 이후 함모전투단이라고 알려지게 된다. 추가적인 연습은 혼성 전투단(mixed battlegroup)을 포함했다. 이것은 타격을 하는 동안 항모를 방호하기 위해 설계된 것이다. 그러나 이것은 적응과 변화의 끝이 아니었다. 단지 시작에 불과한 것이었다.

이 논쟁에서 나타난 것은 변혁에 대한 지적 접근이다. 이것은 새로운 전쟁 개념으로 시작하여 다시 새로운 전술 · 교리 및 전투편성으로 끝나게 된다. 이 접근은 네 가지 관점으로 요약될 수 있겠다.

- 새로운 작전개념

합동작전개념은 각 군종의 순수 전술적 능력의 통합을 요구한다. 이것은 군사작전을 수행함에 있어서 목적과 행동의 통일을 달성하기 위한 것이다. 새로운 전쟁 개념은 기초적인 행동과 관계를 정의한다. 이러한 행동과 관계는 새로운 개념을 어떻게 실행하는가에 대한 각 군종의 입장을 넘어서 상식인 이해를 통해 군사 임무를 달성하려고 사용되는 것을 말한다.

- 새로운 합동 작전적 건설

이것은 각 군종의 순수 전술적 능력을 통합하기 위한 것이다. 작전적 건설은 지휘관계를 결정한다. 통신 노드 간을 연결하며, 정보교환요구를 위한 구조를 제공한다. 그리고 궁극적으로 시스템 건설을 제공한다. 이것은 새로운 군 편성에 필요한 기술과 장비를 결정한다. 정보처리과정(information processes)은 또한 전투력 요소다. 그리고 편성 설계를 돕는다.

- 새로운 사고 및 편성

이것은 극적으로 전투력을 향상시키는 개념을 실행하는 것을 말한다. 새로운 합동작전개념은 새로운 합동 작전적 구축(architecture)과 함께 순수한 각 군종의 능력을 임무에 초점을 둔 전투력을 보유하는 특정 모듈(modules)화 부대로 편성하도록 각 군종을 이끌게 된다. 이것이 플러그 앤 플레이에 대한 정의다.

• 현대화 · 교육 · 훈련 및 전투준비를 위한 새로운 접근

운용을 위한 새로운 개념 및 새로운 편성은 부대를 현대화하고 군 장비를 발전시키는 매개변수를 변화시킨다. 적합한 전투준비 및 훈련 구조는 반드시 군 편성의 필요성을 도모하기 위해 존재해야 한다. 이로서 통상적으로 개념과 도입되고 있는 기술이 함께 진화하게 된다.

1930년대 미 육군이 급격한 지적 그리고 전문적 쇠퇴기에 있었을 때, 해병대는 개혁되었다. 거의 매일 밤을 새면서 해병대는 항구와 주력함을 방어하기 위한 부대 설계로부터 적 항구 및 비행장을 점령하고 미 공군 · 지상군 및 해군 부대들이 사용할 수 있도록 하기 위한 부대 설계로 변혁했다. 육군은 지금 바로 신속하게 변혁할 수 있다. 만일 육군이 자신의 사고를 세계 합동원정전이라는 전략적 비전으로 향하게 하고, 결정적인 구성군을 기동 및 타격을 통합한 부대로 만들어 새로운 합동지휘구조를 지니게 한다면 그렇게 할 수 있었을 것이다.

합동원정전을 위한 작전적 건설

공중 및 지상으로 타격하는 정밀유도무기는 적 C2 노드를 무력화시킬 수 있다. 그러나 이에 따른 혼란과 마비는 항상 순간적인 것이

다. 전쟁의 경험이 없다면(군복을 입은 사람도 포함해서) 사람들은 적이 대응하는 시스템(reactive system)이라는 것을 잊게 된다.

급진적·문화적 또는 종교적 기원이 어떻든 간에 적은 항상 열심히 일하고 있으며 파괴된 통신 연결지점을 복구하고, 타격에 덜 취약한 통신 방법을 찾으며, 탐지되지 않고 시종 일관된 작전을 보존하는 새로운 방법을 찾을 것이다. 시간이 충분히 주어진다면 적은 초기에 타격으로 입은 와해상태를 효과적으로 복구할 것이다. 그렇다면 적이 복구하기 이전에 격멸하는 것은 필수적이다.

이것은 전술적 기동성 및 엄청난 화력과 효과적인 방호력을 지닌 지상부대가 왜 타격능력과 빈틈없이 통합되어야 하는가에 대한 이유가 된다. 미국은 적 부대를 혼란과 무력한 하위 구성요소로 와해시키기 위한 자신의 합동능력의 전체적인 잠재력을 꼭 깨닫게 될 것이다.

이러한 개념을 충족하기 위한 새로운 C2 구조의 설계를 위한 출발점은 세계 합동원정전의 전략적 및 작전적 모습을 현저히 구분하는 것이다. 이것은 반드시 육군 부대설계에 영향을 미치게 된다.

3장에서 서술한 전략적 환경으로부터 방법을 추론하는 것은 어렵지 않다. 이 방법 속에서 미국의 군사력은 육군부대들에 대해 중요한 의미를 내포한 상태로 자신과 동맹국의 이익을 세계 속에서 지키기 위해 운용될 것이다.

- 첫째, 거의 경고 없이 또는 무경고하에, 미국 군대는 반드시 비세계화된 지역으로 군사적으로 개입할 수 있어야 한다. 이곳에서 미국과 미국의 동맹국들은 주둔하지 않지만, 위협받는 전략적 이익이나 또는 결과적으로 실제 정치적 이익을 선포하게 된다.

- 둘째, 군대는 외국에 반드시 군사력을 주둔시켜야 한다. 주둔지는 비 세계화된 지역의 아웃라인 상에서 중추적인 국가 또는 지역이어야 한다. 이것은 미국과 미국의 동맹국이 분쟁이나 위기상황에 확실히 영향을 미치거나 포함될 수 있도록 하기 위해서다. 분쟁이나 위기상황은 미국과 동맹국의 전략적 이익을 직접적으로 침범하는 것이다.

- 마지막으로, 군대는 반드시 합동원정부대들을 선별적으로 사용할 수 있어야 한다. 기본적으로 유라시아 주변 및 북아프리카 주변 주요 국가들의 안정성을 보강하기 위해서다. 그리고 반드시 지역적 위기 및 분쟁에 대응하기 보다는 이를 방지하기 위해 작전해야 한다.

부대 설계 및 운용에 따라, 위에서 제시한 예측할 수 없는 전략적 환경 및 전략적 태세가 육군에게 제시하는 함의는 명확하다. 합동원정 부대들은 신속히 이동하여, 신속히 전개할 수 있는 존재하는 육군(army forces-in-being)을 필요로 할 것이다.

이 부대들은 전략적 · 작전적 그리고 전술적 기동성을 지닌다. 이러한 부대들은 반드시 상호작전성(interoperability)을 위해 구조를 갖춰야 한다. 진보하는 합동구조 속에서 새로운 기술을 지속적으로 결합하고 이용하기 위해서다. 육군 지상부대의 일부분은 중요한 기반구조로서 미군의 진입을 보장하기 위해서 주요 국가로 사전 전개될 것이다. 이렇게 하여 미국은 군사력을 내륙으로 투사할 수 있다.

육군 부대들(미 지상전투부대들의 대부분)은 결국 넓게 분산된 대기지역(staging area)으로부터 그리고 미 본토 내에서 신속히 이동할 수 있는 능력을 반드시 가져야 한다. 그리고 위기 또는 분쟁 지역으로 전개하여 공세작전을 전혀 정지함이 없이 개시할 수 있어야 한다.

1999년 코소보 위기는 적절한 예다. 이것은 신속히 전개 가능한 지상부대가 타격능력과 매끄럽게 통합될 필요성을 예증하였다. 미국의 공군 · 미사일 · 우주공간 및 정보력은 미국 및 동맹국의 전개된 지상부대의 안전을 보장하고 이것의 잠재력 이용을 가능하게 해준다.

미 육군에게 있어서 전략적 문제는 시간에 있지 물리적 집중에 있는 것이 아니다. 육군이 보다 신속하게 전투준비가 되고 훈련되었으며 능력을 지닌 전투부대를 전개할수록, 합동부대 지휘관에게는 요망되는 전략적 효과(억제로부터 적을 항복받는 효과)를 달성하는데 있어서 전체적으로 수적으로 적은 인원을 지닌 지상전투력이 필요할 것이다.

능력과 물리적 집중은 더 이상 같은 것이 아니다. 사실상 전투력에 의한 능력은 물리적 집중보다 더 많은 기능으로 작용한다. 어떤 육군 전투부대를 하나의 팀으로 구성하는 것은 중요하며 변화무쌍한 것 중 하나이다. 서로를 잘 알고 그들의 지휘관을 잘 아는 훈련된 병사들은 솔직히 시간에 임박해서 전개 및 전투하기 위해 편성된 이방인의 집단보다 임무를 더 잘 수행한다.

모든 국가의 전투 베테랑들은 서로 간의 훈련 경험 및 희생정신을 통해 얻어진 상호 간의 신뢰 및 감정에 기초한 단결이 전투에서 부대가 임무를 수행하는데 가장 중요한 결정적 요소라고 주장할 것이다.

전개하기에 너무 무겁고 느리다고 널리 그리고 잘못 알려진, 육군 M1 전차는 교훈적인 예를 제공한다. 만일 M1 전차 승무원이 식별할 수 있는 모든 표적을 98% 이상 명중시킬 수 있다면, 그리고 단 한발 사격해서 파괴할 확률도 98% 이상이라면 문제의 핵심은 물리적 집중이 아니라 능력이 되는 것이다. 만일 각각의 전차가 50발의 탄약을 적재했다면, 150대의 전차는 7,500대의 적 전차 98%를 파괴할 잠재력을 갖는다.

비 세계화된 지역에 있는 미국의 적들 대부분이 많은 전차를 실전 배치할 수 없고 미 공군 · 해군 및 해병의 합동 자산들이 미래의 모든 합동원정부대의 일부분을 형성하게 된다면, 서남아시아 또는 중공에서 작전을 수행하기 위해 얼마나 많은 M1 전차가 소요될 것인가? 답변은 명확하다. 현재 육군에 편제되고 전개를 위해 태세를 갖춘 양보다 적다는 것이다. 그리고 구조화된 태세 및 전투준비를 계산했을 때 재훈련을 위한 수개월 이후 곧바로 전개되는 양도 너무 많다.

동일한 논리는 C2 구조에도 적용된다. 육군부대가 지휘 및 통제되는 방식에서의 변화는 육군의 전개 스케줄 및 전투준비를 단축하는데 결정적이다. 그러나 이러한 논쟁을 이끌어가기 이전에, 왜 현존하는 육군의 작전적 건설이 위에서 기술한 전략적 환경 하의 과업과 성격에 부적합한가를 아는 것이 중요하다.

1945년 3월 7일 오후, 제 9장갑화 사단, 전투지휘 B팀의 수색정찰은 독일 방어선을 분쇄하며 전진하여 레마겐의 라인 강 상류의 루덴돌프 철도 교량을 확보하였다. 이것은 이 교량을 파괴할 수 있는 독일군이 철수하기 이전에 달성되었다. 교량이 확보되었다는 말은 실제로 집단군 사령관 브레들리(Omar Bradley) 장군에게 30분 내에 보고되었다. 브레들리는 이러한 예상하지 못한 성과를 이용해야 한다는 것의 중요성을 알았다. 그리고 자신의 이름으로 아이젠하워 장군의 작전부장인 불(Harold Bull) 소장이 브레들리의 지휘본부에 방문했을 때 그에게 이러한 견해를 보였다. 이상하게도 불 장군은 이러한 예상치 못한 성과에 대한 브레들리의 열정을 이해하지 않았다.

〈레마겐을 너머서 진출해서는 안 됩니다.〉 불은 브레들리에게 말했다. 〈장군께서 교량을 확보했지만, 이곳은 확보할 곳이 아닙니다. 계획과 맞지 않습니다.〉 불 장군은 브레들리에게 만일 현 상황을 전과확대한다면 레마겐은 몽고메리와 문제를 야기할 수 있다는 걸 지적했다. 3월 말 몽고메리는 라인강에서 정밀도하작전을 계획했었다. 그리고 이렇게 되면 균형 잡힌 전략적 계획이 와해될 것이었다. 이 계획은 아이젠하워가 독일 침공이 그가 소위 〈서두르고 무질서한 즉흥연주〉라고 부른 상태가 되는 것을 방지하기 위해 정성을 들여 만든 것이었다.

아이젠하워가 결국 3월 7일 불의 명령을 결국 취소하였지만, 아이젠하워가 최초에 브레들리의 행동의 자유를 방해했다는 것은 재미있는 사실이다. 아이젠하워는 1군 병사들에게 5개 사단으로 방어될 것으로 보인 라인강을 넘어 단지 교두보만을 확보하라고 지시했었다. 부대가 진출하려는 모든 상황에서 연합원정부대 최고본부(SHAEF : Supreme Headquarters Allied Expeditionary Force)의 승인이 필요했다. 경미한 독일 저항을 받은 제 9장갑사단의 전방 부대 보고는 SHAEF에게 거의 영향을 미치지 못했다.

3월 8일, 미군 부대들은 함께 레마겐 교량을 도하하기 시작했다. 그러나 불 장군의 교량 확보에 대한 최초 대응은 탑-다운(top-down) 형식의 조직 문화를 표출한 것이 되었다. 탑-다운은 작전적 건설의 수직적인 본질인 것이다. 측방의 인접부대는 교량이 수 시간동안 미군의 손아귀에 있었다는 것을 알지 못했다. 그래서 아무런 지원 없이 소수의 전차와 보병 중대들만 교량을 확보한 채로 남아 있었다.

다음날 강력한 증원부대가 도착했는데, 이들은 수직적인 파이프라인을 통해서 도착한 것이었다. 즉 측방부대로부터 증원된 것이 아니라, 탑-다운의 지휘 구조에 따라 대응한 것이었다.

이러한 매우 수직적인 건설은 예하 지휘관 및 참모로부터의 상호 작용적인 피드백에 반응을 보이지 못했으며, 전술적 수준에서 주도권 유지를 방해했다. 전투가 발생하는 곳으로부터 수 마일 떨어진 곳에 위치한 장군의 손에 의해 상황 통제가 중앙집권적으로 이뤄지는 직선적인 통신채널에 대한 강박관념은 편성과 모든 행동이 반드시 미리 만들어진 계획에 따라야 한다는 사고에 의해 강화되었다. 제 3군이 이러한 관례에 드러나는 예외였지만, 불 장군의 답변은 그 당시 육군에서 대부분 정형화된 것이었다.

어떻게 정보가 사용되는가는 정보흐름의 구조와 정보를 사용하는 사람들의 사고 및 심리상태 모두를 반영한다. 두 가지는 상호 영향을 미치고 서로 분리할 수 없는 것이다. 2차 대전 때 미국은 C2를 만들었다. 이것은 임무를 부여받아 임무를 완수할 때까지 지휘관과 예하부하들 간의 정보가 수직적으로 흐르는 것을 강조하였다.

결과적으로 미 육군이 다중 제대로 작전적 건설을 한 것은 24시간 계획수립 주기에 맞물리게 되어있다. 전술적으로부터 작전적 또는 대대로부터 집단군에 이르는 각 제대의 지휘통제는 상급 지휘본부로부터의 일일 작전지침에 기초한 것이었다. 이것은 육군의 집단동원(mass-mobilization) 특성을 반영하고 있다.

2차 대전 간, 미 육군은 수 백 만의 시민군으로 구성되었다. 이들은 제한된 군사훈련을 받았고 전투력은 근대전을 위한 우수한 전술 또는 심도 깊게 연구해낸 교리라기보다는 순수하게 인원 및 집중된 화력에서 나오는 것이었다. 그러나 미 육군은 전술공군력 없이 후퇴하는 독일 육군을 우연히 자주 추월하게 되었고, 2차 대전에서의 승리로 미래 동원에 대한 가정을 기초로 한 구식 구조를 신봉하게 되었다.

그리고 1945 이후 변화된 것은 현재까지 없다. 이제 남아있는 군인은 거의 없지만 사단에 기초한 골격, 전쟁동원의 패러다임(다수의 상대적으로 훈련되지 못한 병사를 포함한다), 이들과 연계된 지휘본부, C2 노드 그리고 군수 기반구조 및 전체적인 비 융통성이 여전히 유지되고 있다.

2차 대전 이후 필연적으로 변화가 없었기 때문에 이러한 C2의 수직적 개념 골격은 결심 수립 및 계획수립 과정에 계속 영향을 미치고 있다. 분쟁에서 지휘관 정보 요구도 마찬가지다. 이것은 2차 대전 이후 크게 나타난 현상이다(표 5.1 참조).

1991년 사막의 폭풍작전 수행은 계획이 이미 부적절하게 된지 오래되었음에도 불구하고 여전히 계획을 실행하려는 경향을 유지하고 있는, 즉 필연적으로 변하지 않은 2차 대전식의 C2 구조에 익숙한 융통성이 없는 고정적인 면을 보여주었다.

서남아시아의 지상전 수행을 결정했던 C2 처리과정은 사실상 사우디아라비아 리야드에 위치한 3군 지휘본부에서 수행되었다. 이것은 전선으로부터 300마일 이상 떨어져 있었다. 1차 대전의 〈샤토(Chateau)〉장군들을 생각나게 하는 C2 배치로, 3군 사령관 요삭(Yeosock) 장군은 사우디아라비아에 위치했었다. 이곳은 전투현장과 이격된 곳이었다.

슈워츠코프(Norman Schwarzkopf) 장군은 결과적으로 이러한 배치를 비판했다. 이것으로 7군단이 이라크 공화국 수비대를 포위하기 위한 보다 과감한 압박을 가하는 것이 실패했던 것이다. 그러나 당시에 그는 이러한 배치를 대치할 아무것도 하지 않았다.

밝혀졌듯이, 7군단장 프랭크스(Frederick Franks) 장군과 미 지도부 전체는 예하 지휘본부로부터의 보고서에 거의 주의를 기울이지 않았다. 예하 지휘본부는 7군단이 이라크로 진격할 때 이라크의 약점을 확인하고 있었다. 사실상 2월 초 카프지(Khafji) 전투 이후, 지상전이 이라크 지상군의 약점을 노출시키기 이전, 지상전을 위한 계획은 결코 변화하지 않았다.

결국, 걸프전쟁은 비긴 것이다. 사담 후세인의 통치 기반이었던 공화국 수비대도 그리고 후세인 정권 그 자체도 격멸된 것은 없다. 무조건 항복, 정권의 변화 또는 기타 전쟁수행 능력의 제거 없이 걸프전쟁은 모호한 최종상태로 종결되었다.

비록 새로운 통신 기술이 7군단과 3군 내에서 거의 실시간 정보 제공 능력을 가졌다고 하더라도 그리고 보다 신속하고 무자비한 진출을 용이하게 할 수 있었지만 이것은 실행되지 못했다. 육군 지휘관들은 끊임없이 무엇이 잘못될 수 있을까에 집착하고 과감하고 결정적인 행동을 하라고 촉구되는 것을 싫어했다. 걸프전쟁을 수행했던 많은 사람들에게 있어서, 1956년 수에즈 분쟁에서 영국과 프랑스가 이집트에 대해 실시했던 작전의 느리고 주저함에 대해 이스라엘 국방군 지휘관이 한 말은 사막의 폭풍작전을 수행한 부대들에게 동일하게 적용된다고 하겠다. 〈침공하고 있는 사람들이 누구라고 생각합니까? 소련군입니까?〉

오랜 평화 시기 이후에 전쟁이 발발되었을 때, 평화 시 주둔지에 머물러 있으며 위험을 싫어하는 육군의 지휘관들은 간혹 적을 격멸하는 것보다 패배를 피하는 것에 관심을 갖는 것으로 변한다.

1991년 이러한 심리상태는 비실제적이고 복잡하며 반응이 느린 육군 모든 제대 및 지휘본부라는 지휘조직과 결합되었다. 이때 작전은 달팽이의 속도로 느려지게 되었다. 시속 35에서 40마일을 달릴 수 있는 능력을 지닌 M1 전차 및 M2/3 전투차량으로 무장된 육군의 편성부대들은 야지 진출 속도로 느리게 움직였다. 이것은 서면 전차가 이동할 수 있는 속도였다(시속 15마일).

[표 5.1] 지상전(Ground War) 지휘통제

2차대전 C2 (1945년 레마겐)	걸프전쟁 C2 (1991년 사막의 폭풍작전)	2차 걸프전쟁 C2 (2003년 이라크 자유화작전)
전구 사령관 집단군 군 군단 사단 연대 대대 중대	미 중부사령부 사령관(CINC) 군 군단 사단 여단 대대 중대	미 중부사령부 사령관(CINC) 군 군단 사단 여단 대대 중대

매우 많은 문제들과 똑같이, 이러한 문제는 위기 및 분쟁 시에만 명확하게 나타나는 것이다. 전쟁이전 대규모 연습과 시뮬레이션 훈련은 매우 단조롭고 형식화되어 근원적인 인간요소를 감추는 경향이 있다. 인간적 요소는 전투에서 작전적 건설에 생명을 불어넣는 것이다. 사막의 폭풍작전에서는 레마겐 다리에서와 마찬가지로 작전적 건설과 지휘에서의 인간의 사고가 작전을 수행하기에는 경직되었다는 것을 보여주었다.

전역 마지막에 쿠웨이트에서 이라크로 대부분의 이라크 공화국 수비대가 탈출한 것도 다음과 같은 지상전의 고전적 교훈을 강조하고 있다.

〈결정적 효과가 확실히 되기 위해서, 즉 적의 전체적인 와해를 이끌기 위해서 공자는 방자를 능가하는 기동 속도의 의미 있는 이점을 가져야 한다.〉

사막의 폭풍 시 지상작전 단계에서 공군력은 손실을 부과할 수 있었다. 그러나 이것은 공화국 수비대가 이라크의 신성한 지역 내부로 찾아들어가는 것을 막을 수 없었다. 합동군 공군구성군사령관(JFACC : Joint Force Air Component commander) 통제 하에 공격헬기와 항공기를 결합한 지상공격은 공습의 효과를 배가할 수 있었으며, 퇴로를 효과적으로 봉쇄할 수 있었을 것이다.

전개 및 가용했던 AH64 18개 대대, A10기 144대가 있었다. 이것은 공중과 지상의 지휘관 마음속에 최우선을 차지했어야 했다. 그러나 이 두 개 부대들을 JFACC 예하에 둔다는 사고가 없었을 뿐만 아니라 그 부대 자체에 대한 개념도 없었다.

비록 그 당시 미 군사 지도자들이 이라크에서 항공 및 지상 전역의 합동성을 강조했다지만, 이러한 주장을 보여주는 증거는 거의 없다. 슈워츠코프 장군은 부대들에 지휘 계통을 규정할 수 있었다(10 USC 164). 그리고 이러한 부대들이 임무를 수행할 수 있도록 편성할 수 있었다. 그러나 실상 슈워츠코프는 미국의 2차 대전 경험에 적합한 방법으로 작전을 수행했다.

2003년 이라크를 타격할 때, 유사한 모습이 다시 나타나게 되었다. 단일 군종(service) 전투수행 편성으로 걸프전쟁을 수행했다. 따라서 전쟁 중에 각 군이 각자의 전투에서 성공하려 했다는 것은 놀라운 것이 아니다. 이것은 각각의 전투 교리 · 훈련 · 장비 및 구조의 타당성에 대한 증거를 대기 위한 것이라고 하겠다.

인스턴트 썬더 작전(Operation Instant Thunder)은 이라크에 대한 항공작전이었다. 이것은 미래 항공작전을 위한 모델로 인정되고 있다. 이라크 지상 및 경계부대에 의해 정권의 안전이 유지된다는 관념은 미국의 세속적인 인식으로서의 전통적인 국가안보 개념과는 다른 것이다. 이것은 이라크 지도자들에게 더욱 중요한 개념인 것이다. 그러나 이것이 분석되지 않았다.

이후 수년 간, 넓은 합동원정전 골격 속에서 작전하기 위해 미 공군 및 지상부대를 편성한다는 관념은 심각하게 고려되지 않았다. 코소보 위기 간에 항공력으로 작전하는데 있어서 견고한 지상전투력이 조기에 필요했지만 가용하지 않았다. 자상에 대한 공격 위협이 없어서, 벨그라드 정권은 항공전역에서 살아남았다.

클린턴 행정부는 이 정권은 분쟁의 기폭제라고 주장했었다. 종합하자면, 미국 군대가 2차 대전과 1차 대전 시 달랐다는 것과 같이 걸프전과 미래전에서 다를 것이라는 결론을 내리게 할 수 있었지만 그렇지 않았다. 더욱 중요한 것은 1991년 이후, 모든 식별할 수 있는 군사 라이벌의 부재는 혁신 또는 변화에 대한 자극(inspiration)을 없애버렸다.

2001년 9월 11일 사건과 함께 상황은 변했다. 이제 C2 육군 구조를 넘을 수 있게 되었다. 이러한 구조의 뿌리는 FM 무전기 · 연소엔진 및 항공기를 포함한 군사(military affairs)에서의 마지막 혁명에 두고 있었다. 합동원정전에서 육군 지휘 노드는 널리 분산되고, 중복될 필요가 없다. 그리고 최신화 시키는 것은 말할 것도 없이 유지하는데 엄청나게 비쌀 필요도 없다.

지휘소는 정보가 수집되고 전파된다. 이것은 레마겐 다리에서의 경우처럼 독점되어서는 안 된다. 오늘날의 지휘소는 분배소가 되어야 하다. 정보를 모든 방향으로 동시에 보내야 하며, 심지어 각 군의 정보 유통선을 넘어서 전파되어야 한다. 이것은 모든 미래 지휘구조에서는 합동군의 모든 수준에 있는 지도자들을 위한 잠재성이 존재한다는 것을 의미한다. 합동군은 거의 동시에 정보를 찾고 볼 수 있는 것이다.

이것은 또한 모든 수준의 지휘관들이 반드시 그들에게 무엇이 유용하고 무엇이 불필요한지를 알도록 하는 마음 상태를 발전시켜야 하며, 지휘관들은 반드시 예하부대들이 결심하고 행동하도록 권한을 주어야 한다는 것을 의미한다.

새로운 전략적 환경은 지리적으로 분산된 지상 · 공중 및 해상에 기초한 부대들의 필요성에 의해 특징지어진다. 이 부대들은 전장 공간을 기술적 및 지적으로 나누어 인지하는 것을 통해서 높은 수준의 C2 응집성을 달성한다. 이러한 전략적 환경은 육군 부대들을 위한 새로운 합동지휘구조의 발전을 이끈다. 결과적으로, 합동 타격력과 육군 지상부대들을 작전적으로 통합하기 위한 기초를 제공하는 것에 추가하여 새로운 지휘구조는 반드시 합동군의 보다 커다란 전투력을 배가시켜야 한다. 이것은 정보를 효과적으로 사용하고 잘 이용함으로써 이뤄지는 것이다.

구식 관례는 잊어버려라

세브로스키(Arthur Cebrowski) 예비역 제독은 다음과 같이 피력한 바 있다.

〈정보우위(information superiority)는 정보 영역에서 한쪽에 유리한 불균형 상태다. 이것은 적과 비교해서 상대적으로 우세한 정보 우위를 잘 이용할 수 있는 능력으로부터 경쟁적인 이점이 있을 때 달성된다.〉

순수한 기술적 용어로 표현하자면, 아직은 존재하지 않지만 계획되고 있는 디지털 세계화 정보 좌표(digital global information grid)를 통해 합동 표준 데이터를 교환할 필요성이 있다는 것을 강조한다.

이것은 모든 합동부대 간의 계획수립과 행동을 용이하게 해주는 것이다. 그러나 단순히 박스에서 박스로 접속하는 것은 딜레마를 해결하지 못한다. 왜냐하면, 주된 문제는 데이터를 교환하는 것에 있는 것이 아니라 이것을 이용하는 능력에 있기 때문이다. 기술은 문제가 아닌 것이다.

필터를 사용함으로써 정보를 재단하면 지휘관을 위한 정보의 흐름을 만들 수 있다. 그러나 하위 수준에서 필터 사용이 상급 지휘관의 결심에 의존하므로 예하 부대는 결국 정보를 제공할 필요성이 있게 되는 것이다. 이러한 접근의 문제는 하위 지휘관들이 결국에는 동일한 스토브파이프의 수직적 시스템이 된다는 것에 있다.

이때 여기서 말하는 수직적 시스템이란 보다 높은 수준에서 정보를 집권화하기 위해서 설계된 시스템이다. 이것은 다음 사항을 강조해준다. 〈IT는 집권화될 수도 있고 분권화될 수도 있다. 이것은 지휘관이 달성하고자 하는 의지에 달려있다. 따라서 기술 자체는 해결책이 되지 않는다.〉

이러한 복잡한 작전적 환경조성(operational setting) 속에서, 기능적 단순성은 크게 필요하다. 합동작전적건설(joint operational architecture)은 반드시 지휘관에게 유용하고, 충분히 빠른 실시간 정보를 제공해야 한다. 그리고 지휘관이 주요 국면을 인식하고 대응책을 강구하며 실행 가능한 시간 내에 예하부대들에게 그의 대응방책을 전달할 수 있어야 한다. 미국의 상업 부문에서 발견된 구조 및 결심수립과정에서의 많은 변화들은 관리의 역할과 결심 수립의 현장에 유사한 영향을 미쳤다. 이러한 실상의 일부가 현재 전쟁 환경 속에 강하게 공명하고 있다.

- **절대적으로 수평적인 구조로 가야한다. 이것은 단순한 대안으로 고려되어서는 안 된다**

  만일 통신이 수직적으로 올라갔다가 내려오는 것이라면, 사업에 실패하게 된다. 그리고 기업은 산업에서의 반응성이 없다는 되돌릴 수 없는 명성을 얻게 된다. 산업현장에서는 반응성이 가장 중요한 것이다.

- **모든 사람들은 리더의 의도를 달성하기 위해서 모든 사람들과 대화를 나누고 일할 수 있어야 한다**

  모든 사람들은 반드시 데이터를 사용할 수 있어야 한다. 네트워크화된 통합이 표준이다.

- **관례(rule)를 잊어버려라**

  시장 수요에 따라 모습을 바꾸고 영속적인 유동성을 갖는 것은 생존을 위해 결정적인 것이다.

2장에서 언급했듯이, 육군이(타 군과 마찬가지로) 단일 군 C2를 보유한 자신의 전통적인 계층구조에 매달리고 있다는 것은 비밀이 아니다. 그 결과 육군의 지휘본부들은 합동군 부대들을 지휘통제하기 위해서 이상적으로 편성 및 훈련되고 장비되지 않았다. 평화와 전쟁시의 사건들은 일상적으로 하찮은 정보뿐만 아니라 작전적으로 중요하다는 점도 무시하고 있다는 것을 보여준다. 이것은 최상위 수준에서 합동 통합이 일어나기 전에 몇몇 〈육군 단일(army-only)〉의 지휘계층에서 발생하고 있는 것이다(표 5.2 참조).

예를 들어, 2차 대전 시 전통적인 육군 화력지원개념은 많은 발사관으로부터 거대한 용적의 화력 집중을 하는 육군 단일의 포병편성으로부터 합동타격전투편성부대들(joint strike formations)로 변화해야 할 것이다. 이들은 이들의 규모에 어울리지 않는 타격력을 동원할 수 있다. 이러한 타격 편성부대들은 미사일과 로켓 · 자동화된 포와 박격포 그리고 무인전투항공정찰기를 운용할 것이다. 이것들은 사격 노드들(shooter nodes)이 되어 작고 분사되어 있으며, 집단을 이룬 표적들을 신속하고 거위 동시에 파괴하게 된다.

조화성(harmonization)을 지향하는 것(냉전시의 C2 동시통합성[11] 사고로부터 벗어나는 것)은 이러한 결과를 얻어내는데 있어서 결정적이다. 점증적으로, 병사들이 필요한 정보는 빨리 획획 지나가고 있으며 이러한 상황을 극복하여 정보를 이용할 수 없는 육군 편성구조는 사라질 것이다.

아프가니스탄에서 특수작전부대들(SOF)은 이미 조화된(harmonized) C2 시스템(동시통합 C2시스템에 반대되는)이 가능하다는 것을 제공하고 있다. C2에서의 조화성은 다양한 수준의 지휘소에서 감지하고, 올바르게 판단하여 요구되는 속도와 강도로 타격하거나 또는 기동하도록 할 수 있는 설계와 공정(process)을 제공한다. 지휘결심은 타임테이블보다는 사건들에 의해 유발되는 경향이 있다. 작전적 응집성은 높게 조화를 이루고 시간에 따라 동시통합되는 전투의 도움이라기 보다는 임무 명령과 작은 단위부대 베틀 드릴[12]에서의 반응력을 통해서 달성된다.

---

11) 역자 주 : 동시통합 C2는 육군 자체에서 사용하는 지휘통제 시스템을 말한다. 조화된 시스템은 합동군의 통합적인 C2 시스템을 의미하고 있다.

12) 역자 주 : 미 분소대 급이 실시하는 행동화된 훈련. 적 매복 대응과 같이 소규모 교전에서 가장 발생 가능한 상황에 적절한 판단과정 없이 즉각적으로 대응하도록 하기 위해 실시하고 있는 훈련.

[표 5.2] 냉전시 작전적 건설 대 변혁된 작전적 건설 비교

냉전시 작전적 건설	변혁된 작전적 건설
• 지휘관계가 많고, 중복되며, 수직계층적임. 정보는 최고 레벨에서 집약됨.	• 단순화된 지휘관계(수평화 됨). 각 군을 통합하는 첨단 기술 이용(네트워크화).
• 말로 하는 통신이 상호통신을 주도함.	• 디지털 통신이 상호통신을 주도함.
• 정보교환요구를 위한 구조는 특성상 단일군 체제로 되어있음. 다른 군과 최소한의 통합을 이룸.	• 정보교환요구를 위한 구조는 합동화 되어 있음. 각 군을 통합하는 정보 및 전투능력을 이용함.
• 시스템 건설이 복잡하고 지나치게 과거 제대들 및 기술에 의존하고 있음. 정보흐름을 제한함.	• 능률화되고 기능(기동 · 타격 · IISR · 유지)에 기초하며 모듈화 되어있음. 정보가 자유롭게 흐름.
• 현대화하고 유지하는데 있어서 복잡성과 규모를 고려할 때 비용이 많이 듦.	• 현대화하고 유지시키는데 비용이 적게 듦.

따라서 육군은 새로운 전투편성 속에 역사적으로 대담한 그리고 독립적인 군사 능력을 통합하는 초인적인 과업을 떠맡아야 할 것이다. 그리고 거대한 사단 및 군단 본부들 그리고 지원 구조에 의존하지 말아야 할 것이다. 사단과 군단 구조는 전개된 전구 속에서 작전적 기동을 용이하게 하기 위해서 설계된 것이다. 육군은 상설합동부대본부(Standing Joint Force Headquarters)를 야전에 배치할 수 있는 많은 기회를 가지고 있다.

합참합동소요연구위원회(Joint Requirements Oversight Council)도 합동부대사령부도 이러한 각 군 주도하의 공정을 헤치고 나아갈 수 있었다. 그리고 오래된 2차 대전의 패러다임을 새로운 패러다임으로 교체할 수 있었다. 이것은 부대 설계 및 획득을 합리적으로 하는 결과로 귀착하는 것이다.

수평 지휘구조 만들기

골드워터-니콜스 법안이 나왔어도 너무 많은 단일 군종 지휘본부들과 통제 구조가 여전히 남아있다. 오늘날 거대하고 비용이 많이 드는 중복된 구조가 존재한다.

(그림 5.1)은 단일 군종에 구성되는 본부들로부터 군종의 스토브파이프가 합동 부대로 통합될 때의 문제를 보여준다. 많은 수의 단일 군종 본부제대들을 지닌 현재 육군 C2 구조를 보면, 각 C2의 계층은 결심을 하기 위해 존재하는데 바로 아래 있는 계층은 결심을 할 권한이 없다. 결과적으로 육군 지휘본부들은 적과 싸우는 것 대신 매우 정밀한 계획을 실행하는데 많은 시간을 소비한다.

[그림 5.1] 현재 각 군종의 스토브파이프형 지휘구조는 어떤 모습인가?

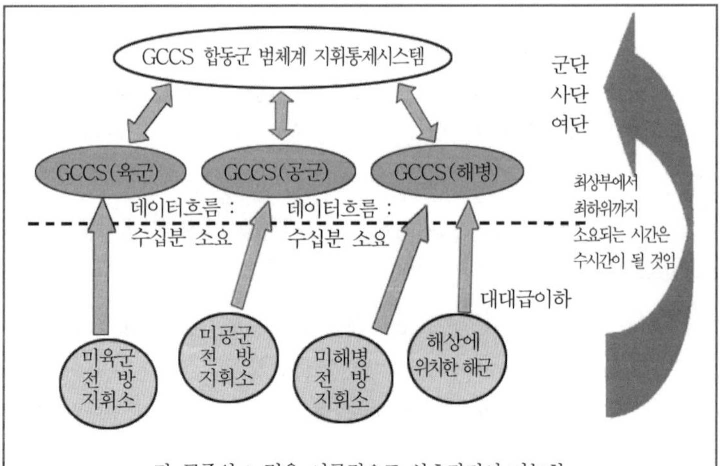

각 군종의 노력은 이론적으로 상호작전이 가능한
전술적 작전과 시스템을 통해 자동적으로 스토브파이프를 통해 흐른다.
그러나 이 시스템들은 최상위 수준에서만 통합될 수 있다.

합동특수임무부대(JTF) 워넷(WARNET)은 향상된 합동 상황인식을 가능하게 하면서 서로 이용할 수 있고, 상호운용성을 가능하게 하는 무대를 마련한다. 이것은 미 태평양 사령부가 지닌 프로그램으로 연속적인 통신시스템 인터페이스를 지녔으며, 고기동 광대역 전술 네트워크를 작전적으로 이용하기 위해서 설계된 것이다.

JTF WARNET은 합동 전술 무선시스템의 다중화 건설을 통합하고 각 군종의 인트라넷으로부터 합동 · 연합전술 인터넷으로의 전환을 용이하게 해준다.

쿠웨이트로 3군 사령부 본부의 전개 및 아프가니스탄에 합동특수임무부대 본부를 설립하는 결심을 볼 때, JTF WARNET으로부터 가능해진 상호운용성의 토대가 서남아시아에서 상설합동부대본부(SJFHQ)를 설립되는데 이용될 수 없다는 이유는 없는 것이다.

서남아시아에서의 상설합동부대본부(SJFHQ)는 전투사령관 훨씬 하위 수준에서 기동 · 타격 · 첩보 · 정보 · 감시 · 정찰 및 지원유지라는 전쟁수행 기능의 적시적인 통합을 확실하게 해줄 것이다. QDR 2001은 이를 보다 자세하게 기술하고 있다.

〈상설합동부대본부는 표준화된 합동 C4ISR 건설체계를 가질 것이다. 이것은 합동 및 연합군 부대들에게 전장 공간의 공통되고 적절한 그림을 제공한다. 이러한 상설합동특수임무부대(SJTF)는 미래의 중요한 작전적 도전 중 하나를 주로 다루게 된다. 모든 사거리에서 지속적으로 이동하는 표적을 선정하여 추적하는 능력을 발전시킨다. 그리고 정밀한 공격을 신속히 하게 된다. 이러한 상설합동특수임무부대(SJTF)는 미래의 변혁된 군대를 위한 선봉으로 종사하게 될 것이다.〉

[그림 5.2] 개념적으로 묘사한 상설합동부대본부

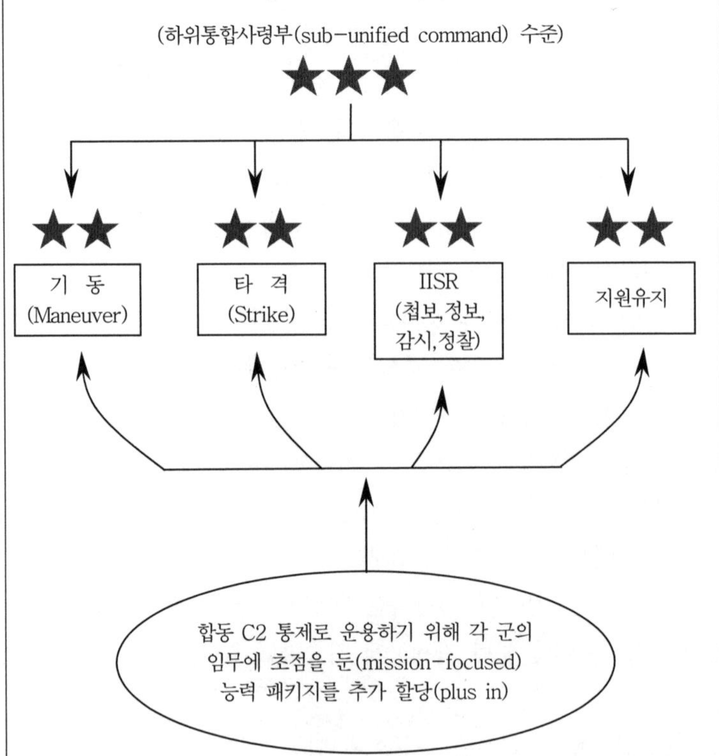

□마찰에 취약

- 마찰의 가능성/잠재성/마찰이 상황을 악화시키는 효과는 시간이 흐를수록 복잡성과 함께 항상 증가한다. 따라서 합동부대 지휘본부 구조의 단순화를 유지한다.
- 사령관들(Flag Officers)은 육해공군에서 누구나 될 수 있다.

상설합동부대본부(SJFHQ)의 관념적인 모습은 (그림 5.2)에서 보여주고 있다. 아프가니스탄에서 미 특수부대에 의한 작전수행은 작전적 수준에서 합동전투수행의 건전한 이해를 기초로 하고 있으며,

이러한 방법으로 지휘되는 작전의 잠재적인 미래에 대한 교훈을 제공하고 있다. 등장한 것은 지휘 참모 셀의 합동 네트워크다. 이것은 작전적 과업의 중복을 통합하기 위해 설계된 것이다. 상대를(적군) 수 시간, 수 일 또는 수 개월이 아닌 수 분 이내에 공격하기 위해 지휘결심주기(소대급의 결심주기까지 포함)를 감소시킨다.

[그림 5.3] 합동 전략적 행동을 위한 전구

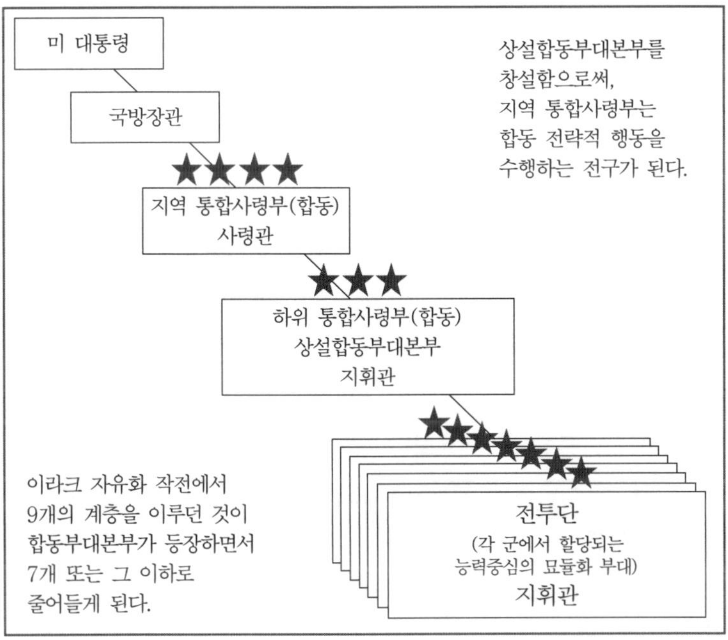

고급 장교들은 각 군으로부터 파견될 수 있을 것이다. 꼭 육군에서만 나오는 것이 아니다. 여기서 아이디어는 수평적인 작전적 건설을 이용하여 기동과 타격 자산들을 결합하는 것이다. 여기에 추가해서 새로운 편성부대 전체에 대해 지구 및 우주공간을 기초로 한 통신이 보강된다. 잘 협력되는 도구 및 시스템 건설체계를 지닌다면, 상설합동부대본부(SJFHQ)가 합동원정부대를 효과적으로 지휘하지 못할 이유는 없다(그림 5.3 참조).

합동원정부대는 육군 병사와 해병에 추가해 가용한 공군 및 해군 타격 자산을 일상적으로 작전통제한다. 이상적으로 말하자면, 상설합동부대본부(SJFHQ)는 군더더기가 없는 실체가 되어야 한다.

2차 대전시 군단을 위해 맥나일(Lesley McNair)에 의해 설정된 노선을 따르는 것이다. 그리고 이것은 어떠한 전투력이 할당되건 이를 떠맡아 책임질 수 있도록 준비되어야 한다. 따라서 정보관리 분야에서의 단순성은 절대적인 것이다. 지상군 지휘소에서 계획을 수립하거나 생존하는데 있어서 결정적인 정보를 밀고 당기는 복잡성은 크게 감소된다.

많은 제대들과 본부들을 지닌 특성이 없는 2차 대전 구조를 상설합동부대(SJFOR)로 대처하는 것이다. 군단과 사단 본부들은 그들의 예하 지휘 노드를 지니고 있다. 이것들은 작전을 지도하기 위해서 전개하지 않아도 좋다. 각각의 군사 결심수립자(기동 · 타격 · IISR 및 지원유지)는 다른 것과 구분되는 제한된 영역의 권한을 지닌다.

그리고 구성을 함에 있어서는 모듈화 되어 있다. 각 결심수립자는 상급 지휘관의 의도 속에서 상급 부대로부터 명령을 어떻게 실행하는가를 결정한다. 매우 중요한 것은, 지상부대들의 기동 · 타격 · IISR 그리고 유지 구조는 미 공군 및 해군 타격 능력의 통합을 용이하게 만든다는 것이다.

형태는 지휘통제 속에서 기능을 따라야 한다

최고의 가용 정보를 기초로 타격과 기동을 단일화된 합동 실체로 합쳐서 (그림 5.2)에서 제시한 상설합동부대(SJFOR) 내에 두는 것은 작전술의 최고 형태가 된다. 종심전투는 20세기 초에 착상된 것으로 이러한 사고의 정수였다. 작전적 전개를 동시에 하여 전체 종심에서 적을 타격하고, 동시에 신속하고 기동성 있으며 상호 지원하는 항공 및 지상부대들을 와해된 적 부대에 투입하여 일련의 교전을 수행한다.

이렇게 하여 전진하는 부대는 준비된 상태로 전투하지만, 적은 그렇지 못하도록 한다. 정보화 시대에 이러한 작전적 개념을 이행하기 위한 임무는 상설합동부대(SJFOR) 사령부의 삼성 장군에게 주어진다. 그는 이러한 임무를 홀로 수행할 수 없다. 그러나 그는 임무 완수를 위해 실시간대에 상설합동부대(SJFOR)를 정보가 충만하고 적응 잘 하는 편성으로 만들 수 있다.

미국의 타격 및 정보 자산의 확장과 함께, 항공 · 지상 · 전자 및 정보작전 능력 전체를 이용할 수 있는 고급 장교들과 참모들을 만드는 것이 긴요하다. 탐지 기술로 적은 이동하여 탐지되지 않도록 노력하고 있다. 또한, 미래의 적들은 전자적으로 수집되는 정보에 혼란을 초래하고 방해하기 위해서 열심히 노력할 것이다.

IISR부대 부지휘관의 주요 임무는 공통작전상황도(common operating picture)를 만들고 유지하며, 분배하는 것이 될 것이다. 이러한 임무는 그의 책임이 전장 위성(battlefield satellite)을 발사하는 것으로부터 무인항공정찰기(UAVs)와 정찰임무를 받은 특수부대에 과업을 부여하는 것까지 될 것이라는 점을 보여준다.

미군부대에 대한 미사일 공격은 해양과 지상 전투간의 구분을 희미하게 할 것이다. 해안지역을 통제하기 위한 미래 전투들은 공군·지상군 및 해군이 합동으로 수행하게 될 것이다. 따라서 JSFHQ 내의 고급장교 예하에 정찰 및 감시와 함께 정보 및 첩보작전을 통합하는 것은 점점 중요하게 되었다. 확대된 전장의 분명한 작전적 상황을 만들고 유지하기 위한 합동부대가 앞서 다투는 것도 마찬가지로 점점 중요하다.

(그림 5.2)에서 보듯이, 상설합동부대본부(SJFHQ) 내의 한 명의 2성 장군은 분쟁지역에 전개된 근접전투부대들을 지휘한다. 기동 부지휘관(deputy commander for maneuver)은 지상기동부대들의 작전을 지도한다. 이것은 오늘날 사단 또는 해병원정부대 지휘관들이 하는 바와 유사한 것이다. 그는 작전을 계획하고 시행하는데 있어서 지역이 주는 이점이 전쟁의 상관관계 속에서 중대한 역할을 한다는 것을 평가한다.

또 다른 2성 장군은 타격작전을 지휘한다. 지금까지 육군은 부대에서 독특한 타격 구조를 만드는 것에 반대해왔다. 독특한 타격구조란 효과적이면서 신속히 결심하고 행동하기 위해서 적의 능력을 화해시키고 박살내기 위해 설계된 구조를 말한다. 이것은 잘못된 것이다. 성공하기 위한 지상 부대기동의 전략을 위해서, 방어적인 대책을 강구하고 자산을 타격하는 수단 모두는 중대한 것이다.

범세계 타격 복합체(global strike complex)의 점진적인 출현과 함께, 타격 부지휘관(deputy commander for strike)으로부터 육군전술편성부대들에 이르는 연결, 그리고 범세계 타격 복합체에 이르는 연결은 중추적인 과제가 되고 있다.

모든 가능성을 고려할 때, 타격 부지휘관은 공군·해군 또는 해병 장교가 될 것이다. 이들은 항공기 그리고 미사일 기술에 있어서 경험을 지닌 사람들이 될 것이다. 그의 임무는 모든 전투에서 타격과 기동 간의 혼란을 없애고 조화를 이루는 것이다. 즉, 상호오인사격을 방지하는 것이다. 그는 모든 지상 기동부대 내의 타격 협조장교(strike coordination officer)와 연락을 유지하면서 동시에 공군 및 해군 타격능력과 결정적인 연락을 취하게 된다. 이들은 합동 구성군 사령관 예하에 있는 자산들이다. 상설합동부대본부(지상) 내에 타격 부지휘관을 두게 됨에 따라 단일 군종을 주장하는 사고는 미래에 불가능하게 되는 것이다. 단일 군종 사고는 유고슬라비아 항공전 또는 아프가니스탄에서 아나콘다 작전 계획수립 및 시행 간에 JFACC 작전과 육군의 통합을 방해하였다.

타격 부지휘관(deputy commander for strike)은 이러한 능력으로 적 대공방어와 적 미사일 공격을 제압하거나 격파하기 위해서 모든 타격 및 기동 부대들의 능력을 이용할 수 있다. 육군 자산들이 타격작전을 지원하는데 필요한 경우, 그는 이들의 작전통제에 대한 책임이 있다. 예컨대 만일 AH64D 헬리콥터와 공중강습 보병이 공군 및 해군 부대들과 함께 타격작전을 위해 필요하다면, 그는 이러한 자산들을 제공하여 합동군 공군구성군 사령관(joint force air component commander)의 작전 안에 통합시킬 것이다.

전장은 새로운 그리고 보다 치명적인 무기 기술에 반응하여 지난 50년 동안 텅 비어있었다. 이러한 환경 속에서 기동지휘관은 보다 먼 거리에서 보다 작은 부대 모듈(force module)을 지휘하고 통제하기 위한 소요에 대처해야 할 것이다. 이러한 분산된 부대를 지원하는 것은 쉽지 않을 것이다. 이러한 이유 때문에, 오로지 기동과 지원유지 기능에 초점을 맞추고 있는 고급장교들도 마찬가지로 상설합동부대본부(SJFHQ)에서 등장하게 될 것이다.

반복해 말하자면, 합동원정전 속에서 진보적으로 보다 새로운 전술적 형태로 전환하기 위해서는 전술적 제대의 보다 나은 독립성이 필요하게 될 것이다. 그리고 마찬가지로 잠재적으로는 병참지역의 의미를 제외한 후방작전지역(rear area)이 없어지게 될 것이다. 그러나 예견할 수 있는 미래에, 육군을 기초로 한 상설합동부대본부(SJFHQ)는 전구 내의 지상에서 전투지속작전(sustainment operations)을 위한 지휘구조가 필요할 것이다.

범세계 합동원정전을 위한 지휘통제

우리의 세계는 미국에 기지를 둔 작전본부들이 효과적으로 세계 모든 곳에 갈 수 있고, 최소한의 경고 하에 복잡한 군사적 과업의 넓은 영역을 실행할 수 있다고 생각하기에는 너무 복잡하다. 그렇다면 (기능적으로 기지화 되고, 합동 전방지휘본부로 전개된) 육군이 지원하는 지휘본부들은 미 대륙에 기지를 둔 육군 사단 및 군단 본부를 대치하기 위해 위치를 잡아야 할 것이다.

효과적이기 위해서, 상설합동부대본부(SJFHQ)의 다양한 기능적 셀(cell)에 위치한 모든 장교들은 작전하고 있는 지역 통합사령부를 반드시 알아야 하고, 서로를 잘 이해해야 할 것이다. 구조적으로 그리고 지적으로, 이것은 작전적 수준에서 통합적인 합동 C2 구조의 발전을 요구한다. 이것은 위에서 설명한 상설합동부대본부(SJFHQ)와 같은 것이며, 각 군종 라인을 넘어서 각 군의 능력을 이용하게 함으로써 군사 지도자들이 정보 및 군사행동을 분석하게 해준다.

이러한 작전적 C2 구조는 중대한 역할을 수행할 것이며, 지역적 우발상황에 집중하기 위해서 반드시 지역 통합사령관에게 직접적으로 종속되어야 한다. 이러한 접근은 지역적으로 적응되어진 상설합동부대본부(SJFHQ)가 보다 수년 앞서 출현하기 위한 기초를 제공한다. 상설합동부대본부(SJFHQ)는 한명의 지휘관 예하에서 전투부대들을 교대시키게 된다.

미국의 현재 통합사령부 구조는 각각의 지역 통합사령부 내에서 모든 군종에 대해 단일화가 되고, 통합된 작전사령부 구조로 변혁되어야 한다. 합동사령부들(통합 · 하위통합 그리고 JTF)은 백악관에서 시작하여 합참의장을 경유하는 소위 권리행사 지휘계통(user chain of command)에 놓여있다. 지역 통합사령부 내에 있는 각 군종 구성군은 권리행사 지휘계통에 속하지 않는다. 수직 계통에 놓여 있는 부대 사용의 책임을 갖고 있는 합동사령부를 지원하는 수평적 수준에 놓여 있는 각 군(그리고 미 본토를 기지로 하는 부대들)을 포함하는 매트릭스가 고유의 편제표가 될 것이다.

이것은 대통령과 국방장관이 〈합동전략적 행동전구(theater of joint strategic action)〉 건설 과정을 관장해야 한다는 것을 제시한다. 합동전략적 행동전구는 지상 · 공군 및 해군 구성군사령부 본부를 합동C4SIR 구조내로 통합시킨다. 합동C4SIR은 지역 통합사령부의 전투사령관에게 통합되고 종속된다.

1970년대 소련 군사교리는 전통적인 소련 집단군(front) 구조 및 모스코바에 있는 중앙 C2 조직(STAVKA) 사이에 있는 중간 수준의 지휘통제의 필요성을 식별하고 있다. 반복해 말하자면, 이러한 분석을 통해 TVD 즉, 군사작전전구(thaetre of military operations) 사령부를 만들게 되었다. 이러한 전구 C2 구조는 하나의 작전적 사령부 내에 있는 소련과 동맹국 부대들이 단일 통합군으로 싸울 것이라는 점을 명확히 보여준다.

(그림 5.4)는 각각의 통합사령부 내에서 상설합동부대본부(SJFHQ)가 합동작전을 위한 최초 토대임을 보여주고 있다. 단일군 작전구조(operational structure)를 대신하는 각각의 지역 통합사령부 내에 적어도 2~3개의 상설합동부대본부(SJFHQ)를 설치하는 것이 바람직할 것으로 보인다. 태평양의 현재 해병원정부대(MEF) 본부를 이 책에서 구상한 구조와 같은 부류로 전환하고, 아울러 이것을 인도양과 지중해뿐만 아니라 태평양과 중앙아메리카에도 적용하는 것이 바람직할 것이다. 합동부대사령부(JFCOM)은 또한 영구적인 상설합동부대본부(SJFHQ)를 할당받아야 한다.

[그림 5.4] 지역통합사령부의 상설합동부대본부 편성

상설합동부대본부(SJFHQ)는 계속적인 실험을 위해 유지될 것이며, 아울러 상황의 규모와 범위가 요구할 때 추가되거나 또는 증원

되는 사령부 모듈[13])로서 잠재적인 전개를 위해서도 유지될 것이다.

미국의 현재 통합사령부 구조는 각 지역통합사령부 내에 있는 모든 군종들을 통제하는 지상 단일, 통합 작전사령부 구조를 만들 때 이익을 얻게 될 것이다(그림 5.4 참조). 단일 통합사령부 본부 내로 모든 군종들을 통합하는 상설합동부대본부(SJFHQ)는 이러한 방향으로 나아가는데 있어서 결정적인 첫걸음이다. 새로운 합동 그리고 잠재적으로는 연합작전적 골격 내로 군부대들을 효과적으로 통합하는 메카니즘이 없이는, 효과중심사고와 연계된 신속결정작전은 솔직히 달성하기 불가능하다고 하겠다.

결 론

하나의 기관으로서 육군은 자신의 능력이 합동군 내부에 확실히 플러그 앤 플레이 되도록 하는 새로운 합동작전적 건설을 발전시키지 않아왔다. 그래서 결과적으로, 디지털 IT를 잘 이용하기 위한 노력에 있어서는 장비에 중점을 둬왔다. 참으로, 우리 군인들에게는 디지털라이제이션(이것은 주어진 것이다)이 필요하다.

그러나 이것에 도달하는 방법은 제한된 자원을 빈약하게 이용하는 것이었다. 만일 육군이 디지털라이제이션 내부로 직접 파고들지 않는다면, 육군은 합동 디지털 커뮤니티로 효과적으로 들어가는데 있어서 어려운 시간을 계속 갖게 될 것이다.

IT는 전체적으로 새로운 사고방식을 가져왔다. 그리고 우리가 IT 능력을 잘 활용하려면, 합동작전적 건설의 의미와 중요성을 보다 잘 이해할 필요가 있다. 더욱이 만일 우리가 어떤 수준의 합동

---

13) 역자 주 : 상황에 따라 기동·타격·IISR, 지원유지 기능 부대들을 할당받는 모듈화 된 사령부를 의미한다.

C4SIR 상호운용성에 도달하려면 우리는 반드시 이러한 새로운 사고방식을 끌어안고 이해해야 한다. 우리가 이렇게 하지 않는다면 우리는 IT 내에 놓여 있는 잠재력을 깨닫지 못할 것이다.

정보(데이터) 관리 측면에서, 저장 및 복구 시스템을 정리하는 데는 세 가지 방법이 있다. 수직 계층적 · 네트워크화 그리고 관련자료 정리가 그것이다. 이런 것 모두는 군복을 입은 우리에게 육군의 작전적 건설(OA : operational architecture)의 변화는 새로운 집을 짓는 것과 비유된다는 것을 의미한다.

OA는 솔직히 집을 지을 때 원하는 것 그리고 필요한 것과 마찬가지로 합동전쟁 수행가들의 청사진이다. 시스템 건설(SA : system architecture)은 OA를 기초로 집을 짓는 청부인이다(일이 잘되어지고 기대한 대로 관리되도록 OA와 SA간에 어느정도 상호협력이 있어야 한다).

그리고 기술적 건설(TA : technical architecture)은 시청과 같다. 이곳에서는 건축법을 제시한다. TA 커뮤니티는 OA와 SA 대표들과 상호협력을 하며, 필요한 기술적 해결을 돕는다. 또한, TA 커뮤니티는 연구개발 지원, 상업적 재고품(off-the-shelf) 해결 그리고 필요한 타산적 변형을 위하여 OA와 SA의 활동상태를 추적한다.

반응 속도 및 응집력 있는 전투 준비된 단위부대에 대해서는 상을 주고, 정밀함이 아닌 물리적 집중에 의존하는 거대하고 상부구성이 많은 편제에 대해서는 벌을 주는 전략적 환경 속에서, 육군에게는 C2를 정비하는 새로운 방식이 필요하다. 아프가니스탄 지상전에서의 최근 경험은 이러한 관점들을 보다 날카롭게 강조한 것으로 보인다.

시작 부분에서 강조했듯이, 발전 개념 및 글로벌 합동원정전을 위한 편제는 육군만의 책임이 아니다. 그러나 합동전에서 지상전이 중심이 된다면, 육군은 이러한 과정에서 선도적인 역할을 해야 한다. 여기서, 미래 전투시스템 작전적 건설(FCS OA)이 기본적으로 검증적인 OA라 하겠다.

현재는 OA 및 건설공정(architecting process)를 사용하여 정확히 평가한 바가 없다. 우리는 반드시 육군의 건설공정을 합동전쟁수행 커뮤니티에 반영해야 한다. 합동전쟁 수행가들은 건설 공정을 위한 동력을 몰아가야 한다. 왜냐하면 자신들이 반드시 전투임무를 완수해야 하는 사람들이기 때문이다. 현재 이론가들에게 책임이 있지만, 이들은 평소 야전에 또는 전쟁터로 나가지 않고 있다. 육군 참모차장, 작전부장 및 계획가들(G3)은 OA와 C4ISR을 위한 지지자들이 되어야 한다. G3는 시간계획과 이정표 그리고 자원할당계획을 만들 수 있다. 임무를 확인시켜주면 목표는 명확히 이해된다. 그리고 해결을 명확히 하기 위한 순환 평가는 합동 시각과 육군의 시각 모두를 이해시킨다. 우리는 육군의 합동 C4ISR 소요를 반영하는데 있어서 반드시 현재의 자원 중심 접근법을 탈피해야 한다.

육군 중심의 상설합동부대본부(SJFHQ)를 통합사령부로 결합하는 것은 이러한 과정에서 커다란 부분이 된다. 왜냐하면 상설합동부대본부(SJFHQ)는 두 가지를 책임지기 때문이다. 우선, 이것은 육군 C2가 지상 · 공군 및 해군 중심의 플랫폼과 부대들을 통합하는데 있어서 보다 커다란 플러그 앤 플레이 방식의 합동 작전적 건설이 돼야 한다는 것에 있다.

두 번째로, 이것은 육군 C2가 위기와 분쟁이 개시되는 순간부터 신속결정작전을 위해 곧바로 이용할 수 있다는 것에 있다. 여기서 제시한 상설합동부대(SJFOR) 구조 내에 사단과 군단 지휘 제대뿐만 아니라 공군 · 해군 및 해병대 자산이 구성된다면 부지휘관들 모두는 작전적 자율성을 위해 구성될 것이다.

상황에 의존한다면, 이러한 모듈화 된 지휘본부들 중 하나 또는 모두는 지역 통합사령관의 지시가 있을 때 전개할 수 있을 것이다.

예를 들어, 허리케인 구조 시에는 단지 지원유지(sustainment)를 위한 부지휘관만이 일시적인 합동군사령관으로 전개할 필요가 있겠다. 전쟁에서는 더 많은 지상군 부대가 추가되면서 또 다른 기동부지휘관이 추가로 소요될 것이다. 이들은 미국 내에 있는 전개 가능한 상설합동부대(SJFOR)로부터 증원될 것이다. 다시 말해서, 상설합동부대(지상군)는 주둔한 위치가 아니라 네트워크 · 기능 및 임무에 따라서 편성되어진다.

합동군 부대들의 작전적 지휘통제에 있어서 이러한 변화들은 오늘날 거대한 규모의 육군 사단 및 군단을 뛰어넘어 보다 작고, 모듈화 된 단위부대들로 이어지는 혁신을 나타낸다. 이러한 단위부대들은 과잉을 최소화한 상태로 임무 요구에 적합하게 편조될 수 있다. 육군의 유산인 현 지휘구조는 미사일 방어 · 종심작전 · 우주 중심의 통신 및 감시 또는 새로운 기술 전체 영역의 복잡함에 대처하기 위해 설계된 것이 아니다.

많은 전투들이 중동 및 서남아시아에서 발생할 것이다. 이곳에서는 미국과 동맹국 이익에 대한 위협이 존재한다. 이러한 싸움에서 승리하기 위해서, 육군에서의 작전적 강조사항은 반드시 하위 수준에서 합동성에 있어야 하고, 결심과 행동의 적시성에 있어야 하며 그리고 전장에서는 기회주의에 있어야 한다는 것이다.

소모적이고, 하나하나씩 끼워 맞춰가는 세트피스 행동을 위해 시간을 소비하는 계획수립에 있어서는 안 된다. 타격능력을 지닌 훈련된 기동부대들을 통합한 실시간 정보 이용은 합동 전체상황 및 적절한 그림을 얻어낼 수 있는 합동 C4ISR의 기술 이상의 것을 필요로 한다. 이것은 컴퓨터 스크린과 전장 내부의 모습을 동일하게 보여준다. 육군전투병력들과 감시 시스템이 무장정찰 간에 보여주는 기회를 이용할 수 있도록 전통적인 결심수립과정들은 변화되어야 할 것이다. 전투병력들과 이러한 시스템들이 적 표적을 지나갈 때, 적 표적은 감지되고 사격 받으며, 발견되고 격멸되는 것이다.

미래전(한반도건 서남아시아건)은 2차 대전과는 극적으로 다를 것이다. 지상 · 공군 및 해양 중심의 부대들은 그들 각자의 능력을 미래 위기 및 분쟁들 속에서 신속하고 효율적으로 최소한의 경고 하에서 통합할 수 있어야 할 것이다. 이러한 빠르게 움직이는 환경 속에서, 그의 권한을 신뢰하는 예하 부대들에게 위임할 수 있는 지휘관만이 첩보를 행동화 할 수 있는 지식으로 뒤바꿀 수 있으며 이러한 지휘관이 성공하기 쉽다.

오늘날의 합동 전쟁수행 임무를 완수하기 위해서 새로운 기술을 2차 대전 때의 구조로 때려 넣는다면 성공에 이를 수 없다는 것을 보여주는 이유가 여기에 있다. 이러한 의미에서, 전통적인 육군부대는 없다. 오히려 전통적인 전술 · 편성 · 사고 및 리더십 철학을 지닌 전통적인 육군 부대 구조가 존재한다.

육군원정부대들은 반드시 공군 · 미사일 · 우주 및 해군력의 시너지 효과에 의존해야 한다. 따라서 합동부대 지휘관이 적에 대해 올바른 방법으로 전투부대들을 운용하도록 보장해주는 합동 작전적 골격은 지극히 중요한 것이다. 통합사령부 내에서 육군 지상부대와 플러그 앤 플래이 합동 작전적 건설의 운용을 위한 새로운 합동작전개념이 없다면, 육군부대들은 변혁되지 않을 것이다.

이러한 변화들은 오늘날 거대한 규모의 육군 사단 및 군단을 뛰어넘어 보다 작고, 모듈화 된 단위부대들로 이어지는 혁신을 나타낸다. 이러한 단위부대들은 과잉을 최소화한 상태로 임무 요구에 적합하게 편조될 수 있다. 확대강조하자면, 이것은 보다 적은 자원들과 작은 노력으로 보다 많은 것을 할 수 있는 군대를 위한 기초인 것이다. 예산의 현실이 육군의 예산사용에 장애가 될 때, 변혁된 부대를 향한 또 다른 혁명적 방법이 반드시 모색되어야 한다. 그리고 이것이 우리가 나아가야 할 방향이다.

6 범세계 합동원정전을 위한 편성

과거의 전쟁 수단에 얽매여 설계된 편성은 장차전을 승리로 이끌 수 없을 것이다!

－미 육군 중장 제임스 가빈, 1958

미 군사전략의 역사를 보면, 멕시코에서의 윈필드 스콧(Winfield Scott)의 전역에서부터 육군 원정부대의 계속되는 걸프전쟁에 이르는 180년 기간 동안, 미 해군이 바다로 진출하지 않았던 예는 한 번도 없었다. 1941년 이래로, 미 공군의 공중통제 없이 미군 병사가 이국땅에 발을 내딛거나 적의 도시로 진입한 적이 없다.

따라서 미 육군을 위한 모든 새로운 부대 설계는 반드시 다음의 전략적 가정을 기초로 해야 한다. 즉, 이것은 육군 전투단위부대들이 보다 커다란 합동부대의 일부로 전술적 뿐만 아니라 작전적으로 기동 및 타격하는 원정전을 수행할 수 있도록 편성될 것이라는 가정이다.

미 공군 및 해군 부대들이 육군부대에 앞서 위기 또는 분쟁 속에서 전투하는 모습을 자주 보이기 때문에, 육군 전쟁수행 능력을 위해 반드시 합동부대 지휘관들에게는 그들이 필요한 부대들을 편성해야 한다. 이것은 조기에 이뤄져야 하며 미 본토로부터 너무 사치스러운 육군 지휘본부들의 전개도 없어야 한다. 이렇게 되기 위해서는 육군이 다른 군과 분리되어서는 변혁될 수 없다. 그리고 구식 사단을 기초로 한 냉전 구조의 한계를 어설프게 건드려서도 변혁될 수 없겠다.

그렇다면 현재 뿐만 아니라 미래의 합동부대 지휘관이 필요로 할 능력을 육군은 제공할 수 있는가?

이러한 질문에 대한 답변은 2002년 6월 웨스트 포인트에서 부시의 연설 속에서 그 단초를 제공받을 수 있다. 부시는 연설에서 미국과 미국의 동맹국들 앞에 놓여 있는 위협을 미리 제거하기 위한 내용을 언급했다. 미국의 국방 및 외교 정책에 있어서 이러한 새로운 전략적 방향은 신속한 전개능력을 지닌 강력한 육군 전투부대들을 요구한다.

전개능력(deployability)이란 전투준비가 된 상태로 도착하고, 여기에 광범위한 임무 범위를 이행함에 있어서 다른 군들과 함께 작전할 수 있는 진정한 능력을 포함한다. 전쟁은 더 이상 방지할 수 있거나 생소한 것으로 보이지 않는다. 차라리 일반적이며 자주 발생하고 피할 수 없는 것이겠다. 이러한 전략적 상태는 예외적인 것에 기초한 예상 가능한 동원보다는 지속적으로 전쟁에 대비해야 함을 나타낸다. 이것에 추가해서, 이러한 상태는 지속적이고 글로벌한 경계(잠재적인 분쟁 지역에 대한 정보 · 감시 및 정찰 분석)와 상시 전개를 위한 전투준비태세를 요구한다.

『팔랑스 깨기(Breaking the Phalanx)』는 소위 이러한 종류의 육군 부대를 위한 청사진을 제공했다. 그리고 새로운 합동 작전적 건설도 제공했다. 이것은 여단 및 사단 제대를 새로운 지휘구조로 압축한 것이다. 즉, 현재의 구성군 지휘 방식이라기보다는 더욱 하위 수준에서 합동부대 속으로 육군의 능력을 통합하기 위해 설계된 것이다.

사실상, 청사진은 올바른 용어가 아니다. 왜냐하면 청사진은 정적인 것이기 때문이다. 그러나 변혁된 육군은 동적이다. 보다 적은 제대를 지니고 보다 빠른 결심주기를 지니고 있다. 이것은 새로운 전략적 조건에 지속적으로 적응하게 된다.

이 장에서 말하는 청사진은 새로운 전투를 위한 편성인 것이다. 이것은 요구되는 지상 · 공중 · 기동 · 타격 · 군수 및 이에 결합된 합동 지휘 · 통제 · 통신 · 컴퓨터 · 정보 · 감시 및 정찰(C4ISR) 링크를 지닌 것을 말한다. 1997년 『팔랑스 깨기』가 처음 출간되었을 때, 이 책에서 담고 있는 많은 편성개념은 지나치게 변혁적인 것으로 보였다.

결과적으로 육군은 거의 변화가 없었다. 오히려 육군 전투편성부대들 속에서 전개 가능한 전투 병사들의 수만이 감소되었다. 오늘날의 육군은 미래는 고사하고 여전히 지나간 시대를 위해 설계된 것이지 현재를 위한 것이 아니다. 부대들은 특수임무부대 호크(Hawk)와 같은 여전히 거대한 군수적 꼬리와 부대 방호 패키지를 필요로 한다. 아니면 이러한 부대들은 사막의 방패 작전간 82 공정사단이 보여준 것과 같은 이차적인 능력을 필요로 한다.

1914년 1차 대전 발발과 1945년 두 발의 원자폭탄이 투하된 시기는 30년 이상이 지났다. 미국의 전문직업군인들은 이 30년 기간 동안 세계가 경험한 것과 기술적 변화를 적어도 앞으로 10년간 보게 된다고 하더라도 놀랄 필요가 없다.

적의 본성뿐만 아니라 기술도 미 육군과 공군을 각각의 무기체계로 이끌고 있다. 이렇게 되면서도 차후 25년간에 두 군종의 능력은 보다 친밀해지고 통합될 것이다. 임무에 초점을 둔 능력 패키지로의 재편성, 또는 전투단(combat group)을 만드는 변혁은 이러한 기술적 전략적 현실들에 대처하기 위해 계획된 것이다. 이것은 불필요한 지휘 제대를 줄이고 육군 지휘통제(C2)를 능률적으로 하며, 그리고 오늘날 육군이 제공하는 것보다 준비되고 전개 가능한 전투력을 실용성 있는 형태로 제공한다.

육군은 효과적으로 전투하기 위해 필요한 대부분의 것을 가지고 있다. 그리고 나머지도 신속하게 획득하고 통합할 수 있다. 이것은 수십 년 걸리는 것이 아니라 수개 월, 수 년 내에 가능한 것이다.

새로운 훈련, 전개 및 전투 방법이 실행된다면, 육군이 새로운 기술의 등장을 기다리면서 준비되지 않은 오랜 기간의 갭을 유지할 필요가 없다. 또한 우리가 육군의 상부에 무게를 둔 관료주의 및 과도하고 중복된 편성의 층을 혁신할 의지가 있다면, 이 장에서 제시된 변화는 예산의 증가를 필요로 하지 않게 될 것이다.

여기서 제시된 방법은 새로운 합동 작전개념을 지원하기 위한 보다 진보된 능력을 얻게 되는 효율성을 낳게 될 것이다. 결국, 새로운 기술의 군사적 사용은 군인들이 기술에 손을 대고 편성에서 이것이 사실상 무엇을 할 수 있는가를 이해할 때만 나타나게 된다. 과거에 뿌리를 둔 집착에 방해받지 않게 된다.

이러한 방법으로 육군은 선형 · 단일 군 전쟁동원 구조에서 분산되고 네트워크 중심의 편성으로 변환을 시작할 수 있다. 그리고 전투에 대해 적응력이 있는 편성을 만들 수 있다. 이러한 편성은 성질상 합동성을 지닌다. 이 방법의 중심에 분산된 기동전을 위한 부대설계가 존재한다. 이것은 전투단으로 불리며, 자신의 기동 및 타격능력을 합동 해상특수임무부대(joint maritime task force) 또는 공군원정부대(air expeditionary force)와 통합할 수 있다. 이 부대들은 정밀공격 · 기동타격(mobile-strike) · 평화지원(peace- support) 또는 위기대응(crisis-response) 작전을 수행하는 부대들이다. 육군의 군인들은 현재 어떻게 하면 변혁된 육군을 건설할 수 있는가를 알고 있다. 이들은 또 다른 십년을 위한 주제를 고려하거나 또는 가공의 기술적 완전 해결책이 등장하길 기다릴 필요가 없다.

〈작고 빠르며 그리고 많은〉 시대

정보화 시대의 군대는 기술적 능력을 전략적 우위로 전환시킨다. 편성의 우위를 통해 동적인 형태를 만든다. 즉, 정밀성 · 융통성 및 통합성을 이용한다. 육군은 이러한 결과를 얻기 위해 세 가지 방법을 시도해왔다.

첫째, 소위 장갑차량과 자주포병을 지닌 전통적인 부대에 선별적으로 재투자했다.

둘째, 차륜화 장갑차량을 지닌 중간군(interim force)에 90억불 이상을 투자했다.

셋째, 막연한 목표군을 발전시키기 위해 엄청난 투자를 했다.

이 목표군(objective force)은 알려지지 않은 미래전투시스템으로 장비되고 2012년에 최초로 계획되기 시작해서 2032년에 완성되도록 되어 있다. 이 계획은 비전에 나타난 본래의 전략적 가정에서 출발한다. 즉, 미국은 육군의 대부분을 하룻밤 새에 이동할 수 있어야 한다는 것이다. 이것이 구현되어야 했던 위기상황은 없었다. 어쨌든 이렇게 하기 위한 공수자산이 없다는 사실을 제외한다 치더라도 보다 큰 의문점은 이러한 방법이 가능한가에 있다.

최초에, 목표군 개념은 이러한 혼란 상태로부터 방법을 제시한 것으로 보였다. 그러나 1970～1980년대 육군 야전교범을 읽은 사람들에게 친숙한 전술적 시각으로 보았을 때, 이것은 〈육군 혼자만〉의 생각임이 드러났다.

그럼에도 불구하고 중기국방계획(FYDP : five-year defense plan)에서 목표군의 핵심인 미래전투시스템(FCS : future combat system)을 위한 예산은 2001년 18억불에서 2002년 51억불로 치솟았다. 여기에 추가해서 2004～2009 회계연도에 육군이 제출한 계획은 300억불이나 됐다.

미래 전투시스템(FCS)의 육군 미래 정찰헬리콥터는 코만치 다음으로 육군에 있어서 가장 커다란 계획이다. 명백히, 육군은 이 기대되는 놀라운 무기에 엄청난 비용을 책정하고 있다. 이것은 이미 알려져 있듯이, 16톤에 이르는 무게를 유일하게 가지게 될 것이며, 현재 주전투전차의 모든 근접전투기능을 수행할 것이다.

미래 전투시스템(FCS)이 연구 · 개발 · 시험 및 평가(RDT&E) 초기단계에 있기 때문에, 이러한 엄청난 투자는 현명하지 못한 것으로 보인다. 야전에서 장병들이 잘 훈련되도록 하기 위해서 재원을 유지하는 것이 목표군 계획에 누락되어 있다. 아직 미래 전투시스템(FCS)의 트랜스포메이션 로드맵에 대한 설명이 2001년에 그랬던 것처럼 모호하다.

[그림 6.1] 전통적인 전투편성

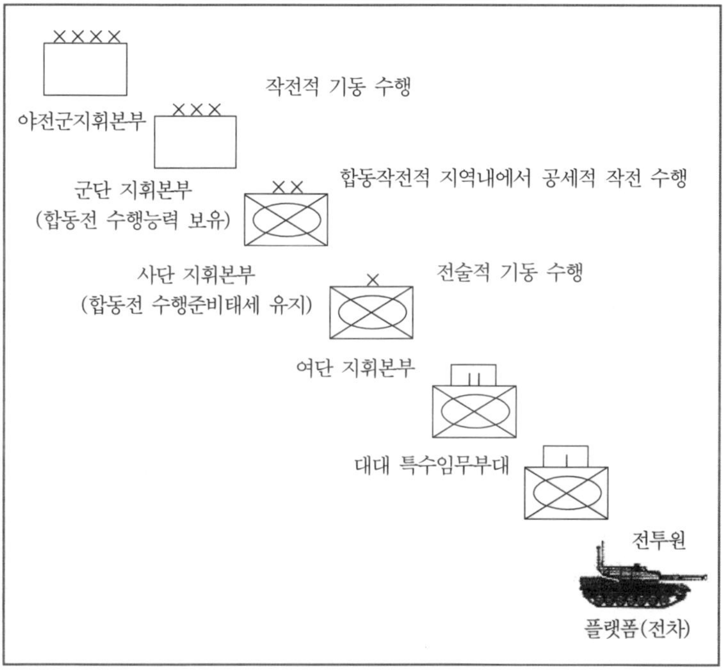

아마 이 모호한 설명은 냉전 시 부대구조에서 작전적 건설이 왜 멋대로 빠졌는가에 대한 이유를 보여줄 것이다. 이 결과 전투부대(UA)[14]는 거의 여단 및 대대와 동일하게 되었다.

반면 운용부대(UE)[15]는 사단 또는 군단과 동일하게 되었다(그림 6.1 참조). 목표군 전투부대(O&O : Objective Force Unit of Action)는 2002년 7월 발족되었다. 여기서 육군은 사단 구조 또는 사단이 의존하는 군단 구조로부터 물러나지 않았다. 어쨌든 UE를 논하는 자리에서는 웬일인지 변혁적이지 않다. 여기서 육군은 UE1=사단,

14) 역자 주 : Unit of Action 전투부대라고 번역함.
15) 역자 주 : Unit of Employment 운용부대라고 번역함.

UE2=군단으로 가장했다. 또한 전체 목적 단위부대 논쟁은 기껏해야 혼란스러울 뿐이었으며, 나빠야 나약한 개념적 사고를 제거하는데 있어서 육군의 의지가 없다는 것을 고발한 것이었다.

이러한 접근은 목표군이 편성되고, 지휘 통제되는데 있어서 변화가 없다는 것을 보여준다. 이 결과는 너무 많은 지휘 수준들(너무 많은 고정되고 병과단위로 된 편성)이 효과적인 네트워크화 작전을 방해하고 복잡하게 할 것 같다는 것이다. 예하 부대 또는 여단 규모의 전투 구성부대들은 여전히 특정 병과 중심에 만족하고 있다. 마치 다양한 육군 병과장들(예컨대 보병 · 기갑 · 포병 및 통신)이 이러한 부대들을 만든 것처럼 보인다.

이론적으로, 육군은 미래 전투시스템(FCS)을 〈접촉하지 않고〉 전투하는 것으로 제시하고 있다. 접촉 시 실제 교전은 결정적 전투이기 보다는 전과확대작전이 될 것이라는 점에서 그렇다는 것이다. 물론 미래 전투시스템(FCS) 부대는 전투를 강도 있게 조성하기에는 힘이 충분하지 못할 것이다. 아울러 교전에서도 승리하기에 충분하지 않거나 또는 합동타격 부대를 위해 적을 찾고 고착시키기에도 충분히 빠르지도 않다. 편성적인 용어로 전투부대(UA) 지휘관은 반드시 세 개의 대대로부터 자산을 받거나 또는 상황을 조성하기 위해서 전체 대대들을 운용해야 할 것이다. 군사 및 정보 기능들을 분리하자는 주장은 이러한 상황을 악화시키며 정보작전의 효과적인 수행을 방해한다.

반복해 말하자면, 이러한 상태는 합동군 내에서 전술적 효과성이 아닌 병과 문제에 의해 제시된 것으로 보인다. ISR 기능은 무인 항공 플랫폼과 원격 센서에 과도하게 의존하고 있다. 이것은 휴대용 대공방어 시스템 · 적의 행동 · 기상 및 지형으로 인해 중요한 기간 동안에 쉽게 거부될 수 있다는 사실을 무시하고 있다.

[그림 6.2] 목표군을 위한 변화의 현 위치

2차 세계대전 C2 (1945년, 레마겐) 전구사령관	걸프전 C2 (1991년, 사막의 폭풍)		제안된 목표군 작전적 건설(2003년)
집단군	미중부사령부 사령관	→	합동군(Joint Force)
군	군	→	군(명칭 미정)
군단	군단	→	UE(군단)
사단	사단	→	UE(사단)
연대	여단	→	UA(여단)
대대	대대	→	대대
중대	중대	→	중대

전투부대(unit of action)에 있는 코만치 헬기의 기습적인 사용은 육군에게 환영받는 변화다. 육군은 지상전투력과 항공부대를 분리하는 것으로 보인다. 그러나 미래 차량화보병대대와 같은 부대에 항공부대를 임의로 할당하는 것은 많은 분석 결과를 반영하는 것이 아니다. 비록 이것이 지닌 고유의 정찰 · 감시 · 기동성 및 화력이 UA를 위해서는 커다란 도움이 된다고 할지라도 원래 전투부대(UA)에 RAH-66을 도입하는 것을 반대한 이유는 UA 자산이 되기에는 너무 자원 집약적이 될 것이라는 점에 있다.

여기서 평화유지작전을 향한 차량화보병부대보다 뭔가 나은 UA를 만드는데 도움이 되겠지만, 이러한 새로운 행동은 예산이 삭감되어 문제가 되는 코만치 구매계획을 복원하기 위한 부정직한 마지막 시도로 보인다.

순수하게 전술적 용어로, UA여단은 보다 커다란 합동전투에 자신의 행동을 통합하기 위해서 여전히 차상급 제대(사단)에 의존적이다. 정보를 기초로 참모 기능을 편성하는 일부 뛰어난 사고에서 벗어나, 육군의 목표군 UA는 사단급 여단을 편성하는 것으로 결론짓고 있다.

사단급 여단은 경험 있는 대위 · 중위로 여단 참모를 편성하는 전통적인 모습이 된다. 이들은 복잡한 UA 과업을 수행할 수 없다. 육군 인사 시스템은 이러한 상태를 어느 정도 유발하고 있다. 그러나 내셔날 트레이닝 센터(NTC) 웹사이트를 보면, 일반적으로 사단에 부여되는 과업을 여단이 수행하기를 요구한 훈련연습은 효과가 없다는 것을 명확히 하고 있다.

내셔날 트레이닝 센터에서 훈련해본 결과, 부대 장교 및 부사관들의 제한된 경험(일을 한 기간 및 야전에서 보낸 기간)과 기술을 보완하기 위해 전화번호책 규모의 전술적 명령서를 발간하려는 육군의 무자비한 열정을 이해할 수 있겠다.

전투장비를 살펴보자. 현재 이것은 크게는 과학 픽션이라 하겠다. 무엇이 실행가능하고 불가능한지를 결정하기 위해 새로운 노선을 따라 편성 운용되는 실제적인 현존 능력을 이해하는 것이 보다 나을 것이다. 시뮬레이션으로는 이것을 이해할 수 없다.

정보에 초점을 둔 접촉과 신속, 결정적 공격이 뒤 이어지는 원거리공격(standoff attack)으로 구성된 전장 운용이 올바른 최종목표다. 이러한 전투수행개념은 완전한 상황인식을 전제로 하며, 미래전의 요소로서 기습을 제외시키고 있다. 그러나 현재의 모습으로서 UA 설계는 이러한 개념을 이행할 수 없으며 따라서 실패할 것이다. 추가적으로, 합동군 지휘본부 내에는 육군 임무에 초점을 둔 패키지 능력이 반드시 결합되어야 하는데, 여기서의 합동 C2의 가능성은 아직 시험되지 않았다.

변혁적인 접근으로 목표군을 다시 생각해보기

목표군으로부터 빠진 것이 새로운 합동 작전적 설계 및 합동 기동 및 타격을 하는 작전개념이다. 합동 작전적 설계는 육군의 순수 능력을 필요시 합동부대 내로 통합하기 위해 임무에 초점을 두고 전투력을 특수화된 모듈로 편성하는데 있어서 육군에게 합리성을 제공하게 된다.

부대설계의 능력에 기초한 접근 예는 해병원정부대(MEU)와 공군원정부대(AEF)가 있다. MEU(이 부대는 항공기 · 경장갑차 · 전차 및 헬기를 포함하고 있다) 또는 AEF의 제병협동 편성은 효과와 관련이 있다. 이러한 편성들은 지역 통합사령관에게 특정 능력을 제공한다. 이들은 전술적으로 그리고 지휘시스템을 고려할 때 모두 독립적이다. 이러한 독립적 형태는 통신 및 정보 처리과정을 감소시키는 효과를 가진다. 이것은 모듈화 된 편성부대 자체 내에서 그리고 이들 및 상급 합동 지휘본부 간 모두에 있어서 적용된다.

[그림 6.3] 전투 기동단은 능력 중심 부대 모듈(Capability-Based Force Module)이 된다.

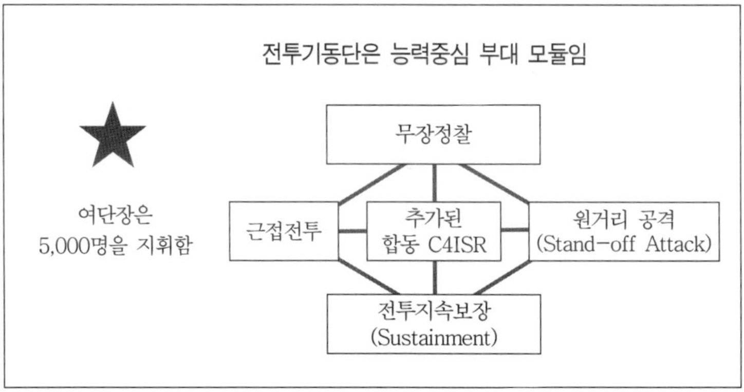

육군을 위한 능력 중심의 부대설계에 대한 이러한 관점 모두는 적이 누가 될 것인가, 그리고 어디에서 분쟁이 일어날 것인가에 초점을 두기 보다는 적의 채택 가능한 전투수행방법 범위에 초점을 두고 있다. 이러한 부대는 행동 · 편성 그리고 생각을 적과 다르게 적응시킬 수 있다. 이로서 상대적인 전투력을 최대화하고 적의 약점을 이용하거나 또는 보다 커다란 행동의 자유를 얻게 된다.

그러나 이것은 냉전 정책으로부터 또 다른 하나의 출발점을 이끌게 된다. 냉전 정책은 전쟁 시 효과성보다는 평시 효율성을 위해 고안된 것이다. 주둔하는 육군이 자신의 병력 단위를 관리하는 방법을 통한 효율성은 원정군을 위해 좋은 방법이 아니다. 예를 들어, 중사단(냉전시)의 전차 대대와 공군의 F-16 비행대는 효율성과 관련 있다. 그러나 이들은 전투를 위해서는 반드시 다르게 편성되어야 한다. 또한 육군 전투편성부대를 위한 편성 원칙은 반드시 합동군 내에서 효과성과 관계되어야 한다. 따라서 육군의 미래는 사실상 사단 · 여단 또는 군단과 관련이 없다(그림 6.3 참조). 새로운 육군 부대 패키지는 전투능력의 평가와 적이 수행할 것으로 보이는 작전, 다른 한편으로 미 합동부대들의 능력에 대한 평가에 기초해야 한다.

부대 편성에 대한 이러한 능력 중심 접근은 고정성 감소를 보장하고 미 군사력에게 비대칭적 이점을 제공한다. 그러나 장기간 비대칭성은 군사에서 드물기 때문에, 어쨌든 새로운 환경에 대처하기 위한 지속적인 변화는 전쟁에서 승리하기 위해 중대한 것이다.

이것은 전구에서 대규모 재래식 전쟁을 계획하고 정밀유도탄이 항상 표적을 찾아 관통할 것이라고 가정하는 것이 불충분하다는 것을 인정하고 있다는 것을 의미한다. 마이클 윈(Michael Wynne)은 국방장관 예하에 획득 · 기술 및 군수 부관이었다. 그는 합동 정밀타격능력과 통합된 미래 육군 전투편성에 대한 자신의 비전 속에 이러한 점을 암시하고 있다.

〈한국전쟁 이래로, 우리 화력에 대해 집약된 고가치 표적을 제공하기 보다는 분산되도록 훈련된 적을 더욱 많이 맞이하게 되었다. 이러한 추세는 계속될 것이다. 적이 발견되고 식별되었을 때, 상호 피해를 방지해야 할 필요성이 증가할 것이다. 뿐만 아니라 적이 도주하는 것을 차단하기 위한 신속한 기동도 요구될 것이다. 우리의 추세는 반응적이고 점차적으로 모든 기상에서 네트워크화 된 정밀타격시스템으로 향하고 있다. 보다 작은 능력 중심 패키지로 편성되고 전개된다. 목표군 속에서 우리는 모듈화 되고 임무에 초점을 둔 능력 패키지를 갈망하고 있으며, 군수 지원부대가 크게 감소되고 초기부터 분산된 기지 구조를 갈구하고 있다. 지휘통제 추세는 합동 플러그 앤 플레이 네트워크다. 이것은 모든 가용한 간접화력과 센서 시스템이 임무 요구에 충실하도록 고려한 것이다.〉

21세기 합동원정전이 분산된 기동전 설계를 요구한다는 것을 이 문장으로부터 유추하기는 어렵다. 분산된 기동전 설계는 전통적인 전투대형과 엄격히 다른 것이다. 전통적인 전투대형은 선형전의 모습이며 군 · 군단 · 사단 · 여단을 편성하고 있다. 일반적으로 지상작전이 보다 유동적일수록 지상부대에게는 분권화가 더욱 요구된다.

기동 · 타격 및 지원부대들은 반드시 합동전투력의 집단들이 되어야 한다. 합동전투력은 바다에서 배들이 작전하는 방식을 생각하게 하는 지상 작전 능력을 갖는다. 『아테네의 캠프에서(In Athena's Camp)』라는 책은 정보화시대의 분쟁 준비(Preparing for Conflict in the Information Age)라는 부재를 갖고 있는 책으로 1997년 발간되었다. 이 책에서 저자는 보다 작은, 단지 250명의 병력 수를 갖는 하이테크 지상전투부대 팀들이 10년 이내에 출현할 것이라고 간주하였다. 이러한 다수의 지상전투팀 개념을 사용하면서 저자는, 작고 민첩하며, 인터넷을 사용하는 부대들의 기동개념을 기술하고 있다. 이 부대들을 전투벌레떼(battleswarm)라고 불렀다. 이러한 전술 및 편성이 결국 등장할 것이지만, 기술적 발전 속도와 이를 흡수할 군대의 능력에 대한 저자의 가정은 지나치게 낙관적이었다. 전투단 구조에 따라 진행 중인 발전 패턴은 저자가 상상했던 통합된 합동 전술 및 지상 전투부대와 정확히 같은 류가 출현할 것임을 다시 한 번 보여준다. 변화에 대한 요구 및 자극은 새로운 정보기술 형태를 이용하는 기술적 기회를 뒤따르며, 육군 부대설계를 균형되고 과업에 따라 편성된 모듈화 된 부대로 지향시킨다.

이전 장에서 설명했듯이, 유동적인 작전 속에서 결심수립을 위한 시간 제약을 단축시키는 것은 보다 적은 지휘 제대들을 지닌 변혁적인 설계에 대해 프리미엄을 준다. 필요로 하는 것은 육군 기동 요소들과 함께 합동 센서를 전방에 운용하는 설계다. 이렇게 하는 것은 육군 타격 편성부대 내에서 합동자산을 이용하기 위해 필요한 범위를 제공하기 위한 것이다. 육군 근접전투부대들 내에 진보된 항공기 및 지상전투 플랫폼도 마찬가지다. 전투력의 모듈들은 반드시 의무 지원 및 사상자 후송자산으로 충분히 장비돼야 한다. 즉각적인 치료를 제공하기 위한 것이다. 동일한 모듈화 설계요구는 화학 그리고 생물학 탐지 및 제독과 군수를 포함한다.

이러한 과정을 통해 출현한 전투 편성부대들은 반드시 무장정찰을 수행할 수 있을 정도로 강력해야 한다. 무장정찰은 타격자산을 사용하기 위해 적을 살상지대로 이끌어 내거나 각개 격파할 수 있다. 그러나 육군 전투부대들은 정밀 화력, 특히 글로벌 포지셔닝 시스템(GPS)으로 유도되는 화력에 지나치게 의존해서는 안 된다. 중동과 아시아 내의 많은 잠재적인 적들은 바쁘게 발전하고 있으며, 대응수단을 편성하고, 구매하며 판매하고 있다. 적 지상부대들은 공격하는 미 지상부대들의 이동을 방해하거나 제하하려 할 것이다. 코브라 웨이브(Cobra Wave) 기술을 장비한 지상부대들은 집중된 적 지상부대를 공격하는데 필요한 관련 공통작전상황도를 지닌 우군 지상 구성군에게 공군 및 해군 자산들을 제공할 수 있다.

이러한 모든 점을 고려할 때, 톰 피터(Tom Peter)의 사업을 위한 성공적인 조직 정의는 정보화 시대의 육군 전투편성이 무엇을 닮아야 하는가에 대한 통찰력을 일부 제공한다.

〈톰 피터의 정의 : 통일성 있고, 독립적이며, 다기능적이고, 전체적으로 판단할 수 있는 스스로 관리되는 셀 · 클러스터 · 팀으로 구성된 편성을 기술하고 있다. 이들은 2~35명으로 구성되며, 필요시 언제나 준비된 모든 조직의 정보와 적당한 외부 정보 및 전문 자산들에 의해 실시간으로 지원된다. 그리고 소비자에게 봉사하거나 대응하기 위해 무엇이든 필요한 건 전체적으로 지원된다.〉

군인들이 이해하는 용어로 번역한다면, 육군 부대 설계는 반드시 아래 형태를 제공해야 한다.

- 합동부대 지휘관들에 의해 요청 시 준비되고, 신속히 전개가능하며 그리고 이용될 수 있어야 한다.
- 작전 범위에 융통성 있게 적응할 수 있어야 한다.
- 합동군 내에서 쉽게 통합되고 네트워크화 되어야 한다.
- 거리와 분산된 상태에 상관없이 지원할 수 있어야 한다.
- 모든 적에 대해 생존성이 있어야 한다.
- 타군 구성부대들과 훈련돼서 짧은 경고 하에 〈통합된 합동 전투수행 능력〉을 지녀야 한다.

통합되고, 응집력 있는 〈제병과 편성부대〉들과 같이, 『팔랑스 깨기』에서 제시된 전투단 구조는 합동군 내에서 자율적으로 작전하기 위해 그리고 합동작전에서 결정적인 물리적 집중을 제공하기 위해 설계된 것이다. 단(group)이라는 용어는 특정 능력중심 부대패키지(capability-based force package)를 만들기 위한 요소들의 그룹핑을 나타내는데 사용된다.

[그림 6.4] 전투기동단을 위한 통합된 C2 구조

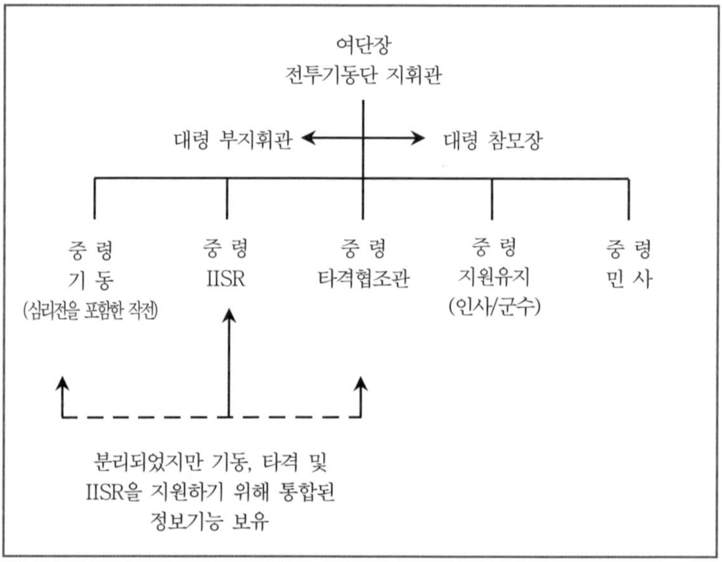

대령급 부지휘관 및 참모장을 포함한 탄탄한 참모들을 지닌 준장에 의해 지휘되고, 대략 5,000명으로 구성된 이러한 편성부대는 군단 및 사단에게만 요구되는 복잡하고 통합적인 과업수행을 위해 설계된 것이다(그림 6.4참조). 이러한 과업들은 무장정찰과 연계한 화학정찰 및 제한된 제독능력을 포함한다. 이란-이라크 전쟁 간, 이라

크는 겨자(수포작용제) 및 타번(신경가스)을 강도 있게 사용했다고 하는데, 아마 합성물을 사용한 것 같다. 왜냐하면 이것들을 생산하기가 가장 쉽기 때문이다. 따라서 화학 정찰과 제한된 제독능력을 모든 전투기동단에 병합하는 것의 중요성은 아무리 강조해도 지나치지 않다.

상설합동부대(SJFOR) 구조에서 모델화된 새로운 C2 편성 속에서, 독자들은 타격 협조관(strike coordinator)을 발견할 수 있을 것이다. 타격 협조관은 현재 육군만이 운용하는 화력지원장교를 대신한다.

이들은 전투단을 대신하여 모든 유형의 화력요청을 할 수 있는 자격을 부여받기 위해서 합동 훈련을 받은 전문가가 된다. 이들은 모든 편성부대에 타격 구조를 확대시켜주기 위해서 계획된 것이다.

분명히, 공군 및 해군은 이러한 새로운 타격 협조관이 어떻게 항공기가 비행하고 싸우며, 잘못 운용되면 어떻게 위험에 빠지는지, 어떤 항공기가 요구되는 과업을 수행할 수 있고 어떤 항공기가 이를 할 수 없는지, 그리고 최소한의 상호오인사격 및 상호 피해방지를 위해 어떻게 운용되어야 하는지를 이해하고 있는지에 대해 알아야 할 필요가 있다. 이러한 접근을 도와주는 기술은 존재한다. 그러나 훈련도 발전되어야 한다.

정보분석가들 및 심리작전 장교들은 기동 및 타격작전 참모부에 완벽하게 통합되어야 한다. 민사장교들은 각 정부기관과의 활동에 연결을 할 수 있는 주요 위치에 자리 잡아야 한다. 정부기관과의 활동은 본래 모든 근대 군사작전 속에 놓여 있었다.

마지막으로, IISR 장교들은 새로운 전문가의 모습을 대표한다. 이들은 중대한 첩보를 수집하면서 정보시스템을 어떻게 유지하고 이용하는가 뿐만 아니라 어떻게 지휘관과 기능별 참모 장교들을 지원하는가를 이해하는 사람들이다. 이 과정의 결과는 전투력을 모듈화 하는 것이 된다. 이것은 5,000명 이하의 보다 작은 형태(2,500명, 1,100명 및 500명)로 전개할 수 있는 모듈이다. 또는, 동맹국으로부터 또는 소규모 작전을 수행하는 타 전투단으로부터 증강을 받는 모듈이다.

보다 커다란 우발상황에 대비하기 위해 이들은 또한 타 모듈과 함께 전개될 수 있다. 그러나 이들은 합동작전이 가능하기 위해 상급 제대로부터 증원을 필요로 하지 않는다. 합동 C4ISR과 함께, 이러한 편성부대들은 필요에 따라 보다 커다란 부대를 만들기 위해 결합되는 건축 벽돌인 것이다.

만일 기동 및 타격 능력이 새로운 적에게 보다 복합적인 위협을 부여하기 위한 새로운 방법에 통합되어야 한다면, 육군 부대들을 임무에 초점을 둔 부대 패키지로 변혁시키거나 또는 커다란 합동작전적 부대로 조립될 수 있는 군사 레고와 같은 것으로 변혁시키는 것이 필수적이다. 사실상, 이러한 지상군사력을 위한 그림은 합동 시스템 발전과 성공적인 합체를 위한 기술적 건설(TA : 일련의 건축기준 법규)에 의존한다. 반복해서 말하자면, 단(group) 구조는 새로운 전략적 상황 속에서 계속 적응 가능하다는 것을 의미한다.

합동군의 일부로 위기나 분쟁지역에 전개하고 작전하기 위해 평시에 이러한 육군 전투수행 자산들을 편성하고 장비하는 것은 마찬가지로 세계 속에서 변혁하기 위한 필수적인 모습이겠다. 세계 속에서 미 군사력의 사용을 필요로 하는 국제적 이벤트는 예측하기 어렵다. 아프가니스탄과 미래 분쟁 속에서, 합동 및 연합부대 지휘관들은 새로운 작전개념을 발전시키는데 있어서 자유로워야 한다.

상황에 따라 전문화된 전투력의 모듈들을 운용하기 위해서다. 이러한 최종목표를 전술적 수준에 이르기까지 수행하는데 있어서, 특수작전부대들은 재래식 육군 부대를 위한 통로를 다시 한 번 만들어 주었다.

이제 실제 세계로 방향을 돌려 변혁의 과정에서 무엇이 등장할 것인지를 검토할 시간이다. 변혁과정은 10개로 편성된 미 육군을 이에 상응하는 새로운 임무에 초점을 둔 능력 패키지(mission-focused capability package) 또는 전투단들로 전환시킬 것이다. 18공정군단과 3군단 내에 있는 현 육군부대들을 이용함으로써, 이어지는 글에서는 범세계 합동원정전을 위해 설계된 능력 중심의 육군이 어떤 모습이 되어야 하는지에 대한 스냅사진을 제공하고자 한다. 바다에서의 함선과 같이, 이러한 전투단들은 합동원정전 속에서 지상전투를 위한 독립적인 〈시스템에 속한 시스템(system of system)〉이 되기 위해 설계된 것이다.

18공정군단 : 육군 변혁의 첨단

현재 및 미래 전투의 본질이 주어진다면, 18공정군단은 육군 변혁의 첨단(창끝)이 되기 위한 이상적인 후보가 된다. 18공정군단의 기원과 능력을 연구한 사람은 이 부대 장병들의 능력을 명확히 알고 있다. 아르덴느에서 많은 미 전투부대들이 독일군 공격의 무게에 격파됐지만, 18공정군단은 그렇지 않았다. 사실상, 그 당시 신문에는 보도되지 않았지만, 82공정사단은 1944년 12월과 1945년 1월 발지(Bulge)의 북부 견부지대에서 큰 희생을 치르고 절망적으로 싸웠다.

적어도 바스통(Bastogne)에서 101공정사단의 전투와 같이 심각한 것이었다. 슬림(William Slim) 원수는 일본제국 육군과 무자비한 정글 전투에서 영국 및 동맹국 부대들을 이끌었던 장군이었다. 그는 왜 이러한 전투부대들이 미래 전쟁에서 지극히 중요한가를 다음과 같이 설명하였다.

〈분산된 전투는 지형에 의해 야기되든, 보급부족에 의해 야기되든 또는 적의 무기에 의해 야기되든, 두 가지 중요한 소요를 갖게 될 것이다. 능숙하고 단호한 초급지휘자들 그리고 독립적이고 육체적으로 건강하며 잘 훈련된 병사들이 그것이다. 미래 지상전에서의 승리는 작고 독립적인 편성부대 내에서 작전할 준비가 되어 있는 이와 같은 지휘자 및 병사들이 즉각 이용 가능한가에 의해 좌우될 것이다.〉

합동 C2 구조(예를 들어 상설합동부대본부) 내로 결합하고 전문화된 전투력의 모듈로 통합하기 위해 현재 18공정군단 부대들을 축소하고, 장비하며, 편성하는 것은 융통성 있게 적응하는 부대 설계에 있어서 새로운 방향을 추구하기 위한 기회를 육군에게 제공한다.

이것은 이전에 없었던 기회다. 질문은 18공정군단이 변혁적 충격과 함께 어떤 전투력의 모듈을 현재와 가까운 미래에 합동군 지휘관에게 제공하는가이다. 이러한 공정 및 공중강습 전투력의 모듈이 어떤 모습이 되어야 하는가에 대한 일부 가이드라인은 RAND 연구에서 논의되고 있다. 이 논의는 〈바다를 넘는 번개 : 신속대응 임무를 위한 미 경부대들 개혁(Lightning over Water: Sharpening America's Light Forces for Rapid Reaction Missions)〉에서 볼 수 있겠다.

〈작고 분산된 부대는 치명성을 갖기 위해서 원거리 이격된 '뒤에서 날아오는(reachback)' 무기에 더욱 의존해야 할 것이다. 결과적으로 전형적인 경 공정부대로서 지역을 확보하는 것도 필요할 수 있지만, 이러한 무기로 이 부대가 가장 잘 운용될 것으로 기대되는 바는 지형을 이용하는 적을 거부하는 것이 될 것이다. 이것을 해결하기 위한 하나의 명확한 해결책은 보다 우수한 편성 · 화력과 함께 부대를 보다 강하게(heavily up-arm) 만드는 것이다. 효과적으로 이렇게 하면 소규모 부대를 적게 만들게 되고 이러한 부대의 경고 및 전개 시간을 증가시킨다.〉

이 설명은 18공정군단에게 작전적 및 전술적 기동을 할 수 있는 강력한 능력을 제공할 것이라고 주장하고 있다. 대신 치명성과 전개성은 균형을 이루면서 전략적 기동성을 희생시키지 않는다.

육군 지상부대들은 필요하다. 이 부대들은 적이 합동 타격자산을 사용하기 위한 잠재적인 살상지대로부터 분산하면서 서서히 새어나오는 것을 방지하기 위해 전장지역을 봉쇄할 수 있다. 만일 적이 격멸을 피하기 위해 분산한다면, UAV[16] 및 유인항공정찰은 적을 추적하는데 도움을 줄 것이다. 그러나 지상부대들은 직접적으로 적과 전투하기에 충분할 정도로 강해야 할 것이다. 이렇게 되지 않으면 적은 도주할 것이다. 미래 분쟁은 복잡한 지형(예컨대 도시 · 산악 · 다우림 지역)에서 적과 자주 발생할 것이며, 적은 커다란 지역에서 쉽고도 신속하게 분산할 수 있으므로 상대적으로 작은 미군 부대는 반드시 기동성 및 생존성을 가져야 한다.

(그림 6.5)가 보여주듯이, 이것은 결코 작은 과업이 아니며 균형잡힌 행동을 포함한다. 해결방법 중 하나는 18공정군단 부대 요소들을 특정 임무와 함께 일상적으로 전개 및 연습하도록 통합하는 것이다. 특정 임무는 전쟁과 우발계획 속에서 지역 사령관에 의해 식별되어진다. 다른 해결책도 역시 일상적인 합동연습과 전개를 통해 나타날 것이다. 이것은 기동성뿐만 아니라 화력 · 방호력을 위해 필요하다. 모가디슈에서 온종일 실시한 화력전투는 블랙호크다운

---

16) 역자 주 : Unmanned Aerial Vehicle 무인항공기

(Black Hawk Down) 영화의 주제가 되었으며, 도시전투작전에서 경보병의 극한 취약점을 설명해주고 있다. 아무리 잘 훈련되어도 취약한 것이다. 추가해서, 현재 육군 여단 및 사단에 기초한 구조가 병과 단위부대 유지에 초점을 맞추고 있지만, 부대들은 일상적으로 특정 임무에 적합하게 혼합된 능력을 지닌 형태를 가지고 상황에 따라 전개된다. 이러한 모습은 반드시 새로운 것으로 고려되어야 한다. 전투력의 능력 중심 모듈은 현존 공정 및 공중기동 보병 편성 부대들로부터 형성되어진다.

[그림 6.5] 18공정군단은 반드시 정밀한 균형을 이뤄야 한다!

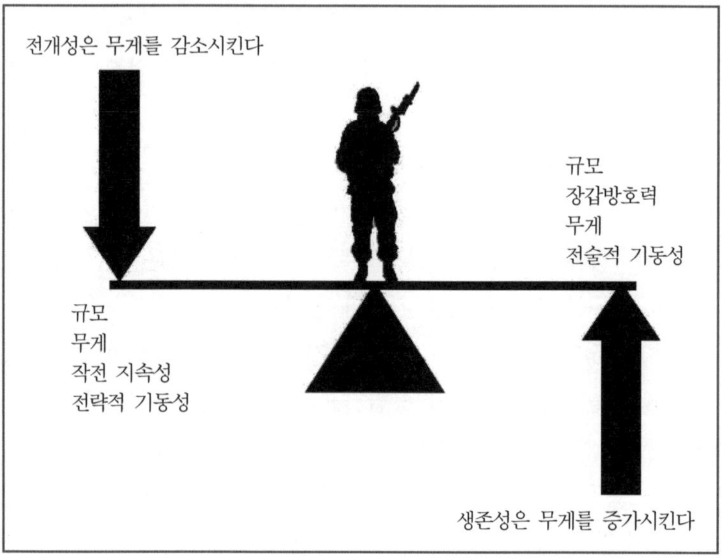

여기서 제시된 접근법은 18공정군단을 무장정찰 · 전투기동 · 타격 및 조기 전개지원단을 보유한 4개 사단(+)에 상응하는 부대로 변환하는 것이다. 이 과정으로 전술적 그룹핑을 산출하였다.

이 그룹핑은 사단보다 규모에 있어서 작지만, 현재 여단보다는 큰 것이다. 이 접근법은 새로운 작전적 건설 속에서 새로운 전투편성을 창출하고 있다. 오늘날 우리 손에 있는 것을 사용하고, 새로운 부대 및 능력을 혼합하여 새로운 편성으로 혁신해 들어가는 것이 바로 이 방법인 것이다.

경정찰 타격단

경정찰 타격단(LRSG : light reconnaissance strike group)은 『팔랑스 깨기』에서 최초로 기술되었다. 이것을 지상전을 위한 미래 첨단으로 이어지는 교량처럼 기술했다. 이것은 여전히 유효하다. 경정찰 타격단(LRSG)은 〈분산된 기동전〉 디자인으로 명백히 합동군 내에서 신속결정작전을 위해 편성된 것이다. 이것은 지상 기동요소들과 함께 유인 및 무인 항공기와 전방 센서를 운용한다. 편성부대의 잠재적으로 부여된 엄청나고 정밀한 화력을 이용하기 위해서 필요한 전방 엄호를 제공한다. 전략적 및 전술적 기동성과 함께, 경정찰 타격단(LRSG)은 전투 플랫폼에 정밀 타격능력, 우수한 기동성 및 생존성을 갖는다. 전투 플랫폼은 장갑화된 포 발사 시스템을 말한다.

그리고 트레이서 스카웃(Tracer Scout)도 있는데 이것은 무장정찰을 수행하기 위한 것이며, 합동 정밀타격을 위해 적 부대를 지상의 살상지대로 이끌어낸다. 만일 적이 타격을 회피하기 위해서 분산한다면, 편성부대는 충분한 전투력을 기동화 하여 현재의 적과 수년 앞으로 다가올 적을 격멸하게 된다(그림 6.6 참조).

정찰대는 오늘날 사단 기갑수색대를 모델로 하지만 두 가지 다른 점을 갖는다.

첫째, 항공병력들은 지상 감시 · 정찰 및 표적지시를 지원하는 부대 UAV를 정비하고 비행시킨다. 2000년 9월 아파치 롱보우 승무원은 헌터(Hunter) UAV와 이것의 센서 폭탄 모두를 통제할 수 있다는 것을 보여줬다. 101 공정사단은 UH-60 블랙호크 육군 공정지휘통제 시스템(Army Airbone Command and Control System)을 운용했다.

이것은 UAV 센서의 정보를 받을 수 있는 것이었다. 이 능력을 여기서 확대하고자 한다. 그래서 UAV를 운용할 수 있는 능력을 C2 시스템에 부여하고자 한다. 경정찰 타격단(LRSG)에서 정찰 전투단 내에 있는 핵심 요소들은 UAV와 네트워크화 된다. 장교 · 부사관 및 장병(소대 및 병사 수준)들에게 이 능력을 줄 수 있다. 이들은 UAV의 실시간 정보를 필요로 하는 사람들이다.

[그림 6.6] 경정찰타격단(LRSG), 5,000명

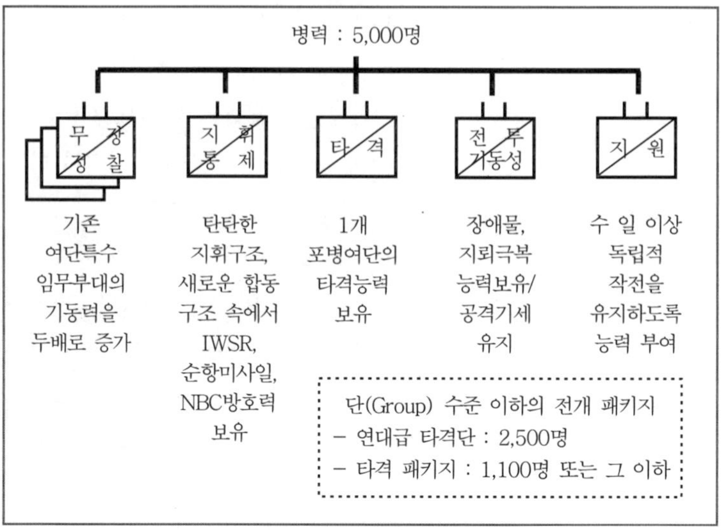

둘째, 항공과 포병에 대한 세부적인 내용이 없다. 대신 이 양개의 병과와 유사한(그리고 유사하지 않은) 요소들을 포함하고 있다. 타격 요소에는 12대의 UH-60이 포함된다. 4대는 전투 시에 병력선의 뒤에서 중화력이 요청될 때 제공하는 로켓과 미사일로 무장된다.

이것에 추가해서 또 다른 하나의 UCAV 포대 또는 정찰대를 직접 지원하는 타격 분견대에서 띄운 타이푼을 모델로 한 정밀폭탄을 혼합한 것이 있다.

마지막으로, 미 육군전술미사일시스템(ATACMS)이 있다. 이것은 6개의 다련장 로켓시스템(MLRS)의 능력을 지닌 포대다. 이것에 추가해서 표적탐지레이더 및 로켓발사 중거리 공대공미사일 포대(SLAMRAAM), 감시향상표적범위 및 분류(E-TRAC) 레이더가 있다.

SLAMRAAM은 사격후 망각(fire and forget) 미사일로 가시선 밖에서 사격하는 모드를 지니지만 저공비행 UAV · UCAV 및 유인 항공기에 의한 적 표적지시가 필요하다. 이러한 능력들은 LRSG와 함께 협조하는 육군부대뿐만 아니라 미 공군 및 해군 부대들에게도 이점을 제공한다.

LRSG 타격자산들은 공군 및 해군 사격 자산과 중복되는 것이 아니라 이들을 보완하는 것이다. ATACMS 능력을 지닌 MLRS는 단(group) 수준에 있는 타격협조 장교에서 직접적으로 상설합동부대본부(SJFHQ)의 타격작전 부지휘관을 경유해서 발사될 수 있다.

아니면 합동군 공군 구성군사령관을 경유해서 발사될 수도 있다. 이것은 중요하다. 왜냐하면 다양한 요소들이 적 방공체계에 대한 효과적인 항공타격을 방해할 수 있기 때문이다. 적 방공체계는 공군 및 해군 전투기 그리고 헬기를 위협한다.

1999년 봄 코소보 항공전역 간, 유고 방공부대는 미국 및 동맹국의 공습을 신속한 진지변환 및 자신들의 방공레이더를 온 · 오프의 반복을 통해 격퇴시켰다. 혹독한 기상은 이미 불리한 조건을 더욱 악화시켰으며 유고 방공시스템에 대한 효과적인 항공타격을 참으로 어렵게 만들었다. 만일 육군 로켓 포병 사용권한이 NATO 공군 사령관 쇼트(Michael C. Short) 미 공군 중장에게 부여되었다면, 유고군 및 경계부대들을 공격하는데 보다 유리한 조건이 만들어졌을 것이다. 이라크 자유화 작전에서 LRSG가 있었다면 터키를 통한 제 4 보병사단의 이동은 불필요했을 것이다(그림 6.7 참조).

[그림 6.7] LRSG의 이점

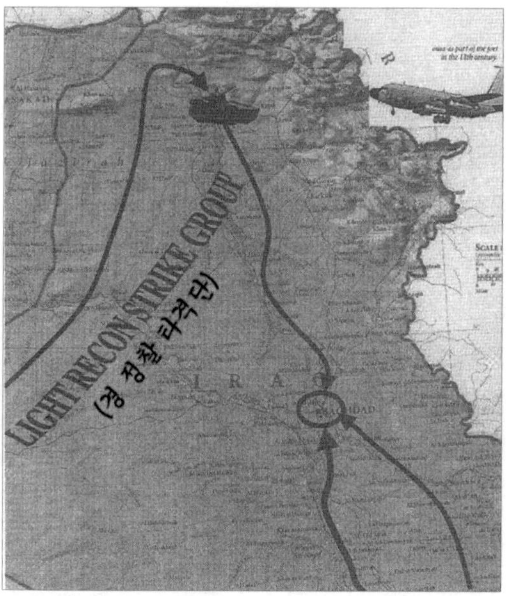

18공정군단 부대들은 모든 미래 분쟁에 조기에 도착할 수 있을 것이다. 집중하는 미군 지상 · 공군 및 해군 부대들에 대한 전구 미사일 및 순항미사일 공격 위협 증가로 육군 및 합동 계획수립가는

분명히 계산하게 될 것이다. 감시 레이더, SLAMRAAM은 중요한 가시선을 너머선 타격 우월성을 제공한다. 대부분 신속히 개량되는 적 순항미사일 위협과 더욱 중요한 것은 유효사거리를 넘어선 공중 정찰 · 감시 · 표적획득(RATA) 플랫폼을 격파하기 위한 수단에 대항하게 된다는 것이다. SLAMRAAM은 결국 스팅거 중심의 시스템을 대체할 것이며 합동지역 방공체계의 중요한 구성요소가 될 것이다.

[그림 6.8] LRSG는 미해병대 전투편성을 보완한다.

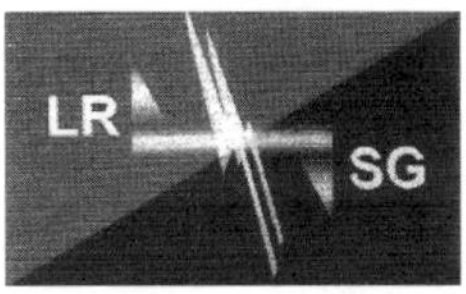

LRSG는 미해병대 전투편성을 보완

- ◈ LRSG : 5,000명
- ◈ 장비 : 장갑 및 차륜차량(569), 헬리콥터(52), 7개 전투단 내에 100개의 463L 파레트 보유
- ◈ 3개의 무장정찰대 : AGS(81), FCS-Tracer(126), 120미리 자주박격포(27), 무장 MD600(RAH66 대용물) (36), C2 및 재급유/재무장용 UH60(6)
- ◈ 1개 타격대대 : IMARS/ATACM(9), UCAV(400), MD600(4), 무장UH-60(6)
- ◈ 1개 전투기동대대 : ACE(24), FCS-Tracer(6)
- ◈ 1개 C4I대 : 합동 C4ISR 블러그 보유, AGS(14), 지원대(1)

- • 해병원정여단 연대급 상륙팀 (상륙해병 5,291명 – 해안에 있는 병력만 고려)
- • 장비 : 경장갑차량(414), 트럭(136)
  3개 대대가 보유한
  AAV대대(–) AAV(108)
  LAV중대(+) LAV(25)
  AT능력 : 토우(28),
  자브린(36),
  프레데터(244)
  포병대대 155미리 곡사포(18, 견인)
  전차중대 M1A1(14)

대규모 지원대 · 정보관리 및 정보전 자산을 가진 C4I부대 그리고 장거리 통신능력과 함께, LRSG는 합동군 내에서 수일간의 독립적인 작전 능력을 지닌다. 이것의 전략적 전개성은 모든 합동군 지휘관에게 결정적인 지상 기동을 위한 능력을 부여한다(그림 6.8 참조).

이러한 편성부대와 연관된 단대호 및 기호는 현재 육군에는 존재하지 않는다. 이것은 우연이 아니다. LRSG는 새로운 전술적 형태를 제시한다. 이것은 최첨단 기술을 이용하기 위한 구조인 것이다. 본인이 추천하는 18공정군단 구조 내에는 세 개의 LRSG를 갖게 된다.

공정-공중강습단

18공정군단 편성부대들은 반드시 임무 범위를 수행할 수 있어야 한다. 이것은 중 · 고강도 전투에서의 인도주의적 지원으로부터 부대 진입작전을 포함한 것이다. 공정–공중강습 편성부대 자체를 보면 알 수 있다. 자신이 보유한 정찰 및 타격 요소와 함께 항공 및 지상 모두에서 단 지휘관은 전장공간을 만드는 능력을 지닌다(그림 6.9 참조).

타격 편성부대는 전통적인 포병이 물리적인 집중을 하는 교전으로부터 노드에 대해 화력을 분배하는 방식으로 이동하고 있음을 반영하고 있다. 노드에 대한 접근은 정밀 화력에 초점을 맞추고 있다. 합동정밀타격을 위한 네트워크 중심 C2 구조를 통해 유지하되, 거대한 편성 구조를 갖는 것이 아니다. 결과적으로 타격 편성부대는 가벼운 155미리 포병 대대 · 타이푼(Taifun)과 유사한 UAV 포대 · 6개의 고기동 로켓시스템을 지닌 포대 그리고 표적획득 레이더를 포함한다.

[그림 6.9] 공정-공중강습단(5,500명)

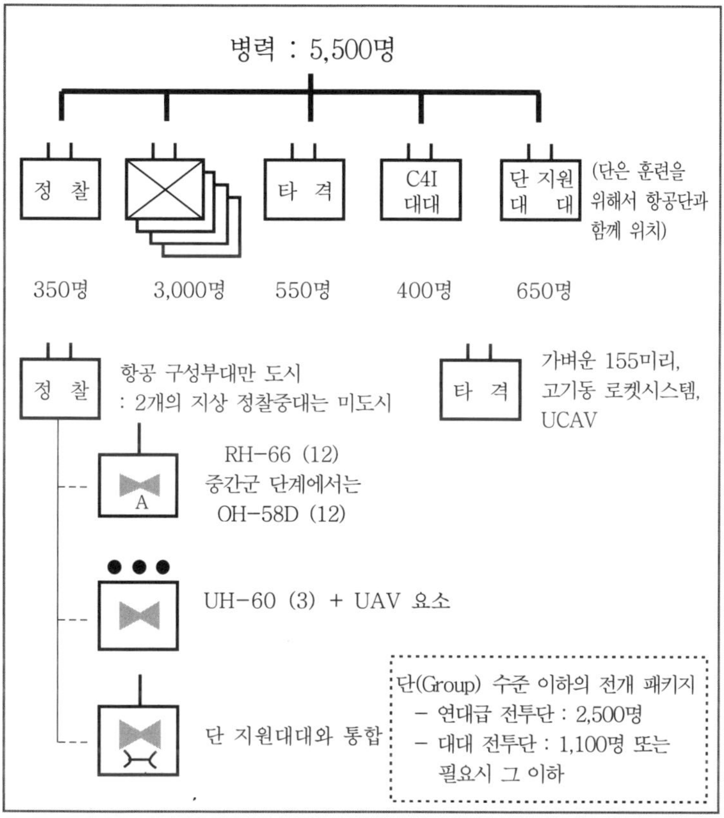

정찰 부대는 공중 및 지상 자산으로 구성된다. 이것은 12대의 RAH-66 코만치(또는 중간군 기간 중에는 12대의 OH58D 무장 정찰항공기), 3대의 UH-60 그리고 정찰 · 감시 및 표적 지시를 위해 설계된 UAV 분견대를 포함한다. 초기 진입작전에서 제한된 기간 동안 높은 치명성을 제공하기 위해 설계된 지상공격차량 또한 포함될 수 있다. 이스라엘 국방군을 예로 들면, 험비 차량에 40미리 자동포를 탑재하고 있다. 이러한 조기진입·무장정찰부대에 통합될 수 있는 고기동차량은 많이 있다.

단(group) 지휘 및 참모구조는 오늘날 육군에게 예상되는 복잡한 작전을 계획하고 실행하는데 요망되는 수준의 리더십과 전문기술을 제공하기 위해 충분할 정도로 탄탄하다. 상위 계급의 경험 깊이를 볼 때, 지휘 그룹은 군단의 타 부대로부터 추가적인 자산들을 합병할 수 있다. 그렇지 않으면 필요할 경우 동맹국 보병부대들을 통합할 수도 있다. 합동 통신 플러그 또는 합동해상 특수임무부대·공군원정부대 또는 상설합동부대본부(SJFHQ)와의 인터페이스를 제공하기 위한 상급 육군 지휘본부들이 필요하지 않다.

경보병부대들을 위한 수송수단은 공정 및 공중강습작전을 수행할 때 헬리콥터·고정익 항공기를 포함한다. 그러나 낙하산 보병은 전략적 수송을 위해 실제로 최적화 된 것이라 하겠다. 물론, 이들이 전투현장에 도착했을 때는 기동성·화력 및 방호력을 제공해야 한다는 역사적인 도전과제가 있었다. 최근에는, 다양한 형태의 차륜 또는 트랙화 수송수단을 영구적으로 경보병부대에 장비하는데 관심을 보이고 있다. 공정부대에게 추가적인 방호력을 갖는 전술적 기동성이 중요하며, 보병을 영구적으로 수송수단에 탑재하지 않고도 이러한 향상된 능력을 제공하는 방법들이 있다.

가장 좋은 방법은 전투 시에 보병들과 협력할 수 있는 자산들을 공정-공중강습 단(group)들과 함께 위치시키는 것이다.

사단이라는 일종의 팔랑스(phalanx)를 해체하면, 임무에 따른 장비를 제공함으로써 항공 및 중(medium-weight)장갑부대로 전투단을 편성할 수 있겠다. 장기간 특수화된 훈련을 수반하는 복잡한 무기체계를 포함하지 않는다면, 수송장비는 미국과 해외에 있는 다양한 장소에 집중하여 보관될 수 있다. 이러한 장소들은 보병부대들에 의해 이미 사용할 수 있도록 준비된 장소가 될 것이다.

예를 들어, 평화유지 또는 치안작전에서 스트라이커(Stryker)와 같은 경차륜장갑차는 보스니아 · 코소보 또는 시나이에서 교대하면서 평화지원작전을 하는 대대들에게 지급될 수 있다. 하이브리드-일렉트릭 엔진을 가지고 있는 차륜 또는 트랙화 장갑차량은 재래식 동력을 지닌 모습을 하고 있는 스트라이커보다 낮은 적외선을 방출하며 저소음을 낸다. 그리고 능동적 방호시스템을 지원할 수 있는 힘과 공간을 충분히 갖는다.

만일 임무가 전투 또는 아프가니스탄과 같이 복잡한 지형에서 수행되어야 한다면, 하이브리드-일렉트릭 엔진을 지닌 경기동전술차량(MTVL : Mobile Tactical Vehicle Light)은 이러한 목적에 이상적이다. 이것은 장갑관통소형무기 · 포병 · 견착식 대전차유탄발사기(RPG) 및 지뢰로부터 방호력을 가질 뿐만 아니라, 울퉁불퉁하거나 늪지인 지형에서 훌륭한 기동성을 제공하며, 낙하산 또는 얕게 뜨는 해상수송수단을 이용하여 험한 지역으로 진입할 수 있다.

이것은 경보병을 장비하는데 있어서 다른 가치 있는 대안들을 배제하지 못한다. 예를 들어 육군의 랜드 워리어(Land Worrior) 계획에 있는 것들, 또는 다양한 하이테크 무기 그리고 RAND에서 추천한 '바다를 넘는 번개(Lightning over Water)' 에서 제시된 헬기 내부에 넣어서 수송될 수 있는 차량들이 있다.

매우 중요한 것은 공정-공중강습단과 항공타격단을 함께 위치시키는 것이다. 이들은 수송 및 정밀화력을 제공한다. 이것은 아프가니스탄에서 최근 경험한 지형 및 조건에 상관없는 공중강습 보병작전에서 필수적이다. 모든 '경부대들' 은 반드시 공용으로 제공되는 14대의 수송 · 7대의 공격헬기를 직접 통제하는 항공지원을 받아야 한다.[17] 이러한 이동 가능하고 대응적인 직접화력지원 자산의 형태는 RAH-66, AH-1Z 또는 수직 · 단거리 이륙 및 착륙(V/STOL) 제트기가 될 수 있다. 이것은 전방 항공 재급유소 또는 공군 폭격기로부터 운용된다. 항공전투단(aviation combat group)은 공정-공중강습단과 함께 전체 또는 일부로 훈련 · 전개 및 전투하기 위하여 평소부터 편성된다.

현역 구성부대에는 9개의 공정-공중강습단이 있다. 왜냐하면 남은 경보병은 18공정군단 내에 통합되고 재편성되기 때문이다. 이것은 이러한 부대에 할당된 모든 장병들은 이러한 부대 내에서 임무를 수행하기 위해서 훈련기간 중 공정 및 항공학교를 수료할 것이다.

마지막으로, 최근에는 많은 도시전이 있어왔다. 많은 새로운 기술들이 이러한 부대들에 유입될 것이고, 이러한 부대들은 드라마틱하게 공정-공중강습단의 능력을 향상시킬 것이다. 경정찰타격 및 항공단에서 나온 부대들과 조화를 이루며 작전할 때 그렇게 될 것이다. 예컨대 독립적인 도시지역 비행 무기로, 도처에 분산되어 있는(지상 센서를 수반하지 않은) 마이크로-다중스펙트럼 센서와 로봇공학을 도입하면 이러한 부대들을 10년 앞서게 만들 것이다.

이러한 기술들은 많은 일을 해낼 것이다. 예를 들어 생명을 구하고 적합성 및 효과성을 향상시킨다. 또한 일반적으로 이러한 기술들은 추가적인 주요 능력들을 제공할 것으로 보인다.

- 센서 반응의 스피드는 인간을 앞지를 수 있다.
- 비록 혼자서 작업하기 위한 효과적인 융합 알고리듬이 필요하겠지만, 하이퍼스펙트럼 센서는 데이터 융합을 향상시킬 수 있다.
- 센서들은 소형화를 통해서 적합성과 전개성을 향상시킬 수 있다.

---

17) 역자 주 : 이것은 근접항공지원과 같이 단순한 지원이 아니라 직접 통제하는 것을 의미한다.

- 센서들은 사상자를 최소화시켜줄 것이다.
- 센서들은 부대를 전개하는데 있어서 일반적으로 군수 부담을 감소시킬 수 있을 것이다.

이러한 능력들을 합병하고 통합하는 데는 시간이 걸릴 것이다. 그러므로 규모 · 구성 및 편성부대 수가 영향을 미친다. 이러한 모든 요소들은 부대설계에서 중요한 고려사항이다. 왜냐하면 이들은 공정-공중강습단의 규모와 외형뿐만 아니라 수에 영향을 미치기 때문이다.

항공전투단

육군항공을 위한 정찰 · 공격 및 수송 역할은 문서로 잘 나타나있으며, 아울러 작전적으로도 잘 확인되었다. 그러므로 새로운 전략적 환경 속에서 육군항공의 과업은 이러한 역할과 임무에 충실하기 위해서 편성을 정의하고, 플랫폼 능력 소요를 정의해야 한다.

(그림 6.10)에서 묘사한 편성은 탄탄한 C2 골격 속에서 잠재적인 임무의 다양성에 대비하기 위해 자산을 편성함으로써 이러한 문제를 해결하기 위한 설계다. 추가적으로, 이러한 구조의 자산들은 동맹국과 타군을 지원하고 증강하기 위해서 전개될 수 있다. 이러한 항공기가 전투로 진입시키는 경보병이 낙하산병이건 해병이건 불분명하다고 할지라도, 이러한 편성 방법은 상대적으로 적은 자산을 효과적으로 운용하는 융통성 있는 수단이 된다.

[그림 6.10] 항공전투단(3,200명)

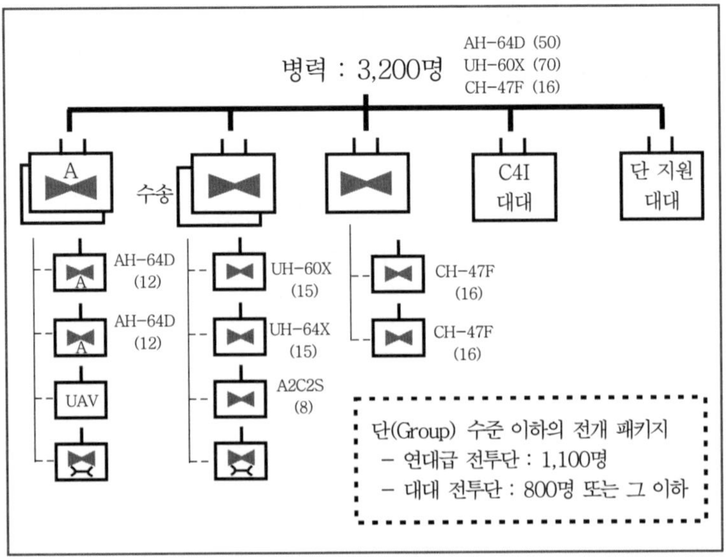

하나의 편제로 항공능력을 통합하는 것은 실제로 기동 · 합동원정전을 용이하게 해줄 것이다. 이것은 지휘관에게 공지팀을 형성함으로써 융통성 있는 지원을 할 수 있게 해주고, 유인 및 무인자산을 팀으로 묶어서 기술을 이용할 수 있도록 해준다. 이 편성은(그림 6.10에서 제시한 것과 같이) 확실히 타격 · 수송 및 C2 플랫폼과 함께 UCAV를 포함한다. 오랜 기간 동안, 정찰 · 정밀 타격 및 기동전을 수행하기 위해 지상부대의 능력을 극적으로 향상시키는 편성이 육군의 항공기를 운용함에 있어서 성공의 키포인트가 되게 한다. 기동에 의한 실제적인 공지 통합은 반드시 이뤄져야 한다.

이러한 편성 중심에는 AH-64D 또는 롱보우(Longbow)가 있다. AH-64D는 롱보우 밀리미터 웨이브 화력통제 레이더와 헬파이어 미사일을 단일 정밀획득 및 공격 플랫폼으로 연결한다. 롱보우 화력통제 레이더는 레이더 발사 위협에 대한 수동적 위치 및 식별에 대한 통합된 레이더 주파수 간섭장치를 합체하였다. 밀리미터 웨이브의 이점은 복잡한 지상에 대한 빈약한 가시성 상태 및 낮은 감지성 하에서 발휘되는 성능에 있다. 짧은 웨이브 길이(파장)는 좁은 빔 폭을 가지며, 이것은 대응수단에 대해 저항성이 있다. 롱보우 아파치는 30초 내에 공격에 영향을 준다. 레이더 돔은 단일 레이더 스캔(주사)에 대해 위치를 나타낸 후에 다시 차단한다. 프로세서는 최대 256개 표적의 위치 · 속도 및 비행방향을 결정한다.

현재 육군의 AH-64D 획득은 2006년 여름 501대로 계획되었다. 그 시기에, 육군은 대략 480대의 AH-64D를 갖게 될 것이다. 이것은 매년 사고 및 재난으로 4대씩 잃는 것을 가정한 것이다. 보잉사는 232대의 AH-64D를 생산하기로 계약했다(2002년까지 출하).

그리고 2006년까지 AH-64A 아파치를 AH-64D 표준형으로 업그레이드하기로 했다. 항공단 내의 AH-64D 수량에 공정-공중강습단 내에 있는 정찰대의 AH-64D에 대한 소요가 추가된다면, 추가적으로 50에서 100대의 AH-64D가 필요할 것이다. 그러나 이 계획을 확장한다면 최신화 되지 않은 모든 AH-64는 퇴역하게 될 것이다. 이 기회를 놓쳐서는 안 된다.

육군은 많은 수의 CH-47(450대 + 규모)을 가지고 있다. 이것은 아프가니스탄과 하이티에서 보여준 역할로 사용되고 있거나 사용될 수 있다. CH-47을 사용하는데 있어서 나타나는 문제는 전형적인 병과 · 옹호자 관련 문제다. CH-47을 위한 표준 군수 소요는 없다.

왜냐하면 수송병과의 두려움 때문이다. 현재 트럭 소요가 이러한 진행 속에서 위태롭게 될 수 있는 것이다. 다시 말해서, CH-47의 정당성 · 역할은 〈공중강습〉에 있다. 즉 포병과 장비를 이동시키는 것이다. 그러나 실상을 보면 CH-47 대대들은 군수를 위해 사용될 수 있으며, 사용되어야 한다. UH-60 블랙호크 헬리콥터는 잘 알려져 있다. 이것은 공중이동 작전을 위한 항공기로 알려졌다. 육군에는 1,700대의 UH-60 재고가 있다. 따라서 여기서 제시된 재편성은 상대적으로 간단하겠다.

조기전개 지원단

현재 전쟁에서의 군수 계획수립은 사단 및 군단 운용을 가정하고 있다. 사단 및 군단 편성을 선호하게 되면 대규모 부대 구조를 전개해야 하는 결과를 낳는다. 현대 전개 모습은 많은 자산들을 포함한다.

이것들은 행동의 속도 및 독립적인 군사 능력을 요구하는 전략적 작전수행과는 무관하다. 또한 사단이 보유한 능력은 작전에서 조기에 또는 뒤늦게 필요할 수도 있다. 사단 규모의 전개는 사단 포병여단·사단 지원여단·공병여단·항공여단 등등의 전개를 낳는다.

이러한 설계는, 2차 대전에 뿌리를 두고 있다. 이것은 22,000명의 군단 수준 지원 편성을 가정하고 있다. 무게는 거의 98,000톤에 이른다. 이 속에서 사단은 본질적으로 독립적이게 된다. 커다란 후방 지역을 가지며, 이것은 이동할 수 없으므로 반드시 방호되어야 한다.

왜 이러한 시대착오적인 구조가 유지되고 있는가?

이것은 육군 군수시스템 때문이다. 베트남 전쟁 및 2차 대전 간의 시스템과 마찬가지로 이것은 야전의 전투부대로부터 받게 되는 연속적이고 세부적인 정보에 크게 의존한다. 중대한 전투지속보장 능력의 많은 부분은 사단 및 군단급에 유지된다. 결과적으로 미 전투부대는 간혹 보급을 찾아 후방지역 지원부대로 병사들을 되돌려 보내야 했다.

과거, 야전 보급부대와 연계된 일부 어려움은 전투부대가 얼마나 자주 위치를 변경하느냐에 따라 나타나게 되었다. 그러나 또한 어려움의 많은 부분은 모든 가용한 자산을 중앙통제하려는 욕망을 반영하고 있다. 이러한 욕망은 분권화 통제가 보급 시스템에서 너무 많은 소모를 낳게 될 것이라는 사고를 기초로 하고 있다.

물론, 1991년 서남아시아에서 근무했던 모든 사람들은 도크와 비행장에 놓여있는 수 천대의 벤과 컨테이너를 잘 기억하고 있을 것이다. 이러한 벤과 컨테이너의 내용물은 잘 알려지지 않았으며, 사용되지도 않았다. 1991년 유프라테스 강을 따라 전투병사들은 자신들의 떨어진 군화를 대체할 새로운 군화가 필요했지만, 상급 지휘본부에 있었던 장교와 병사들은 새로운 군화를 자랑해 보이고 있었다.

이러한 구조는 WMD를 위한 사치스런 표적이 된다. 또한 폭도들에게도 마찬가지다. C2 능률화, 싸우지 않는 불필요한 장비 및 장병 감소, 그리고 보다 작은 기동 및 타격 편성부대 내에 보다 나은 독립성 창출은 행동과 결심의 스피드를 달성하기 위해 필수적이다.

지휘 계층은 전장에서 지상부대의 분산을 야기하는 같은 압력 때문에 더해지거나 감소되었다. 군수지원의 새로운 형태는 반드시 새로운 환경에서 작전을 용이하게 하기 위하여 고안되어야 한다. 일부 사람들의 말에 의하면, 아마추어는 전술을 논하지만 전문직업군인은 군수에 관해 말한다고 한다. 마셜(George Marshall) 장군과 맥나일(Lesley McNair)은 자신들의 주의를 새로운 군수지원 설계로 돌리기 이전에 그들에게 필요한 전투부대들을 전쟁에서 싸우도록 설계함으로써 1939년과 1942년 사이에 이러한 딜레마를 해결하였다. 새로운 부대 설계의 매개변수를 만들게 되면, 이러한 부대들을 유지하기 위한 모델을 건설할 수 있게 된다.

조기전개지원단(EDSG : early deploying support group)은 새로운 방

향으로 이동하기 위한 시도를 하게 된다. 선도적인 원칙은 군수와 작전은 반드시 손에 손을 맞잡고 진행되어야 한다는 것이다(그림 6.11 참조).

[그림 6.11] 조기전개지원단(5,000–7,000명)

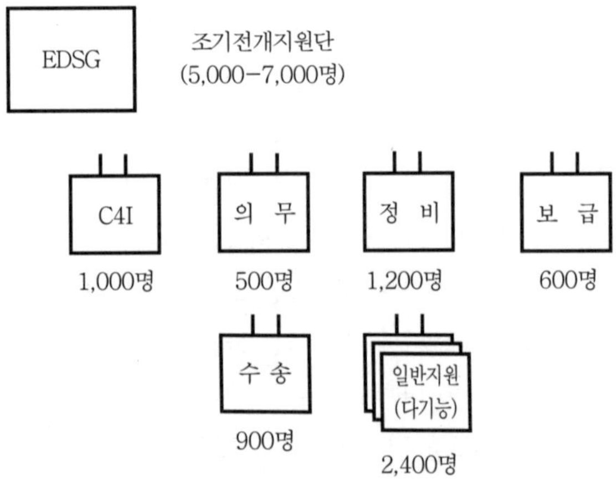

조기 진입 모듈화 부대들은 공수로 전개되거나 또는 해상에 사전에 미리 배치된 세트를 사용한다. 일반지원대대들은 화학제독 및 헌병부대를 포함하고 있다. C4I 대대는 RSOI, EDSG 본부, 분배 센터 및 후방작전센터를 포함한다.

따라서 EDSG는 두 가지 방법으로 운용된다.

첫째, 미리 영구적으로 전투단과 편성체를 이루고 있는 상당한 지원능력을 이용한다. 둘째, EDSG는 모듈화 된 지원 편성부대를 만드는 대신 22,000명을 지닌 군단 지원 사령부를 없앨 수 있게 해준다.

이것은 신속히 전개되고 35,000명에서 45,000명에 이르는 원정부대를 30일에서 45일간 또는 추가적인 지원부대가 도착할 때까지 전투를 지속할 수 있도록 해준다. 수 시간 또는 수 일 간의 전투에서 성공하기 위해서는 많은 일을 필요로 한다. 그러나 이중에서 가장 중요한 것은 원거리에서 부대를 투사하는 것이다. 먼저 분쟁 또는 위기가 있는 전구로 진입시키고, 이어서 그 전구를 가로질러 투사하는 것이다.

전개(deployment)하는 경우는 1개 내지 4개의 유형으로 구분되는 경향이 있다.

- 재난 구조(예컨대, 허리케인)
- 비전투원 후송작전 · 피난민 지원(예컨대, 동티모르)
- 전쟁 시 강제 진입
- 분쟁이전 진입

이 작전들은 80%의 공통성을 갖는다. 단지 단위부대들과 위치가 실질적으로 변화한다. 이상적으로, 합동 부대들과 각 군종은 각각의 유형에 대해 계획해야 한다. 그리고 이어서 최초 전개 120시간 동안 전개하는데 있어서 변화 발생이 실질적으로 없도록 해야 한다. 특히 미 육군 부대들을 보면, 전략적 공수 및 해상 수송으로 전개되기 위한 부대 편성으로 변화할 필요가 있다.

이것에 추가해서, 육군 회전익 항공자산들은 하이티 침공 시 중요한 보급물자를 전구 주변이나 안으로 또는 함선에서 해안으로 이동시키기 위해 참가했던 것과 같이 완전히 이용되지 못하고 있다.

제안된 부대 구조는 두개의 EDSG를 현역 구성군에 포함시키고 있는 것이다.

C4I 단

C4I 단은 기본적으로 육군 통신 · 군 정보 및 심리작전 부문에 있는 자산들로 구성된다(그림 6.12 참조).

솔직히, 반 독립적이고 지나치게 스토브파이프 형태인 통신 그리고 군 정보여단을 계속 유지한다는 사고는 심히 낡은 사고이다. 현재 기술들은 새로운 방식으로 경제적인 편성 기회를 창출하고 있다.

[그림 6.12] 합동 C4I 단

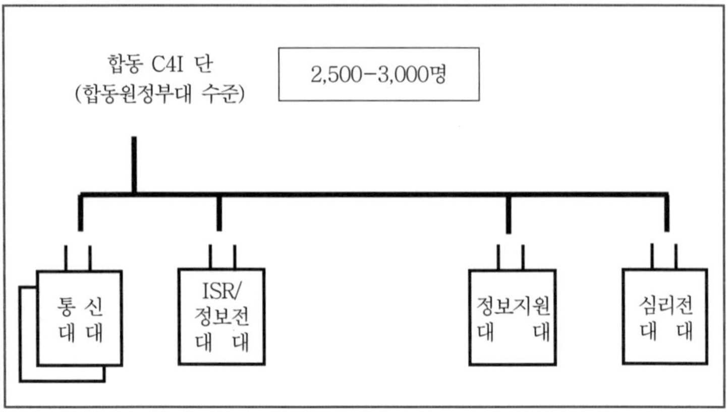

현 기술은 20세기 중반의 FM 통신을 훨씬 너머서고 있다. FM 통신이 많은 작전적 환경 속에서 지속적으로 선호되겠지만, 비화가 가능한 공간 중심 · 공중 이동 및 해상을 기초로 한 통신은 군단 규

모의 원정부대 내에서 필요한 병력의 수를 감소시키는데 이용될 수 있다. 이것은 우군 부대를 찾아서 거의 실시간 통신을 제공할 수 있다.

이러한 편성의 약한 기반을 보강해 줄 수 있는 것은 수세적 정보작전(기만 · 간섭 · 방해 및 기능 저하로부터 자산을 방호하는 것)이 ISR 및 통신의 부분집합이며, 공세적 정보작전(적의 자산을 기만 · 간섭 또는 방해 및 기능을 저하시키는 것)이 전통적인 전자전의 조합(지휘 · 통제 및 통신 대응책 그리고 심리작전)이라는 가정에 있다.

현재, 모든 육군 원정전투부대는 합동군의 일부다. 따라서 ISR 및 통신의 어느 정도 부분은 또한 합동군의 비 육군부대들에 의해 지원될 것이다. 이러한 요소들이 얼마나 있어야 하고, 이것들이 얼마나 운용되어야 하느냐는 심각하게 연구될 가치가 있다. 그리고 육군에 배치된 오늘날의 통신여단 · 군 정보대대 및 관련된 자산을 제외한 고려도 있어야 한다. 이러한 편성부대들은 점차적으로 합동화 되고 타군의 자산과 인원들을 갖게 될 것이다. 전개하는 부대를 위한 기반시설을 보장하고 두기 위해서 이것들 중 하나를 각각의 지역 통합사에 투입하는 것이 합리적이겠다. 이것은 미국 본토에 있는 나머지로 자산을 이용한 전방 편성부대의 부분적인 전개를 포함할 수 있다. 또는 이러한 편성부대를 다른 유사 단위부대들과 함께 전체적으로 또는 부분적으로 교대시키는 미래시스템을 포함할 수 있겠다. 이러한 형태의 능력은 18공정군단 내에 배치되고 이용되며 더불어 잘 다듬어질 필요가 있다.

3군단 내의 추가적인 능력 중심 편성부대들

18공정군단은 당연히 창끝작전[18]을 수행한다. 그러나 3군단은 많은 장갑차량 및 전차 재고를 가지고 있는 부대로, 앞으로 다가올 많은 시간 동안 장갑화된 강력한 펀치를 육군과 국가에 제공하게 될 것이다. 3군단의 능력은 의미 있으면서도 다양하다. 여기서의 논의는 장갑화된 부대 및 전구 미사일 방어 자산을 이용한 결정적 기동으로 제한한다.

일반적인 기대와는 다르게, M1 전차는 앞으로 많은 기간 동안 유용할 것이다. 중폭격기 또는 항공모함과 마찬가지로 전차는 반드시 새로운 합동, 제병협동 골격 또는 새로운 타격 패키지 속에 각각 싸울 수 있도록 편성되어야 한다. 제병과의 능력은 UCAV, 지뢰 및 적외선 미사일의 다양한 위협으로부터 지상에 있는 장갑차량을 방호해 주고 장갑차량 고유의 능력(기동성 · 화력 그리고 생존성)을 이용할 수 있게 해준다.

중요한 건 전차가 얼마나 많이 필요하며, 어떻게 운용되어야 하는가에 있다. 1990년대, 육군 중사단 전개와 관련된 연구들은 1개 사단 내에 있는 6개 전차대대는 전체 사단 무게인 110,000톤 중에서 단지 36,000톤에 불과하다는 것을 보여준다. 활동하는 전구에서 싸우는 부대를 얻는 것은 다음과 같은 넓은 사고보다는 중요한 것이 아니다.

즉, 전개하여 싸우기 위해서 기지 내에서 부대를 패키지화하여 가급적 항공을 포함한 모든 전투 병과를 병합한 편성부대로 전쟁에 들어가는 것이 중요하다. 전투기동단(그림 6.13 참조)은 이전의 2차

18) 역자 주 : 가장 종심 깊게 공격해 들어가는 것을 의미

대전시 전투지휘 편성체와 매우 유사한 것으로 〈미니 사단〉이라고 하겠다.

이것은 공지정찰부대 · 합동 C4ISR 통신수단 · 고정편성된 지원부대 · 타격자산 및 근접전투부대를 포함하고 있다. 이를 통해 오늘날 세계 속의 모든 전장을 지배하게 된다.

[그림 6.13] 전투기동단(5,000명)

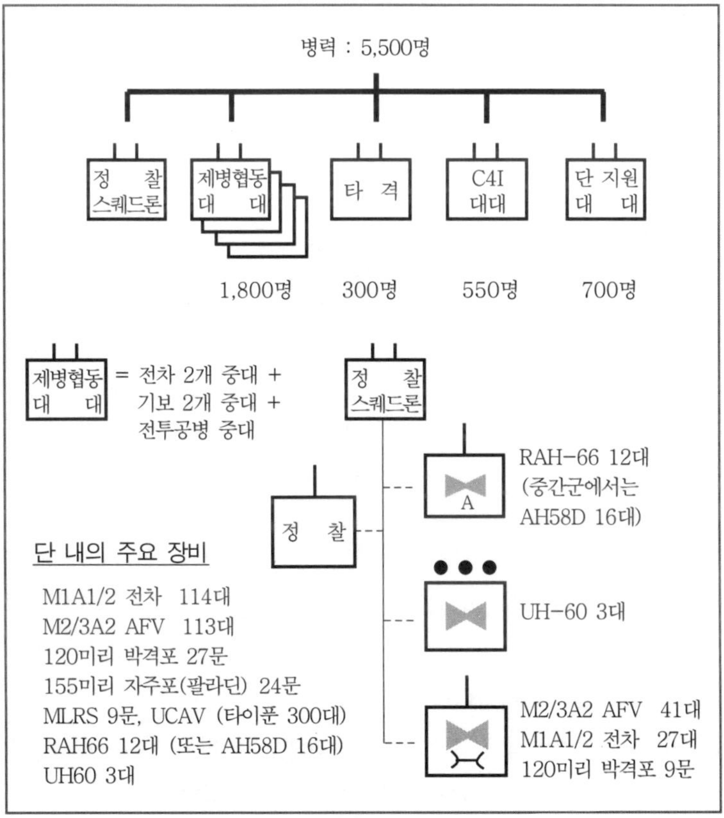

북한의 알려진 전술적 탄도미사일 및 잠재적으로 시간이 걸리는 낮은 출력의 핵탄두 생산능력은 미사일 타격으로부터 집결하는 부대를 방어하는 문제를 미국에게 군사 문제에 있어서 중심이 되도록 만들었다. 육군은 이러한 노력을 하는데 있어서 중요한 역할을 한다. 이것은 (그림 6.14)에서 전구 대공 및 대미사일 방어단으로 묘사되고 있다.

[그림 6.14] 전구 대항공 및 대미사일 방어단(2,500명)

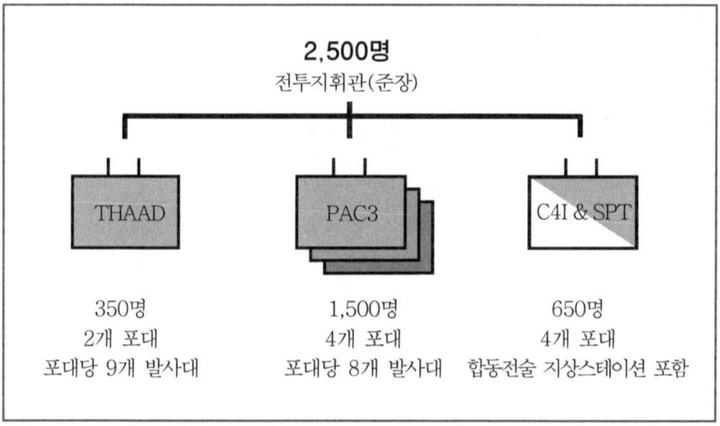

육군의 전구 고고도 방공미사일(THAAD: theater high altitude air defense missile)은 중거리 탄도 미사일과 교전할 수 있는 능력을 지닌 첫 번째 시스템이다(PAC-3는 이러한 위협과 교전할 수 없다). 이러한 능력은 원정전 뿐만 아니라 자국 방어에서도 사용될 수 있다.

THAAD는 매력적인 것이다. 왜냐하면 진입하는 탄도 미사일을 대기권 밖에서 단단한 표면의 운동에너지로 타격하여 없앨 수 있기 때문이다.

THAAD는 PAC-3 시스템과 비교할 때, 방어 능력이 250% 높게 나타난다. 전구탄도미사일(TBM)에 대해 두 시스템의 능력이 일부 중첩되어 있지만, THAAD는 사실상 PAC-3(그리고 기타 낮은 고도에 대한 시스템) 능력을 능가하는 대응수단으로 설계되었다.

그러나 이 두 시스템은, 강력한 타격-제거 능력 사용을 통해서, 현재 가용한 다른 모든 시스템의 조합보다 치명성이 우수하다. 따라서 진입하는 미사일 탄두의 진로를 벗어나게 할 수 있을 뿐만 아니라, 거대한 운동에너지 발사를 통해 마찬가지로 타격하여 없앨 수도 있다.

미래에, 분쟁지역에 PAC-3 전구 미사일 방어능력을 전개시킬 때에는 아마도 합동지상공격 순항미사일 방어망 센서(JLENS : joint land attack cruise missile defense elevated netted sensor)를 포함할 것이다. 무인 비행선은 굿이어사의 소형비행선이 아니다. 이것은 약 500만 입방 피트의 가스를 담고 JLENS 패키지를 이동시킨다.

두개의 프로펠러를 지닌 네 개의 전기 엔진은 모든 위치를 통제(좌우 · 앞뒤 · 회전)할 수 있으며, 직경 1,200 킬로미터 지역을 감시할 수 있다. 이 능력은 보다 거대한 전구미사일방어(TMD) 전개 패키지에 통합되는 일부분이 될 것이다.

미래 합동작전에서 군단 포병부대들은 어쩔 수 없이 사라질 것이다. 육군은 작전적 타격단을 배치하는데 일부 관심을 보여야 한다. 이러한 작전적 타격단은 전체적으로 로켓 포병 · UCAV 그리고 기타 타격 자산들과 같은 원거리 공격(stand-off attack) 무기로 구성된다.

이것에 추가해서, 화학방어 편성부대들에 대한 필요성이 증가하고 있다. 육군과 해병대는 미국 내부뿐만 아니라 해외에서 생물학 방어 · 탐지 및 제독을 하기 위해 설계된 보다 커다란 모듈화 된 부대로 이러한 능력을 확장시키는데 있어서 현존 화학대응팀을 기초로 하여 건설해야 한다. 이것이 얼마나 커야하며, 얼마나 많이 가져야 하는가는 이 장의 시야에서 벗어난다. 그러나 이것은 현재 및 작전적 사고의 커다란 부분이 되어야 한다.

결 론

육군 변혁이 퇴행되기 보다는 진보하기 위해서, 전략 · 구조 · 전투 준비 · 사고 · 기술 그리고 변혁 간의 연결이 반드시 있어야 한다. 행정부의 범세계 테러리즘과의 전쟁에서 승리한다는 전략은 반드시 육군의 행동과 사고를 형성해야 한다.

군사교리(어떻게 군 조직이 싸워야 하는가를 생각하고 기술한 집합체)는 반드시 국가 전략을 지원하기 위해 계획되어야 한다. 이것은 육군이 미래 국가 정책 최종목표에 따라 편성되고 태세를 갖추어야 한다는 것을 명확히 하고 있다. 테러리즘에 대항하여 현재 범세계 전쟁에서 승리하려는 전략은 육군 전투편성에 합동원정작전의 특성을 반영하도록 하고 있다. 이렇기 때문에 기동부대와 강력한 타격자산을 통합하는 효과적인 작전적 골격이 지상전에서의 변혁을 위한 기초라는 것이 현실에 부합하는 것이다.

센서들과 타격 기술들은 모든 부대들이 싸우는 방법의 변화를 강요하며 변화시킬 수 있다. 이것은 지상에서 싸우기 위한 부대편성 방법을 심오하게 변혁시킨다. 넓은 지표면에서 이동하는 차량 · 인원집단을 탐지하고, 위치를 확인하며, 추적하고 표적화하는 센서 시스템은 이전에 없던 능력을 제공하고 있다.

이것은 기동 및 타격작전의 결합을 통해 항공기 공격에 취약해지는 순간에 적 부대를 와해시키고, 사기를 저하하며 전환하도록 초기에 사용될 수 있다. 이러한 기술들은 적에 대한 완전한 지식을 창출하지 못할 것이다. 그러나 이것은 미군 부대들의 기동 및 타격 능력이 미군 부대들이 알게 될 사항을 이용하는 지름길이 될 것이라는 점을 제시하고 있다.

전술적 형태는 전략을 따르는 경향이 있다. 이러한 과정을 통해 야기된 편성 구조는 달리 말하면, 군사적 선택을 결정한다. 군사적 선택은 행정부에게 열려있으며, 행정부는 실제로 택할 수 있는 행동을 고려한다. 나폴레옹의 지휘구조 및 중복적인 관리 수준을 지닌 현재의 육군 구조는 효율적이지 못하다. 그러나 신속히 현재 진행 중인 과정을 변경할 수는 있다. 육군은 거대한 합동군으로 육군의 능력을 통합하는 민첩성이 부족하다. 이렇게 되면 기술은 전통적인 각 군종 체제의 바운더리를 서서히 침식시킨다.

(표 6.1)은 이 장에서 제시하는 것과 같은 새롭고 보다 민첩한 합동전투부대구조로 바꾸는데 있어서 어떤 현대적인 변화가 있어야 하는가를 제시하고 있다. 특정 수 및 형태의 편성부대들은 국방성 및 의회에서 결정되어야 할 것이다. 이것은 합동 군사소요 평가과정(joint military needs assessment process)을 기초로 한다.

과거와 같이, 편성 변화는 반드시 기술과 함께 진보해야 한다. 현재, 전장의 공통작전상황도를 만들기 위해 사용되는 합동 C4ISR의 기술은 혁명적 변화를 더욱 용이하게 해줄 것이다. 그러나 전쟁에서의 혁명적 진보는 현실적으로 기술만이 아닌 편성적 변화에 더욱 많이 의존하게 될 것이다. 그러므로 합동지휘는 모듈화를 강조한다. 이것은 기능적 분야를 포함한다(기동 · 타격 · 첩보 · 정보 · 통신 · 컴퓨터 · 감시 · 정찰 및 전투지속보장).

가장 중요한 것은, 만일 미군부대들이 적을 공격한다면 공격의 목적은 지상에서 적 부대와 함께 적 지휘부를 타격하고 마비시키는 것이 되어야 한다. 이 장에서 설명한 단(group) 집단은 내심 이러한 목적으로 설계된 것이다. 이들은 분산된 기동전을 위해 설계된다.

넓게 분산된 축선을 따라 전진하여 적의 지휘 및 핵심부위의 중심으로 신속히 전환 공격한다. 정보 · 민사 · 심리작전의 기능적 영역에 특정 책임을 지닌 참모장교를 보유한 것은 점차 하급 제대로 갈수록 이러한 과정의 커다란 부분이 된다. 정보 · 민사 및 심리작전은 기동 및 타격작전에서 정보작전과 통합된다.

[표 6.1] 산업화시대의 육군에서 정보화시대의 육군으로

산업화 시대 육군	정보화 시대 육군
• 가벼운–무거운 전쟁수행 구조로 9개의 분리된 육군 사령부 및 지역 지휘본부를 가짐. 이것은 5개의 4성장군이 지휘하는 육군으로만 편성된 지휘본부를 가지며 여기에 추가해서	• 3개의 분리된 4성 장군 육군 사령부와 3개의 육군만으로 편성된 3성 장군이 지휘하는 사령부 여기에 추가해서 2성 장군이 지휘하는 사령부를 지닌 전쟁수행 구조.
• 4개 군단 · 10개 사단 · 34개 기갑 및 기계화 여단 · 40개 이상의 추가적인 전투지원 및 전투근무지원 여단 규모의 단위부대들을 보유.	• 44–55개 전투단이 임무에 초점을 둔 능력 패키지로 편성되며 준장이 지휘.
• 모든 단위부대들과 본부들은 지속적인 교류가 있다. 이유는 전입전출 때문이다.(예컨대, 현재 태세로는 연 33–50% 교체율을 나타냄. 한국에서의 연간 교체율이 100%).	• 육군은 합동 교대 전투준비 스케줄에 의거 훈련되고 준비된 편성부대의 요원들을 제공.
• 전개 및 전투하는데 응집력 및 전투준비태세 경량화가 없음.	• 교대 전투준비 시스템에 속하는 모든 단위부대들은 확실히 훈련되는데 36개월이 걸림. 일상적인 전개 및 위기대응에 단결된 단위부대들을 운용할 수 있음.

LRSG, 공정–공중강습단 · 항공타격단 그리고 EDSG는 지상전에서의 실상으로부터 신속결정작전과 효과중심전 이론을 분리하는 구조적 갭에 교량역할을 하기 위해 각각 설계된 것이다. 이들은 능력중심 부대 패키지로 되어 있으며, 합동군 지휘관 전투력 독립 모듈이 되어 공군 · 해군 및 해병대에게 능력을 증강해주거나 보충해줄 수 있다.

범세계 합동대응부대(global joint response force)에 대한 국방장관의 개념과 연계해 살펴보면, 이러한 부대들은 융통성 있는 대응 능력에 있어서 발전을 계속해야 한다. 이 능력은 테러리즘에 대한 21세기 글로벌 전쟁에서 국가에 필요한 것이다. 이러한 부대를 장비하고 야전에 배치하는 군수품을 우리는 현재 보유하고 있다.

전투기동단(CMG) 개념은 전투준비가 된 상태로 창끝 역할을 하는 방법이 되다. 가장 치명적이고 능력 있는 육군 전투부대의 타격 능력을 유지하고 동시에 국가 안보에 필요한 양을 초과하는 전차 및 장갑 차량 장비 재고를 감소시키는 것은 필수적인 것이다.

만일 현존하는 소위 무겁게 편성된 재래식 부대들이 13개의 전투기동단으로 재편된다면, 해안과 해상에 이미 전개된 자산을 포함하는 약 6,000대의 전차 재고는 1,600에서 2,000대 수준으로 감소될 수 있다.

미군 부대에 대한 전구탄도미사일(TBM) 위협이 두 지역(북동 아시아 · 중동)에서 잠시 제한되기 때문에, 미사일 재고 및 지원 장비들은 해안 · 바다 또는 이 양쪽 모두에 사전에 배치될 수 있다. 대만에서 중국인민공화국 그리고 유럽 또는 페르시아 지역의 분쟁 해결을 포함한 미래 위기가 발생할 경우, 전구 미사일 방어단들(theater missile defense groups)의 유용성을 상상하기란 사실상 쉽다고 하겠다.

합동 지상공격 순항미사일 방어센서(JLENS)로 제공되는 능력과 더불어, 전구 미사일 방어단들은 동맹국들에게 확신을 주고 잠재적들을 해결하는데 있어서 미국의 능력을 과시하게 된다.

현재와 미래 위협을 기초로 할 때, 육군은 미사일 방어를 발전시킬 이유가 있다. 이것은 신속히 전개하여 미국 내의 중요한 표적에 대해 정밀 방어(point defense)를 할 수 있다. 육군 방공부대는 이미 워싱턴 D.C.에서 레이더 훈련을 실시하였다. 이것은 공중 납치된 민항기나 기타 적 항공기를 요격하기 위한 노력을 향상시켰다.

북미항공방어사령부(NORAD : North America Aerospace Defense Command)에서 실시한 암호명 클리어 스카이즈(Clear Skies) 훈련에서는 요격미사일 없이 두 개의 미 육군 이동식 레이더가 참여했다. 이것은 가까운 미래에 변화되어야 한다.

유라시아 대륙, 북아프리카 연안 그리고 한반도에 있는 잠재적인 미래 적들이 이 지역으로 미 군사력이 도착하는 것에 차질을 주려고 할 것이므로, 육군 전개 스케줄을 빠르게 하고 전투준비태세를 완비하는 것이 결정적인 것이다. 이러한 목표를 달성하기 위한 한 가지 방법은 육군 작전적 C2 요소들을 지역 통합사령부에 요구되는 합동 C4ISR에 통합하는 것이다.

하위 통합사령부 수준에 있는 상설합동부대본부(SJFHQ)는 각 통합사령부에 지휘본부를 제공한다. 이 통합사령부는 육군 종심타격 시스템 및 타군의 이러한 시스템을 통합하고, 지상 및 근접전투작전에 대한 모든 전투지속작전을 책임지는 육군 요소들도 통합한다. 이러한 범세계 C2 접근법은 해군이 좋아하는 전투준비 및 훈련 구조(공군은 이미 적용하고 있다)와 일치한 것이다.

이는 곧 3개의 단위부대를 가지고 있으면서 이중 한 개 부대는 전방에 전개되도록 준비완료된 것을 말한다. 하나는 출동해 있고, 다른 하나는 후방에서 전방으로 투입될 준비를 하고, 하나는 후방에 빠져서 인원 및 장비 재보충 · 재훈련을 실시한다.

이 장에서 제시한 부대들과 육군의 전통적인 사단 편성부대들의 결합은 심각하게 검토되어야 한다. 10개 사단에 상응하는 부대로서, 이러한 다양한 단(group) 구조들은 전투사령부(combat command)로서 지정될 수 있으며, 특정 사단 내로 들어갈 수 있다.

예컨대, 82공정사단은 두 개의 5,500명으로 된 전투사령부를 배치할 수 있다. 하나는 A 전투사령부, 다른 하나는 B 전투사령부로 지정될 수 있다. 2차 대전은 이러한 접근법의 모델을 제공하고 있다.

사실상, 육군장관이 결정한다면 오랜 해에 걸쳐 퇴역해 있던 사단들은 현역 사단으로 복귀할 수 있다. 4기갑사단 또는 173공정여단과 같은 편성부대의 경우 이 부대들의 전투기록은 칭찬할만하기 때문에 육군 지도부에서 환영받아야 한다.

궁극적으로, 전체 미 육군을 변혁할 필요가 있다는 변화를 받아들이게 되면, 가장 뛰어난 승리를 거두는 것이 가장 많은 피를 대가로 하는 것이 아님을 인정하게 된다. 승리는 합동 타격 및 기동으로 적을 마비시키고 각개 격파하여 달성되어야 한다. 구조적 · 편성적 변화 없이는 사고가 발전하지 않을 것이며, 미래 합동군의 실체가 변화하지 않을 것이다. 미국의 성공적인 사업과 마찬가지로, 군대는 반드시 일부 새로운 기술을 병합하고 기타는 버려야 하며, 업무와 구조를 환경에 적응시키고, 활동을 좁히거나 또는 넓혀야 한다. 이 모든 것이 변화하는 환경에 반응하는 것이다.

7 전투준비태세 달성

> 1940년, 영국함대는 아무것도 할 수 없었다. 미치지 않은 모든 독일 지도자들을 확실히 억제하기 위해서는 서부전선 상에 전쟁이 나자마자, 신속한 승리가 불가능 하다는 것을 알게 해 줄 수 있는 만큼의 거대한 육군이 확실히 존재해야 했다. 영국이 궁극적으로 투입한 그러한 규모의 육군으로는 이미 전쟁을 억제하기에는 너무 늦었기 때문에 적시에 패배를 피하는 것 말고는 할 것이 없었다.
>
> –전쟁의 기원에 대하여, 도널드 케이건

걸프전쟁 이래로, 미국인들은 세계의 다양한 지역에 미 군사력을 자주 전개하는 것에 익숙해졌다. 육군 · 해군 · 공군 및 해병이 세계 도처에서 발생한 몇몇 새로운 위기에 대처하기 위해 출발하는 것을 자세히 알리는 저녁 뉴스에 대해 세계는 거의 반응을 보이지 않고 있다. 만일 1991년 이래로 갑작스러운 위기 및 예상하지 못한 전개가 미래 육군 성공을 위한 형판이 된다면, 미래를 준비하는 합동군의 부대와 함께 육군을 보다 효과적으로 훈련시키기 위해 어떻게 편성해야 하는가를 생각해야 한다. 냉전 이후 세계의 〈갑작스러운〉 분쟁 환경에서, 일찍이 보기 드문 전개는 점차 평범하고 피할 수 없는 것이 되고 있다.

[그림 7.1] 새로운 육군 전투편성

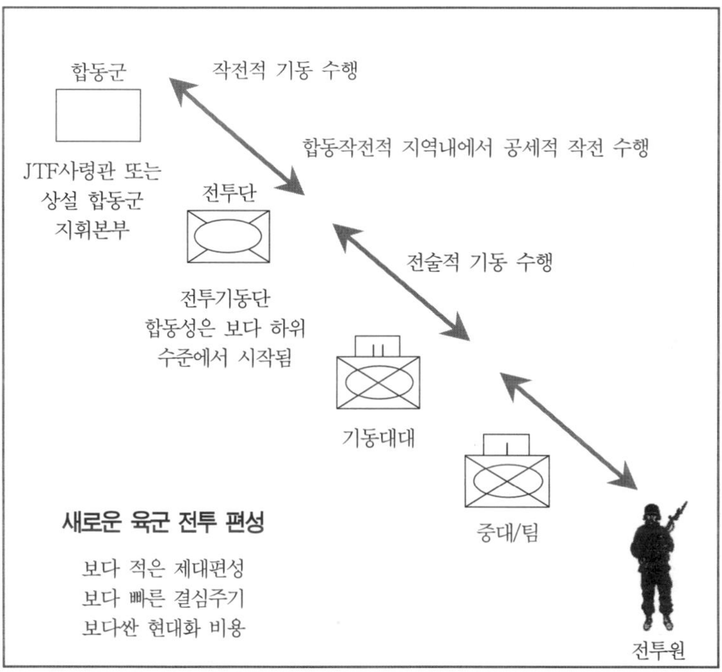

보다 거대한 합동군에 통합하기 위해 육군을 패키지화하는 것이 답변의 일부다(그림 7.1 참조). 그러나 패키지화했다고 육군이 항상

효과적으로 훈련하는 것은 아니다. 육군은 여전히 냉전시대의 전투 준비 및 훈련 태세를 유지하고 있다. 이 장은 전개하여 싸우기 위한 전투준비를 다룬다. 현재 위기 및 분쟁 속에서 합동 순환교대(rotational) 전투준비태세를 다룬다.

할리우드 은막에 투사된 전투의 성공 모습과는 달리, 전투에서의 성공은 우연적인 것이 아니다. 또한 갑작스런 영감이나 행운이 있는 것도 아니다. 아마 20세기 최고의 공세 전역은 1940년 6주 내에 실시한 독일의 프랑스·벨기에 및 네덜란드 점령 작전일 것이다.

이것은 또한 가장 적은 사람들만이 이해하고 있는 전역 중 하나다. 솔직히, 이 해 5월 10일 시작된 독일 공세는 훈련 준비태세·일상적인 전투훈련(battle drill) 그리고 평소의 편성이 중요하다는 것을 보여주는 예다.

독일 육군의 뮤즈 강을 건너는 강습은 모젤(Moselle) 강에서 수개월 반복적으로 연습된 것이라는 것을 아는 사람은 거의 없다. 교량 지역은 뮤즈 강과 유사한 지역이 선택되었다. 뮤즈에서 독일 육군은 적 화력 하에서 교량을 조립하기로 되어 있었다. 뮤즈 강을 강습 도하하기 위한 시간이 독일 병사들에게 도래했을 때, 팬저부대 지휘관 구데리안 장군은 사실상 연습명령을 하달했다고 할 수 있다.

이것은 원래 뮤즈 강을 고려하여 실시한 가을 기동 기간에 궁리해낸 것이었다. 따라서 단지 일정·시간 및 위치만 변경시킨 명령지로, 2장으로 작성됐다. 이것이 가능했던 것은 우연히도 전쟁에서의 환경이 전쟁이전의 환경과 아주 동일했기 때문인 것은 아니었다. 환경은 달랐다. 그러나 훌륭히 훈련된 독일 부대들은 이러한 특별한 작전을 1940년 가을에 자주 연습했다. 그래서 새로운 환경 적응은 문제 되지 않았다.

합동전을 수행하는 현대에, 미 수송사령부의 전투 사령관은 종착지의 비행장 또는 도로의 안전이 확보되자마자, 미국으로부터 중앙아시아 · 북아프리카 또는 중동으로 육군원정군을 이동시키기 위해 C-17, C-5A 및 민간 항공기를 단순히 혼합하여 집결시키지 않는다.

육군 병사들은 장비 세트를 항공기 또는 배에 불쑥 싣지 못한다. 전개를 위해 미리 배열되지 않은 선적 화물은 볼 수 없다. 만일 이것을 하게 되면 전개는 늦게 되고, 육중해지며 비효과적이게 된다.

동일한 모습이 근대 전투에서 사실로 나타나고 있다. 점점 하위수준에서 합동 전술적 구조가 필요하게 되면서 근대 군사작전 수행은 점차로 복잡해진다. 의미 있는 준비가 없다면, 아래에 기술된 유형의 작전은 엄청난 노력을 하지 않고서는 성공할 수 없을 것이다.

베트남 전쟁 이후 처음으로, 도시지역은 다시 한 번 무장 분쟁에서 피할 수 없는 전략적 환경이 되었다. 왜냐하면 도시들은 군 지휘 및 통제 노드를 포함한 정부의 결심수립체를 포함하고 있기 때문이다. 그리고 이 도시들은 거대하고 상징적인 정치적 가치를 가지고 있기 때문이다. 이러한 지역에서 단지 언제 그리고 어떤 환경 하에서 싸울 것인가는 문제되지 않는다.

미래 적이 주도권을 잃었다고 깨닫고 합동부대가 도시지역 내의 자신들을 쓸어버린다는 것을 깨닫게 될 때, 적은 자신을 방어하기 위한 새로운 방책을 채택하게 될 것이다. 이러한 방책들은 포위된 자신들의 부대에 가해지는 압박을 풀기 위해서 도시지역 밖에서 기타 전투능력을 이용하여 역습을 시도하는 것을 포함하게 될 것이다.

이러한 방책들은 또한 미국 본토에 대한 공격을 포함하게 될 것이다. 추가적으로, 적은 가능한 한 민간 대중이 많은 지역을 이용하려고 할 것이다. 1942년 11월 스탈린(Joseph Stalin)이 지적했듯이, 육군은 죽은 도시보다는 살아있는 도시에서 더욱 열심히 싸울 것이다.

아직도 도시전(urban warfare)이라는 용어를 말할 때, 스탈린그라드나 베를린과 같은 도시 속에서 모든 집과 공장에 대해 병사들이 싸워 나아가는 것과 같은 극도의 인간 대량학살의 모습을 상기시키고 있다. 비록 이것이 도시전의 실제 본질에 대한 잘못된 가정으로 자주 이끈다고 할지라도, 이 모습은 완전히 부적합한 것은 아니라고 한다. 이중 하나가 도시전은 경보병의 몫이라고 말한다. 이것보다도 잘못된 것은 없을 것이다.

18명의 미군이 죽고 73명의 미군이 부상당한 소말리아 모가디슈 사태를 목격했던 미국인들에게는 일깨워줄 필요가 없을 것이다. 전역한 조이스(Larry Joyce) 중령은 이에 대해 날카롭게 지적한 바 있다. 그는 모가디슈에서 사망한 레인져 요원이었던 케시 조이스(Casey Joyce)의 아버지였다.

〈당시 장갑차량이 있었다면, 나는 나의 아들이 오늘날까지 살아 있을 것이라고 확신한다.〉

모가디슈는 냉혹한 현실이었다. 강화된 저항 진지의 적에 대항하여 싸우다가 실패한다면, 정보 지배의 이점은 급박한 전술적 교전 속에서 매우 감소한다. 또한 도시작전은 항상 한 편에서는 인도주의 지원을 포함할 것이며, 다른 한편에서는 법과 질서를 부과하는 작전이라는 것을 상기시켜준다. 반면, 세 번째 측면에서 보면 여전히 높은 치명성을 지니고 강도 있는 전투가 발생한다.

과거와 같이, 미군 부대들이 공격할 것으로 예상되는 곳에서 적 전차와 기계화부대는 주 도로를 따라 종심 깊게 분산할 것이다. 사실상, 많은 수의 적 전차 및 병력들은 도시지역 내에 진지를 점령할 것이다. 이들은 여기서 가슴 높이의 자동차 바리케이드를 구태의연하게 장애물로 설치할 것이며, 장애물 앞 지상에 대전차 및 대인 지뢰를 매설할 것이다. 도시 내에서의 매복을 위한 정교한 계획수립을 볼 때, 분명히 전차 및 공용화기를 이러한 장애물 측방에 배치하되 될 것이다. 마지막으로 적은 수 개월간 수천 명이 민간인을 살해하는 무참한 공격으로 인해 얻게 되는 국제 미디어로부터의 이점은 무엇이든지 이용하려 할 것이다.

마이크로 UAV 및 UGV 형태에 반영된 새로운 기술이 도움 될 것이다. 이것은 짧은 거리 · 고해상도(high-resolution) · 광학섬유 유도 미사일을 지닌 관통 센서(penetrating sensor)를 지녀 미사일이 유리창문 및 환기구를 관통하고 착발신관을 사용할 수 있도록 해준다.

그러나 소화기 화력 및 대전차무기의 치명성은 보다 효과적이고 가벼운 장갑몸체를 필요로 할 것이다. 또한 장갑전투차량의 보다 나은 능동적 방호시스템은 사상자와 부수적인 피해를 감소시키며 도시지역작전을 수행할 수 있도록 해줄 것이다.

재밍을 극복할 수 있는 전자적인 통신도 안 좋은 날씨 환경 속에서 신뢰성 있게 작동하며 매우 중요한 역할을 한다. 결국 이러한 변화들은 도래할 것이다. 그러나 이들은 뭔가 느리고, 비용이 많이 들며 정치적으로 어려운 도시전을 매우 쉬운 작전으로 변혁시킬 것이다. 대신, 집단적으로 발사되는 구식 화력 · 전투공병 및 육중하게 방호된 형태의 전통적인 방호장갑을 지닌 전차 및 장갑전투차량 그리고 자주포 및 박격포는 근접전투의 성공을 위해서 필수적인 요소로 남게 될 것이다(표 7.1 참조).

잠재적인 적들이 고체성 VX 및 '분말(dusty)' 작용제라고 기술될 수 있는 화학 물질을 고안하고 생산한다는 증거가 있기 때문에, 이러한 위협은 훈련 시 반드시 심각하게 고려되어야 한다. 분말 형태는 고체 운반체(실리콘 · 이산화물 또는 활석과 같은 물질)를 이용한다.

이것은 겨자 작용제를 지닌 상태로 인간이 마실 수 있는 에어러졸이 될 수 있다. 잠재적인 적들이 화학 작용제를 운반하기 위해 이러한 물질에 노력을 집중하고 있다는 것은 놀라운 것이 아니다.

지난 50년간 미군 병사들은 이러한 위협에 직면하지 않았다. 그리고 이들은 그들이 원하는 만큼 준비되지도 않았다. 파우더 작용제의 성질은 아마 침투성보호복의 미세한 구멍을 관통하고 지속적으로 작용할 수 있는 능력을 가질 것이다. 이것은 제독을 어렵게 만들 것이다.

[표 7.1] 도시전 : 무엇이 현실인가?

과 거	현 재
1968년, 3개월연대 및 2개 베트콩대대(적 병력 1만2천명)가 후에(HUE)를 점령했다. 이 도시는 14만 명이 거주하는 도시였다. 26일간 간단한 전투를 하면서, 해병대는 147명의 전사자를 내었다. 반면, 적은 5,113명이 사망하였다. 왜일까? 최전방에서의 엄청난 전차 및 포병화력에 추가해서 지속적인 항공지원 그리고 중무장된 해병대를 소집단으로 나누어 정교하게 운용했기 때문이다.  미래 : 기술과 정밀화력을 운용. 인력을 사용하지 않고 로봇, UCAV, 공중센서, 나노기술 등을 이용함	“상위계급의 기갑장교들은 도시화가 심각하게 기갑사용을 방해한다는 것에 반대한다.” “오늘날, 지상에서의 대부분의 승리는 그 곳에 위치한 전차 때문이다.” 라고 상위계급 기갑장교가 말한바 있다. “전차가 포문을 열면, 전차포는 공격헬기의 무기보다 더 치명적이다.” 장교와 병사들은 똑같이 말하고 있다. 전차가 등장하는 모든 순간에 사격을 멈추고 사수들이 도망친다고. “그들은 두려움에 떨고 있다.” 라고 상위계급의 기갑장교는 말했다. 뿐만 아니라 우리 병사들이 전차를 보았을 때는 더욱 자신감에 차게 되었다.

이상적으로 전진하는 정찰 요소들이 제독지역을 우선 발견하고, 작용제를 제거하기 위해서 열기압(thermobaric) 무기를 사용할 것이다. 그러나 이러한 행동은 대통령의 승인을 필요로 할 것이다. 따라서 이러한 상황에 대해 훈련 및 준비되지 않은 합동군은 적의 홈그라운드에서 싸우면 승리하기 어려울 것으로 보인다.

전개 및 전투준비를 위한 훈련

전투를 개시하는 것은 별개의 문제다. 전투 준비된 상태로 도착하는 것이 사실상 훨씬 어렵고 더욱 중요하다. 이어지는 패튼(George S. Patton Jr.) 장군의 말은 전투 준비된 상태로 도착하는 것이 실제로 어떤 것을 의미하는지를 보여주고 있다.

> 〈옛날 지질학 연대 시대에 나는 라틴어를 공부하고 있는 소년이었는데, 나는 시저의 말을 번역할 수 있는 기회가 있었다. 이것은 다음과 같은 것이었다. "겨울에, 시저는 모든 방법을 동원하여 그의 레지온(legion)을 훈련시켜 군인으로 만들었고, 그들의 의무 완수에 적합한 능력을 갖도록 만들었다. 봄에 그는 이들을 골족과의 전투에 투입하였다. 이들에게는 명령을 하달할 필요가 없었다. 왜냐하면 그들은 무엇을 해야 하고 어떻게 해야 하는지를 알고 있었기 때문이다." 이 인용구는 현재 이 사단에서 우리가 원하는 바로 그 최종목표를 나타내고 있다. 나는 우리가 언제 이것을 달성하고 행할 수 있는지를 알고 있다. 어쩌면 신이 우리의 적들에게 자비를 베풀지도 모른다. 적들은 자비를 필요로 할 것이다.〉

패튼 장군이 1940년 기술한 이런 준비된 전투부대는 전쟁이 끝날 때에서야 존재할 수 있었을지 모르겠다. 육군이 필요로 하는 응집력 있는 전투단은 오늘날 육군과는 거리가 멀다. 육군은 여전히 경직된 수직계층적 구조를 갖고 있다. 이것은 수백만의 시민 병을 2차 대전시의 규모와 속도로 동원하기 위해 설계된 것이다.

사단과 군단은 각 병과의 편성부대를 집합시켜 놓은 것에 불과하다. 상시 전개 가능한 팀으로 편성된 것이 아니다. 결과적으로, 육군 전투준비 및 훈련 구조는 훈련시키는데 수개월을 필요로 하고 상급부대 지휘본부로부터 특정 세부적인 명령 없이 기능을 발휘하는데 익숙하지 않은 전투편성부대를 생산해내고 있다. 현재 보충시스템 때문에, 육군 편성부대들이 전개할 때는 최초 이방인을 모아 놓은 단체와 같이 행동한다.

육군 개인보충시스템(IRS : individual replacement system)은 1912년 발전하여 제도화되었다. 이것은 구식이 되었다. 이것은 응집력과 리더십의 전투승수 효과를 감소시킨다. 리더십의 전투승수 효과는 갑작스럽고 예상하지 못한 위기 및 분쟁이 발생하는 새로운 전략적 환경 속에서 그 어느 때보다 중요한 것이다.

개인보충시스템(IRS)은 수 세대에 걸친 장교 · 부사관 및 병사들로부터 1차 대전 이후 모든 전쟁을 겪은 후에도 모질게 비판받았다. 그리고 자주 부대 지휘관들에게 언짢고 실망스러운 분야로 언급되었다. 수많은 분석을 보면, 부사관들과 병사들은 개인보충시스템(IRS)이 부대 전투준비를 격하시키고 병력을 유지하는데 실패했다고 불평하고 있다.

부대 단위 보충시스템은 작전적 템포에 의해 야기된 많은 혼란스러운 문제들을 완화시킨다. 왜냐하면 병사들과 리더들은 하나의 편성부대로서 언제 그리고 누구와 함께 지역 사령부로 전개되고 있는

가를 알기 때문이다. 병사와 장교간의 상호 신뢰 부족은 베트남 전쟁에서 재앙이 되었다. 보충시스템 운영을 일시 중지하고, 독일과 미국 내에서 해산된 부대로부터 추가적으로 병력을 보충한 것은 걸프전쟁에서 전투준비를 하는데 도움이 되었다. 그러나 이러한 활동이 근본적인 상황의 변화를 가져오지 못했다.

소모 중심의 전쟁을 위한 이러한 뿌리 깊은 병력보충 시스템의 영향은 육군에 알려지지 않고 있다. 버지니아 알렉산드리아에 국방분석연구소(Institute for Defense Analysis)의 연구원 루이스(Mark Lewis)에 의한 폭넓은 연구 덕택에, 육군 대대 및 여단들의 리더들과 부대들이 간혹 일상적인 과업들도 수행할 수 없는 빈약한 상태로 전투훈련소에 도착하고 있다는 것이 점차적 사실로 들어나고 있다.

이러한 사실에 대한 가장 강한 증언을 로젠버그(John Rosenberger) 대령이 하고 있다. 그는 국가훈련센터 대항군 사령관이었다. 로젠버그는 다음과 같이 증언하였다.

- 여단전투단의 능력과 전투준비태세는 지난 5년간 본질적으로 저하되었다.
- 각급 지휘관 · 참모 및 병사들(소대에서 여단까지)의 지식 · 기술 그리고 계획 · 준비 실시 및 전투작전 지속능력이 저하하고 있는 수준을 보여주었다.
- 대대 및 여단이 적을 격퇴하는 능력에 있어서 급격한 저하가 있었다.
- 지휘관 및 참모들은 대부분 충분히 훈련되지 않았다.
- 대대 및 여단 지휘관들은 전술적 능력 · 전장 그리고 전투수행의 과학과 술(術)의 숙달에 있어서 저하된 수준을 보여줬다.

1999년 봄, 특수임무부대 호크는 이러한 문제점들을 보여준 것이다. 특수임무부대 호크가 재앙을 입자마자 실시된 사후 검토는 전투준비태세 보고서와는 반대로, 부대들이 전개하여 전투할 수 있도록 훈련되지 않았다는 것을 보여준다.

1999년 4월 알바니아에서 처음으로 AH-64의 추락이 있은 이후, AH-64 승무원 훈련 재평가가 이뤄졌다. 결과는 포트 브랙(Fort Bragg)에서 출동한 1-229 공격헬기대대의 승무원 22명이 훈련된 승무원으로 AH-64에 배치되어 전개되었다는 것이다. 5군단 전술작전본부에서 군단 참모로 근무하는 장교들은 의심했다. 부대를 순환하지 않고 승무원을 순환시킨 것이 전투준비를 부적절하게 한 것이라는 답변을 육군이 회피한 것이라고 생각했다. 결국, 모든 노력이 재앙을 맞이했다. 계획수립은 빈약했고, 조종사는 훈련되지 않았으며, 리더들은 그들 부대의 임무수행에 책임지지 못했다.

아나콘다 작전간 육군의 경험은 특수임무부대 호크와 더욱 유사하다. 아프가니스탄에서 전투는 2002년 3월 2일부터 3월 13일까지 파크티아(Paktia) 지방의 샤히코트(Shahikot) 계곡에서 발생했다.

전투가 일어난 지역은 토라 보라(Tora Bora) 남부에 위치하고 있다. 날씨는 추웠지만 청명했고 따라서 공군작전이 가능했다. 그러나 높은 고도로 인해 제트 전투기를 이용하여 동시에 집중적으로 타격할 수 없었다. 아프가니스탄에서는 제한된 수량의 수송헬기가 주어졌고, 육군 지원기지로부터 거리가 멀어서 육군 부대는 매우 무거운 장비를 샤히코드 계곡 근처로 운반하지 않았다.

게다가, 부대는 두개 사단으로부터 급하게 집결되었다. 밝혀졌듯이, 기초적인 보병 베틀드릴[19] 그것도 최하위 수준에서 화력과 기

19) 역자 주: 미군이 실시하는 소대급 이하의 전투훈련, 가장 많이 발생할 수 있는 상황에서 전술적 결심수립과정 없이 즉각적으로 대응하는 훈련

동을 협조하는데 필수적인 베틀드릴에 특히 약했다. 오래된 격언인 〈소대가 가는 곳이면, 대대가 간다〉는 말이 잊혀진 것이다. 그러나 이러한 상황이 발생한데는 또 다른 이유가 있다. 놀라운 것은 임시적인 편성의 본질에 있다는 것이다. 왜냐하면, 이러한 임시 편성은 곧 없어지기 때문에 예상하지 못한 상황을 다루기 위한 매우 복잡한 편성과 같이 일반적인 것이 아니다. 다른 방법으로 설명하자면, 임시적 편성은 성공을 위해서는 민첩하고, 정력적인 각 개개인에 크게 의존하고 있는 것이다. 능력 있는 인력이 제한되면, 이러한 편성은 어려움을 겪게 되는 것이다.

합동 순환 해결책 모색

타격이 집중되는 모든 곳에서 인천 상륙작전 형태의 조건을 만드는데 기술이 이용될 수 있다면 전투준비 및 훈련 · 작전개념 그리고 (본질적으로 합동) C2를 위한 새로운 구조의 발전은 중대한 것이다.

이러한 목표를 추구하기 위한 한 가지 방법은 육군 통제 하에 놓인 육군부대들을 능력 패키지 집단(pool of capability package)으로 취급하는 것이다. 그리고 이들을 합동순환전투준비 구조(joint rotational readiness) 하에 두는 것이다. 육군은 반드시 개인이 아닌 단위부대를 관리하기 시작해야 한다. 새롭고, 보다 능력 있는 정보화시대의 부대로 변혁하려면 오로지 훈련된 단위부대들과 경험 있는 지휘관을 활용해야 할 것이다.

현재, 냉전시대 겹겹이 쌓인 전투준비와 개인보충 정책은 육군 부대구조에 커다란 경직성을 부과한다. 합동연습과 작전을 위한 육군 단위부대들이 되기 위해서, 지역통합사령관들은 사실상 이들을

5년 전에 미리 계획할 필요가 있다. 준비된 전투 편성부대들을 일상적으로 훈련하고 전개하는 순환 전투준비 시스템 덕택에, 해군과 해병은 보다 훨씬 융통성 있고 반응성이 뛰어나다.

준비되고, 전개 가능한 육군 전투병력을 제공하기 위한 한 가지 방법은 새로운 부대 보충정책을 새로운 훈련 및 전투준비 구조와 연결시키는 것이다. 이러한 시스템 내에서, 병사들과 그들의 가족들은 언제 그들이 반드시 전개하여 전투하기 위해 준비되어야 하는가를 알게 될 것이다. 무경고 하의 위기와 분쟁이 있는 오늘날의 환경 속에서, 육군 전투부대들은 반드시 넓게 분산된 해외 중간대기지역과 미국 내에서 신속히 이동할 수 있는 능력이 있어야 한다.

그리고 위기 또는 지역적 분쟁으로 전개하며, 정지함이 없이 공격을 개시할 수 있어야 한다. 육군이 이러한 능력을 달성하고 아울러 전투준비 되고 전개 가능한 전투병력 집단을 제공할 수 있는 유일한 방법은 부대보충 정책을 훈련 및 전투준비 구조와 결합하는 것이다. 이 구조는 육군 단위부대들이 최고로 전투준비 된 상태 하에서 전개하도록 해주는 구조를 말한다. 요망되는 구조는 아래와 유사할 것이다.

◈ 훈련주기(6개월) : 부대 및 개인 훈련은 군종 통제 하에 실시된다.

이 6개월 주기 동안, 앞으로 전개하도록 되어 있고 합동훈련이 예정된 편성부대들은 100% 병력 수준의 편성부대로 준비 훈련을 개시할 것이다. 전개 목표지역이 알려질 것이기 때문에, 리더들과 일부 병사들은 예상되는 합동부대 및 위협부대 능력 그리고 관심지역

(예컨대 인구 · 도시 · 도로 및 교량, 경제 · 종교 및 문화를 포함한 지리)에 대해 배울 수 있을 것이다. 그런 다음에, 새로운 편성과 새로운 장비로 훈련한다. 야전실험을 하는 것은 예상되는 전개 지역에 맞게 조절될 수 있을 것이다. 궁극적으로 이것은 육군이 성공적으로 작전하기 위해 준비되고 뿐만 아니라, 지상부대가 가용한 합동 능력을 어떻게 효과적으로 적용할지를 분명히 알게 해줄 것이다.

공동 전략계획수립 참모에 의해 수행되는 실질적인 노력은 추구하는 계획 및 전략과 관련된 목표를 식별하고 특정한 척도(일반적으로 측정규준이라고 알려져 있다)를 발전시키는데 투입된다. 이 척도는 목표가 달성되는 정도를 나타낸다.

연방정부 내에서, 이러한 노력은 1993년 제정된 〈정부 성과 및 결과법(Government Performance and Result Act)〉에 의해 규정되어 있다. 공공 및 개인 영역 모두에 있어서 명확한 추세는 이것들을 평가하기 위해 측정규준 및 척도들을 발전시키는 것이다. 이것은 또한 반드시 합동원정전을 위한 육군 부대들의 전투준비 및 훈련에 적용되어야 한다. 합동 C2에 전개되기 이전에 훈련 단계를 마치자마자, 육군 장교 · 부사관 및 민간인 팀들은 반드시 육군 단위부대들의 전투수행 준비를 평가하고 확인하기 위해 구성돼야 한다.

◈ 전개 주기(6개월) : 단위부대들은 합동 C2 하에서 전개할 준비가 된다. 그리고 주요 위협이 되는 전쟁 임무 · 위기 · 평화지원작전 또는 기타 부여된 임무에 반응하기 위한 집단의 한 부분이 된다.

전 공군 참모총장 리얀(Michael Ryan) 장군은 〈세르비아상공에서 항공전을 수행하는 동안 지상군이 없었던 것은 파산자 전략(bankrupt strategy)〉 이라고 믿었다. 리얀 장군이 옳았다.

1999년 유고슬라비아 항공전쟁 기간 동안, 육군 장교들은 연합항공 작전센터(CAOC : Combined Air Operations Center)에서 표적 회의에 참가하지 않았다. 아나콘다 작전 이전에 공군 및 해군 계획수립가 및 표적처리자들은 육군 계획수립에 가담하지 않았다.

그리고 CAOC는 작전이 진행되기 직전까지 세부계획을 알려주지도 않았다. 쿠웨이트에서 파키스탄으로 날아가야 했던 A-10기에게 진지를 점령할 충분한 시간이 없었다. 그리고 아나콘다 작전이 개시되기 이전에 항공재급유를 위한 구조물도 설치되지 않았다. 이것은 있을 수 없는 일이다.

계획수립은 훈련실시와 마찬가지로, 반드시 합동성이 발휘되어야 한다. 합동전개주기는 이러한 과정 속에서 중대한 것이다. 전투준비주기에 있는 모든 육군 편성부대들이 반드시 전개되는 것은 아니다. 사실상, 많은 시간동안 그들은 전개되지 않을 것이다. 그러나 전개 및 전투준비는 타군의 편성부대들과 합동훈련을 하는 기회를 제공할 것이다. 언젠가 미래에 이들은 함께 작전할 것이다. 합동군 사령관 지암바스티아니(Edward Giambastiani) 제독은 합동훈련센터에 대한 아이디어를 발표했다. 이곳에서 미군 부대들은 정기적으로 함께 훈련할 수 있을 것이다. 여기서 설명된 전개주기는 이러한 목적에 이상적으로 부합된다.

◈ 재정비 주기(6개월) : 단위부대는 모기지로 돌아와 정비 · 최신화 · 단체 훈련 · 교육 및 휴가를 실시한다.

병사들은 간혹 육체적 및 정신적으로 피로한 상태에서 수개월간 해외에 나가 있다가 복귀한다. 이들은 반드시 자신들의 배터리를 재충전해야 한다. 모든 일을 다 수행하기 위해 항상 준비되도록 부대를 무자비하게 몰아붙이는 냉전시대, 육군 소속 상륙군 장교의 역사적 사례를 보면 이들은 반드시 구속되어야 한다. 이러한 상황이 매우 자주 현실로 나타나기 때문에, 병사들은 이의를 제기하면서 육군을 떠나게 된다. 미 해군의 경험을 보면, 해군 병사는 자신들이 효과적으로 예측하고 관리되며 그리고 지휘계통에 의해 지원될 때 요구되는 주기를 견딜 수 있다는 것을 보여주고 있다.

현재 병력수준이 낮은 해외주둔 임시 편성된 특수임무 부대에 있으면서 발칸 또는 아프가니스탄 간을 왔다 갔다 하기를 원하는 사람은 없다. 이것은 가정과 삶을 파괴하는 처방인 것이다. 전투단들이 미국 내에 영구적인 기지에 예속된다면, 병사들과 그들의 가족들은 육군이 전투부대를 어디 전개하든지, 전개를 개시한 지점(모국기지)으로 반드시 다시 돌아갈 것으로 생각할 것이다. 결과적으로, 가족들은 영구적인 집에 투자할 수 있다. 아이들은 한 학교에 입학하여 졸업하게 된다. 이러한 것들은 인간을 심오하게 고려한 것이다. 미래 전문 직업군이 합동원정전 속에서 예상되는 임무를 완수해야 한다면 이것은 반드시 고려되어야 한다.

재정비 주기는 매우 중요하다. 왜냐하면 병사들이 얻어야 할 30일 휴가를 보장하기 때문이다. 또한 이 기간 동안 교육화 학습이 제공될 것이다. 이것은 개인 발전을 위해 매우 필수적인 것이다. 이것은 전개 및 전투를 위해 중요한 전투준비태세훈련과 중복되지 않을 때 가능하겠다.

요약하자면, 합동 순환 전투준비는 오늘날의 부대를 유지하면서 이들을 전개시키고 전투하도록 해준다. 보다 커다랗고, 예측할 수 있는 가용 지상 · 공군 및 해군 부대의 집단을 순환시키면서 전투준비태세를 유지한다. 사단 또는 군단에 대한 요구대신 그리고 육군이 보내기로 결정한 것이 무엇이든 받아들이는 것 대신, 합동 순환 전투준비 시스템 내에서의 재편성은 지역 통합사령부 내에 있는 전투지휘관에게 모든 적을 억제하고 격퇴하기 위한 임무에 초점을 둔 능력 패키지의 잠재적인 메뉴에 대해 모두 대처하도록 해준다. 이러한 부대들은 지역 사령부로 신속히 전개할 수 있다. 전략적 공중 및 신속한 해상 수송의 결합을 통해서 평화가 깨지기 이전에 전략적으로 중추지역에 도달할 수 있다(표 7.2 참조).

[표 7.2] 미 대륙에서 순환 전투준비 중인 3개의 원정 군단 규모 부대

미 대륙에서 순환 전투준비 중인 3개의 원정 군단 규모 부대				미태평양사/주한미군	미유럽사/미중부사
미 육군 정규부대	훈련	전개	재정비	동부 전방 배치	서부 전방 배치
9개 공정-공중강습단	2	2	2	1	1
3개 경정찰타격단	1	1	1		
13개 전투기동단	3	3	3	1	2
9개 항공전투단	2	2	2	1	1
6개 대공 및 대미사일 방어단	1	1	1	1(부분적 전개)	1(부분적 전개)
6개 C4I 단	?	?	?	1	1
4개 공병지원단	1	1	1		
3개 화학대응단	1	1	1		
3개 조기전개지원단	1	1	1		

이러한 접근은 일상적인 합동실험 및 현대화가 진행되는 동안, 부대 전투준비에 결정적으로 기여한다. 이것은 또한 인사 템포를 감소시키고 전개 및 비용을 더욱 예측할 수 있도록 해준다. 이 구조는 또한 정규 합동훈련을 용이하게 해준다. 이로서 전투준비된 상태에서 전개하기 쉽다. 그리고 육군 지상부대들의 투입을 대통령과 국방장관에게 보다 잘 이해시킬 수 있게 된다.

보다 중요한 것은 이것이 육군 · 공군 및 해군 그리고 해병 병사에게 보다 인간적인 정책이라는 것이다. 이들은 오늘날 반드시 쉽게 전개되어야 한다. 그러나 이러한 접근법이 유효하기 위해서, 육군 인사 · 전투준비 그리고 훈련 정책은 가능한 한 공군 · 해군 및 해병 정책과 조화를 이뤄야 한다. 이를 통해서 합동 훈련 및 부대 전투준비가 용이해지고 위기 · 위협 시 전개하여 전투하게 될 것이다.

현재 지속되는 합동 패러다임 하에서 합동 순환전투준비가 각 군종에서 실행된다면, 신속타격 합동대응부대를 설립하자는 럼즈펠드의 제안은 〈골드워터-니콜스〉 법안과 합동성 문제를 다음 수준으로 끌어올리게 될 것이다. 미 해군부대들은 이미 유사한 그림 속에서 전개하기 위해 편성됐다. 미 공군원정부대들은 현재 90일 이내에 전개 및 전투하기 위해 편성되고 있다. 이러한 기간은 미 육군 · 해군 및 해병의 6개월 시스템과 조화를 이루기 어렵게 될 것이다.

여기서 제시한 전투편성 및 순환 전투준비 그리고 훈련 구조를 지니게 된다면, 육군 정규군은 이러한 부대를 위해 모국 및 해외에서 지상구성군을 제공할 수 있을 것이다.

만일 대략 독일(이 곳에서 전력투사에 필수적인 기반구조로 미국이 진입하는 것이 더 이상 필요하지 않을 것이다)에 있는 6만 3천명의 병력 중 4만명이 미국으로 돌아온다면, 앞으로의 육군 모습을 재구성하기 위한 기회가 올 것이다. 구상하고 있는 글로벌 대응군(global response force) 개념이 실행된다면, 전방에 배치된 육군 부대들이 많은 지상부대를 제공할 수 있다. 글로벌 대응군에 육군의 이러한 부대들이 구성될 수 있을 것이다(표 7.3 참조).

(표 7.3)에서 나타나는 병력은 드라마틱한 함축성을 지니고 있다. 우발상황을 계획하고 실행하는 방법 때문에 그렇다. 각각의 경우는 3만에서 5만 명으로 구성된 지상원정군단에 상응하는 규모다. 이것은 대통령과 국방장관이 순환주기에 따라 전개 및 전투시키기 위해 전투준비된 상태로 얼마나 많은 병력을 유지할 것인가를 결정하는가에 따라 좌우된다.

[표 7.3] 전투준비 주기로부터 우발상황 대응

1개 공정-공중강습단	5,500명
1개 항공전투단	3,200명
3개 전투기동단	15,000명
1개 대공 및 대미사일 방어단	2,500명
1개 화학방어단	1,500명
1개 C4I단	2,700명
1개 조기전개 지원단	7,000명
	36,400명
동일한 전투준비 주기로부터 두 번째 우발상황에 대한 대응	
1개 공정-공중강습단	5,500명
1개 항공전투단	3,200명
1개 경정찰타격단	15,000명
	13,700명

또는 전체 부대는 한 개의 위기나 분쟁에 대응할 수 있다.
이때 병력은 (36,400+13,700) = 50,100명 이들은 훈련되고 전투준비된 병력이다.

만일 재편성된 육군 부대들이 미리 배치된 장비 세트뿐만 아니라 전략적 해양 및 공중 수송 자산과 매치된다면, 이러한 부대는 30일 이내에 전투준비가 되어 전개 및 도착할 수 있다.

(표 7.3)은 준비되고 전개 가능한 부대집단을 만드는 메뉴를 보여준다. 이 부대들은 특정 지역의 상설합동부대본부(SJFHQ)의 통제를 받으며 하나 또는 그 이상의 우발상황에 투입될 수 있다.

이것은 오늘날 배치된 어떤 육군부대보다 합동 전투수행을 위해 준비되고 전개가능한 부대로서 보다 많은 전투력을 갖는다. 매우 중요한 것은, 여기서 묘사된 편성부대들은 지역 통합사령부 구조하에서 급박한 경고가 있는 모든 상황에 대해 전개 및 전투 준비된 상태로 도착한다는 것이다. 지역 통합사령부는 이때 적 · 지형 및 임무를 알고 이해하고 있을 것이다. 이러한 많은 유사점들이 동맹국과의 연합작전에서 적용된다.

영국 · 프랑스 · 노르웨이 및 기타 나토 육군들은 점차로 전통적인 사단 · 군단 구조가 복잡한 지형에서 작전하는 분산된 적에 대해 작전을 수행하는데 있어서 문제를 안고 있다는 것을 알고 있다. 또한 이들은 현대 기술이 전투력을 발휘할 수 있는 보다 작은 편성부대를 만들어낼 수 있다는 것도 알고 있다. 이러한 능력은 그들의 실제 규모에 비해 걸맞지 않은 것이다. 프랑스를 예로 들 때 사단을 해체하고, 근접전투기동작전을 위한 C2 노드로서 단지 3개의 사단 지휘본부만을 유지하고 있다. 영국 육군은 알려져 있듯이 2003년 유사한 접근을 하였다. 영국은 2차 대전시 사단을 미래전에서 전술제대로 운용하는 것을 포기하기로 결정했다.

이러한 발전적 견해를 볼 때, 위에서 설명한 지상부대의 능력 메뉴는 나토의 다국적 수준에서 즉시 적용될 수 있다. 보다 강력한 수단을 만들기 위한 것이다. 이것은 수많은 해에 걸쳐 지상전에서의 혁명적 변화를 이끌 수 있을 것이다. 이러한 접근은 나토 국가들이 순환전투준비 시스템 상에서 특정 전투력 모듈을 유지할 수 있도록 해줄 것이다. 그리고 나토가 2차 대전 시, 작전에 어울리는 커다랗고 값비싼 육군을 유지할 필요성을 감소시켜줄 것이다.

나토 동맹국들은 각국이 순환전투준비 시스템 상에서 모듈 부대(기동 · 타격 그리고 지원)를 일부 유지한다는 조약을 채결할 수 있다고 상상할 수 있을 것이다. 이러한 모듈화 된 부대들은 나토 위원회의 작전 통제 하에 예속될 수 있으며, 유럽 동맹국 최고사령관에게도 예속될 수 있다. 이것은 Ⅵ조항 · Ⅴ조항의 작전 · 평화유지 그리고 전쟁수행과 연계된 위기에 신속히 대응하기 위한 것이다. 더욱이 이러한 작전적 준비태세 및 협조의 패턴은 메카니즘이 될 수 있다. 이를 통해 미국과 동맹국의 지상부대들에 대한 변혁이 관리되고 실행될 수 있겠다.

결 론

이 장에서 서술된 형태의 부대에 귀속되는 전쟁수행 잠재력의 완전한 합동성 평가는 각 군과 통합사령부를 왕래하는 행동범위를 지정하고, 현대 공간 중심 및 해양 중심 ISR 능력의 충격을 이해하게 해줄 것이다.

논의가 새로운 합동 작전적 개념(operational concept)을 포함하기 때문에 임무와 상황이 요구하는 때에, 합동 및 연합군 사령관은 이러한 부대들 및 육군 전투 편성부대들을 운용하기 위한 미래 작전개념(concept of operations)을 발전시키는 것으로부터 자유로울 것이다. 결국, 적응해 나아가야 할 대상은 상황이지 과정이 아니다. 여기서 최종목표는 더욱 조심성 있는 것이었다. 그러나 이것은 육군을 합동군 내로 가져오는 과정을 개시했다. 지적으로 전문적으로 새로운 방법을 통해서다.

이전 장에서 제시된 육군 편성부대들은 지역 통합사령관에게 가용할 수 있도록 구상되었다. 전투준비 시스템을 통해 이들을 순환시키는 것이었다. 이 시스템은 준비된 전투부대의 집단을 지속적으로 제공하며, 이들은 사전에 해안 또는 해상에 배치된 장비가 있는 곳으로 전개될 수 있다. 또는 LRSG나 대공 및 대미사일 방어단의 경우, 군 및 민간 수송자산을 혼합하여 전개될 수 있겠다.

대략 훈련 · 전개 및 재정비 주기는 18개월이다. 이러한 순환 골격 속에서, 새로운 기술을 육군에 적응시키는 것은 6개월 재정비 단계에서 거의 가능할 수 있겠다. 다른 주기 구조도 가능하다. 그러나 해군의 18개월 모델이 매력적이다. 그리고 육군과 공군이 해군과 해병대와 함께 전개 및 전투하기 위한 준비를 조화롭게 해서는 안된다는 이유가 없겠다. 36개월 주기는 육군 국가방위군 및 예비군 부대에 보다 적합할 것이다.

합동 순환전투준비시스템의 도입과 육군부대들에 이를 적용하는 것은 원정능력을 효과적으로 사용하는데 있어서 필수적이다. 원정능력은 육군부대 내부에 존재하고 있지만, 코소보 항공전역간 특수임무부대 호크에게는 부재했다. 그리고 아나콘다 작전 간에도 다시 한번 부재했었다.

이제 새로운 방법을 도입할 때다. 스케일즈(Robert Scales) 예비역 육군 소장에 의해 발간된 책 『황색 연막(Yellow Smoke)』은 응집력 있는 팀으로서 전개 및 전투할 수 있는 육군 단위부대의 준비성을 보장하는 새로운 정책이 왜 중요한가를 설명하고 있다.

〈 '스미스 특수임무부대' 는 고난을 겪었다. 이에 대비하기 위한 가장 좋은 방법은 완전히 훈련된 부대를 전개시키는 것이다. 도착했을 때 모든 고유의 군들이 효과적으로 싸울 수 있는 능력을 갖추는 것이다. 전투에서의 승리가 침공하는 부대의 도착 시간계획에 의해 가장 확실히 결정된다면, 급조하여 단순하게 팀을 구성하는 것은 효과 없을 것이다. 훈련된 병력 부족을 메우기 위해 최후 순간에 교대하고 재편성할 수밖에 없을 때, 단위부대들은 응집력과 자신감을 상실하곤 했다. 문제는 단순하다. 즉, 모든 부대가 항상 준비되고 최상 전투력으로 운반될 수 없다는 것에 있다. 수리부족 · 훈련자원 및 병사들이 소모되는 비용은 솔직히 너무 높다. 냉전 기간 모든 각 군종에서 신속히 전개된 부대들과 함께 한 미국의 수십 년간의 경험은 순환전개계획의 일부 형태를 도입함으로써 지속적으로 유지되고 감당할 수 있는 준비태세가 잘 달성될 수 있다는 점을 증명하였다. 이것은 모국과 해외에 있는 미 육군 모두에 적용된다고 하겠다.〉

8 왜 아직도 섬에 병력을 주둔시키고 있는가?

가장 보수적인 직업중 하나가 보수적 심리 특성을 지닌 바로 그 모습을 지닌 행동을 시작하라고 요구되어져야 한다는 것이 참으로 아이러니하다. 이것은 차라리 교황이 효율적인 산아제한 클리닉을 운용하기를 기대하는 것과 같은 것이다.

– 군사적 무능에 대한 심리학, 노만 F. 딕슨

냉전이 종식되면서, 그리고 예상하지 못한 새로운 정치적 압력 하에서 미군은 해외에서 드라마틱한 팽창을 시작했다. 역사적으로 이곳은 미국 군대의 영향력이 기껏해야 우연적으로 발휘되었던 곳이었다. 1980년대, 미 육군 병사들 · 공군 및 해군은 에쿠아도르 만타, 네덜란드 앤틸리스 제도의 아루바 및 쿠라카오, 엘 살바도르 코말라

파 공군기지 그리고 콜롬비아 소토 카노에서의 복무를 끝 마쳤다.

1991년 쿠웨이트로부터 이라크 육군을 추출한 이후, 미 군사력은 페르시아 걸프 지역에 머무르도록 지시받았으며 방대한 시설들을 건설하였다.

미군 부대들이 발칸에 진입하면서, 헝거리 타자르와 보스니아 투슬라에 있는 미 육군 및 공군 시설들은 점진적으로 영구적인 상태가 되어갔다. 현재까지, 테러에 대한 세계적인 전쟁은 불가리아의 부르가스 · 아프가니스탄 바그람 · 우즈베키스탄 칸니베드 그리고 키르기즈스탄 만나에 주요 육군 및 공군 시설을 설립하는 결과를 초래했다. 이러한 시설들은 아프가니스탄으로부터 620마일 위치에 있다. 또한 파키스탄 · 이집트 · 터키 및 그리스와 같은 곳에 보다 작은 육군 · 공군 및 해군부대들이 수십 개 집중되어 있다.

이러한 변화 모두는 새로운 전략적 환경과 미 군사력의 구조가 재조정됨이 없이 발생하였다. 이러한 전략적 환경 속에서 미 군사력은 유럽 또는 북동아시아에 있는 부대들을 새로운 임무지역으로 재전개할 수도 있었다. 일본의 극동에 있는 미사와 공군기지로부터 독일 하이델베르그로 그리고 아일랜드 케플라비크로의 단순한 조정도 없었다.

더욱이, 사전 배치된 장비 세트를 조정하기 위한 접근은 여전히 바뀌지 않고 있다. 오로지 서남아시아와 북한이라는 두개의 주요 전구에 집중하고 있다. 이것은 이제까지의 국가 군사전략으로부터 벗어난 것이었다. 미 군사기관, 특히 미 육군은 해외 확장에 대처해 나아가고 있다. 이러한 상황은 육군에서 변혁적 발전을 방해할 뿐만 아니라 미국 납세자들에게 엄청난 돈을 지불하게 한다.

환경이 변했다는 유일한 인식은 미군 해외 진출 문제를 해결할 것이며 돈도 절약하게 될 것이다. 이것은 미 군사자원을 새로운 분쟁 및 위기 지역에 재할당하는 전략적 계획과 병행되는 것이다. 대부분의 일과 마찬가지로, 이것은 세계적인 권력유지를 위한 새로운 문제가 아니다. 역사는 어떻게 이를 진행할 것인가에 관련된 실마리를 제공한다.

로마 내전 50년을 통해, 로마의 레지온 군단은 60에서 70개로 확대되었다. 이것은 백만 로마 시민의 4분의 1이 무장했음을 나타내는 것이다. 아우구스투스 황제가 내전을 끝내고 예수의 시대에 로마 제국의 질서를 회복하자마자, 로마는 국방비를 통제하고 비생산적인 군사활동의 인력을 경제적으로 전환해야만 했다. 아우구스투스는 제국의 농업경제는 거대한 시민군 부대를 내전시의 규모로 유지할 수 없다는 것을 이해하고 있었다. 또한 그는 이탈리아 혼자만으로 그러한 대규모 부대에 충분한 자원 병력(volunteers)을 제공할 수 있다고 생각하지도 않았다. 거의 즉각적으로, 새로운 전략이 제국의 마음속에 형성되었다. 이것은 새로운 전문 군사기관을 요구하는 것이었다.

그는 15만 명의 상비 전문 육군을 편성하여 28개의 레지온(legion)을 만들었다. 각 레지온은 대략 6,000명으로 구성되었다. 독립적인 로마 레지온 병단의 전술적 설계는 적대적인 이방인 집단과 투박하고 집중된 충돌을 피하기 위한 의도를 지녔다. 이러한 충돌을 하게 되면 포위되어 먹잇감이 되거나 또는 적 집단들의 거대한 종심으로 들어가서 각개 격파될 수 있는 것이다. 레지온을 재설계함으로써, 시저는 그의 부대를 분쟁과 위기가 가장 많이 발생될 것 같은 지역에 재전개 시켰다. 라인 강과 다뉴브를 따라 중부 유럽, 페르시아와 국경을 이루고 있는 서남아시아에 재전개 시켰다. 다른 지역에도 레지온은 있었다. 그러나 그 수는 적었다. 이곳에서의 목적은 반란으로부터 연합국 정부를 지탱하거나 또는 평시 로마가 이곳을 지키고 있다는 것을 지방 주민들에게 알리기 위한 것이었다.

자연스럽게, 시저는 자신의 레지온에게 새로운 존재 이유를 제시하게 되었다. 내전이 끝나면서, 이제 이들은 제국으로의 허락되지 않은 이동을 응징하고 필요시, 로마 문명의 국경 너머 실제 군사훈련을 시행하기 위해 존재하게 되었다. 레지온을 최대의 속도로 전개시키기 위해서, 로마는 넓고 직선으로 뻗친 전천후 도로, 스코틀랜드 국경에서 페르시아 만에 이르는 4,000 마일에 이르는 광대한 통로 그리고 심지어 모로코에서 이집트를 경유하여 중앙아시아에 이르는 보다 긴 통로를 건설하였다.

28개 레지온에 추가하여, 아우구스투스는 거의 동일한 규모의 예비 병력으로 구성된 집단을 지휘하였다. 이 규모는 대략 15만 명이었다. 레지온과는 다르게, 예비 부대들은 통상 로마 시민으로 구성되지 않았다. 그러나 이들은 이방인의 침략 또는 공격으로부터 제국의 지방을 방어하기 위하여 복무하는 대가로 로마 시민권을 준다는 약속을 받곤 했다. 이러한 점에서, 예비 부대들은 사람이 배치된 국경을 만드는 기원이 되었다. 이러한 방법으로 골(Gaul) · 이베리아 · 달마티아(Dalmatia) 그리고 수십 개의 기타 지역들이 로마제국에 영구적으로 편입되었다.

시저는 법령 · 포상 · 조직 및 운영 · 문화 및 사람들의 효과적인 배열이 새로운 대 군사전략 하에서 로마 주요 자산들과 뿐만 아니라 로마 시민의 정력을 확실히 집중하는데 있어서 필수적이라는 것을 직관적으로 이해했다. 로마의 지도자들은 군사 기구의 내부 변화 속도가 외부 변화보다 늦을 경우를 식별하고 이에 따라서 레지온 구조 및 크기를 접목시킬 수 있었다. 이 능력은 부분적으로 로마가 서구를 600년 동안 지배했다는 것을 이해하도록 해준다.

로마 군사 시스템과 마찬가지로, 미 육군은 적의 행동에 따라 적응하고 발전해야 한다. 적 또한 동시에 우리의 행동에 대응해서 진보할 것이라는 점도 알아야 한다. 육군은 이러한 새로운 환경과 함께 반드시 제도적 뿐만 아니라 조직적으로 정비되어야 한다.

지금까지, 우리의 논의는 미 지상군이 글로벌 합동원정전을 수행하도록 하기 위해 조직하는 것에 초점을 맞췄다. 이제 논점은 구식 냉전 구조로부터 벗어나 새로운 지휘구조를 만드는 문제로 그리고 육군 전투부대를 미국 내 및 해외에서 새로운 위치로 자리 잡고 이곳으로부터 테러와의 전쟁에서 보다 효과적이 될 수 있게 하는 것으로 돌리고자 한다.

이전 장에서, 나는 미 육군이 반드시 지금 C2 시스템을 고려해야 한다고 논했었다. 이 시스템은 합동원정 작전을 수행하는 부대를 위해 준비하고 향토방위의 임무도 수행할 수 있는 것이라 하겠다.

초점은 전투부대들을 재편성하는 동안 불필요한 상부구조를 줄이는 것에 있다. 솔직히 후자의 임무는 상대적으로 쉽다. 그러나 제도적 구조의 변화가 없다면 부대들을 합동 원정작전으로 통합하기 위한 보다 커다란 노력은 실패할 위험이 있다. 이러한 점들은 자국 군 및 연합군들과 자주 접하게 될 육군단위부대들을 보유해야 한다는 중요성을 감소시키지 않는다. 자국 군과 연합군은 분쟁의 시험대에 서게 될 상호간의 관계를 공고히 하려 할 것이다. 잠재적인 적들에게 미 군사력에 대한 깊은 인상을 부여할 것이다.

병사들은 어디에 있는가?

새로운 환경에 적응하는 대신, 육군은 자신이 가진 모든 것을 그대로 유지하는 대안을 선택했다. 이러한 행위는 독특한 군사 현상이 아니다. 제네럴 모터스 사가 대표적인 경우다. 1960년대 이 회사는 무엇을 생산하든지 소비자에게 팔 수 있었다. 일본인 자동차 사업가들이 디트로이트에 만족하고 있는 상황을 이용했을 때, 제네럴 모터스는 크라이슬러 및 포드와 함께 거의 망하게 되었다. 육군이 완강하게 현상유지를 고집하고 있다는 것이 놀라운 것은 아니지만, 만일 우리가 변혁적인 변화를 만들 수 있는 기회가 무한정으로 있다고 생각하고 또한 변혁이 요구하는 어려운 결정을 계속해서 지연할 수 있다고 생각한다면, 육군 유니폼을 입은 사람들 중에 이러한 사람들은 우리 자신을 바보로 만드는 것이라고 하겠다.

육군 전투력을 재분배하는 것은 전략에 따라 연합국 지역에 주둔군을 배치하는 중요성을 감소시킨다. 여기서 전략은 원정부대들을 투사하기 위해 미국 내의 시설들을 다른 지역으로 설치하는 동안 연합국 지역에 위치한 기지들로 보다 적은 전투부대들을 안전하게 진입하는 것이 되겠다. 이 말은 충분히 가능한 것이다.

그러나 이러한 접근법은 전쟁이 일어나지 않을 지역을 알아야 한다는 문제점을 수반한다. 미 육군을 위해서, 전쟁이 거의 일어나지 않을 것 같은 지역은 독일이다. 이곳은 또한 미국 밖에서 가장 많은 육군 부대들이 집중되어지는 장소가 된다. 이러한 인식은 거의 반세기를 넘게 유럽의 평화를 지켜온 미국과 독일 간의 쌍무적인 군사동맹으로 귀결됨을 의미하지 않는다. 이것은 미국으로 육군부대들이 돌아온다는 것을 의미한다. 미국에서 이 부대들은 합동원정부대의 일원으로 재편성되고 전투하기 위해 재충전할 수 있다. 합동원정부대들은 어디서 전쟁을 수행하건 간에 현대 테러리즘과의 전쟁에서 승리하게 될 것이다.

육군은 현재 6만 3천명을 유럽에 주둔시키고 있다. 그러나 이러한 부대는 단지 전투병력 5개 여단 규모만을 갖는다. 이 전체 전투부대는 직접지원 병력을 포함하여, 대략 2만 5천명을 필요로 한다. 이에 상응하여, 만일 우리가 독일에 있는 병력을 이러한 수준, 즉 2만 3천명 수준으로 감소시키게 된다면, 4만 명의 장병과 그의 가족들이 여유를 갖고 미국으로 돌아오게 된다. 이렇게 되면 수많은 이익효과를 보게 될 것이다.

예를 들어, 유럽의 기지들에 계속 머물러야 하는 병사들과 이들 가족들의 삶의 질을 향상시키기 위해서 육군은 반드시 수십 억 불의 돈을 해외에서 소비해야 한다. 이러한 기지들은 전략적인 필요성이 많이 없는 곳이다. 바로 지금, 육공군판매부(AAFES)는 독일과 다른 지역에서 수백만 달러를 소비하려고 계획하고 있다.

이곳에서 쇼핑몰 · 극장 · 레크레이션 센터 및 주택을 건설하려 하는 반면, 미국 내의 육군 기반구조를 폐쇄하라는 국내 압력을 받고 있다. 게다가 이러한 기지 및 주둔지에서 독일 · 영국 및 기타 유럽 민간 고용인 수천 · 수만 명이 6만 3천명의 미국 장병과 이들 가족들을 지원하고 있다. 이러한 소비 모두는 육군과 미 납세자들에 대해 엄청난 잠재적인 절약과 함께 멈춰질 수 있을 것이다.

명확한 해법은 약 4만 명의 유럽 병력을 미 대륙으로 이동시키는 것이다. 전략적 지점에 보다 적은 분견대들(contingents)을 남겨놓아서 준비된 진입을 보장하는 것이다. 이때, 육군 전투부대들은 해군의 모델을 적용하여 전구를 순환하게 된다. 해외로 가정용품 · 식량 · 판매물 및 기지 지원 품목을 선적하는 것을 줄임으로써, 수 억불의 돈을 절약할 수 있을 것이다. 추가해서, 매년 군사비 수 억불이 유럽으로부터 미국으로 전환될 것이다. 미국 지역사회는 군인들의 소비로 인해서 이득을 보게 될 것이다.

매우 중요한 것은 이러한 방법이 미국 내의 기지를 폐쇄하는 것보다 저렴한 비용이 들것이라는 점이다. 왜냐하면 기지를 깨끗하게 정리하고 지역 경제 재개발을 하는 문제가 없어지게 되기 때문이다. 요약하자면, 중부 유럽 내에 많은 병력을 주둔시키는 우리 동맹국들과의 낡은 계약을 끝낼 시간이 된 것이다.

이것은 독일에서 육군 4성 장군이 1명이 지휘하는 유럽 주재 미 육군(USAREUR) 본부를 없앰으로써 가능하게 될 것이다. 많은 장병들의 견해에 의하면, 이것의 유용성은 이미 끝났다고 한다. 진실된 냉전의 유산인 야전군 본부들(7군 및 유럽 주둔 야전군)은 한 때, 25만명 이상을 지휘했었다. 게다가 하이델베르크에 앉아 있던 육군 장성은 또한 독일 · 프랑스 · 영국 · 캐나다 · 미국 및 기타 나토 회원국들의 지상군 5개 군단 이상을 포함한 NATO 중부 집단군(Central Army Group) 사령관의 책임도 수행했다.

독일의 육군 부대들이 6만 3천명 미만으로 감소되면서, 유럽 주재 미 육군(USAREUR) 지휘관은 정치–군사적 역할을 점점 많이 떠맡게 되었으며, 결국 보스니아의 나토 안정화군(NATO Stabilization forces)을 지휘하게 되었다.

4만 명의 장병을 미국으로 복귀시키는 결정을 내리면, 유럽 주재 미 육군(USAREUR)과 연관된 의무와 책임은 미 유럽사령부로 전환될 수 있으며, 이곳에서 3성 부지휘관이 이러한 부대들을 통제할 수 있을 것이다. 동시에, 유럽 주재 미 육군(USAREUR)에 흡수된 현재의 병력과 자산들은 육군 5군단 지휘본부로 전환될 수 있을 것이다.

5군단은 앞의 장에서 설명한 것과 같은 중동부 유럽에 위치한 상설합동부대본부(SJFHQ)를 위한 기초를 제공할 수 있을 것으로 이해할 수 있겠다.

유럽 나토국 수도들뿐만 아니라 워싱턴 D.C. 내에서도 많은 사람들이 이러한 전환을 반대할 것이다. 왜일까?

대영제국 그리고 작게는 프랑스의 경우는 차치하더라도, 나머지 동맹국들은 새로운 위협을 취급하기에는 비약하게 준비되어 있다. 새로운 위협은 북아프리카와 중동으로부터 아시아 연안에 이르는 남방 원호를 이루는 불안정한 지역에서 발전하고 있다. 동맹국들이 발칸과 기타 지역에서 평화유지작전을 수행할 능력이 있는 반면, 동맹국의 응집력은 전쟁 시 자동적으로 신장되지 않는다. 그러나 기술과 통신이 확대되는 세계 속에서, 이슬람 테러리즘과 WMD 확산에 따른 새로운 위협은 결국 유럽의 국경도 위기로 몰아넣게 될 것이다.

이를 진행하기 위한 한 가지 방법은 유럽의 남부 국가군 내에서 매년 합동 및 연합연습을 정례화 하는 것이다. 이것은 미국이 유럽을 포기한다는 공포감을 경감시킬 것이며 또한 나토 유럽인 부대들이 변혁될 것이라는 함축성을 갖는다. 1970년대와 1980년대 독일귀환훈련(REFORGER)에 의해 고무되면서, 매년 남부 국가군의 대규모 연습 또한 유럽인 부대들의 구조와 크기를 형성하는데 도움이 되었을 것이다. 이 유럽 부대들은 새롭고 근본적으로 다른 위협환경에 직면하고 있다.

이와 유사한 접근방법이 한국에서 적용되지 못할 이유는 없다.

8군은 1군단과 합체할 수 있겠다. 이렇게 하여 지역 상설합동부대본부(SJFHQ)를 만들고 북동아시아에서의 지상 작전에 대비한다. 이 지휘본부는 워싱턴에 있는 포트 루이스(Fort Lewis)에 설립될 수 있다.

이 안에 한국과 일본에 있는 소규모 전방 지휘요소를 포함시킨다. 동시에, 연합사(CFC) 사령관은 한국군 장교로 임명할 수 있다. 이것은 미국의 전문직업주의에 대한 신뢰를 보내는 신호가 될 수 있으며 자신의 한국 동맹에 대한 권한을 인정하는 신호가 된다. 그리고 한반도에서 미국이 지배하는 군사적 영향력에 대한 한국 민족주의자들의 점증하는 불만을 감소시켜줄 것이다.

국내에서 육군을 새로운 원정환경에 순응시키려면 새로운 지휘구조를 필요로 한다. 이것은 전투부대를 전개하고 지휘하는 것이 아니라, 대신 훈련시키고 전투준비 시키며 그리고 합동원정전과 향토방위를 위한 투입하기 위해 설계된 구조다. 이러한 활동무대 내에서의 변화는 해외에서 변화하는 것과 마찬가지로 중요한 것이다.

산업시대를 너머서, 기술과 시장에서의 변화 충격도 마찬가지다. 보다 적은 수직계층으로 구성된 새로운 조직 모델은 보다 빠른 결심과정을 달성하고, 팀들을 보다 잘 운용하며 그리고 문제를 해결하기 위해 교육을 보다 많이 받은 고용인을 얻기 위해 산업체를 통합하는 것과 같은 수단을 사용하게 된다. 대부분, 유사한 변화가 미국 군사기구 내부에 아직 적용되지 않았다. 왜 거의 변화가 없었는가에 대한 이유는 조직 도표를 살펴보면 알 수 있다.

최상위에는 대통령과 국방장관이 있다. 다음 계층에는 지역통합사령부의 사령관들이 있다. 그 아래 각 구성군의 4성 장군 지휘본부가 있다. 이 아래 3성 장군이 지휘하는 수 개의 함대 · 공군 · 군단 및 해병원정군 지휘본부가 있다. 이 아래 각 군의 부대들인 사단 · 공군 전투비행단 등이 있다. 상부 계층 구조에서 변화된 것은 사실상 없다. 그러나 하위 계층(이 계층은 말단 소총병 또는 전투병이 있는 계층이다)은 엄청나게 줄였다. 하위 계층에서의 축소는 현역 및 예비역 부대를 동일한 수의 상급 제대 본부들에 보다 많이 할당하였음을 암시한다. 이 상급제대 본부들은 모국 및 해외에서의 보다 복잡한 임무와 넓은 영역을 담당하기 위해 설치된 것이다.

전개된 전구 또는 미 대륙 내로 배치된 미 육군 대부분은(미 해군과는 다르게) 미국 본토 영역을 너머서 자신의 원정부대들을 지휘통제하기 위해 세계적인 작전적 지휘구조를 설치하도록 강요된 적이 결코 없다. 왜인가? 육군이 원정부대들을 가지고 있지 않기 때문이다. 육군은 중부 유럽 및 북동아시아에 주둔기지부대(garrison forces)를 가지고 있다. 이 장소들은 분쟁이 예상되거나 기대되는 곳이다.

결과적으로 독일 · 한국 또는 미국 내의 동일한 지휘본부가 설계되어 이론적으로 전시에 육군 부대들을 지휘통제하도록 한 것이다. 이 지휘본부들은 육군 병력 단위부대 및 지역 기반구조를 평시에 유지하기 위해서 자신들의 시간과 노력의 90%를 집중 투자하고 있다.

이러한 접근방법은 냉전시대에는 이상적인 것으로 보였다. 이 당시 분쟁의 장소와 소지는 예상할 수 있는 것이었다. 그러나 지난 10년은 해군의 지휘통제 모델에 보다 초점을 맞출 필요성을 제시한 것으로 보인다. 오늘날, 합동원정전이 가능한 곳은 다음의 지역들이다. 북아프리카 · 중동 · 서남아시아 · 중앙아시아 · 남지나해 그리고 대만해협이다.

이곳은 육군에게는 훨씬 덜 친밀한 지역들이다. 따라서 참모장교들로 구성된 커다란 지휘본부를 기대하는 것은 합리적이지 않다. 이 지휘본부의 참모장교들은 이러한 지역에 전화를 걸어 전개시키고, 효과적으로 육군 및 합동능력을 운용할 지식을 갖출 수도 있지만 갖추지 못할 수도 있는 장교들이다.

해군 작전적 및 행정적 지휘구조를 모델로 한 접근방법을 받아들이면, 지상의 합동원정부대들을 지휘 · 통제하도록 설계된 상설합동부대본부(SJFHQ)를 설립하기 위해서 다양한 지역 통합사령부들 속에 수개의 육군 소속 지휘본부들을 둘 수 있다. 이 지역 사령부로 육군 부대들이 순환하면서 들어오고 나갈 때, 이러한 부대들의 지휘통제는 지방(local) 작전지휘본부 또는 상설합동부대본부(SJFHQ)로 전환된다. 상설합동부대본부(SJFHQ)는 육군부대들을 운용하는 작전적 군부대가 되는 것이다. 이것은 오늘날 미국 내에 그리고 통합사령부 내에 존재하는 행정적 육군지휘구조와는 구분된다.

육군 지휘통제 능률화

테러리즘에 대한 글로벌 전쟁은 냉전과는 매우 다르다. 이슬람 적대세력은 한 개의 국가가 아니다. 증오의 이데올로기를 가진 적이다. 그들은 미국의 이익뿐만 아니라 미국의 순수 가치인 종교적 자유 · 개인 권리 · 법치 그리고 자유시장이라는 것에 대해 적의를 가지고 있다. 이슬람 적대세력이 미국을 공격하기 위해서 비재래식 수단을 사용할 의지가 있다는 것은 명확하다.

테러리스트를 미국 국내로 몰래 심어 놓은 뒤, 그 안에서 미국을 공격하는 것이다. 행정부의 국가 안보 전략은 이러한 위협을 다루기 위해서 설계되었다. 넓은 윤곽을 그리자면, 의회의 승인이 나게 되면 미국 국경과 항만 보안 활동이 강화될 것이다. 미국 내 항구 · 국경 및 공항으로 불법 입국을 보다 효과적으로 막아내기 위해서 단일 조직을 운용할 것이다. 이러한 과정에서의 군사적 차원은 미 대륙으로 접근하는 공중 및 해양 통제를 유지하는 것을 포함한다.

백악관과 의회의 결정에 의지하면서, 국경에서 민간 기관을 보강하거나 지원하기 위하여 육군의 능력을 선별적으로 사용하는 것 또한 포함하고 있다.

동시에, 국내 안보를 위한 행정계획이 수립될 것이다. 이 계획을 통해 미국 내에서의 가능한 외국 및 모국의 테러 행위를 감지하고 추적하며 퇴치하게 될 것이다. 이를 위해 연방 · 국가 그리고 지방의 법 시행기관 간에 상호 협조가 강화될 것이다. 목표는 모든 수준 및 차원의 법 시행기관을 대 테러 활동에 효과적으로 운용하는 것이다.

이렇게 하여 미국 내에서 활동하고 작전하는 테러리스트에 대항하는 것이다. 미 육군은 민간 요원과의 긴밀한 협조뿐만 아니라, 중요지역에 대한 물리적 방호를 이미 시행하고 있다. 미래 육군의 활동은 많은 잠재적인 공격 지점에 있는, 소위 방어력 감소 취약점 또는 터미널이라고 불리는 것에 대한 능동적 · 수동적 대응책 모두를 수반할 것이다.

마지막으로, 행정부는 보다 나은 위기대응 및 준비 능력에 관심이 있다. 이것은 어떤 결과에 대한 관리 및 복구에 대한 것으로 향토방위 기능에 있어서 경찰 · 소방관 및 기타 초기 대응반 운용의 효과를 향상시킨다는 것이다. 이러한 계획의 국면은 잠재적인 공격의 효과를 감소시키는데 목표를 지향하고 있다.

정부 및 개인 부문 운용에 있어서 지속성을 고려하고, 전력 및 전화통신 · 의약품 재고를 통해 지원하고 풍부한 능력을 확보하는 것이다. 여기서 다시 한 번 강조되는 부분은 정부 간의 협조가 중대하다는 것이다. 여기에 육군이 연방 정부를 지원하는 것이 수반된다. 지방 사법권은 확실히 최신 통신기술을 잘 이해하게 한다. 그리고 거대한 재난에 대처하고, 감지하며 또한 가능한 한 WMD를 취급하게 된다.

일부 관점으로 보면, 이러한 모든 행동들은 육군 및 예비군 부대들의 활동을 포함하게 될 것이다. 그러나 효과적으로 이러한 임무를 수행하는데 있어서 중요한 것은 향토방위에 대한 새로운 초점을 필요로 한다는 것이다. 육군 주방위대(Army National Guard)에게는 이것이 자신의 고유의 임무이자 점차 결정적으로 중요한 향토방위에 주안을 두게 됨을 의미한다. 동원 기간을 단축하고 동원되었을 때 고향에 근접한 지역에서 경계임무를 수행하게 된다.

2001년 9월 11월 이후, 대통령이 말한 소위 부분적 동원을 했을 때, 수천 명의 육군 예비역들이 소집되어 테러리즘에 대항한 전쟁을 지원하고, 예를 들어 많은 공항에 대한 입초 근무와 같은 약간

비전통적인 의무를 수행했다. 지금 이글을 쓰고 있을 때 판단해보면, 육군 주방위대(Army National Guard) 및 예비군의 부분 동원을 통한 예비 병력으로 현재 동원되어 임무를 수행하고 있는 인원의 총수는 64,741명이다. 다른 군의 모습도 유사하다. 해군 예비군은 5,476명, 공군 예비군은 14,627명, 해병대 예비군은 8,729명, 해안경계 예비군은 1,051명이다. 현재 임무를 수행하고 있는 예비군 및 육군 주방위대(Army National Guard)의 총수는 94,624명이다. 이것은 단위대 및 개인적인 증원을 모두 포함한다. 이러한 시민으로서의 육군 · 해군 · 공군 및 해병은 적어도 1년 더 동원되어 실제 부대에서 임무를 수행하게 될 것으로 보인다. 명확히, 육군 주방위대(Army National Guard) 및 육군 예비군을 능률적으로 지휘 · 통제하는 새로운 방법이 필요하다고 하겠다.

미국 내의 상급 지휘구조에 대한 간단한 설명을 해보겠다. 유럽의 육군 부대들의 모습과 규모를 바꾼다는 것을 보았을 때, 독일에 있는 육군 4성 장군 지휘본부를 제거하는 것이 합리적이라고 앞에서 결론지었다. 따라서 제도상의 현역 육군이 실제로 얼마나 필요한가를 설정하고 합동 수준 상에서 기반구조의 기능을 분담하고 외부에 맡겨야 하는가를 검토할 때다.

향토방위 임무가 테러리즘에 대한 세계적인 전쟁에서 다시 중요시됐다. 현역 육군은 1991년 거의 80만에서 이르렀다. 오늘날은 대략 48만 3천 명으로 감소되었다. 이러한 급격한 병력 감소에도 불구하고, 이에 비례하는 현역 육군 지휘부의 감소 또는 육군 4성 지휘관 지휘구조에서의 의미 있는 변화가 없었다. 지휘부들은 현역 및 예비역 구성부대 모두를 담당한다.

상급 지휘부를 다듬는 것이 좋은 출발점이 된다. 이것이 잘되면, 작전적 임무를 부여 받은 현역 구성부대(AC)와 예비 구성부대(RC)의 인원 감소를 가져온다. 그리고 무기 · 장비 · 부대설계 및 작전술의 발전에 따라 육군 부대들에 대한 전투준비 및 훈련 관련 과업 부여가 합리적으로 변화된다.

• 육군 훈련 및 교리사령부(TRADOC)

베트남 전쟁 이후의 기간 동안 육군 부대구조의 심오한 변화를 목했다. 가장 중요한 변화 중 하나는 TRADOC을 설립한 것으로 귀결된다. TRADOC의 임무는 1970년대와 1980년대 중요한 것이었다. 이것의 목적은 유럽의 소련군과 전쟁을 하도록 육군을 재교육시키고, 서남아시아에서 전쟁에 패배한 것을 일깨워 육군의 전문직업적 자신감을 회복하는 것이었다. 이러한 이유 때문에, TRADOC은 전 육군에 대한 훈련 및 교육 책임을 지게 되었다. 지휘본부의 매우 커다란 업적은 듀피(Depuy) 장군에 의해 시작된 교리적 르네상스를 이룬 것이었다. 스테리(Donn Starry) 장군이 뒤이어 사령관이 되었고 공지전투(Air Land Battle) 교리를 만들어 냈다.

• 육군 물자사령부(AMC)

AMC는 물자 준비태세(기술 · 획득 · 지원 · 물자개발 · 군수 · 전력투사 및 유지) 확립을 위한 본질적인 요소다. 사령부의 복잡한 임무 범위는 복잡한 무기체계 개발로부터 정비를 위한 최첨단 연구 및 수리부속 분배에 이른다. 결과적으로, AMC는 연구 · 개발 및 엔지니어링 센터 · 육군 연구실험소 · 저장창고 · 병기고 · 탄약 설비 그리고 기타 시설들을 운용한다. 이것은 또한 육군의 기 배치된 지상 및 해상에 있는 물자 저장소를 유지시킨다. 사령부는 또한 두 가지 부분(재래식 탄약 · 화생방 방어)에서 국방부 집행부서 역할을 한다. AMC는 육군을 훨씬 넘어서는 다양한 임무를 취급한다. 예를 들어, AMC는 미국의 각 군종 모두를 위한 탄약을 획득하고, 우방 및 동맹국에게 육군 장비 및 근무 분야를 판매하는 수십 억 불의 사업을 관리하며, 외국에서 미 무기체계의 공동생산을 위한 조약을 체결을 협상하고 실행한다. 대부분의 AMC 고용인들은 민간인이지만, 이것은 결코 육군과 육군 예산에 대한 영향력을 감소시키지 않는다.

• 육군 부대 사령부(FORSCOM)

FORSCOM은 포트 맥퍼슨(Fort McPherson)에 위치해 있다. 이곳은 조지아주 아틀란타의 중심에 위치한다. 이 사령부에 주어진 명시과업은 작전의 전 영역(full spectrum of operations)을 가로질러서 전투사령관의 요구에 맞도록 준비된 전투부대들을 훈련하고, 동원하며, 유지하고, 재편성하는 것이다. 미 육군 예비군 사령부는 미 제1군과 함께 FORSCOM과 함께 위치해 있다. 미 제1군은 미 동부 · 푸에토리코 및 버진아일랜드의 육군 예비군과 육군 주방위대(Army National Guard)를 훈련하고, 동원하며, 전개시킨다. 미 제5군 본부(the 5th U.S. Army Headquarters)는 택사스 주, 포트 샘 휴스턴(Fort Sam Houston)에 위치하고 있으며 미시시피 강 서부의 21개 주에 대해 유사한 임무를 수행한다. 제시했듯이, 이 두개 본부는 향토방위 임무를 지원한다.

여기서, TRADOC은 훈련 및 부대설계 모두를 책임진다. 그러나 육군 전투부대를 전개하고 싸우도록 하는 전투준비태세에는 영향을 거의 미치지 않거나 전혀 미치지 않는다.

동시에, AMC는 TRADOC에서 발전시킨 소요제기에 따라 무기 및 장비를 발전시키도록 되어있다. 그러나 정보화시대 환경에서 기술은 무서운 속도로 경주하고 있다. 전쟁에 대한 사고는 기술의 발전과정과 분리시킬 수 없다. 결국, FORSCOM은 TRADOC에서 발전시킨 훈련 개념에 거의 또는 전혀 영향을 행사하지 못한다. 그럼에도 불구하고 반드시 부대의 전투준비태세를 확실히 해줘야 한다.

한 가지 대안은 훈련 및 전투준비를 한 명의 4성 장군 지휘본부로 재결합시키고 물자개발을 부대 설계·교육 및 작전술과 연결시키는 것이다. AMC를 버지니아 주의 포트 벨보아로 움직이는 결정을 하면 미래에 통합된 물자 및 교리 사령부를 두게 되고 시설 보안을 제공받으면서 워싱턴 D.C.에 근접하게 된다. 이것은 필수적이다.

[그림 8.1] 육군 상부 C2 합리적인 구조조정

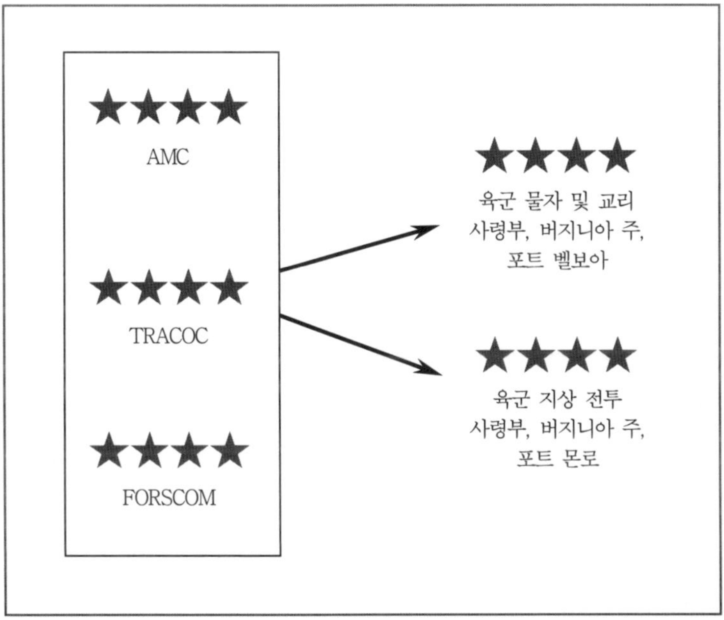

이러한 모습은 요망하는 명료성을 지닌 향토방위 C2 문제를 취급하는 것으로는 보이지 않을 것이다. 그러나 이것은 사실상 향토방위 C2 문제를 취급한 것이 된다. 육군 상급 지휘부를 합리적으로 건설하는 모습은 (그림 8.1)에 나타나 있다.

포트 맥퍼슨은 이미 미 제1군의 고향이다. 미 제1군과 제5군의 작전을 통합할 수 있는 이때, 즉 오늘날 세계의 통신 속도가 훨씬 넓은 통제를 용이하게 해주는 이때, 미국의 예비군 부대들 절반에 대해 유사한 임무를 수행하는 미 제5군을 포트 샘 휴스턴에 두어야 할 이유는 없다. 추가해서, 국가 수준에서 육군 주방위대(Army National Guard)에 대한 보다 효율적인 작전적 · 행정적 지원을 해줄 필요가 있다.

이러한 최종 목표를 달성하는 방법 중 하나는 육군 예비군 및 육군 주방위대 사무국(NGB)으로부터 선택된 부대와 함께 제1군 및 제5군 지휘본부의 자산을 새로운 전략적 예비 군단 구조로 조직하는 것이다. 이것은 향토방위를 위해 육군에서 할당된 지상 구성부대로서의 역할을 할 수 있다. 군사 지휘본부는 포트 맥퍼슨에 위치하면 될 것이다. 그리고 군단의 지휘관 및 참모는 가장 효과적으로 부대 전체(현역 · 주방위대 및 예비군)를 운용하게 될 것이다.

현재 공군 4성 장군인 에버하드(Ralph E. Eberhard) 장군이 미 북부사령관이기 때문에, 육군 지상 구성부대 사령관을 위한 적합한 계급은 중장 즉 3성 장군이 될 것이다. 군단 지휘본부의 지휘구조는 (그림 8.2)의 구조와 유사할 수 있겠다.

이러한 활동은 포트 맥퍼슨에서 향토방위를 하는데 있어서 C2 구조를 공고히 할 수 있을 것이다. 그리고 육군 주방위대 및 육군 예비군이 원정작전 속에서 단위대와 시민으로 있는 병력을 보다 효율적으로 관리하는 능력을 발전시켜줄 것이다.

[그림 8.2] 전략적 예비 군단의 지휘관

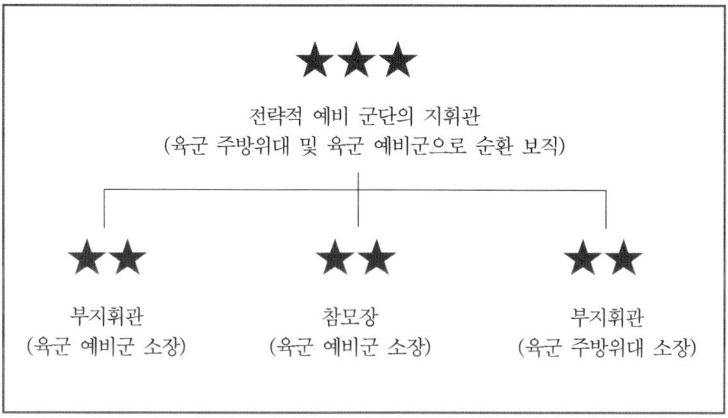

육군 변혁 실행

새로운 육군 C2 구조는 합동원정전과 향토방위 모두에 필요한 지원과 지휘를 제공할 것이다. 현존하는 육군부대들을 합리적으로 재편성하는 일은 보다 쉽겠다. 그러나 만일 재편성 과정이 보다 커다란 변혁적 변화라는 최종목표에 부합되어야 한다면, 재편성은 반드시 전개할 수 없는 육군 조직구조 내의 불필요한 병력 및 장비를 축소하는 것과 동시에 진행되어야 한다.

원칙은 간단하다. 육군은 전개하여 전투하는 모든 병력을 유지한다. 전개하여 싸우지 않거나 또는 않게 될 병력은 필요에 따라 반드시 조정되어야 한다. 이들은 비용 대 효과 평가에 기초하여 민간인 또는 산업에서 아웃소싱된 고용인으로 대치되어야 한다. 이러한 접근법은 지속적인 변혁 속으로 투자하기 위해 유용한 효율성을 낳게 될 것이다.

육군의 내부 및 외부 실험은 변혁적인 능력을 달성하는데 있어서 중대한 받침대가 된다. 그러나 이러한 점에서 육군 변혁은 육군 모든 장병들의 힘 · 에너지 그리고 상상력을 이용하지 못해왔다. 이러한 새로운 C2 구조를 〈합동순환 전투준비시스템〉 내에서 사용하게 된다면, 이것은 더욱 쉽게 될 것이다.

[그림 8.3] 원정부대 지휘통제

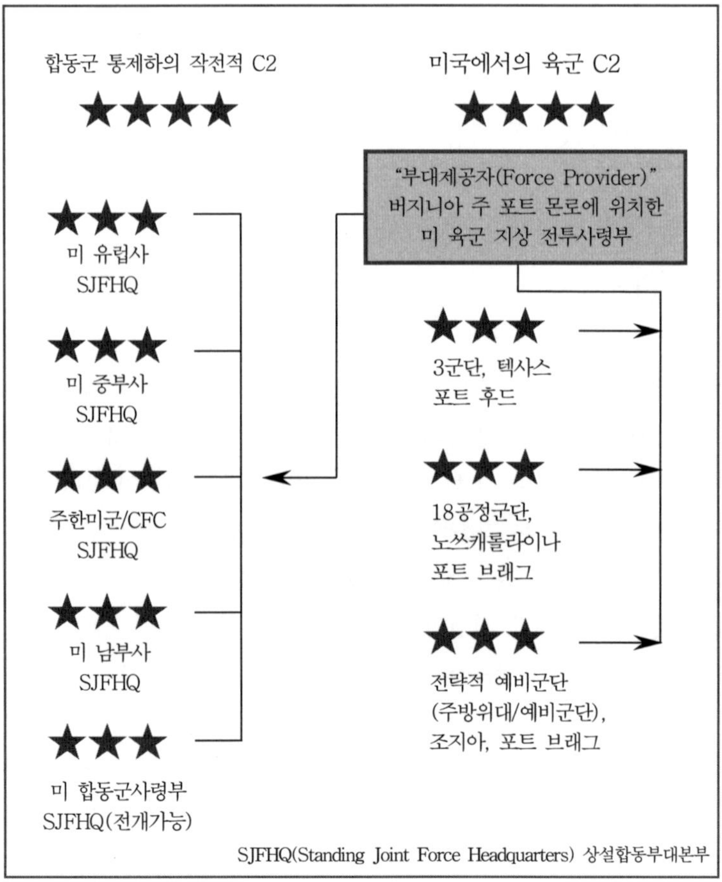

많은 장교들은 육군 구조 및 부대 설계 속에서 이러한 제안된 변화들의 타당성에 초점을 맞춘 질문을 당연히 하게 될 것이다. 현존하는 부대들을 여기서 제시된 능력 중심(capability-based)의 편성부대들로 전환하는데 얼마나 걸릴 것인가? 재편성을 하는 동안 어떤 단위부대가 전개하여 싸울 수 있도록 준비될 것인가? 육군 인사관리 요원들이 이러한 개념을 지원하지 않을 수 없게 될 것인가?

1965년 최초의 공중기동 편성부대를 야전에 배치한 육군의 일화는 만일 육군이 진짜 변혁을 가져오는 변화를 일으키면 무엇이 이뤄질 수 있는가를 얼핏 보여주고 있다. 개시부터 전개하는데 3년도 안 걸려, 육군은 베트남에 공중기동 편성부대들을 만들고 전개시켰다. 릿지웨이(Matthew Ridgway) 중장은 미 8군이 중국 인민해방군으로부터 지속적인 압박을 받는 동안, 8군에 대한 광범위한 재편성을 통해 한국에서의 미국의 패배를 벌충하였다. 그의 전임자에게 가용했던 것보다 겨우 조금 더 나은 자산을 가지고, 릿지웨이(후에 육군 참모총장)는 공세를 취해서 중공군에게 빼앗긴 38선 이남지역을 회복하였다. 적어도 지금 우리가 하지 못할 이유는 없는 것이다.

육군의 전투서열을 검토해 보면, 제2경기병연대(Light Cavalry Regiment), 제3장갑기병연대(Armored Cavalry Regiment) 그리고 유럽주재 미 육군(USAREUR) 내에 있는 여단 소속 부대들은 3개의 경정찰타격단(LRSG : Light Reconnaissance Strike Group)으로 편성되어 투입될 수 있겠다. 제10산악사단, 제82공정사단의 자산, 제101공중강습사단 그리고 18군단뿐만 아니라 유럽 주재 미 육군(USAREUR)으로부터 선별된 단위부대 자산들은 9개 정도의 공정-공중강습단, 9개 항공특수임무부대 그리고 3개의 조기전개지원단(EDSG)으로 편성될 수 있겠다.

각 형태의 수개 편성부대를 지니게 되면 미 태평양사 · 미 유럽사 그리고 미 중부사에서의 순환전개는 일상적인 업무가 될 수 있다. 기갑 및 기계화 부대를 13개의 전투기동단으로 결합하는 것도 유사한 라인을 따라 진행할 수 있겠다(그림 8.3 참조).

중요한 점은 변혁하는 부대들을 현재와 미래의 위협에 직면하게 될 현존하는 육군부대들과 이들의 현 상황에서의 운용 그리고 이들의 현대화 방향으로부터 별도로 분리해서 생각하지 않는 것이다.

변혁된 부대는 현존하는 부대에서 동떨어져 고안해내는 것이 아니라 새로운 합동작전적 개념에 의해 만들어진 새로운 설계 속에서 전체적인 능력 집합을 함께 융합시키는 것이다. 육군이 변혁하는 동안 현재 분쟁에서 압도적인 전투력을 유지하고, 변형된 위협을 예측하면서 새롭고 보다 의미심장한 전투력을 건설하는 것이다.

육군 변혁(transformation)은 편성 및 이것의 관점에서 능력을 시험해야 한다. 새롭지만 증명되지 않은 것만을 숙고하고 야전과 동떨어진 것이 되어서는 안 된다. 육군이 아래로부터 그리고 외부로부터 아이디어를 받아들이게 되면, 정력적인 상부(top-down) 리더십은 아래로부터의 열정적인 지원을 받게 될 것이다. 상부(top-down) 리더십은 하부의 현실과 분리되어 위로부터 판결을 내리게 되면 실패의 위험을 당하게 된다.

지휘관이 새로운 작전적 · 편성적 개념과 구조를 이끌어 내면, 야전군을 변혁시킬 때 진행 중인 전쟁으로부터 주위를 벗어나지 않는다. 육군작전참모부장(작전 및 계획)은 작전적 설계(OA)와 합동 C4ISR을 위한 지지자가 되어야 한다. 우리는 반드시 자원관리국(G8) 그리고 상황인식 공동체로부터의 육군 설계공정을 인정받아야 한다.

전투원들의 요구는 설계공정을 위한 훈련을 통해 반드시 나타나야 한다. 왜냐하면 이들이 전투임무를 수행해야 하기 때문이다. 이러한 접근방법은 전투부대에 보다 초점을 맞춘 보다 나은 전투준비태세를 보장한다. 아래의 단계들을 포함한 접근방법이 고려되어야겠다.

1. 워싱턴 D.C.의 참모총장 직속에 새로운 변혁 담당국을 설립하고, 육군 훈련 및 교리사령부(TRADOC)에서 하는 현재의 업무를 보류시킨다. 결과 없이 수많은 해가 지나갔다. 육군 참모총장만이 육군성 장관과 함께 부대를 변혁시킬 수 있다.
2. 변혁을 지원하기 위해 육군 인사시스템을 최신화하고 바꾼다.
3. 현존하는 장비로, 앞서 구상한 각각의 새로운 단(group)을 만들어 야전에 배치한다. 그리고 실제로는 없지만 무엇이 필요한 것인지를 식별한다. 세부적인 기획실행단계의 분석이 실행 과정의 한 부분으로 요구된다. 시간스케줄과 이정표를 설정한다. 공정에 대한 자원을 할당하고 임무를 명확히 한다. 그리고 목표를 명확히 하고 이해한다. 교리 · 편성 · 훈련 · 물자 · 리더십 · 인사 및 시설(DOTMLPF) 평가를 반복하여 현재의 분야가 상황에 맞는지를 확실히 한다. 우리는 반드시 육군 요구에 대한 해결을 위해 현재의 물자 중심(materiel-centric)의 접근에서 벗어나야 한다.
4. LRSG 그리고 기타 관련된 경부대들(light forces)을 위한 새로운 장비를 획득하기 위해 첫 단계를 밟되, 중간단계의 대용물을 운용한다. 새로운 장비가 지급될 때를 기다리지 않는다. 현재 주어진 장비를 사용하고 새로운 장비가 주어질 때 새로운 능력과 합병한다.
5. 현존하는 자산에 UCAV, UAV, 그리고 합동 C4SIR을 추가하여 기타 단들(group)을 만든다.

6. 비용을 줄이기 위해서 육군 전체의 항공 및 관련 자산들을 재할당 및 재편성한다.
7. 잘 계획되고 실제 강도 있는 실험이 병행되는 실험 프로그램을 적용한다. 이것은 데모가 되어서는 안 된다. 어떤 장교는 다음과 같이 말했다. 〈성공을 위해 싸구려 과시는 안 됩니다. 실물을 야전에 배치하고 이것을 깨기도 해보고, 작전명령으로 내몰아 보기도 해서 다시 원상 복구하는 방법을 찾아야 합니다.〉
8. 최고점까지 합동실험을 하고 효과를 발휘토록 한다.
9. 식별되면 불필요한 장비를 버린다.
10. 결과를 요하는 시간 스케줄을 마련한다.
11. 마련된 스케줄과 연계하여 육군에 최신화 된 설계를 홍보한다. 그리고 공정의 산물을 책임질 수 있는 야전 지휘관을 선정한다.

개념적으로 이것을 이행하는 많은 방법이 있다. 그러나 중요한 부분은 야전의 책임 있는 지휘관을 선정하고 그가 그 결과에 대해 책임지도록 하는 것이다. 야전 현장에서 이러한 변혁 브랜드에 접근하는 방법은 아래와 같은 모습이 될 것이다.

◈ 18군단장에게 다음 부대를 창설할 것을 지시함

- 포트 브래그(Fort Bragg)에 있는 자산으로 1개 공정-공중강습단 (airborn-air assault group)
- 루이지에나 주의 포트 폴크(Fort Polk)에 있는 자산으로 1개 LRSG (포트 폴크는 합동전투준비훈련센터인 JRTC에 위치하며, 이곳에서 동부나 서부로 전개하기 용이하다)
- 18공정군단 포병 사령관 예하의 현존 및 새로운 자산으로 1개 작

전적 타격단(operational strike group)

- 18공정군단 항공장교 휘하의 현존 자산으로 1개 항공지원단(aviation support group)
- 82공정사단 · 101공중강습사단 · 18군단 지원사령관(제1COSCOM)이 보유한 현재 자산으로 1개 EDSG

◈ 3군단장에게 다음 부대를 창설할 것을 지시함

- 포트 후드(Fort Hood)에 있는 현 자산으로 1개 전투기동단(combat maneuver group)
- 포트 후드에 있는 현 자산으로 1개 공병지원단(engineer support group), 이때 미조리 주의 포트 레오날드우드(Fort Leonardwood)로부터 지원받을 것(기동부대 자산들을 모아 지원).

◈ 포트 블리스(Fort Bliss) 미 육군 방공센터 사령관에게 다음 부대를 창설할 것을 지시함

- 현존 자산을 이용하여 1개 대공 미사일 방어단(air missile defense group)

◈ 정보시스템, C4 국장에게 다음 부대를 창설할 것을 지시함

- 1개 C4I단

◈ 포트 레오날드우드(Fort Leonardwood)의 미 육군 화학학교장에게 다음 부대를 창설할 것을 지시함.

- 1개 생화학전단(bio-chemical group)

[그림 8.4] 계획 실행 요약

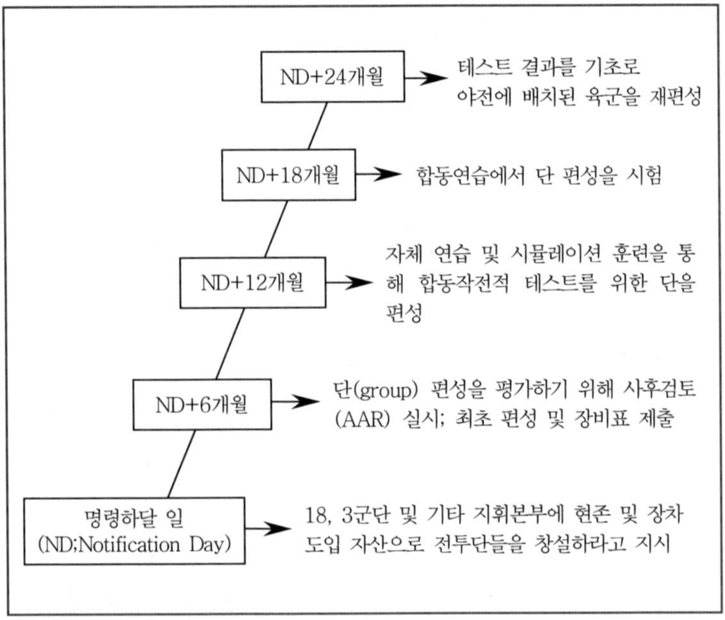

미래의 군사적 성공은 전쟁의 요구를 예상하고 이를 뛰어넘는 육군의 능력에 의해 결정될 것이다. 이것은 쉽지 않을 것이다. 그러나 여기서 제시한 변화들은 능력 범위 내에서 성공해야 한다. 미래에 대한 강한 의구심은 긴요하다. 물론, 이것은 리더들이 현재 일이 진행되는 것에 계속적인 불만족을 가져야 함을 요구한다.

결 론

대전략(grand strategy)은 국가의 모든 자원을 통제하고 관리하는 술(art)이다. 이것은 군대를 포함한다. 궁극적으로 사활적 이익을 효과적으로 제고시키고 실제적 · 잠재적 또는 단순히 추정되는 적으로부터 이를 보호하게 된다. 새로운 전략적 환경에 육군 부대구조를 재조정하는 것은 미 군사력을 위한 새로운 대전략에서 필수적인 모습이다. 여기서 제시한 전략적 접근은 육군의 결정적인 전투수행 능력을 합동부대 뿐만 아니라 미국의 외교 · 기술 · 경제적 발전 및 문화력과 함께 통합하는 방법인 것이다. 부대의 모습과 구조를 전략적으로 변화시키는 기회를 잃을 필요는 없다.

한국전쟁이 끝난 뒤, 아이젠하워 행정부의 분위기를 그곳에서 일했던 한 장교는 이렇게 기술했다. 〈잔인했다…육군이 점차 약화되어가고 있다는 것이 확실했다.〉 그리고 육군은 전통적인 임무수행을 위해 지원을 받지 못한다는 것을 알게 되었다.

합동참모의장 래드포드(Arthur Radford) 제독은 도움을 주지 않았다. 그는 핵무기가 보다 강력한 타격을 제공한다고 하면서, 대량보복전략에 과도하게 의존하는 것에 반대한 릿지웨이 장군을 해임했다. 핵심은 무엇인가? 명확히, 육군은 임의로 4만 명을 유럽에서 없앨 수 없으며 아니면 동북아시아로부터도 이보다 조금 작은 규모의 병력을 없앨 수 없다는 것이다. 그러나 만일 육군이 이러한 부대들을 유럽으로부터 복귀시키는 계획을 가지고 있고 이들을 더욱 효과적으로 운용할 계획을 가지고 있다면, 전개하여 싸우는 병사들은 이러한 부대에서 감축되지는 않을 것이다. 전략적으로 보면 어제의 사고와 수단으로는 미래의 문제를 해결할 수 없을 것이다.

육군 내부에서, 우리는 보통 다음과 같은 질문을 한다.

어떻게 당신의 작전을 개선시켰는가? 얼마나 효율적으로 했는가? 그러나 우리가 질문해야 할 것은 〈우리가 항상 해왔던 것과 다른 무엇을 오늘날 하고 있는가?〉이다. 우리가 올바른 질문을 한다면, 올바른 대답이 나올 것이다.

대부분의 군대 편성을 보면, 두 번째 질문에 대한 답변은 〈없다〉는 것이다. 이것이 문제다. 육군은 불필요한 상부구조 및 하부구조를 유지함으로써 전투병을 더욱 낭비할 여유가 없다. 육군은 스토브 파이프 형의 과다한 구조를 합병하고 통합할 수 있으며, 해야 한다.

특히, 육군의 관료적 병과 시스템과 지원체제에서 그렇게 할 수 있으며 해야 한다. 또한, 육군은 불필요한 C2 제대들을 제거할 수 있으며 제거해야 한다. 야전군 · 군단 · 사단 구조를 SJFHQ 개념으로 만들어 합병해야 한다.

여전히, 소모전에 대비하여 편성된 육군이 지휘에서 그러한 문화적 마인드와 사고로 헛된 노력을 하게 된다면 전투를 위한 편성에서 변혁을 이뤄낼 것 같지 않다. 군대, 특히 미 육군은 역사적으로 오랫동안 소모라는 패러다임 속에서 편성되고 훈련하였으며 장비를 갖춰왔다. 따라서 이에 책임 있는 사람들 대부분에게서 어떤 대안을 찾는다는 것은 어렵다. 승리를 위해 경주마가 필요한 때에 켄터키 더비(Kentucky Derby) 경주에 당나귀를 들여온다는 것은 상식에 맞지 않다. 그러면 어디에 경주마가 있는 것인가? 이것은 육군이 변혁할 수 있는지 없는지를 묻는 것보다 더욱 어려운 난제이다.

9 문화적 혁명 속에서의 리더십과 변화

> 우선, 능력 있고 동기를 지닌 사람들을 팀원으로 받는다. 이것이 〈누구를 쓸 것인가가 먼저이며 무엇을 할 것인가가 나중〉이라는 법칙이다... 만일 회사가 올바른 사람들과 일을 시작하게 되면, 세상이 변화했을 때 달라진 전략을 실행하는데 있어서 보다 잘 준비되어질 것이다. 그리고 회사가 올바른 사람(성과를 위해 결속력있는 추진력을 지닌 사람)을 고용하고 있다면, 어떻게 사람들에게 동기를 불어넣는가 하는 문제는 대부분 사라지게 된다.
>
> –굿 투 그레이트, 짐 콜린스

현대화되지 못한 적에 대항하는 전통적인 전쟁 수행 방법을 개선하려면, 미 육군은 반드시 전쟁을 생각하는 방식에 있어서 의미심장하고 어느 정도는 급진적인 변화를 만들어내야 한다. 두뇌와 두뇌 간의 소통이 없는 물리적 소통은 가치 없는 것이다. 실제로 부대를 물리적으로 재편성하는 어려움은 문화적 변화와 비교할 때 작은 것이다. 문화적 변화는 제도적 생각과 태도가 이미 사건과 기술에 뒤떨어졌을 때 요구된다. 병사들을 새롭게 훈련하고, 편성하며, 관리하는 방법이 없거나, 전개하여 전투하는 전투준비태세가 발전하지 않고는 합동원정전 개념은 지상전에서 나타나지 않을 것이다.

메시지는 단순한 것이다. 육군은 규모 · 구성 · 임무 및 기술에서 주된 변화를 경험하고 있다. 작전의 숫자와 다양성은 훨씬 합동 및 다국적군 작전의 중요성을 증대시키고 있다. 반면 새로운 기술은 동시에 전쟁의 본질을 변화시키고 있다.

나는 이 장에서 헨리 포드의 어셈블리 라인에 의해 고무된, 더 큰 것이 더 좋은 것이라는 문화적 유산이 정보화시대 전투를 위한 편성 및 제도적 전략을 위해서는 잘못된 기초가 된다는 것을 논하고자 한다. 소모를 통해서 지상전에서 적을 격멸하는 과정은 전쟁을 장기화시키고, 미국의 도덕과 경제적 건강상태를 유지하는데 필수적인 에너지와 자원을 약화시킨다.

소모전은 장비 및 화력을 위한 보다 거대한 물자기지와 보다 커다란 병력을 점차적으로 그라인딩 하듯이 사용하는 것이다. 이것은 국가의 목표가 달성되기 이전에 국내에서 전쟁 진행 및 확대를 반대하도록 하는 분위기를 고취시킨다. 더욱이, 이것은 본질적으로 결정성이 없으며 명확한 정치-군사 최종목표에 대한 정교한 추구를 회피하게 된다.

오늘날 세계는 20세기 및 사막의 폭풍작전 시대와는 급격히 다르다. 편성 개념, 훈련에 대한 접근법 그리고 1991년 페르시아 걸프로 간 냉전시대의 육군이 지닌 전쟁 사고는 역사에 의해 우회되었을 뿐만 아니라, 솔직히 현대전쟁 기술을 위험한 것으로 만들었다.

결과적으로, 소모전을 위해 편성되고 훈련되었으며 그리고 장비된 육군은 병력 수와 화력에 의존하지 않는 모든 전술 또는 접근법

채택을 거부했다. 군대, 특히 미 육군은 오랫동안 소모전 패러다임 속에서 편성되고 훈련되었으며 장비되었기 때문에, 육군의 많은 지도자들에게는 새로운 전략적 환경 속에서 이러한 접근법에 대한 대안을 채택하는 것이 중요하다는 것이 납득되기 어려웠다. 그러므로 육군 내부에서의 편성뿐만 아니라 사고의 근본적인 변혁이 필요한 것이다.

군대문화는 매우 강력한 것이어서, 육군은 과거로부터 명확히 벗어날 필요가 있다. 제도적 군대문화는 아마 틀림없이 변혁의 성공과 실패를 결정하는데 있어서 가장 중요한 요소라 하겠다. 제도적 군대문화는 행동패턴 · 신념과 가치를 합친 것이다. 만일 육군 제도적 문화가 현 행정부의 새로운 합동원정전 군사전략을 위기대응 및 신속결정작전이라는 것으로 지원하지 않는다면, 이 전략은 명백히 실패하게 될 것이다.

물론 인사 관리 · 훈련 및 교육시스템을 포함한 육군 제도적 문화를 변혁하기 위한 모든 노력은 거대한 사업임을 보여준다. 그러나 리더가 어떻게 사고하는가(이것은 무엇을 사고하는 것과는 반대되는 것이다)를 교육하는 것이 결정적이라는 점을 강조하는 굿 플랜이 열쇠인 것이다. 육군 부대들을 포함한 미래 합동원정작전의 성공은 물리적 집중보다 육군 리더들의 자질과 가장 작은 육군 편성부대의 전투준비태세에 더욱 크게 의존할 것이다.

이러한 단위부대들은 반드시 전문적 기술 · 동기 · 군기 및 상호간 그리고 부대에 대한 강한 충성심을 지닌 전투병을 포함해야 한다. 이것은 모든 지형에 투입되고 그들이 신뢰하는 유능한 리더들의 지휘 하에서 효과적으로 싸우도록 해준다.

그란지(David Grange) 예비역 미 육군 준장은 도전을 아래와 같이 요약하고 있다.

〈변혁된 마음의 집합은 정치적 · 경제적 그리고 안보적 시스템의 붕괴에 의해 나타난 혼란스럽고 불확실한 상황을 다룰 수 있는 것이라 하겠다. 리더들은 반드시 유능한 정부가 없는 국가들 속에서 작전할 수 있어야 한다. 이곳에서 적과 전선은 구분하기 쉽지 않다. 그리고 교전규칙이 모순된다. 우리의 부대들은 테러리스트 · 마약거래자 · 군벌 · 호전적 근본주의자 그리고 준군사 조직을 다뤄야 할 것으로 기대된다. 더불어 여전히 거대한 기동 편성부대들과 엄청난 방어 시스템도 극복할 수 있어야 한다.〉

새로운 합동원정전 문화가 발전되려면, 분석종합하고 영감을 줄 수 있는 리더들을 찾는 것이 행정부에게 있어서 반드시 최우선순위가 되어야 한다. 육군에게도 마찬가지다. 다행스럽게도 육군은 이미 정보화시대의 리더들과 사상가들을 가지고 있다. 그러나 현재의 환경 속에서 일부 도움이 없이는 이를 최고의 우선순위로 선정하는 것이 가능할 것 같지 않다. 이러한 의미에서, 이 장에서의 권장사항은 정보화시대의 리더들에 대한 차별철폐(affirmative action) 프로그램과 유사한 것이다. 차별철폐 프로그램은 능력 · 인격 · 상상력 · 지성에 합당하도록 계획된 것이다.

새로운 육군의 리더

육군은 현재 급격히 변화된 환경 속에서 어떤 종류의 리더를 필요로 하는가?

경험적으로 리더는 항상 인격 · 지성 그리고 오픈 마인드를 가진 사람이어야 한다고 말하고 있다. 마셜(S. L. A Marshall) 의하면 리더는 〈두뇌 · 경험수준(breadth) 그리고 스테미너를 지닌〉 군인을 말한다. 상상력과 함께 지성이 있는 사람은 장교 및 병사들 속에서 동기유발 · 에너지 그리고 열정을 만들어낸다. 사람들을 고무시키지 못하는 지휘를 하는 장교들은 가장 흥분되는 임무를 풀죽은 경험이 되도록 만든다. 진정 사람의 마음을 이끄는 자신감 있는 리더는 가장 지루하고, 아주 흥분되지 않는 과업을 만족할만한 전문직업적 경험이 되도록 만든다.

경험수준은 전문적 활동의 많은 분야에서 폭넓은 경험의 범위를 의미한다. 예컨대, 릿지웨이(Matthew Ridgway) 장군은 6년간 웨스트포인트에서 불어 및 스페인어 교수와 전술학 교관 그리고 체육부장을 역임했다. 콜린스(J. Lawton Collins)는 2차 대전이 일어나기 이전에 켄사스의 포트 레벤워쓰에서 교관을 하였으며, 육군전쟁대학에서 교수요원으로 근무했었다.

진정한 리더는 옳은 것을 하기 시작한다. 항상 올바로 된 일을 보장하지는 않는다. 이 두 가지 간에는 중요한 구분이 있다. 결심하는 지혜를 걱정하는 상관 또는 동료와 함께 검토하면서 시간을 보내는 장교들은 옳은 것을 추구하지 않는다. 흔히 말하듯이, 이들은 단순히 그들의 위치에 머물러 있다. 동료 또는 상관에게 인기가 없게 만들 때조차도, 자신을 지키는 도덕적 용기를 지닌 장교는 올바른 것을 하는데 몰두한다. 종지부를 찍는다. 이러한 태도를 지닌 장교들은 권한을 위임할 의지를 가지고 있으며, 독창력을 좋아하고 장려하는 자신감과 성숙함을 지니고 있다. 독창력은 유동적인 정보화시대에 활동들을 스스로 체계화하는데 있어서 필수적이다.

리더십의 이러한 브랜드는 육군 지휘구조를 어렵게 하는 스토브파이프 형태의 조직과 답답한 수직적 처리공정을 없애는 유일하고 확실한 방법이다. 이러한 상황은 유사하지 않은 정보를 통합하고, 시스템의 역동성을 감지하기 위해 전체적이면서 개념적으로 사고하며 그리고 전후관계를 잘 따지면서 이러한 역동성을 이해할 수 있는 능력을 지닌 리더들을 요구한다. 이것은 (표 9.1)에 묘사되어 있다.

[표 9.1] 산업화 시대와 정보화 시대의 리더

산업화 시대	정보화 시대
• 체계적으로 사고 • 유사한 유형에 초점을 맞춤 • 알려진 다양한 매개변수 및 제약을 최적화 • 환경의 넓은 다양성을 일반화	• 전략적으로 사고하고 계획 • 가능성을 부여하는 것으로서 기술을 이용 • 가치들을 학습 • 변화, 특수화, 그리고 분권화을 위한 조직 설계

그러나 국가이익 및 임무완수에 기여하는 선택을 하기 위한 도덕적 용기가 없다면, 비록 선택이 리더의 자리를 위태롭게 한다고 하더라도 전체적 사고는 거의 가치를 갖지 못한다.

미 해병대 슈프(David Shoup) 대령과 같은 리더가 2차 대전 시 타라와(Tarawa) 전투에서 어렵게 전투하여 패배를 승리로 뒤바꾸게 해 준 것은 전문직업적인 자신감과 의무에 대한 헌신에서 나오는 도덕적 용기에 있다. 스테미너에 관련된 문제가 있다. 가장 단순한 용어로, 리더는 육체적으로 반드시 건강해야 한다. 〈번개 조〉라고 불린 콜린스 장군은 과달카날(Guadalcanal)에서 건강하지 못한 연대장을 해임했다. 왜냐하면 요구되는 작전간 끝까지 버텨내지 못했기 때문이다. 그 당시의 사실은 여전히 오늘날에도 사실인 것이다.

전투가 많이 발생하면서, 평시에 하던 방법으로 모든 수준의 제대의 일들을 통제하려는 전쟁 지도자들은 통상 중도에 포기하게 된다는 것은 굿 뉴스라고 하겠다. 혼돈에 휩싸인 전쟁 환경에 적응하는 리더들은 이러한 사람들을 대신하여 어떻게 싸울 것인지 또는 싸우지 않을 것인지를 결정하기 시작한다. 그렇게 해서 그들의 현실에 대한 인식에 조화되도록 지휘권의 파라미터를 대치시킨다.

1차 대전 간 프랑스 군에서 전투병력을 지휘했던 상위계급 장교들은 이렇게 말했다. 〈문자 그대로 명령을 항상 따라야 했다면, 프랑스 군 전체는 1915년 8월 이전에 몰살되었을 것이다.〉

콜린스(Joseph Lawton Collins) 장군도 아마 동일한 언급을 했을 것이다. 노르망디 교두보로부터 미 육군이 돌파해 나아갈 때 그의 행동은 마셜이 말했던 〈두뇌 · 경험수준 · 스테미너〉의 예를 보여준다. 이것은 마인드의 탄력성과 전체적인 사고를 낳는 것이다.

노르망디 교두보를 미 지상군이 돌파해 나아가기 위한 코브라(Cobra) 계획에 따르면, 3개 보병사단은 공군부대가 집중 폭격을 하게 되는 지역으로 공격해 나아가기로 되어 있었다. 1944년 7월 12일, 중앙의 1개 사단은 곧바로 정면 공격을 하기로 되어 있었으며, 이때 다른 보병사단들은 양쪽 공격축선을 따라 옆으로 돌아서 주요 목표를 확보하기로 되어 있었다. 1944년 7월 24일 집중 폭격에도 불구하고, 콜리스의 보병사단은 표적지역에서 견고하게 방어하고 있는 독일 보병과 만나게 되었다. 미 8공군의 1,500대의 중폭격기가 독일군 진지에 대해 백린 및 네이팜을 포함한 2,000톤의 고폭탄과 2,500톤의 파쇄 폭탄을 투하했음에도 불구하고, 미 보병은 공격개시선을 겨우 통과할 수 있었다. 9보병사단의 경우, 이것이 미 8공군의 공격이 끝난 후 얻은 결과였다.

초기에 강력한 독일 저항을 알게 된 브래들리 장군은 급편방어를 하고 새로운 계획을 발전시킬 준비를 했다. 그러나 모든 가능성에 반하여, 콜린스는 다르게 결심했다. 그는 독일이 최초 방어에서 보여주는 것보다 엄청난 피해를 입었을 것이라고 믿었다. 그래서 그는 보병에게 주어진 임무를 계속 수행하되 도로에서 벋어나서 공격하라고 했다. 상급 지휘본부와 상의 없이, 콜린스는 새로운 명령을 하달했다. 기본계획을 수행하는 대신, 그는 마음을 바꿔서 가용한 3개 기갑 사단 중 2개를 지휘하여 주요 도로를 따라 표적지역으로 급속공격을 하도록 했다. 나머지 이야기는 너무 잘 알려져 있어서 여기서 다시 말할 필요가 없겠다. 그러나 콜린스의 지휘 행동에 대한 블루맨슨(Martin Blumenson)의 평가는 주목할 가치가 있다.

〈콜린스의 결심은 코브라의 이어지는 전개과정에서 결정적인 행동이었다. 작전의 열쇠였는데 이것은 도박이나 다름없었다. 왜냐하면 독일군은 강하고 효과적으로 작전하는 것처럼 보였기 때문이다. 돌파를 곧 할 수 있을 것 같은 신호가 존재하지 않았다. 제한된 공간에서 거대한 기갑부대들을 투입하는 것은 위험했다. 도로를 어수선하게 하고, 교통을 혼잡하게 하며, 궁극적으로 이동을 마비시킬 명백한 가능성에 놓여있었다.〉

콜린스의 리더십은 갑작스럽고, 창조적인 추진력을 기초로 하고 있었다. 콜린스의 결심은 상급지휘관의 의도에 대한 확실한 인식, 전술 및 무기, 특출난 자신감 그리고 행동에 따른 커다란 위험을 감수하는 책임의지에 기초한 것이었다. 이러한 행동은 미리 계획된 것도 상급부대에서 명령으로 하달된 것도 아니었다. 미 육군이 바로 그 장소와 그 시간에 콜린스를 지휘관으로 갖고 있었다는 것이 행운이었다는 말은 과장된 것이 아니다.

정보화시대 육군에게 성공을 약속하는 리더십의 두드러진 모습을 식별하였기 때문에 질문을 한다면 그것은 〈우리가 어떻게 하고 있는가?〉이다. 우리는 적합한 사람을 찾아서 그 위치에 보직시키고 있는가? 이들은 전쟁과 변혁의 과정에 결정적인 영향을 미칠 수 있는 사람들인 것이다.

고착된 문화에서 벗어나서 전쟁 문화로 가자

마셜(George Marshall) 준장이 1939년 6월 갑자기 4성 장군으로 진급하여 육군 참모총장으로 지명되었을 때, 그는 〈육군이 어디서 누구와 싸울 것인가?〉 〈전투에서 승리하기 위해서는 무엇이 필요할 것인가?〉를 전략적으로 평가했다. 그가 평가에 착수하면서 2년 동안 인력 · 사고 및 편성에 있어서 완전히 새로운 작업을 시작했다. 결국 이것으로 육군을 1차 대전 마지막 2주전부터, 2차 대전 개시 달이 될 때까지 개혁하게 된 것이다.

마셜은 일부 사람들이 다른 사람들이 해내지 못하는 성과를 이끌어내고 결과를 얻어낸다는 것을 알고 있었다. 그가 선발한 새로운 세대의 장교들 도움으로, 마셜은 일부 새로운 기술을 조합하고 다른 것은 받아들이지 않았으며, 정책과 구조를 조정하고, 특정 활동들을 제한하거나 넓혔다. 이 모든 것은 새로운 전략적 환경에 응한 것이었다. 그는 필요의 미덕을 만들었다. 마셜은 먼 미래에 육군을 변혁하려고 계획하지 않았다. 그와 신세대 장교들은 1945년 5월 전쟁이 끝날 때까지 지속적으로 육군을 변혁시켰다.

2차 대전 기간 중 어떻게 육군의 리더십에 드라마틱한 많은 변화가 있었던가? 많은 이유가 있다. 1차 대전과 2차 대전 발발 사이에, 육군은 거대한 규모의 기동을 한 적이 없다. 육군 장교들이 미래 분쟁을 이론적으로 준비할 수 있었던 유일한 장소는 포트 레벤워쓰의 지휘 및 일반참모대학이었다. 이것은 1차 대전 시에 사로잡혔던 장교들에 의해 운영됐다. 전쟁이 왔을 때, 마셜은 지적으로나 전문적으로 전투할 준비가 되지 않았던 장교들과 최초 이닝에서 위험을 무릅쓰고 싸우고 있었다.

마셜은 육군 전쟁대학과 함께 포트 레벤워쓰(Fort Leaven worth)에 있는 참모대학을 폐쇄했다. 이곳에서는 현재도 미래도 아닌 과거를 논의 주제로 다루고 있었다. 그는 대신 스스로 공부한 전문직업장교들에 의존했다. 이들은 클라크(Bruce Clarke)와 가빈(James Gavin) 같은 사람들이다. 이들은 전쟁 환경 속에서 변화의 잠재력을 인식할 준비가 되어있는 마인드를 지닌 사람들이었다. 전쟁환경은 변화를 위한 필수도구를 이미 갖고 있었다. 이러한 사람들 중 극소수만이 1930년대에 대대나 편성부대들을 육군 주둔기지에서 지휘하고 있었다.

그러나 마셜은 이것을 핸디캡으로 보지 않았다. 그는 문화가 결국 목표가 되어야 한다고 인식했다. 이것은 전쟁 사이 기간에 평시 주둔기지에서 지휘했던 문화 및 경험을 가진 장교들에게 부차적인 가치였다. 이 장교들은 1942년에 다른 종류의 전쟁을 치를 사람들이었다. 마셜은 사람을 바꿈으로써 육군의 문화를 변화시켰다. 이 사람들은 마셜이 육군 구조를 바꾸기 시작하기 이전에 육군을 이끌었던 것이다.

그러나 오늘날 육군은 어떠한가? 마셜이 몹시 싫어했던 고착된 심리상태가 다시 득세한 것은 아닌가? 리더십 개발시스템이 기대한대로 만들어지고 있는가? 군이 어떻게 육군의 장군들을 계발할 것인가에 대해 최근 RAND 연구는 육군의 제도적 문화가 어떻게 경력진로를 형성하고 있는가에 주목했다. 암시하는 것은 명확하다.

사람들은 그들의 일을 얼마나 잘 수행했는지가 아니라, 그들이 어떤 일을 수행하고 있는가에 기초하여 진급되고 있다는 것이다. 〈정상으로 오르는 길〉은 육군에서 어떤 보직을 하고 있는가에 집중되어 있다.

합동 직위는 골드워터-니콜스(Goldwater-Nichols) 법안에 응하기 위한 일회성 〈개표용 펀치〉다. 그리고 빠른 진급 라인을 탄 대부분의 장교들은 작전적 수준의 합동부서나 다국적군 업무(역자 주 : 전구사령부 업무를 예로 들 수 있겠다)를 선호하기 보다는 합참 또는 국방부서(역자 주 : 이것은 워싱턴에 있는 직위를 말한다)로 가고 있다. 마지막으로, 이러한 미래의 고급 육군 리더들은 육군의 교육기관에서 교육을 받고 있으며, 합동 교육은 회피하고 있다.

제한된 인원을 활용하여 미래에 육군의 고급 리더들에 대한 우리의 연구결과는 미래의 고급 리더들을 만들어 내는데 있어서 육군이 성공하려면 복잡한 사항이 작용한다는 것을 보여준다. 장교들의 3분의 1도 JPMEⅡ 교육을 이수하지 않았다(127명 중 40명, 31%).

작전적 경험의 관점에서 보면, 이 연구에서의 데이터는 전투병과 장교가 정상에 오르는 길은 육군에서 어떤 보직을 했는가가 핵심이라는 것을 보여주고 있는 것 같다. 평가한 장교들의 단지 약 3분의 1 정도만(127명 중 36명, 28%) 1개 이상의 합동 직위(역자 주 : 작전적 수준의 합동직위를 의미한다. 예를 들어 전구사령부 근무 직위 등을 들 수 있겠음. 연구자는 합참이나 국방부는 합동직위이지만 정책 직위에 무게가 더 실리는 것으로 보고 있음)에 보직되었었다. 그리고 이러한 직위 중 많은 직위들이 작전적 수준의 직위가 아니었다. 합동 보직은 일회성 현상(또는 '개표용 펀치')이 된 것으로 보인다. 아마 골드워터-니콜스 법안의 진급 요구에 부합하기 위한 것으로 판단된다.

전체적으로 이 연구를 위해 선정된 준장 및 소장의 3분의 1이 여단 지휘를 끝낸 후에 최초로 합동 직위에 보직되었었다. 이들 중 3분의 1은 이미 준장으로 진급된 자들이었다. 추가해서, 이 연구에서 분석된 많은 장교들은 합동 및 연합 작전 참모 경험을 가지고 있지 않았다. 이들의 유일한 합동 직위 경험은 합참 또는 행정부서에서 있었기 때문이다. 마지막으로, 모집단의 극소수 장교가 전면전 수행작전이 아닌 냉전 이후 작전에 대한 경험만을 가지고 있다.

따라서 상급 직위로 육군장교를 선발 · 구분 및 진급시키는 것은 육군 문화 현상유지와 밀접한 관계가 있다. 이것은 내부적으로 초점을 맞추고 있는 것이다. 현재의 장교 진급 및 지휘관 선발 시스템은 몇 가지 중요한 방법으로 인해 이러한 현상유지를 조장하고 있겠다.

우선, 육군은 모든 진급 및 선발 결정을 몇몇 육군성 핵심 요원들에게 집중적으로 맞기고 있다. 그리고 육군은 매우 주관적인 장교 평가 보고서에만 의존하고 있다. 이러한 핵심 요원들은 평가된 장교 집단에서 선발된다. 이들은 자신들과 유사한 장교들을 진급시키고 지휘관으로 선발할 것이라는 것에 의지하게 된다. 다시 말해서, 장군급 장교 계급 속에서 사고나 태도를 전환시킬 여지가 거의 없거나 아주 없게 된다는 것이다. 필연적으로, 진급심사위원회는 복제 과정인 것이다. 따라서 세대교체는 부대의 리더십에 영향을 미치지 못한다. 이어지는 리더의 세대는 동종이식적(homogenous)이다. 육군참모총장으로부터 진급심사위원회로의 지침은 습관적으로 현상유지를 조장하고 있다.

둘째, 육군은 장교 병과(예를 들어 포병 · 보병 · 기갑 및 통신) 속에서 그들의 과업수행을 기초로 장교를 평가하고 진급선발하고 있다. 장교 앞에 수많은 관문이나 선거용 펀치를 놓고 있는 시스템이라면, 이러한 평가 및 선발과정은 장군이 되기를 갈망하는 장교의 경험영역을 필수적으로 좁히게 된다. 공군참모총장 점퍼(John Jumper) 장군은 이러한 문제와 이것이 공군에 미치는 영향을 잠시 언급한 바 있다. 〈공군의 문제는 우리 모두가 대체로 제각기 다른 종족이라는 것이다. 우리 중 매우 적은 수만이 통합되어 있다.〉

이러한 편견은, 진급 정책에 관여하게 되면서, 육군 장교들이 전쟁에 대해 폭 좁은 정의에 초점을 맞추도록 조장한다. 폭 좁은 정의를 통해 육군은 2차 대전을 기초로 자신의 역할을 해석함으로써 미래 전쟁을 모델화한 것 말고는 다른 모든 것을 배척하고 있는 것이다. 이러한 타이트하게 구조를 이룬 관료적 환경 속에서, 경험수준은 고려사항에서 배제되었다. 이것은 육군 부대 설계 · 현대화 그리고 국가 군사전략에 영향을 미쳤다. 정치 지도자들의 극소수만 이것을 알아차렸던 것이다.

베트남 전쟁 동안, 의회는 무심코 진행되는 전쟁에서가 아닌 육군이 선택한 전쟁에서 싸우기 위한 육군의 편견을 보상하고 강화시켰다. 방위비를 담당하는 정부는 전통적인 무기체계와 2차 대전 작전에 보다 적합한 전술을 선호하는 육군을 지원했다. 그리고 베트남 보다는 2차 대전의 유산인 중부 유럽에서 냉전에 대비한 육군을 지원했다. 왜일까? 의회의 그 누구도 어려운 질문을 하지 않았다. 이것은 육군이 전쟁에서 싸우는 방법을 대체시켰을지도 모를 질문이었다.

세 번째로, 육군은 〈사교적 사회〉라는 것이다. 과업과 연계된 높은 위치에 친구를 두거나 돌봐주는 상관을 지닌 장교들에게 가장 좋은 일거리가 주어지고 있다. 이러한 행위는 동족을 보상하거나 또는 개인적 관계를 보상하는 것이다. 현역 장군 및 전역한 장군과 관계있는 현역 대위 · 소령 · 중령 · 대령이 보상받게 되는 것이다.

퍼싱(John Pershing) 장군을 적절한 예(능력을 기초로 선발된 예)로 제시하고자 한다. 퍼싱은 법학 학위를 조기에 얻기로 결심한다. 이것이 그에 대한 지원자들에게 자신에 대한 편견을 갖게 했음에도 불구하고, 그의 교육은 필리핀 헌법 초안을 잡고 맥아더 장군을 위해 필리핀 사법 시스템을 개정할 수 있게 해주었다. 맥아더는 그 당시 군정 사령관이었다. 미래 대통령인 루즈벨트(Theodore Roosevelt)가 그를 주목하게 된 것은 이러한 경험에 있었다. 루즈벨트는 전투 중 미국의 의용군에 대한 퍼싱의 뛰어난 리더십뿐만 아니라 지성을 느꼈다.

미 · 서전쟁(Spanish–American War) 이후 10년이 넘도록, 루즈벨트는 그의 백악관 후임자인 테프트(Howard Taft) 대통령을 방문했다. 퍼싱이 여전히 대위임을 발견했을 때, 그는 퍼싱을 진급시켜야 한다고 촉구했다. 결과적으로 퍼싱은 대위에서 준장으로 하루 만에 진급했다. 몇 년 뒤, 윌슨(Woodrow Wilson) 대통령은 맥시코로 보낼 원정군 사령관으로 어떤 육군 장군을 고려하는가에 대한 조언을 얻고자 했다. 루즈벨트는 즉각 퍼싱을 추천했다.

플랭클린 딜레노 루즈벨트(Franklin Delano Roosevelt) 대통령은 급진적인 대책을 채택했다. 최근에 진급한 마셜 준장을 아래에서 상위 계급으로 올리는 것이었다. 그에게 미 육군과 미 육군 항공단(Army Air Corps)의 구조 및 전투준비태세 변화를 지시했다. 그는 특히, 드럼(Hugh Drum) 장군이라는 최상위 장군이 경쟁하기까지 육군참모총장이 누가 될 것인가에 대해 대단한 관심이 없었다. 드럼은 공공연히 의회에 있는 루즈벨트의 반대자들에게 환심을 사고자 했다.

전역한 퍼싱 장군이 대통령에게 편지를 보내 마셜에게 일을 맡기라고 추천한 것은 이러한 기후 속에서 일어난 일이었다. 루즈벨트는 해군장관 보좌관을 1913년에서 1920년까지 지냈다. 그래서 1차 대전 간에 퍼싱을 잘 알 수밖에 없었다. 퍼싱의 추천은 마셜이 일을 맡기기에 유일한 후보자라는 사실과 결합하여 마셜의 시대를 가져왔다. 그는 65년을 되돌리지 않고 그의 임기 4년간 일을 종결시킬 수 있는 사람이었다. 상원과 백악관의 그 누구도 마셜의 이름이 제출되었을 때 반대하지 않았다. 왜냐하면 그가 10년간 워싱턴 D.C.에서 일했기 때문이었다. 의회 사람들과 참모들의 신뢰를 형성했던 것이다. 군사에 대한 그의 지식과 성실성에 대한 명성은 캐피탈 힐

(국회)이 그를 인정하는 것 이상의 것을 만들어 주었다.

장성급 장교들은 사람들로부터 개인적인 관심을 얻어야 한다. 이때 사람들은 직장에서 이들을 따르게 된다. 그러나 상급 지휘관 및 진급 선발 시에 동족 등용만이 있게 되면, 리더십의 자질과 내용이 없어지게 된다. 정치적으로 영향을 받은 군대문화의 기후 속에서 상위 계급으로의 진출은 특정한 업무성과와는 거의 무관하게 된다.

4성 장군을 후원자로 가져야 한다는 것에 추가해서, 자신의 경력 속에서 상급자에게 반론을 제기하게 될 수 있는 행동은 피해야 한다는 것 또한 중요하다. 진급심사위원회의 17명의 장군 중 단 1명이 찬성하지 않으면 포부를 지닌 대령이 준장 고려대상에서 제외되기 때문에, 상위 계급으로 진출된 대부분의 장교들은 통상 조심성이 많으며 극단적으로 체제 순응적이다.

명확히, 도전적이라기보다는 순종하는 것(예스 맨)에 가치를 두는 구조는 고착된 육군 내에서 정치적으로 민감하지만 위험을 감수하지 않는 사람을 진급시키도록 더욱 종용하게 된다. 이것은 전술적인 전투수행 능력을 넘어서는 제도적 관행에 대해 순응과 충성을 고양시킨다. 이 시스템이 항상 전문직업적 순응을 만족시키는 것은 아니다. 다시 말해서 효율성에 중점을 두고, 정형적인 중앙집권적 결심 환경을 만들기 위해서 진급에 의한 보상이 평화시에 구축되는 것이라면, 소위 실제로 위험성이 적은 상황에서 설정된 규범을 위배하는 것에 벌칙을 가하지 않는다는 것은 이러한 진급 시스템에서는 어려운 것이다.

세부적인 관리는 고착된 육군 내에서 잘 발달하게 된다. 이렇게 함으로써 결과 보다는 통제를 요구하는 상급자의 요구에 부응하게 되는 것이다. 완벽한 복종과 정보를 지닌 환경 속에서 위로부터 중요한 모든 것이 결정되고 조직되며, 아래로부터 이를 실행하게 된다. 이것은 순응하게 하는데 크게 주안을 둔 것이다. 과업을 완수하는 것이 항상 필요한 것이 아니라는 것이다. 1999년 어떤 고위 육군 장성이 인터뷰를 한 바 있다. 그는 육군 진급선발 시스템에 대한 비판을 퉁명스럽게 했다.

〈육군에서는 대부분의 전투수행 기술이 위조될 수 있다. 타군에서는 그들의 기술적 재능을 꾸며낼 수 없다. 군함이 평시에 항해할 때, 군함의 리더들은 전시와 동일한 일을 하고 있으며, 사격과는 다른 전시에 안게 될 것과 동일한 많은 위험을 떠안게 된다. 제트기를 조정하는 것을 꾸며낼 수 없다. 조종사들은 야간에 항공모함에 착륙한다. 이들은 이러한 위험을 전평시를 막론하고 떠안게 된다. 육군 리더들은 야외로 나가서 그들의 많은 전투기술을 흉내 낼 수 있다.〉

일부 장군들의 언급은 냉전 및 사막의 폭풍작전 이후 10년 간 육군을 애태운 핵심 파악 부족에 원인을 두고 있다고 할 수 있겠다. 또한 그의 격조된 언급은 진급선발과정을 지적하고 있다. 진급선발은 알랑대는 행동과 위험에 대한 강한 회피를 보이는 장교들에게 매력을 갖고 이들을 선호한다는 것이다. 육군본부에 근무하고 있는 어떤 장교가 언급했다. 〈나의 상관이 장군으로 진급한 이유는 간단하다. 이분은 자신이 반론을 제기할 수 있었던 장군을 결코 만나지 않았다.〉

질문거리는 다음과 같다. 왜 상급자는 이러한 행동을 자주 보지 못하는가? 왜 의견이 다른 방책을 제시하고, 위험을 감수하며, 인기 없는 보직으로 가는 것을 겁내지 않는 장교를 찾아서 진출시키는데 관심을 거의 안 갖거나 또는 전혀 갖지 않는가?

장군이 참석하건 정치인이 참석하건 조심스런 행동과 틀에 박힌 생각을 강조하는 장교들은 일반적으로 대부분 계획수립 회의 또는 전쟁 토의 시에 환영받는 사람들이다. 조심성, 틀에 박힌 행태 그리고 새로운 것은 아무것도 하지 않는 것은 평시에 각 군에서 장려하는 자질이다. 모든 분쟁의 초기 단계에서 이러한 자질들은 이성적인 판단을 지닌 인상을 전하게 된다. 결과적으로 위기 및 분쟁이 결정적인 행동을 요구할 때까지, 위험을 무릅쓰는 행동을 하는 장교(이것은 선제를 획득하는데 있어서 필수적인 것이다)는 매우 염려스럽게 보인다.

독립전쟁 발발 이전에 맥클래인(George McClellan) 또는 스톤월(stonwwall), 잭슨(Thomas Jonathan Jackson) 중 한명을 선택할 수 있는 기회가 있다면, 맥클린 대신 잭슨을 선택할 육군의 고급 지휘관은 거의 대부분 없었을 것이다. 우선, 북군의 맥클래인 선택은 참으로 멋진 것으로 보인다. 1861년 전쟁이 개시되었을 때, 맥클래인은 순수한 신병들을 당당한 태도를 갖고 효율적으로 행동하도록 훈련시키며 향상시켰다. 그러나 그는 한편으로 그의 부대를 엄격하게 통제하려고 했으며 적과 교전을 했을 때 최악의 상황을 두려워했다.

앤티텀(Antietam)에서 거의 승리를 쟁취하게 되었을 때, 그는 그가 했어야 할 것보다 더 진출하지 않았으며, 그에게 주어진 이점을 이용하지 않았다. 〈의심스러운 상황이 가지는 이점을 희망으로 보아야지 두려움으로 보아서는 안 된다〉는 클라우제비츠(Carl von Clausewitz)의 말과는 다르게, 맥클래인은 무엇이 잘못될 것인가를 끊임없이 생각했으며 과감하고 결정적인 행동을 그에게 주장하는 부하장교들을 싫어했다.

잭슨이 상당한 독창성 · 에너지 · 지성 · 결단력 그리고 끈기를 지녔지만, 그를 타고난 군인이자 지휘관으로 만들었던 이러한 특성은 동시에, 그를 요구가 많고 괴짜인 리더일 것이라고 확신하게 해주었다. 그리고 상관들에게는 함께 일하기에는 어려운 사람이라고 확신하게 해주었다. 잭슨은 상관에게 질문을 하고 논쟁을 하려는 사람이었다.

리(Robert E. Lee) 장군은 그 누구도 잭슨처럼 하지 못할 것이라고 이해했다. 유사한 문제가 '타이거 잭(Tiger Jack)' 이라고 불렸던 우드(Wood) 소장을 괴롭혔다. 그는 무자비한 독일에 대한 포위기동을 주장했다. 그러나 패튼은 리 장군이 잭슨을 보호했던 것과 같이 적시에 우드 장군을 보호할 수 없었다.

맥클래인이 잭슨보다 선호되었던 또 하나의 이유가 있다. 대대에서 여단 지휘관에 이르는 육군의 진출 코스를 밟은 모든 장교는 상급자들이 그에게 반복적으로 말했던 것을 들어왔다.

〈명심해! 자네가 부대에서 가장 지식이 많고 경험이 풍부한 장교야. 싸우는 것에 대해서 자네보다 많이 아는 사람이 없어.〉

물론, 이것은 난센스다. 전문직업적 이해를 함에 있어서 이러한 식의 독선을 좋아하는 장교는 없다. 그러나 이러한 사고방식이 고착된 육군 문화의 주요 모습인 것이다.

중위 · 대위 또는 하사가 특정한 전쟁 분야에 대해 대령과 장군보다 더 많이 알 수 있다는 바로 그 사고가 고려되지 않고 있다. 이 결과 다음과 같은 말이 문화에 깊이 뿌리 박혀있다. 즉, 상급자는 항상 옳다는 것이다. 이러한 말의 당연한 결과는 또한 명확하다. 현재 상급자에 도전하라 그러면 그 보직기간에 완전히 죽는다.

장교 그리고 부사관도 마찬가지로 새로운 방식으로 일을 성공적으로 해냄으로서 훈련에 자신의 프로파일을 제시하거나 또는 상급자의 계획과 견해에 무엇이든 질문을 해대는 것은 위험하다는 것을 조기에 배우게 된다. 어떤 육군 장교가 말했듯이, 〈우리는 주도권과 민첩성에 대해 논한다. 그러나 우리는 성공을 위해 정해진 길로 고착되어 나아가는 사람에게 포상을 한다. 혁신적이 되면 잘리게 될 것이다. 결과가 매우 뛰어나서 상급자가 당신을 비방할 수 없는 경우만 예외다. 위험을 감수하는 것을 집어치워라. 우리는 위험을 감수하는 사람을 포상하지 않는다.〉 하급 장교가 질문을 할 때, 상급자는 자주 다음과 같은 말을 한다. 〈내가 말한 대로 그대로 해!〉 만일 계속해서 질문을 하면, 이 장교는 상급자에게 다음과 같은 지적을 받게 된다. 〈자네는 팀의 일원이라는 것을 배워야겠어.〉

결과적으로, 장교들은 양적 대 질적 시간으로 자주 보상을 받는다. 결과가 어떻든 사무실에 오래 남아있으면 고가평점을 심심치 않게 잘 받게 된다. 결국, 일을 잘한 것이다. 대위 · 소령 또는 중령들이 대령 또는 장군을 위해 일하면서 실망을 한 경우가 다수 있다. 어떤 대령과 장군은 그가 원하는 것이 확실히 무엇인지 모르지만, 산물을 가져와야 무슨 내용인지 알게 될 것이라고 자신의 참모들에게 계속 말한다. 장교들의 임무는 대령과 장군들(직속상관)이 이해할 때까지 계속 정보를 제공하는 것이다. 이러는 동안 모두가 처참해진다. 그러나 모두는 직속상관을 반드시 만족시켜야 한다. 이러한 혹사시키는 리더십이 똑똑하고 열정을 지닌 젊은 장교들이 군을 조기에 떠나게 하는 한 가지 이유다.

또 다른 것은 냉소주의다. 이것은 고착된 육군의 파워포인트 슬라이드 프리젠테이션에 대한 열정으로부터 나온 것이다. 장군과 함께 전략적 또는 작전적 수준의 부서에서 일하는 모든 장교는 대체로 장군들이 자신의 책상에 앉아서 보고서를 읽기에는 너무 바쁘다는 것을 알고 있다. 그들은 다른 사람들이 자신들에게 말하고 있는 동안 차나 비행기 속에서 보고서를 흘긋 볼 수밖에 없다. 그러나 집중할 수가 없다. 과도한 정보 제공 및 바쁜 회의 스케줄은 고급장교들이 슬라이드 프리젠테이션에 의존하게 만든다. 이것은 복잡한 문제를 한입에 먹을 수 있도록 하고 사진으로 압축시킨 것이다.

고급 장교들은 망각하기 쉽다. 전자적 슬라이드는 장교들이 그 위에 그리는 모든 것을 감당할 수 있다. 반면, 3~5 페이지 분량의 분석은 반드시 심각하게 다뤄져야 할 사실로 분명하고 구체적으로 나타내야 한다. 아이아코카(Lee Iacocca)가 분석했듯이, 최고위 매니저로서 이러한 경험에 의존하면 위험하다.

〈대화를 통해서, 당신은 비록 잘 알고 있지 못하더라도, 모호함과 넌센스와 같은 것에 빠지지 않게 된다. 그러나 당신의 아이디어를 보고서에 넣어야 할 것이 무언가는 있다. 이것은 상세하게 다루기 위해 차분히 일을 착수하도록 해준다. 이 방법을 사용하면 자신 또는 그 누구도 속이기가 더욱 어렵게 된다.〉

마지막으로, 전투 대신 민감한 사항을 토의하면서 많은 시간이 주둔기지 속에서 소비된다. 육군의 그 누구도 일일 임무를 수행하면서 공명정대와 사려 깊음의 필요성에 질문을 던지지 않는다. 그러나 육군의 〈타인 배려(Consideration for others)〉 프로그램은 심각한 골칫거리의 근원이 된다. 이 프로그램은 육군 부대 입구에 매월 그 달의 어구를 달게 하고 있다. 예를 들어 〈동정심〉 〈이해심〉 〈친구 만들기〉 같은 것이다. 병사 · 부사관 그리고 장교들은 전문직업군인이 되기를 원하지 사회 사업가가 되기를 원하지 않는다.

육군에서의 이러한 종류의 사고는 전통적인 군대 가치인 용기 · 명예 · 희생 그리고 전투기술의 중요성을 조금씩 파먹고 있다. 이런 것이 좋다고 생각하거나 문제될 것이 전혀 없다고 생각하는 장교들은 사막의 폭풍작전 이후 고착된 육군 문화와 함께 거대한 문제 집단이 되고 있다.

위험 : 새로운 세계 속에서의 구식문화

명백히, 군대와 팀을 이끄는 개인의 능력은 과거에 나타난 문제들의 유형에 의해 정의된다. 이것의 기원은 제도적 문화의 특징에 의해 형성된다. 이 속에서 육군과 그 리더십은 역사적으로 발전되어 왔다. 전쟁 기간 중, (예를 들면) 프랑스 군의 리더들은 전문직업군대를 가져야 한다고 주장했다. 왜냐하면 징집군대는 공세적인 군사작전을 수행할 것으로 기대할 수 없었기 때문이다. 이것은 단지 수세적 전략만 수행할 수 있다고 보았다.

이러한 주장은 항상 옳은 것은 아니지만, 그 결과 프랑스 의회가 징집군대를 유지하기 위해 투표했을 때, 프랑스 육군은 수세적 군사전략의 채택을 주장하게 된 것이다. 사실상, 불명예스러운 마지노선은 프랑스 군에서 강하게 추진한 전략적 해결책이 아니라 정치인들에 의해 추진된 전략적 해결책이었다.

이와는 반대로, 공세적 군사전략을 위한 실질적인 정치적 지원이 있었다. 그러나 프랑스 군사문화는 궁극적으로 선거를 통해 지명된 프랑스 민간 정부에 의해 발표된 공세적 태세를 위한 모든 논의를 뒤로 미뤘다. 마지노선 개념은 프랑스 군의 상위계급자 마음 속에 있는 문화적 태도에서 직접적으로 유출된 것이다.

2차 대전을 연구하는 사람들을 위해, 그러나 육군의 최고위층에서의 잘못된 방향으로 나간 사고에 대한 실증적인 예가 있다. 이것으로 성공의 기회가 재앙으로 변했다. 가장 유명한 예 중 하나가 4군단으로 하여금 안지오(Anzio)에 위치한 독일 10군을 우회해서 수륙양용 작전을 하는 것이었다. 캐세린 패스(Kasserine Pass)에서 미 육군 군단들이 패퇴한지 거의 12개월 후에, 대신 로마를 확보하여 이탈리아 남부에 남아 있는 잔여 독일 군부대를 가두기 위해 미군이 주도로 이끌었던 작전이었다. 결정적인 타격이어야 했던 이 작전은 이탈리아 해안에서 피 튀기는 교착상태를 만들었다.

루카스(John Lucas) 장군은 안지오에서 4군단장이었다. 그는 절박하지도 않았는데 해안에서 정지하여 진지강화를 했다. 그리고 독일의 역습에 대비했다. 사실상 미국과 영국 부대들이 상륙했을 때, 안지오에 있었던 독일 병력은 폭스바겐에 타고 있던 4명의 술에 취한 참모장교들뿐이었다.

로마로부터 단지 80마일 남아있는 상태에서 윈스턴 처칠(Winston Churchill)은 루카스의 내륙으로의 진출 지연이 이해 할 수 없는 것임을 곧바로 알아차렸다. 처칠은 안지오 침공이 해변에서 '살쾡이' 처럼 달려드는 것으로 기대했다. 그러나 대신 육지에서 좌초된 고래와 같이 해안에 있었다. 수년 동안, 역사가들은 왜 그리고 어떻게 안지오 교착상태가 발생할 수 있었는지에 대한 답변을 찾으려 했었다.

왜 엄청난 부대를 배치해둔 지휘관이 멈출 수 있었던가? 그리고 왜 무자비하고 지능 있는 적에게 회복의 기회를 제공할 수 있었던가?

센트럴 브로드캐스팅 시스템의 부사장이자 아이젠하워의 오랜 친구이며 전쟁 시 지원자였던 버처(Harry Butcher)는 안지오에서 연합군의 재앙에 대한 가장 좋은 설명을 제시하였다. 버처는 말했다. 〈찬성하지 않는 명령을 수행하는 군인처럼 보였다.〉 루카스는 그들이 나타날 때까지 아무도 없는 곳에서 그들을 기다리다 만나게 되었다. 결과적으로 수천 명의 미국과 영국 병사들이 불필요하게 죽었다. 그리고 이탈리아에 있던 독일군은 전쟁이 끝날 때까지 싸울 수 있는 상태로 질서 정연하게 철수했다.

루카스는 용감하고 지성을 갖춘 장교였다. 그러나 그가 위대한 승리를 곧 할 수 있다는 것보다는 패배를 피하는 것에 더욱 관심을 가졌다. 이러한 심리상태를 지지하는 사고는 특정한 문화적 가치 및 주목할 만한, 측정할만한 경험에 기초한 행동을 통해서 스스로 표현된다. 만일 전투 시에 병력을 이끄는 장교가 이전에 수행하지 않았던 과업을 수행하는 자신의 부대 능력을 믿지 않는다면, 성공의 확률은 낮아지게 된다. 그러나 루카스를 공평하게 평가해도, 그의 독일인에 대한 건전한 존중은 미국 병사들과 이들의 내재적인 능력에 대한 그 자신의 생각과 별개로 고려될 필요가 없었다.

1 · 2차 대전 모두에서, 미 육군은 신속하게 작은 정규군에서 거대한 대규모 시민군으로 확장되었다. 군사경험을 가진 장교 및 병사는 상대적으로 적었다. 가장 경험이 많은 장교들은 대개 가장 고위 장교였다. 그리고 최근까지 민간인이었던 사람들에게 독립적으로 또는 최소한의 감독하에 작전할 것을 기대하는 것은 비현실적이었다.

이 당시 환경은 매우 먼 외국에 가서 싸우는 것이었다. 미국은 이런 방식으로 싸워서 이겼다. 그러나 이것은 지옥과 같은 싸움터였다. 1944년 5월, 미국의 병사가 포로로 잡은 독일 중위와 주고받았던 세부적인 대화를 아래와 같이 기록했다.

> 〈제가 말했습니다. "좋아요. 만일 당신이 그렇게 터프하다면, 당신이 완전히 슈퍼맨이라면, 어떻게 이렇게 포로로 붙잡혀서 내가 당신을 감시하고 있나요?" 그러자 그는 나를 쳐다보며 말했습니다. "뭐 이것과 같은 거지. 나는 이 언덕에서 88미리 대전차포를 지닌 포대장으로 있었고, 미군은 계속 저 아래 길로 전차를 투입했지. 우리는 계속 전차를 쏘아서 파괴시켰지. 미군 전차가 계속 올 때마다 우리는 계속 파괴시켰어.

결국 우리는 탄약이 다 고갈됐어. 그런데 미군은 전차가 고갈되지 않았던 거야." 간략하게 이렇게 됐던 겁니다.〉

인천상륙작전 이후, 한국전쟁은 1차 대전과 다르지 않았다. 이 전쟁은 기동전으로 시작되어 단지 4개월 후에 소모전이 되어버렸다. 참가자들이 묘사하기를 노골적으로 정면으로 밀어붙이는 행군을 한 것이다. 믿을 수 없게 인간 생명 · 장비 및 문명을 파괴시킨 것이었다.

한국전쟁 경험은 1 · 2차 대전 기간 독일에 대한 소모전과 같이 상부에서 하부로의(top-down) 리더십을 강화시켰다. 이것 때문에 패퇴를 인정하지 않고, 기동을 둔화시켰으며 그리고 강력한 화력에 크게 의존하게 되었다. 이러한 화력 편향은 또한 고착되고, 폐쇄적인 다중 제대 지휘 구조의 설계로 증명된 것이다. 뿐만 아니라 지휘 훈련연습을 통해서도 증명되고 있다.

전투편성 및 3각 구조에 있어서 2차 대전 및 냉전 편성을 유지하고자하는 현대 육군의 주장 또한 대규모 징집 군대가 보다 타이트한 통제를 필요로 했던 시대의 유산이 될 수 있겠는가?

징집군 시대의 육군의 전쟁사가 변하지 않는 가정의 문화적 기원이 될 수 있는가? (여기서 가정이란 최상급 · 정규군인만이 전문직업군인처럼 생각할 수 있다는 것을 말한다.)

이러한 문화적 마인드가 미시적 관리(micro-management)[20]인 〈계획에 의한 지휘〉 또는 〈지시에 의한 지휘〉 심리와 함께 모든 지휘제대에 필요하다는 것을 옹호하는 것으로 보인다. 이것은 확실히 많은 상위계급 장교의 경험이었다. 이들은 중위 및 대위로서 베트

---

20) 역자 주 : 예하부대 및 부하를 세세하게 통제하면서 관리하는 것

남 전쟁 후반에 불행한 징집 시민병사들로 채워진 주 단위로 훈련된 부대 내에서의 높은 인원 교체에 직면해야만 했다.

20세기 후반에 미 육군은 징집군에서 전문직업군으로 변화했다. 이것은 여전히 지원병 제도에 의한 육군이라고 불린다. 그러나 육군은 냉전시의 편성 · 정책 · 동원에 기초한 훈련 그리고 전투준비 구조를 유지하고 있다. 더욱이, 장교 획득 및 진급 과정은 지원병 제도에 의한 육군이 되었음에도 불구하고 거의 바뀐 것이 없다.

육군은 임무를 잘 수행할 것으로 가정하면서, 육군의 이러한 부분(전문직업 장교단)에 대해 서투른 수선작업을 할 이유가 거의 없겠다. 적어도 육군의 입장에서 그렇다. 현대 육군이 발전했지만 여전히 규정 · 체크리스트 그리고 절차를 고수하고 있다는 것은 놀랄 일이 아니다. 이러한 것들은 징집군에서 제도적 안전성을 유지하기 위해 1950~1960년대에 출판된 것들로 높은 장교 및 병사 교체율을 지녔으며, 끝이 없는 소모전을 수행하기 위해 총동원체제로 편성된 징집군에 적합한 것이다.

아마 이것이 공군 및 해군력과 제휴하여 작전하는 보다 작고, 모습을 새롭게 갖춘 육군 전투부대가 지상전에서 결정적일 수 있다는 주장이 왜 육군의 많은 상급 리더들(현역 및 예비역)로부터 적지 않은 회의적인 반응을 받고 있는지에 대한 이유가 된다. 앞에서 말한 회의론은 지상의 병사들을 미시적으로 관리하려는 육군의 추세를 강화시키고 있다. 이들은 실시간 · 공간 및 자신의 앞에 있는 적을 감지하게 된다. 2000년 3월 지휘 및 일반참모대학 과정을 다니는 소령 및 대위들은 시민병으로 편성된 육군의 뿌리를 적어도 약간이라도 함께한 자신의 리더들의 문화적 태도를 반복적으로 언급하였다.

〈너무 지나치게 미시적으로 관리하려고 합니다. 우리는 장교들을 훈련시키고 교육하는데 수많은 자금, 시간 및 노력을 투자하고 있습니다. 그러나 사실상 모든 과업에서 강력한 미시적 관리를 하지 않고서는 그들이 과업을 달성하게 만들 수 없습니다. 말하자면, 우리는 결점이 없는 육군이라는 것이죠. 그렇게 만들 수 없으면서 말입니다. 실패할 자유가 없습니다. 모두는 '잘못된 상황' 으로부터 한발자국 떨어져 있습니다. 그리고 언제든 군 생활이 끝날 수 있습니다. 이것은 대대장 및 여단장에게는 두 배나 적용됩니다. 이들 중 많은 인원은 마치 자신의 그림자도 무서워하듯이 지휘합니다. 따라서 그들의 장교 및 부사관이 스스로 일을 하도록 하지 않을 것입니다. 이와 동일한 이유에서 수많은 대대장 및 여단장은 공포와 협박으로 통제합니다. 의미 있는 지도활동은 거의 없습니다.〉

1942년 히틀러가 자신의 집무실에서 사태를 통제하고 변화시키기 이전까지 독일 지휘모델은 〈영향에 의한 지휘〉였다.

이 모델은 1939년 새로운 전쟁기술을 이용하기 위해 채택된 것이다. 무전기 · 전차 및 항공기가 있었다. 통신구조로 정보를 무기화하였다. 이것은 지휘관이 전장의 모든 곳에서 부대를 이끌 수 있도록 해줬다. 이 행동은 또한 과감하고 똑똑한 초급 장교들을 결심주기가 늦는 강압적인 지휘구조라는 짐으로부터 벗어나 자유롭게 행동할 수 있게 해줬다. 명확히 이것은 보다 많은 자신감 있고 독단적인 예하 지휘관을 필요로 하며, 마찬가지로 미시적인 관리를 하는 상급지휘관을 보다 필요로 하지 않는다. 그러나 독일은 그들의 병사들에게 보다 커다란 신뢰를 얻었다는 것을 보여주었다.

아직 걸프전쟁 · 소말리아 · 발칸 또는 보다 최근의 서남아시아에서 화력 지원을 받으며 미군 전투병사들을 이끌었던 특권을 지녔던 모든 사람들은 육군 전투부대에 있는 병사들의 높은 자질을 인정할 것이다. 자질이 높은 병사들과 함께 새로운 편성 속에서 기술을 결합한 새로운 리더십이 현대 장교교육과 육군 훈련을 혁신시킬 수 없는가에 대한 이유가 있는 것인가?

30년 경험을 한 많은 장교들에게, 초급장교들과 부사관이 쏟아지는 화력 속에서 좋은 결심을 할 수 있는 능력이 있다고 믿으려면 신뢰에 대한 커다란 도약을 필요로 한다. 새로운 기술 · 편성 · 전술 그리고 훈련 및 숙달된 전문 전투병사를 만들 수 있는 가능성은 명백히 이것에 익숙하지 않은 사람들에게는 믿기 어려운 것이다. 이러한 회의론은 언론 보도에 의하면, 서남아시아에서 장래에 가능한 공세작전에 대해 논의하는 지위에 있는 사람들에게는 확실한 것이었다.

오웬(Mackubin Owens)은 현재 테러리즘에 대한 세계적인 전쟁에 관여하면서 나타난 민간-군 관계에서의 긴장에 대해 아래와 같이 기술하고 있다.

〈우선 최초부터 전쟁을 시작하는 것을 많은 상위계급 장교들이 주저했던 것과 관계된다. 많은 사람들은 현재의 정책인 봉쇄정책을 계속 유지하기를 선호했던 것으로 보인다. 두 번째로 맞붙은 것은 민간 리더십이 군사계획 수립가들에게 계속해서 보다 작은 병력으로 혁신적인 해결방안을 강구하라고 밀어붙인 것에 있다. 이 당시 군사계획 수립가들은 훨씬 많은 병력을 운용하는 조심성 있는 접근을 제시했었다.〉

육군 리더들을 계발하기 위해서는 오웬이 마지막으로 언급한 군사 계획수립가들의 조심성 있는 접근방법과 같은 문화적 의미를 이해하는 것이 중요하다. 조심성 있는 접근방법이란 보다 대규모 부대를 운용하려 한다는 것이다. 사막의 폭풍작전 동안, 장기간의 항공 전역은 많은 육군 상급 지휘관에게 희망을 주었다. 이라크 병력을 쿠웨이트로부터 몰아내는 것이 불필요할 것이라는 희망을 가졌다.

그러나 끊임없는 폭격이 40일간 지속된 후에도, 이라크 부대들이 의미 있는 저항을 할 수 없을 것이라는 최전방에 있었던 병사들의 보고는 무시되었으며, 지상에서의 정지명령이 하달되었다. 작전은 보다 나은 동시통합성이 요구되었다고 하거나 또는 단순히 전진하는 것은 위험하다고 했다. 전진하는 육군 지상부대들은 반복적으로 정지했다. 당시 이러한 정지를 강요할 이라크의 저항은 없었다.

최하위 수준에서의 이동은 최상위 수준으로부터 통제되었다. 그리고 사상자 발생을 피하고 위험을 피하라는 지시가 강조되었다. 이 행동이 한국과 베트남에서 민간-군인이 경험했던 것의 함수관계를 다시 한 번 보여준 것인가? 이 전쟁들에서 사상자 발생은 인기 없는 전쟁에서 미군 병사들이 포함된 작전의 성공을 자주 위협했다. 이것이 새로운 전략적 환경 속에서 육군의 사고와 행동에 짐을 부과하는 문화적 유산의 한 부분인가? 상급 지휘관들은 지상에서 성공을 달성하는 것 보다 언론에서 성공적이었다는 평을 듣는 것에 더욱 관심이 있는 것인가?

이론적으로, 미군의 교육훈련 구조는 이러한 경향에 영향을 끼쳐야 한다. 대부분 미국인 들은 '스타트랙' 이라는 극영화에 친숙하다. 엔터프라이즈 호의 캡틴 제임스 T. 커크는 이상적인 군사 지도자이자 지휘관으로 보인다. 그의 개인적인 모범은 그 밑에서 일하는 삶들을 고무시킨다. 무용담에 의하면, 커크 선장의 리더십은 그의 상관에 대한 주목이 우선이라고 본다. 이것은 코비야시 마루(Kobyashi Maru)라고 알려진 우주함대 사관학교에서 유명한 훈련연습을 받은 결과였다. 대부분의 장교들과는 달리, 커크 선장은 실제 승리가 없는 이러한 시뮬레이션 환경에서 승리할 수 있었다. 왜냐하면 그는 시뮬레이션으로 반복해서 훈련되었기 때문이다. 다시 말한다면, 커크 선장은 승리하기 위해서 규정에서 벗어났다. 이것은 분명히 흥미를 끄는 것이다. 그리고 이것은 미국의 전문 군사교육이 대담하고 모험적인 것으로 미국 국민들이 인식하게 하는 경향이 있다. 그래서 미국 군인들이 승리를 위해서 무엇을 하든 승리할 것으로 본다.

그러나 대부분의 육군 가상 전투 및 시뮬레이션에서, 장교들은 커크 선장과는 다른 행동을 보인다. 전체적으로, 안전한 방책으로 인식되는 것을 채택한다. 이것은 일반적으로 급속공격에 이어 천천히 전진하고, 묘사되는 적 또는 훈련센터의 대항군이 확실한 함정으로 부주의하게 걸어 들어올 것이라는 희망을 갖는 것을 포함한다.

실제 전장에서, 미국의 방법을 아는 적은 가용하다면, 미국의 나태한 기동을 대량살상 무기를 이용하여 처리할 것이다. 왜냐하면, 단지 이라크 군사기구나 이것을 하지 않았다는 것으로 인해서 미래에 보다 도전적인 적이 하지 않을 것이라고 가정하는 것은 이유가 될 수 없기 때문이다. 오늘날 이동은 스피드와 위험을 감수하는 행동을 반드시 결합해야 한다. 소심함과 안전제일주의로 천천히 이동하는 것이 아니다. 시뮬레이션 전투에 대한 이러한 조심성 있는 접근은 연이어 발칸에서 일어난 평화유지작전과 마찬가지로, 육군에서 하나의 원칙으로서 사상자 반대(casualty aversion)라는 것을 만들게 한 것으로 보인다. 현재의 전략적 환경에 적용하기에 빈약한 훈련 및 전투준비 구조와 함께 말이다. 예를 들어, 미래 전투수행에 있어서 부여 가능한 임무는 도시전이다. 이것은 언론으로부터 많은 주목을 받아왔다.

어떤 육군 자료는 이라크에서 효과적인 작전을 위해서는 대략 20만 명의 지상병력을 필요로 할 것이라고 제시했다. 왜냐하면 미군 부대들이 이라크 육군을 쉽게 격파할 수 있다는 가정에 기초할 수 없었기 때문이다. 오히려, 육군 자료는 〈리더들은 반드시 악조건이 어떻게 될 것인가를 고려해 계획해야 한다〉고 주장했다.

월 스트리트 저널의 기자인 그랙 제프(Greg Jaffe)는 보도했다. 〈가장 능력있는 해병대 조차도 만일 참호에 위치하고 지역을 고수하는 적을 맞이한다면 늪에 빠질 수 있다. 걸프전쟁에서 공군이 이라크 부대들을 약화시킨 후에 미 지상부대들은 불과 100시간 내에 이라크 군을 패퇴시켰다. 이라크의 수도 내에서 실시하는 전투가 보다 오래 걸릴 수 있다.〉

정말 그러했나? 과거와 같이, 핵심은 사상자에 있다. 사상자는 다양한 참화로부터 증가된다. 유니폼을 입지 않는 그 누구도 사상자가 되길 원하지 않지만, 대부분의 군인들은 희생 없이는 승리가 없다는 것을 이해하고 있다. 그러면 전문직업 군대가 도시전과 연계하여 사상자 발생의 공포심을 올리려는 것은 이상한 것이다. 특히, 서남아시아에서 전투와 연계해서 그렇다.

예를 들어, 맥아더 장군은 워싱턴에서는 높은 사상자가 발생할 수 있다는 우려를 했지만, 20만 명의 일본군에 의해 점령된 섬에 6만 명의 전투병력을 상륙시켰다. 마닐라라는 도시지역을 포함하여 지형은 복잡했다. 일본군은, 비록 융통성이 없고 상상력이 부족했지만 완강하게 싸웠다. 그러나 이들의 피해는 결과적으로 더 컸다.

6개월 이내에 19만 6천명의 일본군이 전사했으며, 미군은 6천명이 전사했다. 미 육군 · 공군 및 해군 병사들은 태평양을 가로지르면서 수개월 동안 함께 싸웠다. 이것은 성공을 확신할 수 있는 전술과 방법을 발전시켜줬다. 중동과 서남아시아에서 미군과 대치하고 있는 육군들의 전투력 및 정신력은 일본제국 육군의 전투력 및 정신력과 거의 비교될 수 없다.

혁명 달성

육군 문화가 또 다른 혁명적 변화를 위한 단계에 들어갈 준비가 되어있다는 것이 점점 명확해진다. 벤더그리프(Don Vandergriff) 소령은 그의 획기적인 육군 인사시스템에 대한 연구『승리로의 길(The path to victory)』에서 폭넓은 문화적 토대의 스냅사진을 제시했다. 이것은 리더십 · 진급 · 전문적 계발 그리고 많은 관계된 주제에 관한 현대 육군 사상에 영향을 미쳤다.

> 〈3차 대전을 위한 이러한 동원을 강조하는 것은 쓸데없는 장교 인원 확장, 상대를 깎아 내리는(negative) 진급 시스템 그리고 소수의 고위 장교를 제외한 모두가 인정하는 문제의 뿌리를 두고 기타 다양한 것들을 이끌어 내고 있다. 장교전문관리 시스템 21 하에서는, 이러한 문제들이 경력출세주의를 지속적으로 이끌게 될 것이며, 한국 · 베트남 또는 걸프전쟁에서 발생했던 것보다 더한 중앙집권적인 지휘현상을 낳게 될 것이다. 기술은 바로 전쟁 시의 적보다 일을 처리하는데 훨씬 만병통치약인 것으로 보이고 있다. 이것은 보다 어려운 문제를 피하는데 점차적으로 가용한 해결방법으로 보인다. 이것의 일부는 단위대 통합결속, 편성구조 수평화 그리고 시험과 같은 것으로 정

치적으로 민감한 것이다. 현상유지를 하는 것은 일어날 것으로 보이는 분쟁에 대비한다기 보다는 우리가 싸우기를 원하는 분쟁에 대비시키는 것이다.〉

현재 리더십의 문제 부분은 전쟁을 풋볼 게임으로 보는 경향이 있다는 것이다. 사실상, 전쟁은 축구 그 훨씬 이상의 것이다. 실제로 행동들은 결코 멈추지 않는다. 세트피스 해결방법이 거의 적용되지 않는 결과를 보인다. 지상전에서 합동작전이 성공하기 위해서, 새로운 통신 및 무기 기술의 제한사항을 극복하려면 독립적인 판단과 최하위 수준에서의 위험 감수가 필요하다. 상황 전개의 속도를 유지하기 위해서다.

미국 군인들 · 부사관들 · 초급 장교들은 독립적인 판단을 연습할 수 있다. 그리고 전투의 압박 속에서 좋은 결심을 할 수 있다. 그러나 전쟁이 발발하기 이전에 이러한 훈련을 하고 이것이 권장되어야만 올바른 결심을 할 수 있게 될 것이다. 제한되고 시간에 민감한 정보에 기초한 신속한 결심수립 능력을 지닌 고급 장교들을 배양하는 것과 같이, 초급장교 · 부사관 및 병사들을 계발하는 것도 중요하다.

이들은 독립적으로 그리고 자주 명령 없이도 행동하게 된다. 그러나 알고 있는 전술적 · 작전적 임무 골격 속에서 행동하게 된다. 안정화된 지휘계통 및 단결된 단위대들은 이러한 과정에서 그리고 기지에 머문 육군에서 원정 육군으로 보다 거대한 변혁을 함에 있어서 중대한 것이다. 준비되고, 전개 가능하며, 결속력 있는 전투편성부대들을 자신감 있는 리더의 리더십 하에 만드는 것은 이러한 변혁과정에 있어서 필수적인 모습이 된다.

NTC와 합동전투준비 훈련센터(Joint Readiness Training Center)의 보고는 대대와 여단급 지휘관 및 이들의 참모들이 전문적 깊이가 부족하다는 것을 계속 강조하고 있다. 대대 및 여단급 지휘관 및 참모들은 훈련 센터들을 돌면서 훈련하고 있다. 전술적으로 야전에서 구른 장교들은 스스로 확실하게 보일 수 있다.

그러나 12개월 중대장과 많은 경우 부대 주둔지에서 작전적 임무 지역으로 전개하는 경험을 지니지 못한 장교들이 대대 지휘구조로 들어가게 된다. 이것이 보다 낮은 수준의 육군 부대들의 전투수행 숙달도와 결합될 때 이러한 개혁을 이행하는 것의 중요성은 과장될 수 없다. 단순히 말해서, 이러한 부대들은 단결력 강한 팀으로 발전하기 위해서 분대 · 소대 · 중대 그리고 리더들과 오랫동안 충분히 함께하지 않았다.

전투준비를 훈련하는데 있어서 나타나는 문제점 중 일부는 부대 탓으로 돌릴 수 있다. 공병 · 포병 · 방공 요소 등을 포함하는 소위 전시 부품이라고 불리는 병사들과 훈련하지 않는 것이다. 다른 경우, 위험을 꺼리는 지휘 습관이 죄인 것이다. 이러한 상황은 장교들이 단기적인 결과에 순응하도록 만든다. 주요 보직(XO/S3)에 짧게 보직되는 것은 진급과 연계하여 잘못된 결과를 증대시킨다.

많은 영관급 장교들을 단점이 없는 문화에 대한 옹호자로 만들게 된다. 높은 장군들에게 편안한 전속부관과 같은 장교들은 이러한 시스템이 그들이 부대에 있는 동안 실수를 안 하도록 해주는 것임을 이해하고 있다.

근대 정보시스템은 이러한 상황을 악화시키는 것 같다. 왜냐하면 이것들이 지휘관 및 영관장교들로 하여금 그들의 위관 장교에게 즉각적으로 과업을 부여할 수 있는 능력을 제공하기 때문이다. 과업(부여된 행동, 행동을 끝내는 마음가짐)을 완수하는데 소요되는 시간을 고려하지 않는 것이다. 물론, 지휘관의 기대가 비현실적이라거나 훈련 프로그램이 효과 없을 것이라고 지휘관에게 말하려는 사람은 없을 것이다.

구조와 사고는 연결되어 있다. 구조를 바꾸면 사고와 정책을 바꾸는데 도움이 될 것이다. 사고와 정책은 문제의 기원이 된다. 명확히, 순환 전투준비 및 단위부대 교대(rotational readiness and unit replacement) 구상은 새로운 문화로 창조된다는 최종 목표를 달성하는데 오랜 시간이 걸릴 것이다. 이 새로운 문화는 해당 직책을 젊은 장교들로 완전히 교체하고 병사들의 신뢰와 자신감을 고취시킴으로써 합동원정전을 지원하게 된다.

장교들은 유능하고 생각이 깊은 리더들이다. 훈련 및 전개 주기를 예상할 수 있도록 함으로써, 최하위 수준의 부대들은 시간과 자원을 위한 획득노력에 스트레스를 덜 받아야 한다. 이러한 시스템 속에서 살아가는 병사들이 24개월, 36개월 또는 그 이상으로 병 생활을 해도 특히 미국에 주둔하는 영구적인 기지에 위치한 전투단에서 근무를 계속해 갈 수 있는 보직을 보장받을 것이다. 만일 이들이 장기로 선발된다면, 수년 간 동일한 전투단에서 근무를 계속할 수 있는 옵션을 갖게 될 것이다. 이러한 모든 요소들은 병사와 그들에게 필요한 안정성을 제시해주는 것으로 보인다.

초급 장교들이 의무복무기간을 마치고 육군에 장기로 선발된다고 가정하면, 중위 및 대위는 18개월의 전투준비 및 훈련 사이클로 조직된 전술적 전투단에서 최소 7년 복무하게 될 것이다. 즉, 중위는 소대장으로 18개월을 복무하고 대위는 중대장 · 포대장 · 훈련중대장으로 18개월 복무하게 됨을 의미한다. 이러한 요구로부터 벗어나지도 도망치지도 못할 것이며, 지휘하는 것은 누구나에게 주어지는 권리가 아니라 특권이 될 것이다.

지휘를 할 수 없고 다른 재능으로 인해 원하지 않는 사람들은 군을 떠나도록 하게 될 것이다. 이러한 전문 직업적 시스템 속에서 이동하는 육군의 전투 병력들이 지니는 이점은 내부적인 단순성 및 안정성 정도가 될 것이다. 이것은 전쟁의 변화에 직면하였을 때 신속한 적응을 보장한다. 마찬가지로 중요한 것은 사전에 어떻게 움직인다는 것을 알게 됨으로 스트레스의 정도가 크게 줄어든다.

일하는 새로운 방식을 이용하기 위한 용기와 상상력을 지닌 장교를 계발하는 것은 그냥 지나치기에는 너무 중요한 사항이다. 만일 미군의 리더들이 군사 경력을 통해서 그렇게 하지 못하도록 방해를 받게 된다면, 미군 리더들이 부하들로 하여금 기선을 제압하고, 혁신하며 그리고 위험을 감수하도록 고무하기 위해 없어서는 안 될 전시에 필요한 육체적 힘, 정신적 민첩성 그리고 도덕적 용기를 가질 것이라고 기대하는 것은 비현실적이다.

NTC와 합동전투준비 훈련센터는 이러한 목적에 이상적이다. 훈련을 통해 교대되는 부대들에게는 새로운 능력들이 주어질 수 있다. 무인전투항공정찰기(UCAV) · 통신장비 · 센서 패키지 또는 새로운 무기들이 여기에 포함될 수 있겠다. 이러한 능력을 이용하여 승리하는 기회를 잡은 장교들을 구분해낼 수 있다. 마찬가지로, 대항군에 대해 계속해서 죽어라 돌진하는 부대의 지휘관도 고집과 비융통성 때문에 구분될 수 있다. 또한 그들의 병사들을 고무시켜 능력을 발휘하지 못하도록 하는 지휘관들도 마찬가지다. 물론, 이것은 새로운 습관을 유발하기 위해 인센티브의 재편성을 필요로 한다.

대대 전투단은 캘리포니아, 포트 어윈의 북동 구석지역에 도착한다. 이곳에서 지휘관은 다음 24시간 동안 있을 전투를 준비시킨다. 그러나 30분 이내에, 전투단 지휘관은 약 100km 떨어져 있는 군용지 상의 산악 통로를 12시간 이내에 확보하라는 명령을 받는다.

이 통로는 후속하는 작전을 위해 결정적인 지역으로 고려된다. 차후 작전은 태평양 연안의 적 은신처를 공격하기 위해 원정군단의 해병과 육군을 보내는 것이 될 것이다. 적 부대의 작은 규모가 전투 작전을 위해 이 통로를 주기적으로 이용하기 때문에, 화학무기를 사용할 가능성은 적다. 그러나 전투단 지휘관은 미군 작전의 목적이 이를 확보하는 것이 명확해진다면, 현재 통로는 경계하는 병력이 없지만 적 지상부대가 이 통로를 통제하려고 시도할 것이라는 것을 알고 있다. 임무를 위해서, 그는 수대의 UCAV와 약간의 무인 지상 차량을 지원받을 것이라고 전달받는다.

현재, 대대장의 성향은 목표에 이르는 경로를 설정하기 이전에 자신의 전장운영체계를 조심성 있게 동시통합하기 위해서 정밀계획 수립과정을 시작한다. 왜냐하면 이렇게 훈련받았기 때문이다. 그러나 대대장은 즉각 한대의 UCAV를 이륙시켜 목표에 이르는 경로를 따라 비행하도록 지시하고, 지역 내에 있는 모든 적에 대한 공격을 시작할 수 있다. 아니면, 지휘관은 UCAV가 전방으로 비행하는 동안 부대가 이를 뒤따라 이동하도록 지시할 수도 있다.

콜린스 장군에 의해 지휘되었던 부대에서 적용한다면, 뭔가 확실히 다른 산물이 나왔을 것이다. 콜린스는 다음과 같이 그의 부하 장교에게 말했을 것으로 보인다.

〈현재 하는 것을 중지하라. 투명도에 표시된 산악통로로 즉각 출발할 준비를 하라. 적이 이 통로를 확보하기 이전에 확보하는 것이 결정적으로 중요하다. 이를 점령하지 못하면 원정군단 전체가 서쪽으로 대규모 공세를 하는 것이 불가능해진다. 이동 간 추가적인 명령을 하달하겠다. 지금 계속 이동하라!〉

만일 독일이 통로를 이미 확보한다면, 이들을 몰아내는 것이 얼마나 어려울 것인가를 생각하면서, 콜린스는 이곳에 먼저 도달하려고 했을 것이다. 여전히, 대대 전투단 지휘관이 조심성 있게 계획하는 것을 선택하고 그가 먼저 이동하는 것을 준비할 가능성을 배제할 수 없다. 사고와 행동에서 변화를 가져올 한 가지 방법은 즉각적으로 이동하고 이점을 이용하는 것에 실패한 지휘관에게 불리한 벌칙을 적용하는 것이다. 이를 위해 대항군은 점차 서서히 다수의 병력으로 통로를 확보하도록 한다. 부대가 이동할 수 있는데 이동하지 않고 소비하는 시간에 비례하여 대항군을 증가시킨다. 원정전을 수행하는 특정 환경 속에서 기회를 이용하기 위하여 신속히 이동방향을 바꾸어 세세한 계획수립 및 정밀결심과정이라는 힘겨운 짐을 벗어버리게 할 수 있는 곳이 야외훈련장 및 실제 야전 말고 있겠는가?

슬프게도, 〈NTC에서는 패배하게 되어있다〉는 신화가 선발시스템에서 결정적인 고려요소를 빼내버렸다. 이 시스템은 위험에 대한 반감, 전문직업적 능력을 위한 객관적인 기준을 고려하지 않는 기능을 강화시켰다. 그러나 신속결정작전을 가능하게 하려는 개념을 위해 지휘관들은 반드시 자동차 경주 선수들의 사고방식을 발전시켜야 한다. 적은 미국과 미국의 동맹국들의 핵심 시스템을 파괴하고 받아들일 수 없는 사상자를 내려고 할 것이다. 지휘관들과 그들의 참모들은 전장에서 이러한 적에 대해 임기응변주의를 발휘할 수 있도록 훈련되어야 한다. 이러한 환경 속에서, 분산된 포병 · 로켓 · 박격포 그리고 지뢰가 거대한 표준화 포병 집단을 대치한다. 이러한 문화적 변화에 대처할 수 없는 장교들은 훈련을 통해서 식별될 수 있고 다른 임무 수행을 위해 보직될 수 있겠다. 재미있는 사실은, 호주 육군은 이미 이러한 방식을 실행하고 있다.

새로운 리더 계발

경력 패턴과 육군 전투 편성은 분리될 수 없다. 나폴레옹 방식의 지휘구조를 전투하기 위한 새로운 편성방법뿐만 아니라 장교계발의 새로운 방법으로 적응시키지 않고서는 미 육군에서의 장교 경력 계발은 경직되고 융통성이 없는 행로를 보이게 된다. 구식 구조 속에서는 경력이 일련의 중요한 지휘 및 참모 분야로 묶여있다. 이 경력은 반드시 성공적으로 마쳐야 한다. 그렇지 않으면, 장교는 단순히 말하자면 〈전체 육군인사사령부〉 속에 있는 것이지 경쟁적인 것이 아니다. 이러한 시스템은 (그림 9.1)에서 제시되고 있다. 물론 성공적으로 보직을 마치면, 장교 고가평정 보고서에 우수한 것으로 언급된다. 그러나 이것은 장교들이 낮은 배경을 갖게 하고 육군의 다른 병과에서의 매우 적은 경험을 갖도록 한다. 합동 분야는 말할 것도 없다.

장교들은 육군 전문군사 필수교육, 합동 필수보직 그리고 내적 경력 계발 목표를 동시에 추진하여 달성해야 한다. 육군 내에서 편성의 구조를 전투준비 및 훈련 구조와 함께 바꾸게 되면 이러한 장교들은 압박으로부터 일부 벗어날 수 있을 것이다. 새로운 장교계발 패러다임 속에서 단일 군 지휘참모 보직을 보다 적게 하는 것이 장교 고가평정 보고서 상의 객관적인 평가에 충분히 의존하는 선발과정과 결합된다면, 육군에서 두뇌 · 포용력 그리고 경험을 지닌 장교를 더욱 계발할 수 있게 도와줄 것이다(그림 9.2 참조).

단일 군(single-service)에서 지휘하는 경험을 대위 · 중령, 그리고 준장 수준으로 제한하는 것은 고려할 가치가 있는 방안이다. 중령과 준장 둘 다 36개월 지휘관 보직을 하게 된다. 이렇게 지휘관 기간을 연장하는 것은 여단장 지휘 계층 제거에 대한 충분한 보상이며, 기술적인 능력을 갖도록 보장해준다.

이것은 본질적으로 육군을 위해 좋은 것이다. 지휘관을 끝낸 중령은 중요한 합동 직위에 채워질 수 있으며, 각 군 대학 고급과정을 나오거나 갓 진급한 대령진급예정자는 전투단으로 복귀하여 참모장 또는 부 지휘관으로 18개월 간 보직될 수 있겠다. 전체적으로 대략 40개의 전투단이 생긴다면, 이러한 방법은 또한 영관장교에게 야전군 내의 중요한 참모 보직을 함으로써 전술적 수준에서 자기계발을 할 수 있는 보다 많은 기회를 제공할 수 있을 것이다. 야전군은 오늘날 10개 사단 및 4개의 완편 군단 본부로 제한되고 있다.

[그림 9.1] 전통적인 육군 지휘 수직계층구조와 경력 쌓기

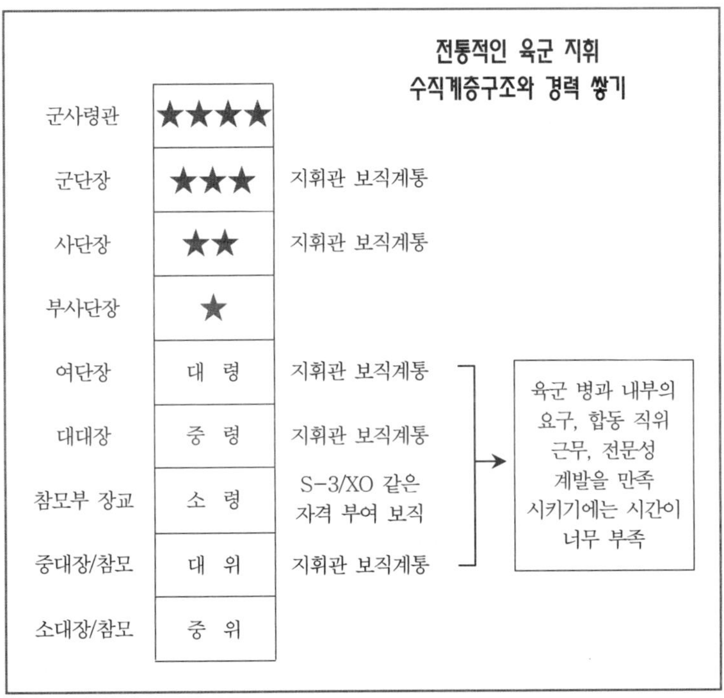

[그림 9.2] 새로운 장교 계발 패러다임

계급	보직	비고
★	단(Group) 지휘관	전투단 지휘관은 매력있는 보직이지만 진급 필수보직은 아님
대 령	단 부지휘관/참모	
중 령	대대장/참모	대대장 보직은 상위 지휘관 진출을 위해 필수보직임
소 령	참모부 장교	
대 위	중대장/참모	중대장 보직은 상위 지휘관 진출을 위해 필수보직임
중 위	소대장/참모	소대장 보직은 상위 지휘관 진출을 위해 필수보직임

소요되는 지휘관 보직을 감소시킴으로써 전문성 및 지식계발의 융통성이 증대된다.

36개월 지휘관을 마치고도 현역에 남는 준장은 육군 또는 합동 직위에 보직될 수 있다. 이곳에서 상설합동부대본부 내에서 운용될 수 있는지 평가받을 수 있다. 구조를 재조직하는 것은 고급장교들의 재능을 전체적으로 발전시키고 이용할 수 있는 새로운 가능성을 만들어 낸다. 뿐만 아니라 정년이 보장되는 장군 계급의 특성을 바꿀 수도 있다.

이러한 시스템 내에서, 대령 계급을 넘어서 진급하는 모든 장교는 반드시 전역을 요구하는 양식에 서명을 해야 한다. 이것은 계급 및 연령 정년이 되면 전역한다는 전역지원서가 아니라, 대신 자신의 전역지원서를 참모총장 사무실에 보관한다는 것을 말한다.

이러한 계약적인 구조는 참모총장실에서 36개월간 참모나 지휘관 보직이 끝나자마자 준장을 계속 복무하도록 하거나 전역시킬 수 있도록 해준다. 동일한 방법이 36개월 보직한 더 높은 장군계급에 적용될 수 있다. 이렇게 하는 데에는 몇 가지 이유가 있다.

첫째, 장군의 숫자는 장군 참모 및 지휘관 직위 수에 정확히 맞춰져있다. 이러한 구조 속에서는, 진급 발탁된 장교 수는 일자리 수에 딱 맞아야 한다. 그리고 현역으로 이들을 둘 것인가의 결정은 참모총장, 육군장관 그리고 국방장관에게 놓여있다.

육군의 마셜 장군 시대이래로, 효과적으로 일을 못하거나 성공을 위한 구조적 변화에 의존하는 육군 정책에 단순히 장애가 되는 상급 장교들을 알아내는 방법을 찾는다는 것은 극히 어렵게 되었다.

두 번째, 이것은 육군 예비역 장교단을 구성하게 해준다. 이것을 통해서 참모총장과 육군장관은 특별한 목적을 위해 주기적으로 이들을 기용할 수 있다. 이스라엘 국방군(IDF)은 수년간 이러한 방법을 실행해왔다. IDF 장군단은 미국 장군들보다 평균적으로 더 젊어진 결과를 낳았다. 이러한 젊은 모습은 전쟁 시에 커다란 이점을 갖게 된다.

대령 및 장군을 그들에게 맞는 임무를 수행할 수 있는 곳에 보직하는 것은 전체적으로 보면 또 다른 문제다. 적에 대한 지식은 전술정보 또는 위성사진으로부터만 나오는 것이 아니다. 적을 알고 이해하는 것은, 전문직업군을 이해하는 것과 마찬가지로 교범 · 데이터뱅크 · 위성사진 또는 소프트웨어 프로그램에 존재하는 것이 아니다.

이것은 인간 지능 · 교육 · 배움 그리고 경험의 산물이기 때문에 지식은 항상 인간에 의해 구체화되고, 전달되며, 인간에 의해 만들어지거나, 보강되거나 또는 향상된다.

군사적 탁월함을 위한 교육

전쟁에서, 부대 능력을 지휘관이 잘 이해하는 것은 적의 의도 · 특성 그리고 잠재력에 대한 지식과 함께, 모든 수준의 전쟁(전술적 · 작전적 · 전략적)에 대한 명확한 식견을 갖게 하는 기초가 된다.

솔제니친(Alexander Solzhenitsyn)이 『1914년 8월』 이라는 그의 책에서 자세히 말했듯이, 1차 대전을 개시하는 전투에서 독일 지휘관이었던 프랑수와(Hermann von Francois) 장군은 탄넨베르크 전투에서 독일군보다 수적으로 월등히 우세한 러시아 군대와 싸워서 이기는데 커다란 기여를 했다. 왜냐하면 그는 적군인 러시아군을 연구하고 잘 알고 있었기 때문이었다.

독일과 러시아의 국가적 특징을 비교해볼 때, 프랑수와는 속도와 과감성을 독일군인 및 군사훈련에 있어서 필수적인 자질로 고려했다. 반면, 러시아 기질은 조직적으로 일하기를 꺼려하고, 의무에 대한 감각 부족, 책임에 대한 두려움 그리고 시간의 가치를 인식하고 이것을 적합하게 사용하는데 있어서의 전체적인 무능이라는 모습으로 구별됐다. 그러므로 러시아 장군들의 전형적인 특성은 나태함, 줄을 맞춰서 일하게 하는 경향 그리고 안 움직이고 편함을 선호하는 것으로 나타났다. 따라서 폰 프랑수는 그의 전술을 방어의 수단으로서 공격을 하는 것으로 결정했다. 그리고 러시아군이 나타나기만 하면 우선 공격하기로 결심했다.

프랑수와는 하나의 교육시스템을 만들었다. 이 시스템은 단지 군사 전문적 능력에 대한 보상만 하는 것이 아니었다. 러시아–독일 시스템은 교육적 환경 속에서 자신들의 군 전문 지식을 강제적으로 연구하도록 하고 있다. 이것은 사고와 혁신을 자극했다.

마셜은 1941년 이러한 사실을 알고 있었다. 그는 만일 미국이 2

차 대전에 가담하게 된다면 해군 및 공군력만으로는 독일 그리고 잠재적국인 일본을 충분히 패퇴시킬 수 없다는 주장으로 루즈벨트 대통령과 논쟁했다. 육군 참모부의 장교들을 조심성 있게 검토했다.

이들은 그가 소위 〈승리 계획〉이라고 불렀던 보고서의 초안 틀을 작성하기 위해 운용할 사람들이었다. 이후에 마셜은 웨드마이어(Albert Wedemeyer) 소령을 낙점했다. 웨드마이어는 5년 내에 소령에서 4성 장군으로 진급하게 되었다. 그리고 자유중국과 함께 미 동맹국에 대한 미 선임지휘관으로 복무하게 된다.

그 당시, (햅 아놀들 소령 및 다른 많은 장교들이 그러했듯이) 웨드마이어는 육군 참모부 전쟁계획 분과에서 임무를 수행하고 있었다. 그러나 그의 동기생들과 구별되었던 것은 그가 육군 지휘 및 참모대학에 다니지 않았다는 것이다. 웨드마이어는 2년 과정 독일 일반참모대학을 나온 몇 안 되는 육군 장교들 중 한명이었다. 마셜은 육군 참모부에 있는 항공대 및 지상 부대 장교 그 누구라도 이러한 일을 하도록 시킬 수 있었다. 그러나 그는 그렇게 하지 않았다.

베를린에서 2년 동안 복무하는 동안, 웨드마이어는 하우스포퍼(Haushofer)로부터 오늘날의 지정학에 대한 맥킨더 이론 강의를 들을 수 있는 특권이 있었다. 그리고 오버쓰(Oberth)와 폰 브라운(von Braun)의 로켓과 제트 추진에 대한 강의, 헤인즈 구데리안(Heinz Guderian)의 미래전에 대한 강의와 같은 많은 독일의 군사사상가의 강의를 들을 수 있었다. 마셜은 이것을 알고 있었다. 그래서 대통령에게 보내는 보고서 초안 작성 임무를 부여했으며, 궁극적으로 미 육군이 유럽 대륙과 일본 본토로 상륙할 필요성이 있다는 것을 확신시켜주려 했다. 마셜은 포트 레벤워쓰(Fort Leavenworth)에서의 교육과정이 시대에 뒤떨어졌다는 것을 알았다. 이러한 교육으로는 육군 지상부대들이 독일과 일본을 물리치는데 결정적인 역할을 한다는 것을 루즈벨트에게 설득하는 임무를 수행하는데 필요한 지성과 전문적인 깊이를 지닌 장교를 만들 수 없었다.

이것은 부분적으로는 왜 독일 교육방식이 2차 대전 후에 영국에 채택되었고, 현재 전쟁 이전 독일과 같이 전문적 지성적 요구를 확실히 하는가를 설명하고 있다. 영국 장교들은 영국 일반참모대학에 인증을 받기 위해 반드시 시험을 치러야 한다. 그리고 계속해서 지휘관 선발을 위해 필요한 자격을 갖추기 위해 요구되는 과정을 밟아야 한다. 영국 육군의 역사에 익숙한 사람들은 현재 장교단의 높은 자질을 알 수 있다. 이것은 지난 25년 넘도록 실시된 변화와 재건을 낳기 위한 하찮은 방법이 아닌 것이다. 미 육군은 전문직업적 탁월함을 위해 장교들에게 유사한 정도의 책무를 주장할 때이다.

모든 수양은 습관의 형태로 나타나기 때문에, 조기에 실질적인 연구습관을 들이는 것이 중요하다. 대위는 지휘관을 마치자마자, 그 또는 그녀의 파일은 〈확인함〉이라는 도장이 찍히고 한쪽으로 치우게 된다. 이 시점에서, 앞으로의 발전을 위한 기술과 지식은 장교가 최초 7~8년의 근무 기간 동안 달성한 기술적 능력의 토대에 의존하게 된다. 그러나 앞으로의 발전은 이전의 경험과 근본적으로 다를 것이며, 단순히 그 경험을 확장시키는 것이 아니다.

일반 참모대학에서 인증받기 위한 필기시험은 필수적이다. 요망되는 독서 및 연구 자료 목록을 만들어 주면, 대위들은 어떤 분야가 필기시험에 나오고 어떤 기술이 임무를 잘 수행하기 위해서 필요한지를 알게 될 것이다. 평가된 상위 1/3 또는 1/4은 시험 결과를 집계하자마자 인정받게 될 것이다. 모든 대위는 시험을 보는데 3년에 걸쳐서 총 3회의 기회가 주어질 것이다. 그러나 상위 33% 및 25%에 드는데 3회 실패한 후에, 대위는 중령 이상 진급 또는 지휘관에 선발되지 않을 것으로 보이는 경력으로 좌천되게 될 것이다.

확실히 선발되기에는 구두 및 수리적 기술이 너무 빈약한 그러나 육군에서 여전히 그들의 전문적 지적 능력을 이용해야만 하는 예외적인 장교들에 대한 보상을 위해서, 육군은 이러한 부류의 장교들을 위한 10%의 대대장 보직 할당을 해놓을 수 있다. 이러한 장교들은 병력 리더로서 야전에서 현저히 임무 완수를 잘 한 것을 기초로 선발될 것이다.

군사 교육제도는 지식과 예지를 제공하는 것으로서의 독자적인 위치를 오래전에 상실했다. 재래식 및 합동전이라는 복잡한 도전에 대처하기 위해서, 일반 참모대학에서 연구를 위해 선발된 장교들은 일반 참모대학 뿐만 아니라 육군의 중요한 분야에 대해 12개월, 18개월 또는 24개월의 교육을 받아야 한다.

이러한 교육을 받은 장교들이 중령으로 주요 지휘관 및 참모 직위에 보직된다면, 전쟁술과 과학 분야에 대한 이들의 미래 교육은 완전히 합동분야가 되어야 한다.

오늘날까지, 육군은 이러한 접근에 대해 강하게 거부해왔다. 이제 단순히 단일군에 의한 전쟁과 같은 것은 없다. 전투지휘훈련프로그램(BCTP)은 잠재적으로 거대한 가치를 보이고 있다. 육군에서 가장 우수한 작전적 마인드를 가진 자를 구분하고 선발할 뿐만 아니라 합동전 속에서 육군 리더들을 교육하기 위한 수단이기도 하다.

그러나 실상은 그렇지 않다. BCTP는 훈련센터와 똑같이 중요한 골자는 빼내왔다. 그리고 초점을 단순히 육군에 맞추고 있다. 관찰 및 통제관으로 근무하는 예비역 고급장교들은 단일군을 강조하고 있고, 내부적인 관점에 초점을 두고 있으며, 과거의 전술과 사고를 강화하고 있다. 우리가 필요한 것은 합동 BCTP다. 이것은 육군만의 단일군 접근을 대치한다.

마지막으로, 육·해·공 각 군 대학 모두를 연결하는 시도가 있다. 경제적 이유로, 영국은 단일군 전쟁대학을 없앴다. 오늘날 풍부한 미국 달러가 주어졌기 때문에, 각 군은 각 전쟁대학의 생명을 막연히 연장할 수 있었다. 그러나 이것은 지속될 수 없다. 비록 예산현실이 방해하지 않는다고 해도 그렇다. 대신, 시험과 성적을 포함한 동일하고 엄격한 선발 또한 반드시 적용되어야 하고, 현재의 각 군 대학을 합동 전쟁대학으로 바꾸려는 생각이 있어야 한다. 이것으로서 분명한, 현재 및 미래 전쟁의 합동 비전이 등장할 수 있겠다.

국방대학에 대한 가장 당황스러운 순간 중 하나는 쉘튼(Hugh Shelton) 장군의 언급에 있다. 합동참모의장으로 있을 때 졸업식이 있었는데 〈186명의 장교가 입학하여, 186명의 장교가 졸업했다〉는 것이다. 암시는 명확하다. 변호사는 로스쿨을 졸업해도 여전히 변호사 시험에 합격해야 한다. 심장 외과의사는 메디컬 스쿨을 졸업해도 여전히 영업증명서가 있어야 한다. 이와는 다르게, 대학 또는 웨스트 포인트를 졸업한 이후에 해야 할 것은 아무것도 없다. 대학과 웨스트 포인트는 장교의 전문직업적 능력에 책임을 진다. 이것 또한 반드시 바뀌어야 한다.

결 론

정보기술이 소비자들에게 판단능력을 주었듯이, 미국 장교 및 병사들은 스스로 자신감을 가졌으며, 전쟁에서 오랫동안 고착되고, 융통성이 없으며, 재능과 상상력이 부족한 사람들을 장교들이 능숙하게 조작하며 다루었다는 것을 꺼리게 됐다. 미래 전투결과를 결정하는 것에 벗어나서, 복잡한 통신 그리고 정보처리과정은 기선제압의 실행을 포함한 결정이 만들어져야 한다는 환경을 반드시 조성하게 될 것이다. 새로운 통신 및 무기 기술의 제한점을 능가하는 것은 사고와 행동의 변화를 필요로 한다.

안정적인 지휘계통과 응집력 있는 단위부대는 이러한 과정과 보다 커다란 문화적 변혁에서 결정적으로 중요하다. 냉전 육군에서 원정군으로 변혁하는데 결정적이라는 것이다. 순환 전투준비 및 부대 교대 구상은 새로운 문화를 만드는 최종목표를 달성하는데 먼 길을 가게 될 것이다. 새로운 문화는 젊은 장교들을 그들의 직업에 완전히 정착시키고 병사의 신뢰와 자신감을 야기시킴으로써 합동원정전을 지원하는 것이다. 병사의 신뢰와 자신감은 장교들이 유능하고 부하를 잘 보살피는 리더가 될 때 나타난다.

초급장교 보충과 훈련을 보강하는 일부 과정을 재평가하는 것 또한 반드시 변혁 속에서 현저하게 그려져야 한다. 인류평등주의 육군 관념은 충분한 훈련으로 누구나 리더가 될 수 있다는 것으로 전문직업군의 수준을 너무 낮게 받아들였다. 범죄행위를 하지 않고 교육과정을 성공적으로 수료하는 것만으로는 충분한 것이 아니다.

리더십이 타고난 재능이라는 사고를 없앤 결과, 육군은 대략 4,300명의 장교를 매년 임관 시키는 결과를 보게 됐다. 대략 3,100명이 필요한데도 그랬다. 이 인원의 반수가 사실상 임관시키는데 이점이 있을 것으로 보였지만, 장교계발을 위한 이러한 대량 배출 방법은 4,300명의 장교로부터 리더를 만들기 위해서 엄청난 자산을 소비했다. 이러한 사실은 학군단 후보생에서도 해당된다.

육군 국가 고등리더십 코스에서 하기군사훈련을 받고 집으로 복귀한 후보생은 군사 리더십 및 결심수립을 교육하는 것이라기보다는 치어리더 콘테스트를 하는 것과 같다는 말을 자주 한다. 병사들은 ROTC나 사관학교가 제공할 수 있는 최고의 리더십을 받을 자격이 있다. 모든 병사들이 인정하듯이, 중대급 부대 내에서 한 명의 유능하고 부하를 잘 보살피는 리더는 4~ 5명의 평범한 장교들보다 더 선호된다. 평범한 장교들은 전장에서 자산으로 운용되기 보다는 짐이 된다.

경력 패턴은 60년 동안 고안되었다. 이것은 체력과 교육에 기초한 것이었다. 이것은 현재 구식이 되었다. 1944년, 독일군의 병사는 평균적으로 세계에서 가장 잘 교육된 병사였다. 이것은 2차 대전시 독일군에게 커다란 이점을 부과했다. 오늘날, 미국 및 동맹국 병사들은 유사한 위치를 선호한다. 보다 스마트한 병사들은 보다 우수한 리더를 필요로 한다. 오늘날 육군에서, 맥아더(Douglas MacArthur), 패튼(George Patton), 그리고 르메이(Curtis LeMay)와 같은 매력적인 사람이 반드시 필요하다. 이들은 효과적인 리더십을 생산하는 자질을 보여주었다. 그리고 육군은 병사들이 활약할 수 있는 군사 환경을 만들 수 있다. 웨스트 포인트가 맥아더 · 패튼 또는 르메이를 만들었다는 관념은 어리석은 것이다. 실상은, 육군사관학교가 이러한 사람들이 학교에 다닐 수 있도록 뽑은 것이 행운인 것이다.

보다 나은 리더를 갖기 위해서, 군대의 인증 기준이 반드시 엄정해야 할 뿐만 아니라, 새로운 초급장교를 위해서 보다 많은 기회가 반드시 있어야 한다. 육군은 너무 많은 재능 있는 장교들을 조기에 타 직장에 잃었다. 왜냐하면 제도적인 육군의 고착된 수직계층적 본질이 그들이 조기에 할 수 있는 것을 못하게 할 것으로 보였기 때문이다.

민첩한 마인드와 특성을 나타내는 장교들이 안전성 위에서만 번영하는 고착된 육군에게 평범한 인원 속에서 혼합된 축복된 자라고 인지되는 한, 육군의 변혁은 성공하지 못할 것이다.

2차 대전 직후 영국 왕실 일반참모부장 된 딜(John Dill) 경이 1935년 프러시아 탄넨베르그를 방문했다. 이곳은 1차 대전이 발발했던 달에 대규모 전투에서 적은 규모의 독일군이 수적 우위를 차지한 러시아 군을 격퇴시킨 곳이다. 독일의 성과에 감동을 받았지만, 딜은 크게 의아해 했다. 〈악명 높은 초급 장교들의 명령 위반에도 불구하고 어떻게 독일이 이러한 성공을 달성했지?〉 딜은 이유를 알지 못했다. 그리고 미 육군도 알지 못한다. 위험을 감수할 수 있음을 보여주는 군사 리더들은 반드시 훈련과 전쟁 속에서 보상을 받아야 한다. 위험을 반대하는 안락주의자들을 선호하면서 벌을 주거나 배제되어서는 안 된다.

오늘날 세계 속에서, 국가의 특수작전 부대들이 최근 아프가니스탄에서 보여주었듯이, 병사들이 일부 상급 작전본부로부터 사전 승인을 받지 않아도 실시간 정보를 기초로 한 전술적 기회를 이용할 준비가 되어 있지 않다면, 실시간 정보는 아마 많은 영향을 미치지 못할 것이다. 클라크(Bruce Clark) 장군은 2차 대전시 4기갑사단의 A 전투지휘단 지휘관이었다. 그는 50년 전에 바로 이러한 점을 지적했다.

〈이것이 왜 당신에게 상급지휘관이 수많은 통제선이 아닌 그의 최종목표를 하달토록 해야 하는가에 대한 이유다. 당신이 전진하자마자 모든 게임에서 돌파를 하면 이것은 모든 지역으로 갈 수 있는 기회를 당연히 주게 된다. 3~5시간 이내에, 그가 3일간 계획하는 상황을 먼저 낚아챌 수 있다. 그러니 상급 지휘관에게 최종 목표를 말해달라고 하라. 그러면 생명과 수많은 재난 및 유혈참사를 모면할 수 있다.〉

명확히, 육군의 제도적 문화는 현재의 구조 및 인사 정책이 변할 때까지 변하지 않을 것이다. 그러나 사고와 구조는 올바른 리더 없이는 바뀌지 않을 것이다. 장교의 명성을 민간 지도자들에게 줄 환상적인 공식은 없다. 민간 리더들은 새로운 전략적 환경 속에서 지독하게 필요로 하는 리더십을 육군에 부여할 것이다. 이들은 밖으로 나가서 육군의 리더를 찾아야 한다.

2차 대전 동안, 처칠은 어려운 상황에 봉착했다. 그리고 그는 과감한 방책을 채택했다. 그는 자신의 직책 · 영향력 · 권위가 가진 모든 힘을 사용했다. 그의 계획을 실행하기 위해 능숙하고 힘 있는 부하를 진급시키려고 했던 것이다. 훌륭한 리더를 고르는 것으로 족하지 않았다. 민간 전쟁지도자로서, 처칠은 적과 교전하여 보여준 머뭇거림에 대해 한명 이상의 지휘관을 잘라내지 않을 수 없었다.

존슨(Lyndon Johnson) 대통령은 리더십을 변화시키는 처칠의 모델을 받아들이지 않았다. 서남아시아에서 그의 전쟁 목표를 의회가 반대하면 그의 〈위대한 사회(Great Society) 계획〉이 위협받을 것이라는 두려움 때문에 육군 내부를 교체(장군 발탁 및 전역을 통제하는 것)할 수 있는 대통령의 매우 중요한 도구를 정치적으로 싫어했다.

그래서 존슨은 베트남에서 미군의 노력이 아주 비참해졌던 군사적 예정에 따라 자신의 생명도 함께 했던 것이다. 베트남 전쟁 기간 동안 존슨의 대응은 맥나마라(Robert McNamara) 국방장관의 도움으로 펜타곤과 야전군 지휘관들을 미시적으로 관리하는 것이었다. 웨스트모어랜드(Westmoreland) 장군은 적에 대해 명확한 승리전략을 추구할 수 없는 사람이었다. 맥나마라는 웨스트모어랜드 장군을 교체하는 대신, 그를 자신의 주변에서 일하도록 했다.

많은 면에서 웨스트모어랜드는 시스템이 생산할 수 있는 전형적인 본보기였다. 잘생겼고, 몇 가지 질문으로 명성을 날렸으며 부관으로서 근무한 경력을 지녔다. 그리고 참모총장 비서였다. 웨스트모어랜드는 신속한 진급을 선호했다. 반대 주장은 있지만, 그는 2차 대전 또는 한국전쟁에서 직사화력전투의 경험을 거의 가지고 있지 않았다. 사실상 그는 참모장교였다. 그의 주요 미덕이란 그의 상관을 항상 행복하게 하는 것이었다. 베트콩 침투의 본질을 움켜쥐는 상상력도 없었고, 지적인 깊이도 없었다. 그리고 실패로 가고 있는 미 전략과 전술을 변화시키지도 않았다. 웨스트모어랜드는 그의 선배장교 맥클레란(McClellan)과 마찬가지로 뛰어난 수적 우위를 달성하는 교리를 받아들였다.

미국 병력을 집중하여 전개하는 것은 효과가 없었다. 그리고 궁극적으로 존슨 행정부의 미시적 관리는 점차적으로 대응하기 위해 구상된 전략적 환경과 분리되는 탑-다운식 결심과정을 만들어냈다.

마지막 분석을 하자면, 행정부가 아닌 육군의 리더들이 1965~1968년 테트(Tet) 공세까지 보다 커다란 틀의 전략적 안건을 설정했다. 그리고 지명되고 선출된 민간 지도자들에게 대부분의 가용한 정보를 통제했다. 전쟁에서 패배한 것이다.

육군의 중견 및 초급 장교들은 일반인들이 생각하는 것보다 더 잘 이해하고 있다. 그리고 이들은 반드시 해결의 한 부분이 되어야 한다. 끝에 가서는, 육군 장교 및 부사관으로 종사하는 작은 팀을 만들어내야 한다. 이들은 문제를 식별하는데 책임을 질 것이며 그리고 순환 훈련 및 전투준비 구조 내에서 해결책을 고안해내는 것을 도와야 한다. 대부분의 장교들은 계급에 관계없이 국가와 육군에 의무를 지고 있다. 그리고 이 속에서 올바른 일을 할 것이다. 그러나 민간인의 강력하고 다이내믹한 리더십 없이는 변화가 거의 없을 것이다. 군대는 반드시 민간인이 통제해야 한다.

변화는 전문 군대 범위 내에서는 일반적이지 못하다. 프랑스 육군이 극도로 편협하고 보수적이었던 전쟁 사이 기간 중 드골(Charles de Gaulle)의 경험은 이를 설명해주고 있다. 드골은 프랑스 육군을 변화시키고 재건하자던 주창자로서 미국 내에서 거의 언급되지 않고 있다. 그러나 그의 책 『*Vers l'armee de metier*』에서는 프랑스의 재래식 군사 지식에 대해 도전했을 뿐만 아니라, 비참할 정도로 예언적인 것으로 판명되었다. 드골의 견해가 1930년대 그의 육군 선배들의 견해와 맞지 않았다는 것은 놀라운 일이 아니다. 그의 사고와 태도는 프랑스 군사사에서 재 덩어리가 되었다. 그러나 이것은 프랑스 민간 지도자들의 견해가 아니었다. 이들은 개인적으로 드골의 기초적인 논쟁이 옳은 것이 아닌가 하고 생각했다.

불행하게도, 프랑스 민간 정부는 1차 대전에서 훈장을 받은 베테랑들에게 도전하기를 주저했다. 이들은 프랑스 육군이 독일에 대항해서 싸운 것이 드골의 주장을 무시하기에는 너무 강력해지게 될 때까지 프랑스군을 지휘했다. 1940년 5월, 드골이 주장했던 모든 종류의 기갑부대에 의해 프랑스군이 섬멸되고 있을 때, 레노(Paul Reynaud) 프랑스 총리는 드골 대령을 잠정적으로 준장으로 지명했었다. 레노는 어떤 기갑부대가 집결되든지 그를 지휘관으로 임명하라고 지시했다. 이러한 사건이 일어나고 있을 때, 물론 이것으로 프랑스를 부끄럽고 소름끼치는 운명으로부터 구하기에는 너무 늦었다. 그러나 1940년 6월 8일 런던 타임즈에 실린 글을 그가 마침내 읽었을 때, 드골이 정말 무엇을 생각했는가를 아는 것은 재미있는 일이라 하겠다.

〈군사적 관점에서 볼 때, 폴 레노의 매우 재미있는 혁신은 드골 장군을 임명했다는 점이다. 드골은 그의 책으로 인해서 육군에 주의를 끌었다. 매우 공격적인 '우익'이었으며, 강력한 이론가였다. 거의 광신적으로 대규모 전차 운용을 주창했다. 그는 사리 밝고, 통찰력 있는 마인드를 지녔으며 행동가였고, 이와 동시에 몽상가이자 추상가였다.〉

10 에필로그 또는 프롤로그?

미래를 준비하는 것은 우리가 다르게 생각하는 것을 요구하고, 새로운 도전과 예상하지 못한 환경에 신속히 적응할 수 있는 부대와 능력 같은 것들을 발전시킬 것을 요구한다. 적응할 수 있는 능력은 기습과 불확실성이 우리의 새로운 안보환경의 특성을 결정짓는 세계 속에서 중대하게 될 것이다.

–2002년 1월 31일 국방대학교 연설, 럼즈펠드

대규모 살인행위를 신성시하는 문화적 그리고 종교적 명령에 의해 움직이는 자들은 한계를 알지 못한다. 이들의 극단적 행동은 한계가 없다. 그리고 이들은 서구의 전쟁 규칙에 따라 움직이지 않는다. 9월 11일 월드 트레이드 센터의 쌍둥이 빌딩 그리고 펜타곤에 대한 정밀 공격은 이러한 사실들을 강하게 보여주었다. 동기는 명확히 증오에 있다. 뉴욕과 워싱턴에 대한 공격은 단순히 미국과 미국의 동맹국들을 아리비아 반도로부터 축출하고, 무슬림 세계를 새로운 암흑세계로 떨어뜨리기 위한 거대한 규모의 전역에서 일제히 사격을 개시한 것이었다. 이러한 행동들은 급진화된 이슬람과 이들의 국제적인 범죄 네트워크와의 전쟁을 낳게 되었다. 그림자에서 벗어나 미국인들이 자각을 하게 되었다.

프란시스 후쿠야마의 『역사의 종말(The End of History and the Last Man)』은 자유 민주주의 및 자유시장 자본주의의 승리를 찬양하고 있다. 이것은 정치적 · 도덕적 또는 현실적 고려사항에 의해 구속되지 않는 폭력행동 충격 속에서 휘청거리는 국가에서는 이상하게 보인다. 1시간 안에, 미국인들은 미국의 힘과 영향을 심하게 원망하는 사회 · 국가 및 국민과 함께 세계를 공유하고 있다는 것을 발견하였다. 하루밤새, 자유 · 민주주의 그리고 시장자본주의를 국내 및 외국에서 지키기 위한 미 공화국의 2세기에 걸친 투쟁은 뚜렷한 군사적 특징을 나타냈다. 이것은 이슬람 테러리스트와 전제주의적 정권에게 잠재적으로 심각한 결과를 이끌었다. 이슬람 테러리스트는 WMD를 간절히 탐내고 있으며 전제주의 정권은 이를 발전시키고 있다.

2002년 1월 대통령이 연설에서 〈미국은 미국의 적에게 정의를 가져가든지 아니면 적을 정의로 끌고 올 것〉이라고 약속했다. 이것은 잉글랜드의 위대한 의회파 벌크(Edmund Burke)의 혁명 프랑스에 대한 경고를 생각나게 한다. 〈전쟁에 관해서 생각할 때, 잘못된 수단 그리고 폭력이 있어야 한다면, 전쟁은 국가 간의 유일한 정의를 구현하는 수단이다. 전쟁을 세상에서 내몰 것은 아무것도 없다.〉

2001년 가을 아프가니스탄에 폭격을 시작한 이후, 테러에 대한 글로벌 전쟁은 새로운 단계로 접어들었다. 이라크에 대한 미 군사력 사용을 승인하는 의회 합동결의의 지원 하에, 군대의 임무는 변했다. 오늘날, 군대는 테러리즘을 지원하는 국가에 대항하는 모든 형태의 군사작전에 투입된다. 이러한 공세적 군사전략은 새로운 지역적 그리고 세계적 정책 목표를 정의할 뿐만 아니라, 군대의 변혁을 위한 새로운 우선순위를 설정한다.

정책수립가 및 언론은 두 번째 걸프 전쟁의 보다 커다란 정치적 문제들을 논쟁하고 있다. 이와 동일하게 중요한 논쟁도 동시에 이뤄지고 있다. 이것은 미국이 어떻게 전쟁을 해야 하며 분쟁 후에 어떻게 지역적 안정과 번영이 달성될 수 있는가에 관한 국방성 내의 변혁 논쟁이다. 물론 이것은 새로운 논쟁은 결코 아니다. 전쟁과 변혁은 분리할 수 없는 것이다. 이라크와 보다 전쟁을 크게 하면 자연이 논쟁이 첨예화되고 논쟁 참여자들의 양극화 현상이 더 커지게 된다.

한쪽 극에 있는 사람들은 정밀타격 패러다임을 고수하고 있다. 이들은 미래전쟁은 기본적으로 정밀유도무기로 승리할 수 있을 것이라고 주장한다. 정밀유도무기는 미래 전쟁을 수행하기 위해 필요한 지상 병력 수를 감소시킨다는 것이다. 그리고 이들은 논쟁의 한쪽 편에서 지배적인 위치를 차지하고 있다. 그 증거로서 아프가니스탄에서 탈레반에 대한 성공을 제시하면서, 이 파들은 이라크와의 분쟁을 이끌면서 수 개월간 논쟁을 했다. 이들은 근접전투가 점차적으로 현대적인 의미가 없는 것이라고 했다. 고고도에서 발사되는 새로운 무기체계 정밀성과 정확성 때문이라는 것이었다.

이러한 계파는 다음과 같이 믿고 있다. 탐지 · 위치확인 · 추적 및 적 부대를 표적화하는 감시 시스템은 정밀타격무기의 점증하는 비축량과 연결될 때, 지상부대의 구조와 내용을 본질적으로 바꿀 것이라는 것이다. 이러한 접근은 오래도록 부대구조 소요를 지배해온 그리고 미 육군 및 해병대의 전쟁수행 개념을 지배해온 많은 가정에 대해 중요한 암시를 지니고 있다. 또한, 이러한 기술들이 현재 다르게 싸울 수 있는 기회를 만들어낸다는 주장에 많은 메리트를 부여하고 있다. 조소하는 듯한 용어로 적이 간단한 도구에 주안을 두고 전쟁과 변혁에 대항하는 가제트 중심의 접근방식이 있다. 이것은 워싱턴에 있는 많은 사람들의 도움을 크게 즐기고 있다.

그러나 이론은 흠집이 나게 된다. 지상에 있는 몇몇 특수작전부대와 원거리 타격에 지나치게 의존하는 문제는 미국의 이그네티프(Michael Ignatiff)가 말한 〈가상 전쟁(virtual war)〉을 수행하는 위험을 무릅쓰게 된다. 통합된 지상 전투부대 없이는 미국이 수 초, 수 분 걸리는 전투에서 승리할 수 없기 때문에 가상인 것이다. 원거리 타격은 수 시간 및 수 일 걸리는 전투만을 이길 수 있다. 다시 말해서, 얼굴과 얼굴을 맞댄 전술적 교전에서 신속히 적을 격멸할 수 있는 전투부대가 없다면 매우 원거리에서 타격할 수 있는 능력은 고고도에서 타격할 수 있는 능력과 마찬가지로 제한된 전략적 가치를 가질 것이다. 만일 적이 자신들의 전술을 이에 적응시키고 도주한다면 그렇게 된다. 이스라엘 국방군 고급 리더들이 주장하듯이 근접전투에서 패배하면 나머지는 의미가 없어진다.

다른 한쪽 편에 있는 사람들은 앞도적인 부대 패러다임 주창자들의 부류다. 1991년 걸프전쟁 수행을 그 예로 들 수 있다. 이러한 그룹의 많은 사람들은 기본적으로 현역 및 예비역 육군 그리고 해병대 고위 장군들이다. 이들은 변혁된 세계는 과거의 세계와 매우 비슷하다고 주장한다. 아프가니스탄의 산악을 지상전투병력들이 힘들여 걸었고 코소보에서 이러한 병력들을 확인점에 배치했다는 것이다. 이러한 부류는 공군력과 스텐드오프(역자 주 : 목표상에 진입하지 않고 멀리 떨어져서 공격하는) 정밀무기, 군대를 신속히 변혁하기 위해 특히 높은 수준의 중간 시점에 놓인 위험을 받아들이려는 의도, 그리고 〈전쟁을 종결짓는 목표가 있다는 일련의 잘못된 생각과 위험한 사고〉를 지나치게 강조하는 것으로 보고 이를 비판한다. 이러한 사고 속에서 고유의 대규모 지상 부대들을 사용하는 것은 전략과 기동을 대신하는 화력과 집중에 크게 의존한다. 이러한 사고는 냉전시대 육군의 현존 사단에 기초한 구조에 적합하다. 이러한 체제는 유지할 수 없는 것이다.

무인 감시 및 점차적으로 종말유도무기체계로 정밀도를 제공하는 마이크로프로세싱으로 적이 진입하고 있다는 사실과 WMD는 이러한 접근을 극히 위험하고 비현실적인 것으로 만들고 있다. 왜냐하면 집중된 부대집단은 정말 취약하기 때문이다. 그러나 이러한 전통주의자 그룹 내에, 구시대 냉전시 편성을 보다 전개 용이하게 하기 위해 납세자들에게 가벼운 장비를 구입해달라고 조르는 사람들도 있다. 심술궂게 비꼰다면, 이러한 접근은 냉전시 부대들을 과거 방식대로 사용되었던 경차륜장갑차량으로 장비하고 보다 치명적인 것으로 만들기 위해서 완벽한 상황인식 능력을 주장하고 있는 것과 같다. 본질적으로 이것은 생존성과 치명성이 훨씬 떨어진다. 기술 하나로도 전쟁의 안개상태를 일소하고 마찰을 제거한다는 관념은 호의 넘치는 바램이다. 그러나 이러한 발전은 불가능할 것으로 보인다.

이러한 사고의 산물이 육군의 스트라이커 여단전투단(SBCT)이다. 변혁적 힘과 관련된 모든 주장을 했지만, 이러한 사고의 산물(SBCT)은 일부 견인포병·비차량화 박격포 그리고 무인정찰자산을 지닌 나약한 차량화 보병여단을 만드는 것으로 끝났다. 이것 중 그 어느 것도 결정적인 전투편치를 날릴 수 없으며, 생존성을 제공할 수 없다.

이러한 상황 속에서, 육군의 획득 비용은 현재 SBCT를 위한 스트라이커 차량에 너무 많이 들어갔으며, 뿐만 아니라 조기에 모호하고 성숙되지 못한 미래전투시스템(FCS)을 야전에 배치하고 있다.

최근에 이해되듯이, 미래 목표군은 SBCT 보다 생존과 효과성을 위한 기술적 약진에 더욱 의존하고 있다. 이들의 현재 모양으로는 이 프로그램이 육군 변혁의 동력이 되지 못한다. 불행하게도, 이들은 보다 중요한 육군 편성 개혁 및 변화 문제로부터 기술적 만능 해결책을 위한 환영적인 추구로 사실상 주위를 전환하고 있다. 이들이 믿는 만능 해결책은 먼 미래가 돼서야 오늘날의 문제를 해결하게 될 것이다.

1877년, 영국 수상 셀리스베리(Salisbury) 경은 〈동방문제〉에 대한 대영제국의 정책을 언급하였다. 그는 〈가장 일반적인 정책의 잘못은 죽은 정책의 뼈대에 달라붙는 것〉이라고 지적했다. 동일한 의견이 군사문제에도 적용된다. 구식 구조와 구식 사고는 과거에 했다고 확신하는 것을 오늘날 반복하려고 하는 군사기구의 불길한 결과와 연결된다. 원칙적으로, 구식 방법과 계획으로 돌아가는 것은 갈피를 못 잡는 전략인 것이다. 이 갈피 못 잡는 전략은 필경 1940년에 프랑스와 베네룩스 낮은 지방 국가에 대한 독일 육군의 춘계공세를 쉴리펜 계획으로 반복하려는 영리한 독일 일반참모부에 의해 제안된 것과 같은 전략이다. 프랑스와 영국에게는 불행하게도 히틀러는 적이 정확히 예측하는 계획을 반대했고, 대신 만슈타인(Erich von Manstein)이라고 부르는 신참 장군의 계획을 채택했다. 만슈타인은 2차 대전까지 그의 경력 90%를 일반참모부에서 일을 하면서 보냈다. 나머지는 역사 그대로다.

독일과 대조적으로, 이스라엘은 그렇게 운이 있지 않았다. 사실상 아랍국가에 완전히 둘러싸인 이스라엘은 1967년 뛰어난 승리를 했다. 이스라엘 국방군(IDF)은 자신의 영광에 휩싸여 쉬고 있었다.

이집트인들은 쉬지 않았다. 실패는 새로운 전술 · 방법 그리고 아이디어로 그들을 밀어 붙였다. IDF의 헤르조그(Chaim Herzog) 소장은 다음과 같이 말했다.

〈이집트인들은 또 다른 전쟁이 발발하면서 그들의 문제는 "어떻게 전차와 항공기를 무력화하고 IDF의 예비군 동원과정을 지연시키는가" 임을 깨달았다. 이들의 해답은 미사일 우산(방공망), 집중적으로 운용하는 대전차 미사일 그리고 전략적 기습이었다. 이것으로 IDF는 축차적으로 대응하게 될 것이었다. 그러나 이스라엘은 이러한 개념에 대응하기 위해 군사력을 건설하지 않았다. 이들은 이것을 무시하고, 이전의 전쟁 경험을 기초로 자신들의 고정된 개념을 채택했다.〉

IDF가 신속히 전투력을 복원할 수 있다는 것은 IDF에 대한 칭찬이다. 그러나 IDF가 1967년을 벗어나 자신의 사고 및 발전을 확대시켰다면, IDF가 보다 적은 손실을 입고 초기의 실패를 초래하지 않았을 것이라는데 의심의 여지가 없겠다.

미국 육군은 오늘날 육군 지상 부대들의 실제적인 재건과 재편성을 수행하면서 미래 분쟁에서 유사한 환경을 맞이할 필요가 없게 됐다. 미국의 적들은 이미 미 공군과 미 해군력을 무력화하거나 패퇴시키기 위한 방법에 집중하고 있다. 이들은 공중과 근해를 지배하지 않고서는 미 지상군이 전투하기 위해 나타나지 않을 것이라는 점을 알고 있다. 따라서 육군 지상부대들은 반드시 모든 분쟁의 전구에서 미 공군 및 해군의 타격력을 지원받고, 늘리며, 극대화하기 위해서 편성되어야 한다. 한 가지 방법은 이 공군력 사용을 제한하는 적 방공의 능력을 없애거나 무력화시키는 것이다. 이러한 적 전투력은 전진하는 지상부대에 의해 유린되거나(욤키플 전쟁에서 IDF가 했듯이) 아니면 공중화력에 의해 파괴될 수 있다.

물론, 오늘날 육군 전투수행 구조와 새로운 기술의 충격과 조화를 이루는 작전적 개념을 채택하지 못하는 것은 마이크로프로세서를 기반으로 한 기술이 새로운 만능 해결책의 토대라는 논쟁을 하면서 기술 지배적 환경을 이끌어냈다. 만능 해결책은 시간과 환경에 매우 독립적이라는 것이다.

양 대전 사이의 영국 볼드윈(Stanley Baldwin) 수상과 같이 방어적인 국가의 많은 사람은 기술 중심의 정밀 타격 도그마에 기초를 두고 있지 않은 모든 변혁 제안을 무시한다. 볼드윈은 〈폭격기가 항상 해결해주며〉 신속하게 전쟁을 승리로 이끈다는 그의 주장에 의문을 갖는 모든 사람을 해임했다. 궁극적으로 논쟁이 주도권을 마비시키며 변혁의 교착상태를 만들어낸다는 것이다.

본래의 2차 대전 육군을 유지하면서도, 새로운 기술을 받아들인다는 것은 정밀타격에 대한 주창자들이 육군이 반드시 바뀌어야 한다는 것을 이해하고 있을 뿐만 아니라 사실상 관심을 갖고 있지 않다는 것을 의미한다. 위에서 말한 것이 일부 이유가 된다. 이런 동안, 압도적인 물리적 집중을 하는 육군 그리고 완전한 정보를 보유한 차량화 기술 집약적 육군은 모두 변혁의 늪으로부터 길을 잃고 있다. 가장 결정적인 변혁의 국면(편성 · 인사 · 개념 즉 교리적 변화)은 모호해지거나 무시되고 있다. 펜타곤 내부에서의 변혁 논쟁은 기껏해야 동문서답 대화가 되고 있다.

이 연구는 이전 작품 『팔랑스 깨기』와 마찬가지로 다른 방책을 계획하고 있다. 구조적 편성의 감각적인 사용과 함께 해군 · 공군 및 지상군의 최고 자원들을 조화시키는 것이 변혁을 달성하는 세 번째 방법이다. 이것은 보다 심오한 변혁을 보다 적시적인 방법과 합리적인 비용을 달성하기 위한 것이다.

이 방책은 효과중심작전이 적합하게 편성된 육군 지상구성군 없이는 효과적일 수 없다는 것을 제시한다. 육군 지상구성군은 합도 부대 내에서 통합되기 위한 규모를 갖는다. 〈충격과 공포〉는 탄탄한 육군 전투부대들이 신속히 항공 타격의 효과를 이용할 때 잘 달성된다. 또한 미 공군 및 해군 부대들과 함께 필요한 지상 구성군은 오늘날 야전에 있는 육군이 아니며, 내일 야전에 배치되기를 원하는 부대도 아니라는 주장이다. 전쟁은 적응을 하기에 시기적절한 시간이라는 것을 주장하고 있다. 전쟁의 실상은 이러한 편성 · 인사 그리고 교리 변화의 실행을 보다 용이하게 해준다. 이것은 관료적 집단에서 평시에는 통상 고통스럽고 환영받지 못한다.

파괴적인 기술의 변덕스러운 환경과 국제 관계에서의 불연속적인 정치적 변화 속에서 변혁할 때에 육군 내부의 정적인 개념 및 편성 사고를 갖게 되면 매우 역기능적인 결과를 낳을 수 있다. 육군은 더 이상 점진적인 혁신주의(현재의 개념 및 과정의 지속적인 향상)를 군사적 성공을 위한 실용적인 원칙으로 보면서 이것에 의존할 수 없다.

만일 육군이 적이 극복할 수 없는 질적으로 우수한 전투력과 시간과 공간 속에서 극적인 위치상의 이점을 얻기 위해서 기술 · 편성 · 훈련 및 리더십을 이용한다면 육군은 혁명적인 능력을 달성할 수 있다. 그러나 이것은 현재의 냉전 전략을 지원하기 위해서 계속 마련된 육군 구조 및 정책을 재정비하는 것이 쓸모없는 것임을 인정하는 것이다. 냉전 전략이란 동원과 앞도적인 부대를 갖는 전략을 말한다. 군인에게 이것은 삼키기에 매우 어려운 알약이라 하겠다. 군인들은 바로 이 시스템 속에서 자랐기 때문이다. 그러나 이 책에서 설명된 새로운 정비는 새로운 합동원정 임무와 함께 새로운 세계 군사전략을 지원하는데 있어서 필수적이다.

육군은 반드시 제도적으로, 편성적으로 그리고 문화적으로 재정비되어야 한다. 근본적으로 새로운 전략적 환경을 맞이하여 적절한 능력을 되찾기 위함이다. 이것은 나타나고 있는 기술과 구조 · 편성 및 합동원정전에서 조화 간의 상호작용을 그 어느 때보다 중요하게 만든다. 기술적 발전의 속도가 매우 빠르기 때문에, 육군은 반드시 적이 취하는 행동에 대응하여 변화하고 적응해야 한다. 적 또한 이에 대응하여 변화하고 적응할 것임을 알아야 한다. 이 책에서 설명된 개념적 접근은 육군 전략적 적절성을 위한 최선의 희망이라고 하겠다.

이것이 육군의 최종목표라고 하기에는 어렵고 새로운 육군의 탄생이라고 하겠다. 이 책의 초반에서 지적했듯이 전쟁은 지휘관의 의도와 무관하게 육군을 변혁시킨다. 전쟁은 학문적 논쟁 영역에서 벗어나 변혁으로 이끌고, 전투의 호된 시련을 용서하지 않는다. 실용주의가 반드시 지배해야 한다. 전쟁에서 효과적인 장비 및 작전적 방법은 새로운 기술 · 전술 및 편성과 합쳐지고 융합된다. 이것은 한 가지 단호한 이유 때문이다. 즉, 전쟁 승리에 기여하기 위한 것이다. 두 번의 세계대전은 육군이 신속히 자원과 지적인 능력을 조절했던 많은 예를 보여주고 있다.

전쟁의 능률 정의

『크루세이더 : 페르시아 걸프전쟁에서 알려지지 않은 이야기』라는 책을 보면, 사막의 폭풍작전을 수행한 장군에 대해 긴 찬사를 한 저널리스트 애트킨슨(Rick Atkinson)은 다음과 같이 썼다.

〈이라크 폭동 간에 사격중지 조건을 수립하고 영향을 미치는 제압행동을 두려워하는 가운데 잘못이 있을 수 있을 것이다. 그러나 전쟁을 멈춘 것은 잘못이 아니었다. 차라리 이것은 우리 국가의 보다 나은 천사들을 위한 보기 드문 승리였다.〉

오늘날, 평가는 어느 정도 상이하다. 독일에 대해 불완전한 연합군의 승리와 베르사이유 조약의 빈약한 출항은 2차 대전을 이끌었다. 이렇듯 1991년 이라크에 대한 불완전한 승리와 전쟁 후에 이라크 정권에 대한 불충분한 규제로 인해 그 깡패국가는 오늘날 우리에게 어려운 상황을 만들었다.

1991년 걸프전쟁의 불완전한 해결과 이어진 정전은 국경을 유지하는 것에 입각한 것이었다. 이 국경은 1919년 영국과 프랑스에 의해 오토만 제국을 분할한 것에 기초한 것이다. 결과적으로 종전 결정은 지도를 보고 있는 사람(70년 전에 멋대로 국경을 그은 사람)에게만 합리적인 것이지 중동에서 안정적인 힘의 균형을 이루는데 관심을 가진 사람에게는 아니다. 아이러니하게, 사막의 폭풍작전에서의 승리는 모로코에서 인도네시아에 이르는 미합중국의 국익에 대한 새로운 위협을 창출해냈다. 이것들은 오늘날 1991년에 있었던 것보다 더욱 복잡하고 어려운 위협이다. 아직 이에 대한 인식으로 인해 걸프전쟁을 하기로 결심한 미국이 생각한 지정학적 중요성을 감소시킬 필요는 없다.

부시 대통령이 공세를 택하지 않고 사우디아라비아 방어를 택했다면, 오늘날 상황은 더욱 나빠졌을 것이다. 이라크는 중동을 지배하는 군사력을 가지게 되었을 것이다. 정복된 쿠웨이트 유전으로부터 10년 이상의 수익 가치로 우쭐해지고, 세계 석유 공급의 결정적인 이득을 통제하며, 승리로 자신감을 얻은 군대의 후광을 얻게 되면서 이라크는 핵 · 화학 · 생물 무기 탄두를 실어 나르는 미사일을 기진 채 현재 으르렁거리고 있을 것이다. 사막의 폭풍작전, 1998년 이전의 완고한 조사활동 덕택으로 이러한 상황은 발생되지 않았다.

그러나 상대적으로 쉽게 이라크군이 사막의 폭풍작전에서 패배하여 현실적으로 정당화 될 수 없는 군사적 성공의 환상이 나타났다. 변혁에 대한 수사여구는 군대의 변화에 대한 환상을 만들었다.

1991년 피 흘리지 않은 승리에 대한 관념은 어떻게 육군을 싸우기 위해 훈련하고 편성할 것인가에 대한 잘못된 관념으로 이끌었다. 이 두 가지 환상은 육군과 국가로부터 대가를 요구했다.

미국이 1991년 사상자가 거의 없었다는 것을 기뻐하는 동안, 오사마 빈 라덴과 그와 같은 부류의 사람들은 걸프전쟁 수행에 기초해서, 미국은 유약해지고 사상자를 감수할 의지가 없다고 결론지었다. 이슬람 세계로부터의 공격에 대한 미 군사력 대응은 빈 라덴, 그의 동료 및 지원자들 또는 이러한 어리석은 이들을 믿는 그의 동맹세력의 잘못을 깨우치지 못했다. 과거와 같이, 단일 무기(항공기와 미사일)는 알 카에다를 단일 위협에 대처하도록 만들었다. 벙커에 숨어서 폭격을 기다리고 도주하는 것이다. 사실상, 알 카에다는 코소보에서 유고군 또는 모가디슈에서 소말리아 군벌들이 적응했던 것과 같은 행동을 취했다.

이런 동안, 미국의 재래식 육군은 이에 대처하지 않았다. 1990년 이후 세계가 각기 갈라졌지만 육군은 세계가 어느 정도 기적에 의해 이전 상태로 돌아갈 것이라는 믿음을 가지고 고집을 부리고 있었다. 걸프전쟁 이래로 발전된 기술은 구식 구조 내부의 본질을 변화시킨 것이 없다. 결심주기 시간을 감소시켜야 했던 그리고 보다 효율적이고 효과적으로 합동 전장효과를 달성을 향상시켜야 했던 능력이 도입되지 않았다.

새로운 연료 효율 엔진은 냉전 후 전쟁이 발발하기 전까지 M1 전차에 거리와 자동화 신뢰성을 주기 위해 장착되어야 했다. 이것은 쿠웨이트에서 바그다드까지 수 일 내에 350km 기동하기 위해서 필요한 것이었다. 전쟁과 지휘통제의 합동개념은 각 군이 주위를 집중해야 할 것이었다. 그러나 현대 미 육군은 내부적으로나 외부적으로 특히, 정밀성과 정보에 의해 제공된 기회를 이용할 태세를 갖추지 않았다.

육군 구조와 사고가 변혁되지 않았지만, 새로운 육군문화가 등장했다. 이것은 걸프전쟁을 수행하면서, 발칸에서 인기를 받지 못하고 전개하여 부대 방호 수단으로 운용되면서 그리고 사상자 없이 성공한 것으로 인정받는 타히티 작전을 토대로 나타난 것이다.

아나콘다작전을 뒤돌아보면서, 다음과 같은 한 육군 준장의 말이 인용되었다. 〈우리는 지상에서 1,400켤레의 군화로 그곳에 도달했습니다. 우리는 1,400켤레의 군화로 그곳에서 나왔습니다. 우리는 사상자가 없었습니다. 이것은 발생할 수 있는 가장 훌륭한 일이었습니다.〉 조금도 보태진 말이 아니다. 임무를 완수하는 것(이 경우 알카에다와 탈레반을 사살하는 것)은 과거나 지금이나 항상 최우선권을 갖는다. 장교와 병사들이 살아남는 것이 임무이며 적을 죽이는 것보다 더욱 중요한 것이라고 생각하기 시작하면, 이들은 더 이상 효과적인 전투부대원이 아니다.

이것은 불필요한 사상자를 내자는 말이 아니다. 그러나 저항이 쓸데없는 일임을 설득시키는 것은 손실을 포함할 수 있다. 근대 기술은 새로운 합동 전투편성과 함께 2차 대전 규모의 병사 및 해병들의 희생을 현대 전쟁 속에서 불필요하게 만들 것이다. 새로운 합동 전투편성은 사실상 냉전 팔랑스를 깨는 것이다. 그러나 우리 선배들의 교훈은 희생이 없이 단호한 적에 대해 승리할 수 없다는 것이었다. 이것은 아직도 유효하다. 〈의무 · 명예 · 국가〉라는 단어 속에 살아 있는 변하지 않는 교훈이 있다.

새로운 미국의 전쟁방식을 향하여

과거에 사는 것은 육군과 국가에 귀중한 시간 · 자금 및 자원을 지불하게 한다. 이러한 상태가 고쳐지지 않으면, 테러리즘에 대한 미국의 전쟁을 무력하게 만든다. 걸프전쟁 20년 후, 소규모 버전의 냉전 육군은 사막의 폭풍작전에서 싸운 동일한 부대를 불러 모았다.

1991년, 육군은 18개 사단을 해체하여 7개 사단으로 배치했다. 오늘날, 모든 사단의 마크를 쿠웨이트와 이라크에서 볼 수 있다. 결집력은 착수되면서부터 약해졌다. 그러나 건설하는데 오랫동안 정지해 있었고, 사실상의 〈손실 정지〉정책으로, 많은 부분이 해결되었다.

2003년에 결과는 예정되어 있었다. 전투준비태세는 일정하지 않았다. 육군의 전쟁개념은 필연적으로 1991년에 비해 바뀌지 않았다. 수개월 육군에서 훈련하는 것은 이라크 자유화작전 이전에 행해졌는데 요구되는 수준에 거의 미치지 못했다. 전개하고 싸울 수 있는 전투병력의 수만 변화되었다.

1990년대 육군은 모든 전차 · 기계화보병 대대 내에 있는 4번째 중대를 없애서 25%의 육군 전투력을 삭감시켰다. 반면 3성 및 4성 장군의 상위 지휘본부는 그대로 유지시켰다. 이것은 전차대대의 전차를 56대에서 44대로 감소시켰으며, 이로서 이라크 자유화작전에서 3보병사단의 21,000명 병사들에게 250대 미만의 아브라함 전차와 대략 300대의 브래들리 전투차량을 지급하게 된다.

세 개의 전투기동단(CMG: Combat Maneuver Group)의 능력은 어떻게 됐겠는가? 이 전투단은 전차 342대, 브래들리 전투차량 393대, 헬기 57대(무장정찰헬기 48대 포함), MLRS 27대, 155미리 자주포 72문(각 단별 24문), 타이푼 모델의 UCAV 900대 이상, 120미리 박격포 81문, 보급 및 수송 병력 2,100명 등을 갖는다.

총 22,000명을 지원하기 위한 조기전개지원단(EDSG) 700명이 추가되면, 이 부대는 21,000에 이르도록 타 사단들로부터 증원을 받은 현존하는 미 육군 중사단보다 규모에 비해 본질적으로 보다 강한 전투력을 제공하게 될 것이 확실하다. 매우 중요한 것은 이러한 CMG들은 합동부대 내에서 즉각적으로 전투하기 위한 준비태세가 갖춰진 상태에서 투입될 것이며, 전투력은 분산된 기동전투를 위해 설계될 것이다.

이러한 전투편성부대들은 카타르나 쿠웨이트 같은 국가 그리고 디에고 가르시아의 인도양 섬에 이미 배치된 전차 및 기타 장갑차량과 함께 짧은 경고 하에 전투에 투입될 것이다. 이 전차 및 장갑차량들은 보관되게 된다. 이 부대에는 또한 수천 명의 공정-공중강습단의 경보병 및 항공기를 포함할 수 있을 것이다. 이 부대는 공중으로 그들의 장비와 함께 전개될 것이다. 경정찰타격단(LRSG)은 북부 이라크 상공에서 도착한다. 장갑포 시스템과 105미리 및 40미리 자동포를 지닌 경타격 시스템을 각각 보유하고 헬기 · 로켓포병 · 자주 박격포도 지닌다. 그리고 UCAV은 이라크 적에 대해 냉담한 행동을 하게 될 것이다. CH47 시누크 헬기 32대, UH60 블랙호크 72대, AH64D 롱보우 아파치 50대를 지닌 항공전투단의 전개와 함께 헬기 및 C130을 운용하는 전투지속작전 행동은 이라크의 평탄하고 기복이 없는 사막을 보다 쉽게 가로지르게 할 것이다. 지난 10년 동안 육군이 보다 신속히 전개할 수 있고, 순환 전투준비태세 상에서 단결된 전투편성부대로 재편성했다면, 오늘날 전투병력들은 작전이 시작되기 수 주 전에 해당지역으로 날아갔을 것이다. 물론, 이것들은 실현가능했지만 실현되지 않았다. 두 번째 걸프전쟁 간 발생했던 것 그리고 이를 뒤돌아보았을 때 어느 정도 자신감을 가지고 현재 말할 수 있는 것은 무엇인가?

• 적

럼즈펠드는 적은 현재 남은 전역 및 현역 육군 장군들의 과거 지혜보다 약해졌다고 주장했다. 그리고 그의 판단은 입증되었다. 넓게 보면, 지상에서의 전투는 1899년 옴두르만(수단)의 전투와 유사했다. 이 전투에서 작은 규모의 앵글로-이집트사람들은 오후 한 때의 전투를 통해 40명 미만의 전사자를 내면서 마흐디스트 광신도 25,000~30,000명을 죽였다. 이것은 2차 대전 · 한국 · 베트남 또는 첫 번째 걸프전쟁에서의 어떤 전투보다 심한 결과를 본 것이다.

적 전사자 대 미국 및 동맹국 전사자 비율을 보면, 이라크의 2003년 손실은 1991년에 비해 훨씬 많은 불균형을 이뤘다. 미군은 이라크 적을 30,000에서 50,000명 정도 죽였을 것이다. 이 전역의 흥미 있는 모습은 단지 이라크 육군 전체의 약 1/4만이 전투에 참여했다는 것이다. 정규 육군 사단이 저항한 것은 없다. 사실상, 다국적군은 정규군의 무저항적인 협력 혜택을 입은 것이다. 유정과 기반구조는 거의 손대지 않았다. 그러나 이것을 확고히 하려면 시간이 꽤 걸렸을 것이다.

공화국 수비대(RG) 편성부대들은 1991년보다 능력이 훨씬 저조했다. 엄청난 공중 공격이 이 부대에 가해지기 전에도 그랬다. 또한 일부 RG 병력들은 보이지 않았고 CIA에 의해 대가를 받고 조기에 이탈되었던 것으로 보인다. 전쟁에 있던 병사 및 해병의 보고에 따르면, RG 방어진지에 있는 많은 전차 및 장갑전투차량들은 상태가 좋았는데 그냥 버려져있었다. 어쨌든 RG는 정적인 방어 외에는 할 능력이 없었다. 심지어 이러한 방어도 감동적인 것이었다. 이라크 쪽에서 본 전투는 당원들에 의해 게릴라 같이 수행된 것으로 보인다.

이 당원들은 RG 또는 정규군의 대대 규모로 여기저기서 증원받았다. 전체적으로, 이라크 방어는 사담 후세인과 바트당을 방어하기 위해 2선을 점령했다. 바트 정권은 또한 블랙호크 다운에서 잘 알려진 기술적인 조작을 한 픽업 트럭을 사용하기 시작했다. 순교자는 자살공격을 기꺼이 할 수 있었다. 바트당은 미국인의 취약성에 대한 그림을 그렸고 이를 공격하려고 했다. 이러한 애처로운 무기체계는 러시아가 만든 미사일이나 전차와 같이 수입될 수 있었던 만큼 바트당은 자살 폭탄공격 위협이 사기를 저하시킬 것이라는 희망을 명확히 가졌다. 그러나 이라크 방어는 거대한 자신감 게임이었다. 비전통적인 수단을 몸에 지니고 신비한 위협을 한 것이다. 정치적 군사적 허풍쟁이들은 주변에 화학방어 장비를 배치시켰고, 군인에게 민간인 옷을 입혔으며, 수족이 절단된 아이들의 모습을 공중파로 방영했다. 바트당의 대변인은 남쪽 침략자에 대해 민간 봉기가 일어났다고 날조하려고 했다.

• 미국 및 동맹군 공군력

지상전에서 효과를 달성한 공군력을 롬멜(Erwin Rommel) 원수는 다음과 같이 기술하고 있다. 〈비록 가장 현대화된 무기를 가지고 있더라도, 완전한 제공권을 지닌 적과 전투해야 하는 이는 모두 야만인이 된다.〉 이것의 치명성과 정확성은 1991년의 경우에 비해 훨씬 강화되었다. 이라크 부대들이 보도되었듯이 전쟁의 첫 번째 주에 이틀간의 모래폭풍 속에서 일부부대를 이동시켰지만, 그러지 않았다면 이라크 병사들은 최초 48시간 내에 방공체계가 파괴됨에 따라 조기에 마비되었을 것이다. 한편으로, 하늘을 완전히 통제하면서 공군력은 어디서건 언제건 이라크 부대를 마음대로 타격했다. 이러한 상태는 미국 및 동맹국 지상부대에게 전역 내내 완전한 기동의 자유를 제공했다. 다른 한편으로, 공격하는 지상전투부대가 없는 가운데 상당한 충격과 두려움을 줄 것이라는 기대를 가진 사람들은 실망했다. 정권의 안전이 국가 안전을 대신하는 곳에서 전쟁을 할 때, 공군력의 효과를 이용하는 강력한 지상전투부대가 없다면 공군 타격은 이들의 지향목표를 달성하지 못할 것이다.

• 미국 및 동맹국 지상부대

기갑은 이것의 가치를 거듭 주장했다. 도시지역 작전에서도, 역사적 기록을 연구하지 않은 사람들을 놀라게 했다. 텔레비전에 나온 전역한 4성 장군은 과거를 무시한 것으로 보인다. M1 전차의 순수한 규모 및 무게로 인해 이 전차는 다루기 어렵고 효과를 보지 못할 것으로 결론지었다. 이러한 평가는 완전히 빗나갔다. 기갑부대 작전은 어디서나 쏘면서 달릴 수 있었다. 이라크 기갑부대는 M1 전차 또는 M3 장갑전투차량의 상대가 되지 못했다. 전역의 마지막 주에 바그다드 시내 중심에서 목격되었듯이, 적이 저항하기 위해 나타나면 기갑부대는 수천 명의 적 사상자를 냈다. 이때 미군은 수명의 사상자만 냈을 뿐이다.

육군 및 해병 경보병에게, 새로운 것은 아니지만 새로운 것으로 취급된 일부 사실들이 이 전역에서 나타났다. 과거와 같이, 경 보병이 걸어서 또는 차륜 차량에 타고 전진할 때, 이들은 습관적으로 〈급편방어를 해가면서 이동〉 했다. 왜? 미국의 경 보병이 자동무기로 무장하고, 적도 자동무기를 지녔다면, 교전에서 모든 저항은 대칭적인 상황이 조성될 것이기 때문에 완강해진다. 이러한 상황이 나타나면, 경 보병은 자신이 사용할 수 있는 가장 강력한 무기를 이용한다. 무전기를 사용하는 것이다. 왜냐하면 이것은 공군 · 해군 및 포병의 지원을 요청할 수 있기 때문이다.

기갑부대가 나타나면, 전투는 신속히 끝난다. 여기서는 새로운 것이 없다. 2차 대전에서, 미 육군의 사상자 10%는 기갑부대에서 나타났다. 이중 단지 1%만이 죽었다. 우리는 이러한 명확한 진실을 놓쳐서는 안 된다. 우리는 취약한 소총병을 1965년 이아 드랑(Ia Drang) 계곡과 같은 상황으로 몰아넣는 육군 변혁 속에서 로맨티시즘을 지닌 부대를 체포해야 한다. 그렇지 않으면, 변혁으로부터 초래된 모든 결과는 생존을 위해서 공군력에 의존하는 병사 또는 해병의 집단이 될 것이다.

SBCT가 효과적으로 분쟁의 스펙트럼 모두를 관장할 것이라는 약속이 왜 환상인가에 대한 이유가 바로 이것이다. 또한 하차 공격하기 위해 휴대하는 무기만을 지닌 경 보병의 거대한 규모가 왜 국가의 미래 전투수행에 대한 답변이 될 수 없는가에 대한 이유가 되기도 한다. 우리는 반드시 독립적인 전투 편성부대를 지녀야 한다.

이것은 적의 면전 앞에서 정지하지 않고 신속히 이를 타격하며 나아가는 부대다. AH64D와 함께 전진하는 기갑부대 그리고 측방에서 공중 기동하는 보병이 지상에 대해 항공 타격을 신속히 운용하면 이것이 충격과 공포의 기초가 되는 것이다. 공군력 하나만으로는 안 된다.

경보병은 보다 거대한 합동부대 속에서 반드시 작전의 일등 승객이 되어야 하며 능력이 있어야 한다. 그리고 장갑포 시스템 그리고 20~25톤에 이르는 FCS-T 차량이건, M1 또는 M3건 반드시 장갑차량을 가져야 한다. 보병은 실제 기동성 · 화력 그리고 방호력을 지녀야 한다. 도로만 달릴 수 있는 경찰부대가 되어서는 안 된다. 전쟁에서, 경 보병은 롱보우 아파치와 연결된 헬기 수송으로 이동할 수 있으며 또는 MTVL을 타고 이동할 수 있다. 그러나 이것은 영구적으로 경차륜 장갑차에 탑승되어서는 안 된다. 이것은 RPG을 끌어들이는 자석에 불과하다.

해병은 이것을 안 나시리아(An Nasirya)에서 경험했었다. 경보병은 도시지역으로 돌파작전을 위해 설계된 것이 아니다. 공군력 · 기갑 · UCAV 형태의 스텐드오프 공격 · 박격포 그리고 포병 · 특수전부대 · 공병 및 보병 모두는 반드시 도시지역 환경에서 서로 도와야 한다.

포병 및 항공기 직접지원, 자주화 포병의 반응성과 치명성은 바그다드 함락이 정점에 이르렀을 때 일련의 전투행동 속에서 재발견되었다. 대조적으로, 견인포병 · 집중된 병력 · 많은 양의 군수물자는 매우 실망스러웠다. 그러나 항공 타격은 일반지원포병의 거대한 집중을 육군이 전통적으로 선호하는 것을 보다 상쇄시켰다. 회전익 항공기는 기갑 · 포병 및 공군력을 포함한 지상부대 작전의 영역 속에서 운용될 때는 효과적이었다. 무장 헬기가 적 지상부대에 대해 독립적으로 운용될 때는 빠르고도 쉽게 패배 당했다.

• 작전수행

분쟁에 이르는 수개월 간에, 국방장관은 그의 최종목표가 적에게 완전히 충격을 주고 혼란시키는 것임을 명확히 했다. 전술적 · 작전적 그리고 전략적 수준에서 공중 및 지상으로 매우 신속히 공격하여 달성하자는 것이었다. 이러한 공격은 적국의 정치적 · 군사적 리더십이 확고한 방어를 확실히 수행할 수 없도록 하기 위해서 계획된 것이다. 이것으로, 미군 및 동맹국 부대들이 중요지점을 신속히 무력화 또는 점령하고, 짧고 강렬한 전역 후에 적이 항복하도록 강요할 수 있다는 것이었다. 이러한 접근이 매우 적은 미군 및 동맹군

부대의 손실을 초래할 것이며, 이라크 민간인도 마찬가지일 것이라고 장관은 올바르게 추측했다. 그의 전략은 효과적이었다. 그는 미군 및 동맹국 부대가 적이 기대한 것보다 작은 부대로 공격해야 한다고 주장했다. 긴 항공전역 없이 말이다. 이것은 미군이 공격한다는 신호가 된다고 했다. 이러한 결정은 유프라테스 강의 교량을 점령하고 남부 오일지대를 거의 그대로 확보하는데 결정적이었던 것으로 판명되었다.

전개한 지역의 교량을 이용하여, 3보병사단은 단지 병사 2명의 손실을 보면서 96시간 동안 바그다드 남쪽 50마일 지점까지 300마일을 이동했다. 48시간은 휴식과 강력한 공군 화력 엄호 하에 바그다드로 기갑부대 강습을 위해 재편성하는데 보내면서 정지했는데 이것은 충분한 이유가 된다. 다음으로, 예상하지 못한 일이 발생했다.

450대 이상의 운용 가능한 장갑전투차량을 지닌 부대로 모든 것을 중지하고 즉각 적의 수도를 타격하여 정권을 붕괴시키도록 했다. 이것은 심각한 문제였다. 왜냐하면 보다 많은 전투병력이 필요하다는 가정을 기초로 지연하게 되면 조기에 바그다드를 점령한다는 훨씬 중요한 최종목표로부터 다른 곳으로 관심이 전환될 것으로 보였기 때문이었다.

지상에 있는 장군의 시각으로 볼 때, 분쟁에 뛰어든 지 단지 며칠 상황은 혹독한 것으로 보였다. 이들에게, 사건은 매력적이지 못한 방향으로 움직이는 것으로 보였다. 3월 28일 단 하루만에 36명의 미군 병사 및 해병이 전사하거나 포로로 잡히거나 실종되었다.

이보다 4일 전에는 11항공연대 소속 아파치 헬기가 우군 지상부대 및 통합된 로켓 포병 그리고 항공지원 없이 RG 방어진지에 대해 운용되었다. 이것은 아무런 성과를 보이지 못했다. 헬기 및 C130 대신 재보급을 위해 트럭을 사용하기로 결정했었다. 3보병사단의 최선두 기갑부대로부터 벗어나 쿠웨이트에 있는 보급기지로부터 사막으로 300마일 떨어진 곳까지 보급하고자 했다. 이것은 후방에 매복병이 나타나는 모든 시기에 전진을 멈추도록 만들었다. 육군은 결코 많은 보병을 지상에 두지 않을 것이라고 생각한 사람들은 공격을 개시하기 이전에 4보병사단을 기다리면서 정지하는 것을 방책으로 선호했다.

군사사를 보면, 많은 야전 지휘관이 재앙을 예측하면서 전진하는 병력들 뒤에서 적 행동을 잘 이용했다. 심지어 결정적인 승리가 앞에 도달했을 때도 그랬다. 다행스럽게 보다 나은 균형감각으로 워싱턴 D.C.는 보다 밝은 그림을 보았다.

이라크 부대들은 무질서했다. 그리고 비록 유감스럽지만, 하루만에 36명의 병사와 해병의 손실은 120,000명의 병사로 구성된 지상군에게는 작은 희생이었다. 더욱이, 야전에 있던 병사 및 해병들이 보낸 이메일에는 아무런 두려움이나 염려가 없었다. 단지 모든 교전에서 미군부대가 완전한 압도적이라는 것만 있었다.

다른 대통령 그리고 다른 국방장관은 다국적군 전투력의 낭비를 허용했지도 모른다. 몇 주간 적의 소규모 지엽적인 집중에 놀랐을지도 모른다. 그리고 이미 전략적 목표달성에 도달한 작전적 수준으로부터 전술적수준으로 초점을 전환했을지도 모른다. 이라크인 그리고 전체 이슬람 세계의 시각이 사담 후세인의 바그다드 통제에게 집중되어 있었다. 이것은 그의 정권의 권력과 영향력을 증명하는 것이었다. 3보병사단에 의해 이 도시를 조기에 점령하는 것은 이 국가에서 전투를 종결하는데 있어서 결정적이었다. 후세인과 같은 정부는 항상 거꾸로 선 피라미드라 하겠다. 리더십과 권력구조를 파괴하면 붕괴한다. 다행히, 민간지도자들은 이것을 알고 있었다.

• 이라크의 리더십은 전략적 판단에 있어서 낮은 점수를 받았다.

1991년 미국 주도 다국적군에게 주도권을 양도했기 때문이다. 이들의 행동은 12년 후에도 동일했다. 어리석은 적이 보여준 유사한 행동의 두 가지 예로부터 너무 많은 특정 결론을 도출하는 것은 정당화될 수 없을지도 모른다. 그러나 미래의 공세작전은 적의 수도 및 주력부대 가까이서 멈춰서는 안 된다. 이것을 반복하면 보다 능력 있는 적과 대항할 때 처참한 결과를 맞이할 수도 있다. 독일 육군은 1941년에 커다란 불운으로부터 배운 바 있다.

• 국 민

2차 걸프전쟁 동안 미국 · 영국 그리고 호주 병사 및 해병을 크게 구분할 수 있던 것은 남녀 전투병으로서 그들이 가진 명확한 자부심에 있다. 지상에서 그들의 작전 행동은 매우 혼란스러운 전투상황 하에서 보여준 커다란 용기에 의해 특징지어진다. 2차 대전시의 그들의 선배와 같이, 이들은 승리하기 위해서 배우고, 적응했으며, 움직였다. 그러나 병사들과 해병들이 완벽히 상황을 인지하는 미래환경 속에서 작전할 것이라고 주장하는 사람들은 쫓겨나야 할 것이다. 이러한 주장을 믿는 것은 망상이다. 완전한 상황인식이라는 가정을 기초로 한 육군계획에 자금을 대주는 것은 범죄행위다. 바그다드로 향하면서 싸웠던 병사들과 해병에게 꼭 물어봐라.

이라크 자유화작전은 기동과 타격이 효과적으로 통합될 때, 전쟁에서 신속하고 결정적인 승리할 수 있다는 중요한 잠재성을 잠시 보여주었다. 이 책에서 논했듯이, 통합된 효과중심작전은 적을 완전히 격멸한다는 것을 노리고 현대 전투를 수행할 수 있다는 잠재력을 제공한다. 이것은 모든 행동이 반드시 또는 그냥 적을 섬멸하게 된다는 것을 의미하는 것이 아니다. 그러나 육군과 해병대 전투부대들이 합동효과중심작전에 통합된다면, 정찰과 타격이라는 미국의 비대칭적 이점은 적이 항복하거나 섬멸되겠다는 선택을 하도록 만든다. 이것은 지형 · 기상 또는 특정 적의 본질과 무관한 것이다.

정치적인 부담과 함께 분쟁이 뒤따르는 환경에서 소위 모든 종류의 교훈이 나오는데, 이것은 주의 깊게 평가되어야 한다. 사막의 폭풍작전은 냉전 구조 및 사고를 그 자리에서 동결시켰다. 왜냐하면 교훈은 그 결과를 보증하기 위해서 선별되기 때문이다. 만일 이러한 결과가 이 시기에 회피될 수 있겠는가를 말하는 것은 너무 이르다. 바그다드로 향하는 3주는 좋아 보였다. 이것이 보다 빠르고 보다 좋게 수행될 수 있었는가에 대한 논쟁의 여지가 있다. 훌륭한 육군, 능력 있는 장군은 승리하건 지건 싸웠던 전투에 영향을 미친다.

전역이 다른 잘못이 없는 전역 수행 사례와 같이 결코 잘못이 없는 사례라고 선포되자마자, 이 전역은 미래 전투를 위한 연구 자료로는 가치가 없게 될 것이다. 이라크 자유화작전은 자신의 수도를 지키는 외국 독재자의 우세한 병력에 대한 원정작전이었다. 안토니오 산타 안나(Antonio Santa Anna) 장군을 제거하고 멕시코 시티를 점령하기 위해 스코트(Winfield Scott) 장군이 수행한 전역과 비교하는 것이 적합할 것이다. 아랍군이 현재 미군에 적수가 못되듯이 그 당시 멕시코 육군은 능력이 없었으며 미군 부대에 적수가 되지 못했다.

한 가지는 확실하다. 미래는 다를 것이다. 북한 · 이란 심지어 중국과의 분쟁은 우리 편의를 생각할 때 발생하지 않을 것으로 보인다. 그리고 이들의 군사적 잠재력은 강하다. 커다란 그림을 그려보자. 오늘날 세계 속에 있는 이러한 적과 다른 적들이 만일 미 국민들에게 전쟁을 강요한다면 결국 미군사력에 패배할 것이다. 그러나 어떻게 이러한 작전이 수행되고, 얼마나 오래 걸리고 그리고 얼마나 많은 양쪽 사람들이 불필요하게 죽게 될 것인가는 승자 및 패자 모두에게 분쟁 후의 환경을 심오하게 보여줄 것이다. 다행히, 이러한 전쟁의 국면을 대통령과 국방장관은 잘 이해하였다. 이들은 소요에 어울리지 않는 규모의 부대와 탄약을 투입하는 경향을 제지하였다.

그러나 기동 및 타격 요소의 지휘 및 통제를 위한 새로운 합동 작전적 골격이 존재하지 않고 있다. 아프가니스탄과 이라크에서 작전적 성공에 편승하는 새로운 육군의 전투편성도 없다. 이로 인해 육군 변혁은 다시 진흙탕에 빠지게 될 것이다. 이러한 의미에서, 변혁은 반드시 오늘날의 전장을 다루기 위한 지속적인 합동 전쟁수행 전투준비 과정이 되어야 하며, 내일 전장에서 무엇이 나타날 것인가를 예측하는 과정이 되어야 한다. 계획과 행동은 반드시 향상되고, 통합되며 그리고 능력을 최적화하기 위해서 지속적으로 조정되어야 한다.

항상 그렇듯이, 군사변혁의 과정에서 필요한 조정은 민간 리더십의 상당한 영향이 없이는 발생하지 않을 것이다. 군대의 장교들을 패튼 · 릿지웨이 · 르메이 · 풀러 · 웨이벨 또는 슬림과 같은 전쟁 시 리더들의 후계자로 보는 민간인들은 용서받을 수 있다. 그러나 민간 리더들은 다음 사항을 또한 기억해야 한다. 역사적으로 평화 시에 육군 리더들은 전쟁이 현재의 사고와 편성이 불충분하다는 것을 보여줄 때까지 그것들을 그대로 두는 것에 만족했다는 것이다.

베트남에서 육군의 경험 그리고 아프가니스탄에서 러시아인들의 경험은 제각기 육군이 전략적 현실에 적합한 새로운 전쟁수행 개념과 편성을 명확히 하지 않으면 어떤 결과가 나오는지를 증명하고 있다. 1950년 스미스 특수임무부대로부터 2002년 아나콘다 작전까지, 이에 대한 증거는 엄청나다. 육군의 전투편성은 이것은 전투준비 · 훈련 그리고 현대화와 함께 예상하지 못한 분쟁 및 위기에 대해 고질적으로 준비가 부족했던 책임이 있다. 그러나 이러한 어려움들은 미군 병사들의 잘못이 아니다.

너무 많은 상급 리더들, 현역 및 예비역 모두 냉전 군대를 완강히 고집했다. 또한 모든 새로운 군대 투입을 〈또 다른 베트남 수렁〉으로 보는 경향이 있었다. 이들 중 많은 사람들에게, 보스니아도 또 다른 베트남 수렁이었다. 코소보는 〈소말리아의 가지〉였다.

아프가니스탄과 이라크는 잠재적인 베트남 판테온 신전과 최근 합쳐졌다. 국가 정책이 그들의 사적인 희망에 반할 때, 많은 사람들은 이전에 군대 종사해 보지도 않고 군사행동을 서두른 선발된 장교들의 인격을 즉시 비난했다. 주요 텔레비전 네트워크와 계약한 전역한 장군들로부터 나오는 전쟁 첫 주의 부시 행정부에 대한 극히 불쾌한 비난은 3월 27일 야전에 있는 고위 장교의 말과 일치했다. 이것은 미국의 민-군 관계 역사에 건전하지 못한 발전이다.

헌법과 그 외 미 정부 조직을 다루는 모든 공식 문서 그 어느 곳에도 대통령 · 상원의원 · 국방장관 또는 그 밖의 어떤 공무원도 군대에 종사해야 한다고 언급하는 부분이 없다. 종적 계층구조, 규칙을 따르는 삶을 소비해 왔고 군 편성을 강하게 통제해 왔던 삶은 모국과 외국에서 유동적인 정치세계를 항상 정확히 판단하기 위해 가장 잘 준비된 것은 아니다. 군대는 고상할 수 있다. 그러나 군대가 병사들에게 전쟁과 평화에 관계된 일에 대한 보다 훌륭한 도덕성을 제공한다는 증거는 없다. 이것 또한 반드시 변혁적인 변화의 한 부분이 되어야 한다.

민간인이 주도해야 한다

더글러스 맥아더는 1950년 8월 23일 도쿄에서 합참 대표자에게 인천 상륙작전계획을 제시했다. 그는 70,000명의 병사와 해병을 북한군 후방 200마일 지점에 상륙시킨다고 했다. 이것은 북한군에게 공포와 불안을 강요하게 된다고 했다. 콜린스 장군이 미국으로 돌아가서 개인적으로 맥아더의 제안을 브래들리(Omar Bradely) 장군에게 세부적으로 보고했는데, 그 당시 육군참모총장 브래들리는 이 제안은 그가 들었던 그 어느 것보다도 가장 위험한 것이라고 말하면서 인천에서의 전략을 〈푸른 하늘 도식〉이라고 간단히 규정했다.

그러나 트루먼 대통령과 존슨(Louis Johnson) 국방장관 그리고 트루먼의 순회대사 해리만(W. Averell Harriman)은 맥아더의 제안이 의미 있다고 확신했다. 그리고 이것을 과감한 전략적 개념이라고 했다. 미국 군대를 책임지는 것은 민간인이지 합참이 아니다. 이 민간인들이 맥아더의 계획을 승인하고 지원했다. 만일 민간인이 개입하지 않았다면, 인천상륙작전은 결코 수행될 수 없었을 것이다. 이라크 자유화작전도 마찬가지라고 말할 수 있겠다.

이것이 왜 클레망소(Georges Clemenceau)의 격언 〈전쟁은 장군들에게 맡기기에는 너무 중요하다〉는 말이 육군의 변혁적 변화에 같은 힘을 미치는지에 대한 이유가 된다. 보다 거대한 국가안보의 요구를 이해하고, 재정문제를 통제하며 그리고 군대 내의 특별한 육군 직위를 좌지우지하는 정보가 넓고, 식견 있는 민간인이 반드시 주도해야 한다. 민간 통제에 대한 이러한 필요성은 장군들이 능력이 없고 정치인들이 군사적 천재이기 때문이 아니라, 오히려 이들이 서로 다른 역할 · 시각 및 관심을 가지고 있기 때문이다. 죠슈아 마셜(Joshua Marshall)은 다음과 같이 말하고 있다.

〈민간통제를 매우 중요하게 만드는 것은 군 장교들이 또한 숙련된 몽상가가 되는 경향이 있다는 것에 있다. 이들은 정치적 이데올로기가 아닌 통일된 이데올로기를 지닌 몽상가이며, 전문 직업군에 대한 이데올로기를 갖는다. 이들은 자신들의 군 병과 문화 속에서 육성되고, 전쟁수행 교리 속에서 경력을 쌓는다. 이것은 종종 이들이 해당 군의 수뇌가 되었을 때 낡은 것이 되곤 한다. 이들은 위험을 꺼리는 것에 대해 호감을 갖는 경향이 있다. 그리고 마찬가지로 국가의 이익과 해당 군의 이익을 혼합하는 경향이 있다. 민간인들은 전쟁수행 문제에 대해 신선한 시각을 갖는다. 이들은 선입관과 고착된 지식에 의해 시야를 좁히지 않는다.〉

미국의 산업시대 군대는 목적인 아닌 친숙한 도구와 수단으로 편성되었다. 결과적으로, 소위 변혁을 요하는 리스트는 두 극단 중 하나가 되는 경향이 있다. 보다 크고, 보다 빠르며 이미 사용하는 일부 플랫폼의 보다 나아진 버전이거나 또는 과학적 소설을 벗어난 것으로 2032년까지 납품 한도 시간을 갖는 것을 원한다. 결과는 계속해서 적어지는 부대 구조다. 이것은 회계연도 2002년 예산 제출 결과에서 나타났다. 그리고 더더욱 비싼 부대를 계획했다.

이러한 변혁 방법은 스스로 후퇴하는 것이다. 산업시대에 전쟁을 변혁하는 기술 추구는 강선 머스킷과 기관총이 잘못 생각되었듯이, 현대전의 훨씬 중요한 모습으로부터 주의를 전환시켰다. 현대전의 훨씬 중요한 모습이란 전략 · 구조 · 합동성을 말한다. 값비싼 현대화 계획을 강조하는 것은 잘못 안내되는 것일 뿐만 아니라 치명적인 것이다. 이것은 지난 행정부 하에서 거의 거절되었다. 편성 및 훈련의 대가로 하드웨어를 보강한다는 것이었다. 냉전 시 육군의 플랫폼(발사대) 대체 계획은 변혁적이지 못하다.

더욱 근본적으로 보면, 1947년 국가보안법(National Security Act)을 새로운 법령으로 대체하기 위해 계획된 입법 발의권은 국가안보의 현재 및 예상되는 수요를 다룰 필요가 있다. 이것은 냉전 시와는 다르다. 변혁의 성공은 궁극적으로 법령개정에 달려있다.

1958년 아이젠하워가 합참의장을 미군의 참모총장 지위에 이르는 권한을 가진 위치로 올리려고 했던 방법을 생각나게 하지만, 실제 합동작전에 관한 골드워터-니콜스 법안의 영향은 실망스러울 정도였다. 골드워터-니콜스 법은 어떻게 군대를 지휘하고 통제할 것인가라는 어려운 문제를 다루지는 않았다. 누가 책임질 것인가? 누가 결심을 할 수 있는 권한과 자금사용 능력 모두를 가지고 있는가? 미래 법안에서 이러한 질문에 어떻게 답할 것인가는 미국의 단일군종 전쟁수행기관의 운명을 좌우할 것이다. 거대한 퇴화로 다가가는 현재의 국방구조로는, 1947년 국가보안법 규모의 새로운 법령이 필요할 것이다. 국방 재건 및 재편성과 연계하여 이러한 문제에 대해 가까운 미래에 답을 주기 위해서다. 그렇지 않으면, 이러한 상태는 변화하지 않을 것이다. 그리고 쇠퇴하고 있는 냉전 구조의 부대를 유지하는 비용이 늘어날 것이다.

전쟁과 변혁적 변화는 분리할 수 없다. 그리고 이 두 가지 모두에서의 성공은 위험을 감수하게 된다. 이러한 생각이 1942년 영국군 중동 사령부의 거대하고 조직적이지 못한 구조를 변화시키기로 결정했을 때 처칠(Winston Churchill)의 마음 속에 분명히 있었을 것이다. 1942년까지 영군은 많은 노력을 보이지 않으면서 3년간 독일군과 싸웠다. 1941년 1월부터 1942년 10월까지, 수적으로 우세한 영군군은 북아프리카에서 자신들보다 훨씬 작은 독일군에 대해 단 한번도 결정적인 승리를 달성할 수 없었다. 위기 동안에 미봉책이 없었다. 처칠은 간단히 말했다. 〈본인은 집단 전체의 생명력을 불어넣기 위해서, 실패한 그리고 어느 정도 혼란된 조직을 제외하고는, 새로운 출발과 열성적인 행동의 필요성을 반드시 강조하고자 합니다.〉 처칠의 말은 오늘날 〈어느 정도 혼란된〉 육군의 재건을 위한 방법을 제시하고 있다. 이 방법은 쉽지 않을 것이다. 그러나 미국 군인은 영국 동맹국과 똑 같이, 이전에 어려운 일을 성취한 바 있다.